Michelanea

Humanisme, litteratur og kommunikation

Michelanea

Humanisme, litteratur og kommunikation

Festskrift til Michel Olsen
i anledning af hans 60-årsdag
den 23. april 1994

Sprog og Kulturmøde · 7 · 1994
Center for Sprog og Interkulturelle Studier

**Mic*h*elanea. Humanisme, litteratur og kommunikation. Festskrift til Michel Olsen i anledning af hans 60-årsdag den 23. april 1994
Sprog og kulturmøde · 7 · 1994**

Red. Inge Degn, Jens Høyrup og Jan Scheel

Mic*h*elanea. Humanisme, littérature et communication. Hommages à Michel Olsen à l'occasion de son 60e anniversaire le 23 avril 1994

ISBN 87-7307-476-4
ISSN 0908-777x

Udgivet af
    Center for Sprog og Interkulturelle Studier
    Aalborg Universitetscenter
    Tlf. 9815 8522 · Fax 9813 8086

med støtte fra
    ● Birthe og Knud Togebys Fond
    ● Institut for Sprog og Internationale Kulturstudier,
      Aalborg Universitetscenter
    ● Institut for Sprog og Kultur, Roskilde Universitetscenter
    ● Statens Humanistiske Forskningsråd
    ● Aarhus Universitets Forskningsfond

Distribution
    Aalborg Universitetsforlag
    Niels Jernes Vej 10
    9220 Aalborg Ø
    Tlf. 9815 2928 · Fax 9815 2944

Omslag: Inge Degn
Lay-out: Inge Degn og Jens Høyrup
Tekstbehandling: Jens Høyrup
Trykt hos Thy Bogtryk og Offset A/S

Indholdsfortegnelse

Forord vii

Tabula gratulatoria ix

Asbjørn Aarnes:
  Etikk og litteratur: Emmanuel Levinas – en etisk fornyelse? 1

Dan Ackermann:
  Britannicus – magt og kærlighed: Om kærlighedens subversive kraft 9

Peter Brask:
  Myte og musik: Om den borgerlige helt i musikken i sidste halvdel af
  1800-tallet . . . . · 23

Inge Degn:
  Le Pascal moderne ou Mondrian contre Soutine: *La Salle de bain* de Jean-
  Philippe Toussaint 31

Jan W. Dietrichson:
  Genrebevissthet og genresyn hos Henrik Ibsen 41

Niels Egebak:
  At læse – Receptionsteoretiske betragtninger 45

Merete Gerlach-Nielsen:
  Et overset element i Stendhals *De l'Amour*? Til V. del Litto, François
  Mitterand og Mikkel Olsen 55

Suzanne Hanon:
  "Juliette attend Roméo *pieds nus*" ou le dilemme de la prédication dans
  les constructions absolues 59

Kirsten Hørby Bech:
  H. C. Andersen og de sproglige "Sikkerhedstropper" 69

Jens Høyrup:
  nam-lú-ulù des scribes babyloniens: Un humanisme différent – ma non
  troppo 73

Jonna Kjær:
  Tristan *og Indiana* eller "Lykkens tumlebold" – fortællinger om Tristan
  og Isolde i Norden 81

Ludovica Koch:
  Écho, sa raison et ses rimes 89

Mihail Larsen:
  De store fortællinger 97

Maija Lehtonen:
  "Var alltid Guds barn, så är du även naturens goda barn": Barnets bild
  i Zachris Topelius' sagor. 109

Lita Lundquist:
  Metaforer og fagsprog – en farlig forbindelse 117

Steinar Mathisen:
   Kunstens autonomi 123

Jørn Moestrup:
   Il libro d'esordio di Primo Levi 129

Raffaele Morabito:
   Pianto antico leopardiano 137

Raul Mordenti:
   Il testo mobile ovvero i *Ricordi* di Guicciardini fra filologia e
   informatica 141

Per Nykrog:
   Jehan de Paris ou La Naissance de la Renaissance 151

Morten Nøjgaard:
   La source d'*Yvain:* Remarques sur quelques traits archaïques dans *Le
   Chevalier au lion* 163

Vagn Outzen:
   Bel-Ami – un primate dans la jungle parisienne 169

John Pedersen:
   Vor romanske kulturimport 181

Richard Raskin:
   Five Explanations for the Jump Cuts in Godard's *A Bout de Souffle* 189

Ole Wehner Rasmussen:
   Un procès au bilinguisme: *Le nom de l'arbre* de Hubert Nyssen 197

Karen Risager:
   Kulturformidling i folkeskolens sprogundervisning 207

Jørgen U. Sand:
   Betingelseskonstruktioner i talt fransk 215

Jan Flemming Scheel:
   MICHELEANA – hommage provisoire à Michel 221

Anne Elisabeth Sejten:
   Diderot, à suivre 223

Brynja Svane:
   Oversættelsesproblemer – hvordan oversætter man uoversættelige
   referencer? 231

Sigbrit Swahn:
   Le libretto de Griselda et sa traduction en suédois 245

Lene Waage Petersen:
   Alcinas ø og andre steder 249

Michel Olsens videnskabelige publikationer 257

Om forfatterne 263

Forord

Denne samling af artikler tilegnes Michel Olsen på hans 60-års dag den 23. april 1994. Michel har interesseret sig for næsten alt inden for vores fag fra middelalderen til det helt nye, litteratur, litteraturteori og filosofi, dog med visse tyngdepunkter: Først den nye roman, siden middelalderfortællingerne, så filosofi, såvel oplysningstidens filosofi som de nyeste tendenser i fransk tænkning, og for øjeblikket det borgerlige drama, og ind imellem strukturalisme, narratologi, semiotik og receptionsæstetik.

Allerede festskriftets titel **Michelanea – Humanisme, litteratur og kommunikation** antyder spændvidden i artiklerne, som ganske svarer til spændvidden i Michels interesser, således som den også fremgår af listen over hans publikationer. Kredsen af bidragydere afspejler de mangfoldige kontakter, som dette brede faglige virke har givet, men igen med visse centre, først og fremmest naturligvis Aarhus Universitet og Roskilde Universitetscenter, men også De nordiske Romanistmøder, Urbino, Gran-seminarerne og Rom. Vi bør heller ikke glemme "Ditlevshøj", som i årenes løb har været rammen om en lang række af større og mindre seminarer, møder eller sammenkomster, altid med en god og hyggelig middag og ofte med en fodtur i det sjællandske landskab. Her har mange nydt godt af Michels og Gunvers gæstfrihed, ikke blot venner og kolleger, men også og i ganske usædvanlig grad studerende.

Formidling har for Michel ikke blot været udlægning, på skrift eller doceret i auditoriet. Den blev specielt levende, da han sidst i 60'erne og først i 70'erne hentede hovedpersonerne fra den parisiske scene – Greimas, Lyotard m.fl. – hjem til Århus til en række spændende seminarer, som samlede folk fra nær og fjern. Næsten samtidig lukkede han os ind i "værkstedet" og lod os følge udviklingen af "biologi"-nøglen, som blev til disputatsen *Les Transformations du triangle érotique*. Hans aktuelle arbejde som koordinator for et af de mest omfattende Erasmus-programmer overhovedet er et stykke interkulturel kommunikation i praksis. Igennem årene har Michel således bidraget til at åbne mange døre ud til den store verden med dens store forskerpersonligheder. Men allermest har han måske betydet, når han i sin undervisning eller i den direkte dialog åbnede erkendelsens døre.

Som en speciel hilsen fra det udgivende institut og en del af redaktionen vil vi også godt minde om det nu hedengangne TRUC – Tidsskrift for Romansk ved UniversitetsCentrene, som blev til i et samarbejde mellem de meget unge

franskmiljøer ved AUC og RUC. Det spiller en vis rolle i Michels publikations-
liste, og det var meget vigtigt for os i næste generation.

Michelanea er *miscellanea*, en broget mosaik eller en blandet landhandel, om man
vil det, men forhåbentlig er den lige så frugtbar og igangsættende, som Michels –
til tider kaotiske? – indfald og ideer har været det for os, som hermed siger til
lykke og god arbejdslyst fremover.

Tabula gratulatoria

Asbjørn Aarnes, Oslo
Dan Ackermann, Roskilde
Lars Ahrenfeldt, Varde
Anne-Lisa Amadou, Oslo
Helga Andersen, Aalborg
Ida Anine Andersen, Horsens
Inge Lise Andersen, Søborg
Karen og Alfredo Ascani, Rom

Svend Bach, Århus
Brita Waage Beck, København
Kit Bisgård, Roskilde
Hans Boll-Johansen, København
Gunhild og Gerhard Boysen, Gistrup
Lisa Brandsdorf, Skive
Peter Brask, København
Greta Brodahl, Stavanger

Stephen Turk Christensen og Susanne Dahlerup, København
Birgit og Harry Christensen, Århus
Lars Christiansen, København
Françoise Cochaud, København

Inge og Ole Degn, Viborg
Frøydis og Jan W. Dietrichson, Oslo
Bodil og Otto Steen Due, Rom

Børge Ebbesen, Grindsted
Niels Egebak, Rødkærsbro
Ole Eistrup, Århus

Flemming Forsberg, Århus
Finn Frandsen, Højbjerg
Jens N. Faaborg, Haderslev

Iben Louise og Merete Gerlach-Nielsen, København/Paris

Knut Hanneborg, Hundested
Suzanne Hanon, Odense
Else Juul Hansen, Valby
Signe Hauge, Århus
Vibeke og Michael Hertz, Tølløse
Martin Horsted, Nykøbing M
Kirsten Hørby Bech, Aalborg
Helle Høyrup, Viborg
Niels Haastrup, Hvidovre

Mette Iversen, Åbyhøj

Finn Jacobi, Brabrand
Karen Sonne Jakobsen, København
Henrik Toft Jensen, København

Hanne og Gudmund Kelstrup, Viborg
Gunver Kelstrup, Sdr. Jernløse
Laura Vestergaard Kelstrup, København
Magnus Vestergaard Kelstrup, København
Mette Kelstrup, København
Ulla og Steffen Kelstrup, Åbybro
Jonna Kjær, København
Kjær Jensen, Højbjerg
Hans P. Kjærsgaard, Odense
Poul Søren Kjærsgaard, Odense
Lone Klem, Oslo
Dorte Klitlund, Hørsholm
Anne og Torben Knudstrup, Odense
Ludovica Koch og Jens Høyrup, Rom/København
Elsie Kristensen, Dronninglund
Hans Kronning, Uppsala

Inger Lange, Birkerød
Knud Larsen, Brabrand
Mihail Larsen, Gentofte
Karen Laugesen, Roskilde
Maija Lehtonen, Helsinki
Paul Lier, Frederiksberg
Irene Lindahl, Charlottenlund
Lita Lundquist, Hørsholm
Carsten Løfting, Århus
Rosemarie Løgstrup, Hyllested Bjerge

Steinar Mathisen, Oslo
Barbara Melchior, København
Ole Meyer og Vibeke Rosenmeyer, København
Raffaele Morabito, Rom
Jørn Moestrup, Odense
Raul Mordenti, Rom
Marianne Møller, København

Vibeke Niclasen, Odense
Erik E. Nielsen, Horsens
Lene Nielsen, Odense
Halvor Nielsen, Roskilde
Helge Nordahl, Gjettum
Per Nykrog, Cambridge MA
Morten Nøjgaard, Odense
Henning Nølke, Mundelstrup

Jens E. Olesen, Odense
Vagn Outzen, Højbjerg
Lene Overvad, Aalborg

Lis Wedell Pape, Svejstrup
Helle Pedersen, Ballerup
John Pedersen, Birkerød

Jens Rasmussen, København
Ole Wehner Rasmussen, Brabrand
Sten Rasmussen, Holbæk
Silja France Renault, Birkerød
Anja og Lorenz Rerup, Roskilde
Richard Raskin, Århus
Karen Risager, Roskilde

John Kristian Sanaker, Bergen
Jørgen U. Sand, Frederiksberg
Jan Flemming Scheel, Ringkøbing
Jørgen Schmitt Jensen, Højbjerg
Anne Sejten og Henrik Reeh, København
Povl Skårup, Tillerup, Knebel
Nils Soelberg, Vanløse
Ebbe Spang-Hanssen, Værløse
Palle Spore, Odense
Jeanne Strunck, Aalborg
Lars-Göran Sundell, Uppsala
Brynja Svane, Skibby
Sigbrit Swahn, Uppsala
Margareta Swärdenheim, Stockholm
Ewald P. Szewczyk, Holstebro

Birte Valentiner-Branth, Nexø
Rolf og Målfrid Vige, Kristiansand
Karen Vinter, Odder
Elin Vrang, Odense

Jens Peder Weibrecht, Nørresundby
Arne Worren, Oslo
Lene Waage Petersen, Holte

Amtsgymnasiet i Hadsten

Birte og Knud Togebys Fond

B.C.L.E., Den franske Ambassade, København

Center for Sprog og Interkulturelle Studier, Aalborg Universitetscenter

Det danske Institut i Rom

Fransklærerforeningen

Handelsskolen i Ballerup

Handelshøjskolen i Århus, Biblioteket

Laboratorium for folkesproglige Middelalderstudier, Odense Universitet v/Leif Søndergaard

Institut for Sprog og Internationale Kulturstudier, Aalborg Universitetscenter

Institut for Sprog og Kultur, Roskilde Universitetscenter

Klassisk og romansk institutt, Universitetet i Oslo

Maribo Gymnasium v/Erin Wøllike

Odense Universitetsbibliotek v/Jørn Schøsler

Romanske centre, Odense Universitet

Romansk Institut, Københavns Universitet

Romansk Institut, Aarhus Universitet

Romanska institutionen, Lunds universitet

Romanska institutionen, Göteborgs universitet

Romanska institutionen, Uppsala universitet

Roskilde Universitetsbibliotek

Skive Seminarium

Aalborg Universitetsbibliotek

Aarhus Universitets Forskningsfond

Etikk og litteratur
Emmanuel Levinas: en etisk fornyelse?
Et seminarinlegg[1]

Asbjørn Aarnes

I

Når man hører titelen på dette seminaret, *etikk og litteratur*, ringer en bjelle med gammel sprø klang, så gammel at man nesten trodde det ikke lenger var lyd i den. Det er spørsmålet om forfatterne skal forholde seg til etiske normer, om deres verker skal holde etisk mål.

Programmet for seminaret har visse setninger som peker i retning av en slik fortolkning — som når det heter: at "Skjønnlitteratur har ofte moralske temaer" ... eller "Hva slags moralske innsikter kan (skjønn-)litteraturen gi som etisk faglitteratur kanskje ikke gir?".

Mykle-saken[2] var den siste offentlige konfrontasjon av etikk og litteratur i norsk litteraturhistorie. På den ene side stod forfatterne, forfatterorganisasjonene og forlagene samlet i kravet om å flytte etikkens grenser ut av litteraturen. Der skapende litterær virksomhet skjer, skal etikken tie. Den behøver riktignok ikke å tie som kritikk i meningsutvekslingen, men brudd på etiske normer i kunst eller litteratur må ikke føre til straffereaksjoner fra myndighetenes side.

På den annen side stod f.eks. professor A.H. Winsnes, Claes Gill, Aasmund Brynildsen, Ørnulf Ranheimsæter m.fl.[3] For dem var ikke det sentrale å få

---

[1] Foredrag holdt på Det historisk-filosofiske fakultets etikkseminar ved Universitetet i Oslo, under ledelse av dr. philos. Steinar Mathisen, 15. september 1992.

[2] Mykle-saken, rettsaken om Agnar Mykles roman *Sangen om den røde rubin* som utkom i oktober 1956. En heftig debatt med deltagere også fra våre nordiske naboland startet i januar 1957. Den direkte foranledning til debatten var at enkelte Folkebiblioteker ikke ville kjøpe inn romanen pågrunn av sterkt erotiske skildringer. Mykle og Harald Grieg, direktør for Gyldendal Norsk Forlag som utgav boken, ble i februar 57 siktet og i april tiltalt etter Straffelovens par. 211, nr. 18, som setter straff for utgivelse m.m. av utuktige skrifter. Ved dom av 10/10 57 fant Oslo byrett *Rubinen* utuktig, men Mykle og Grieg ble frikjent pågrunn av god tro. Gyldendal anket og ved dom av 9/5 58 ble forlaget frifunnet i det Høyesteretts flertall under sterk tvil fant at romanen ikke var utuktig.

[3] Den litterære forening Athenaion, under Arve Reinskous ledelse, arrangerte en serie foredrag som alle var kritiske til opphevelsen av etiske normer i forbindelse med kunst og litteratur. Felles for foredragsholderne var en spiritualistisk, anti-naturalistisk orientering. Foredragene ble utgitt på Dreyers Forlag, med støtte fra bl.a. Henrik Sørensen. Bidragsyderne til *Den ansvarsfulle frihet* var: Ørnulf Ranheimsæter, A. H. Winsnes (som også holdt et kritisk innlegg under rettsforhandlingene), Asbjørn Aarnes, Alf Ahlberg og Aasmund Brynildsen. Brynildsen behandler spørsmålet om etikk og litteratur i de to første essayene i *Det nye hjertet og andre essays*, u.å. Claes Gill har direkte adresse

straffereaksjoner på etiske brudd i litteraturen. Det sentrale var at forfattere, litterater, ikke må forskjellsbehandles – at de i samme grad som andre borgere må holdes ansvarlige for handlinger i det sosiale rom. Det var det organiserte fremstøt for å skaffe seg privilegier i kraft av kunstnertitelen som opprørte disse kritikere. De reagerte ikke fordi kunsten i deres øyne var sekundær i forhold til etikken, men fordi ansvarsfraskrivelse nettopp ville redusere kunstens anseelse.

Aktstykkene fra Mykle-debatten foreligger på trykk.[4] Her skal henvises til et enkelt skrift, som nok er et partsinnlegg, men et innlegg på prinsipielt nivå, i drøftende form: Ranheimsæters essay: "Kunstneren og hans etiske ansvar", som ble trykt i boken *Den ansvarsfulle frihet* (Dreyers forlag 1958).

Nå er dette et universitetsseminar, og det universitetet interesserer seg for, har som regel med viden eller videnskap å gjøre. Og på dette punkt er programmet klart: "Hovedformålet for Det historisk-filosofiske fakultets etikkseminar er å bygge opp kompetanse i forskning, undervisning og formidling" ... "Hvordan avgjør vi forskjellen mellom vilkårlig synsing og velbegrunnede standpunkter? Det er nettopp etikkens oppgave, å ta opp systematisk refleksjoner av denne art". Det siktes altså til forholdet mellom etikken og vår viden – eller vår videnskap om litteraturen, slik at titelen egentlig burde ha vært: Etikk og litteraturvidenskap.

Det er i dette perspektiv vi skal vende oss til Levinas med spørsmålet om hans verk kan bety en etisk fornyelse.

En slik drøftelse forekommer å være ytterst viktig og betimelig, ja, faktisk bortimot det ene fornødne for denne disiplin. For jeg vil våge den påstand at om det menneskelige er det sentrale i humanistisk forskning, så er det ingen disiplin innen humaniora som har forvaltet sitt pund dårligere enn litteraturvidenskapen. Ortega y Gasset skrev om av-humaniseringen i kunsten – *la deshumanización del arte*:[5] av-humaniseringen i videnskapen om kunsten og i litteraturvidenskapen roper på et tilsvarende essay.

La oss starte omkring 1960. På denne tid begynte en krise å bli synlig i epistemologien, også kalt fornuftskrisen. Trykket av *mistankens* utfordring som var utgått fra tenkere som Marx, Nietzsche, Freud, Saussure – og Wittgenstein[6] – gjorde seg gjeldende med full styrke i de humanistiske disipliner. Den klassiske humanismes tese om jeget som fritt tenkende subjekt gikk i oppløsning, det totusen-årige imperativ *Kjenn deg selv* kjentes over evne. Når fornuften er upålitelig

---

til Myklesaken i foredraget "Dikteren og samfundet" i Den konservative studenterforening 23/1 58, utgitt og med forord av Lars Roar Langslet, Cappelen 1989.

[4] Sakens aktstykker foreligger i *Saken om den Røde Rubin. En hvitbok* redigert av h.r.adv. Annæus Schjódt jr. 1958. Av partinnlegg til fordel for forfatter og forlag kan nevnes: Philip Houm, *Ask Burlefot og vi. Dikterens ansvar og vårt*, 1957 og Johan Vogt, *Poesi og politi*, 1957.

[5] Ortega y Gasset, *La deshumanización del arte e idea sobre la novela*,1925, utgitt i Cappelens upopulære skrifter 1949, oversatt til norsk av Lorentz Eckhoff.

[6] Begrepet "livsform" hos den sene Wittgenstein har en anti-mentalistisk tendens med brodd mot cogito-tradisjonen og det dermed forbundne begrep interioritet. Se William Barrett, *Death of the Soul. Philosophical Thought from Descartes to the Computor*, 1987. Se også Helge Salemonsen, *Tenkningen som erfaring*, Idé og Tanke nr. 42, 1985, særlig kapitlet om Wittgenstein.

endog i selverkjennelsen, blir det å gå i seg selv, som var oppskriften på refleksjon, ensbetydende med å begi seg inn i labyrinten.[7]

Men her skjer en eiendommelig peripeti i samtidens lærdomshistorie: dette nederlag – dvs. avsløringen av fornuftens upålitelighet – kom visse humandisipliner til å tolke som triumf. Og litteraturvidenskapen ledet an: istedenfor å si at nå må vi være forsiktige fordi så meget er rammet av usikkerhet, gikk litteraturvidenskapen i stikk motsatt retning og sa: Nå når alt svikter, legger vi "mykheten" av oss og velger den rigørøse, "strenghets" vei; når alt vakler, viser vi fasthet. Det ble gjerne innrømmet at en viss fornuft hadde lidd skibbrudd – men, ble det sagt, det var vel å merke den gamle innvorteshetens fornuft, interioritetens fornuft, *cogito*; den legger vi bak oss, nå trer vi inn i den rene utvorteshet, hvor lyset er ubarmhjertig klart og hvor intet lenger kaster skygge.

Ved dette valg "valgte" litteraturvidenskapen "bort" mennesket – og med mennesket etikken. Opp mot det ydmykede, "sårede cogito" (Paul Ricoeur) satte litteraturvidenskapen sitt strenge ansikt, med ubønnhørlig krav om objektivitet og systematikk.

Det var riktignok ikke all litteraturforskning som stilte seg på denne siden, men det kom til et motehegemoni av forskjellige strømninger som best kan sammenfattes under fellesbetegnelsen *strukturalisme*.[8]

---

[7] At Freud, i postmodernisme-debatten, er blitt tatt til inntekt for oppgivelse av selverkjennelsen, er egnet til å overraske kjennere av Freuds prosjekt som nettopp gikk ut på å gjenerobre jeget: Der det'et er, skal jeget bli. Det er kanskje rimelig å forstå det slik at i terapeut-miljø har man gjerne lagt vekt på hva som positivt kan gjøres med pasienter ut fra Freuds psykoanalyse. I det filosofiske miljøet under den parisiske strukturalisme la man vekt på Freuds kritikk av den rasjonalistiske tanke om direkte tilgang til interioriteten gjennom refleksjon. Paul Ricoeur redegjør i sitt store verk om Freud *De l'interprétation. Essai sur Freud* (Om fortolkningen. Essay om Freud) 1965, for de to tilsynelatende motstridende oppfatninger av Freud.

[8] *Strukturalisme* har tre relativt avgrensbare betydninger:
1. Det siktes til den strukturelle sprogvidenskap som utviklet seg ut fra Saussure, og som går ut på at sproget er et system av tegn som i siste instans beror på et samvirke mellom *diakritiske trekk*. Det enkelte tegn betraktes ikke som noe i seg selv, men i sin *forskjellsmarkering* i forhold til andre tegn. Populært kunne man si at i sproget står alt i forhold til alt i en sammenhengende helhet. Den strukturelle lingvistikk ble videreført av Pragskolen (N.S. Trubetzkoy og Roman Jakobson) hvor *system* avløses av begrepet *struktur* som betegner den sammenbindende orden mellom elementene i sproget. Strukturalismen i denne betydning adskiller seg både fra en historisk-genetisk forståelse av sproget, i diakront perspektiv, og fra såkalt *atomistisk* sprog-forståelse som studerer de enkelte elementer av sproget hver for seg. Københavnerskolen (Hjelmslev) ydet bidrag til den strukturelle sprogvidenskap.
2. Strukturalisme ble omkring 1950/60 betegnelse for en overføring av den strukturelle betraktningsmåte til andre humandisipliner som psykologi (Lacan), etnologi (Lévi-Strauss), litteraturvitenskap (Roland Barthes), politikk og statsteori (Louis Althusser). Det ble en (mote)bevegelse med sentrum i Paris. Lingvistikkens forståelse av sprog som struktur ble forbilledlig for forståelsen av andre fenomener, og med lingvistikken som modell oppstod ønsket om en generell videnskap om tegnsystemer, *semiologi*.
3. Endelig kan strukturalisme betegne en filosofi som markerer et radikalt brudd med *cogito*-tradisjonen, hvor det menings-settende initiativ ble tillagt bevissthet og subjektivitet. For den strukturalistiske filosofien, også kalt pan-strukturalismen (Foucault), er det bevisste subjekt "opphevet", det meningskonstituerende som styrer det enkelte menneskes liv og historien, er strukturer som virker utenfor subjektenes bevissthet, i det anonyme. Derfor har man ved denne filosofi talt om avsettelsen av subjektet og "menneskets død". Det er eiendommelig at denne filosofi har fått ord på seg for å representere det progressive standpunkt: det må være bare fordi den vender

Når fornuftskrisen gav seg så paradoksale utslag, må vi ikke glemme at en innsikt ble erobret ved denne tid – en innsikt som skulle være objektiv, verifiserbar saksinnsikt. Den kom fra sprogvidenskapen, nærmere bestemt fra fonologien. Der ble det oppdaget at sprogets minste bestanddeler – *the ultimate constituents of language* – som Roman Jakobson uttrykker det[9], er *diakritiske trekk*, dvs. forskjellsmarkeringer. Og fordi "trekk" ikke er værender, ble man kvitt de brysomme ordene substans, innhold, eller eksistens. Av en slik påstått objektiv innsikt utviklet det seg en metafysikk, den strukturalistiske metafysikk, også kalt panstrukturalismen, som sier: Slik som sproget er sammensatt av minstedeler som virker i forhold og funksjon, kan hele tilværelsen sees i dette perspektiv: *Alt virker, uten å ha væren.*

Anvendelsen av denne innsikt i litteraturvidenskapen løste et hundre-år-gammelt metodeproblem: om man skulle studere forfatter eller verk, diakroni eller synkroni. Forfatterbegrepet gikk i oppløsning, det samme med begrepet verk. Hva det nå gjaldt om, var *å gå til strukturene* for å studere tegnfunksjonene på de forskjellige plan, fra fonemene til sememene.

II

Nå kan jeg tenke meg at dere spør: Hvor blir det av Emmanuel Levinas? Det er ingen fare på ferde, vi er allerede langt inne i hans verk, den kritiske delen av verket, hvor han holder oppgjør med av-humaniseringen i samtidens humaniora.[10]

Hans kritikk av det strukturalistiske paradigme skjer på flere plan: Han unnlater ikke å minne om den selv-refererende inkonsistens som preger retningen. Inkonsistensen – det er dette at en fornuft som har spilt fallitt, utformer en teori om strukturene. Den er jo også et produkt av fornuft, men hvilken fornuft kan det være i det som er uttenkt av en fallert fornuft? Er ikke dette en variant av det gamle dilemma: mannen fra Kreta som kom til Athen med følgende budskap: Alle kretensere lyver?

Men det er ikke på logiske brist Levinas vil felle strukturalismen, det er fordi den utelukker etikken eller krenker mennesket.

---

seg med slik heftighet mot den tradisjonelle humanisme og mot sider ved eksistensialismen, som teorien om engasjementet. Paul Ricoeur viser fortrolighet med de nye strømninger, samtidig som han søker å gjeninnsette mennesket som meningsskapende instans i kunsten og historien. På norsk vil essaysamlingen *Tanke og mistanke* (1987, red. Helge Salemonsen og Asbjørn Aarnes) åpne innfallsvinkler til forståelse av fornuftskrisen i samtiden.

[9] Roman Jakobson brukte uttrykket under sitt foredrag i Oslo 1975. Om Roman Jakobsons betydning for litteraturvidenskapen, se Jostein Børtnes: "I retning av en nomotetisk litteraturvitenskap", i *Estetikk fra Platon til våre dager*, red. av Truls Winther og Odd Inge Langholm, 1977, ss. 249–272.

[10] Særlig klart trer kritikken av strukturalismen frem i *L'Humanisme de l'autre homme*, 1975, norsk oversettelse av Asbjørn Aarnes, Thorleif Dahls Kulturbibliotek 1993.

I 1960-årene gikk fornuftskritikken hånd i hånd med humanisme-kritikk.[11] Nå har Levinas ikke så meget til overs for den tradisjonelle humanisme som bygger på menneskets verdighet og suverene status som fornuftsvesen (*animal rationale*). Han glemmer ikke at denne humanisme har en kompromittert fortid i korstog, inkvisisjon og kolonialisme – kanskje også en viss delaktighet i – eller hjelpeløshet overfor – holocaust. Denne humanismen er det ikke så meget å samle på – fordi den fordreiet sannheten om mennesket, ikke fordi den forsvarte den. Feilen ved den tradisjonelle humanisme var at den søkte det humane der hvor det ikke var å finne: i stoltheten, verdigheten og autonomien.

Denne humanisme – den kristne såvel som den sekulære – så det menneskelige i det mennesket *gjør*, i aktivitet og virke. *Humanitas* var en artsevne som realiserte seg i handling, som gikk fra potensialitet til aktualitet, under det frie subjekts selvrealisasjon.

Levinas ser det menneskelige i det mennesket *lider*, utsettes for, i passiviteten. Det humane ligger i sårbarheten, ikke i verdigheten. Det er denne omtydning Václav Havel omtaler i *Brev til Olga*.[12] Hans bror hadde smuglet inn i fengslet til ham noen skrifter av Levinas. Det var filosofi, og Havels første tanke var kanskje at dette lå høyt – for høyt for ham i hans uverdige tilstand som *ikkeperson*, hvor blikkfatet med maten var sentrum i tilværelsen. Ja, slik ville han med rette ha tenkt dersom det hadde dreiet seg om den høye tradisjon i Vestens metafysikk: en Aristoteles, en Thomas, en Hegel. Men så er det Levinas som taler til ham fra under verdighetsterskelen, som lærer at humanitet, det er ikke noe jeg har eller ikke har, det er noe ved den Annen, noe som vitner i den Annens ansikt.

I Vestens høye metafysiske tradisjon har det vært antatt at det er en sammenheng mellom fornuft og etikk. Og denne sammenheng – slik blir det fremstilt – er å finne på erkjennelsens plan. Av den fornuftige innsikt i det som *er*, skal det etiske bud følge, det bud som foreskriver hva som *bør være*, for å si det med Hume.[13] At denne antagelse også gjelder idag, ser vi blant annet av programmet for dette seminaret: det næres forhåpning om at systematisk refleksjon over etikkens grunnlag skal sette en istand til å "felle moralsk forsvarlige dommer over handlinger, personer eller institusjoner".

Levinas endevender dette paradigme. Ifølge ham grunner fornuften og erkjennelsen i etikken. Etikken går på et forhold som er eldre enn erkjennelsen. Før verden trådte frem for oss som viden, kunnskap, var det et bånd – en *for-bindtlighet* (*obligation*)[14] for å bruke et ord av Bergson – mellom brødre, et bånd

[11] Om humanisme-kritikken og dens bakgrunn i 1960-årene, se Asbjørn Aarnes, "Trenger vi humanisme idag?", i *Idékamp og dialog*, redigert av Leif Longum og Bernt Hagtvet,1988.

[12] *Brev til Olga*, oversatt av Milada Blekastad, 1987, Aschehoug forlag.

[13] Et standardverk om Levinas' filosofi er Stephan Strasser, *Jenseit von Sein und Zeit. Eine Einführung in Emmanuel Levinas' Philosophie* 1978, se særlig ss. 252–285.

[14] Det er i *Les deux sources de la morale et de la religion* 1932, at Henri Bergson utvikler teorien om de to former for moral og religion: moralen på 1. trinn bygger på en sosial forpliktelse, som han forstår som et bånd som er pålagt mennesket som samfunnsvesen, derfor *obligation*, forbindtlighet. Norsk oversettelse av Aasmund Brynildsen, "De to kilder til moral og religion", 1967, forord ved A.H.

som ikke er valgt, ikke veiet og funnet for lett eller tungt, men pålagt meg før
cogito, før våkenheten – ansvaret for den Annen som bønnfaller meg – med
"taushets fine røst" – gjennom sitt ansikt.

Slik kan Levinas si at den første filosofi, dvs. den filosofi som legger grunnen,
ikke er ontologien, selv om denne hos Heidegger kaller seg fundamentalontologi.
Den første filosofi er etikken som Levinas, nok ikke uten en tanke til Heidegger,
kaller *fundamental-etikk*.

Gjennom ansiktet taler ikke Mennesket med stor forbokstav, heller ikke
Væren, det berømmelige Værendes Væren (*das Sein des Seienden*) hos Heidegger.
Ansiktet er selv et værende, unikt, uerstattelig, knyttet til den Annen, men med
bud om hva *jeg* har å gjøre i verden: å være ansvarlig for den Annen.

Levinas vokste opp i Litauen med russisk (og hebraisk) som første sprog.
I ungdomsårene leste han de store russiske klassikere, og i *Brødrene Karamasov*
kom han over en setning som slo ned i ham med åpenbaringskraft. Det er når
Ivan Karamasov sier: *Enhver er ansvarlig for alt og alle foran alle, og jeg i en særlig
grad.*[15] Denne uthevelse av jeget til ansvar, til mer-ansvar, ble kimen til hans
filosofi.

For denne filosofi er, stikk i strid med hva man kunne tro, en filosofi om
jeget, eller om interioriteten, som strukturalismen mente å ha opphevet. Men
jeget som i Vestens høye metafysikk troner i nominativ, som subjekt – hos
Descartes, hos Kant, hos Fichte – det melder seg for Levinas i akkusativ, i passiv
eller lideform. At det står i akkusativ, betyr at det står under tiltale. Men under
den Annens ansikt står det ikke under fremmed åk, det er som *seg* det finner
seg i ansvaret.

Det som gjør meg til menneske er ikke det jeg gjør, men det som gjøres med
meg, ved den tale (*le dire* – Sigen) som stammer fra sårbarheten, nakenheten,
hudløsheten i den Annens ansikt. Humanismen har på sett og vis skiftet "eier",
den er ikke lenger noe jeg har eller ikke har, det er den Annens humanisme,
den Annens humanitet. Derfor heter en bok av Levinas (på norsk vår 1993) *Den
Annens humanisme (Humanisme de l'autre homme)*.

III

Den forbløffende virkning som er utgått fra Levinas' filosofi i løpet av det siste
tiår, skyldes nok at han har pekt på det menneskelige som virksomt midt i blant
oss, nærmere oss enn vi i all vår moralfilosofi kunne innbille oss:
i ansiktet, som er legemsdel og vitne, nærværende og fraværende på samme tid,
nærværende og endelig som legemsdel, fraværende i sitt vitnesbyrd om det
Uendelige.

Så skulle man kunne omskrive det gamle visdomsord: Gå til mauren og bli
vis, med: Gå til den Annen og bli vis? Her er det lett å snuble. Levinas' filosofi

---

Winsnes.

[15] Dostojevskij-sitatet er hentet fra *Brødrene Karamasov*, Pleiade-utg. s. 310.

er ikke først og fremst en filosofi om å bli "vis", og det er heller ikke en lære om Du-jeg-forholdet som hos Martin Buber og Gabriel Marcel.

Marcel har rett, sier Levinas, når han hevder at værensmysteriet lever i Du-jeg-forholdet. Å tre Deg imøte, har "mer væren" enn å tre *det* imøte, som objekt. Nærværet av Deg er en privilegert erfaring av det ontologiske mysterium, sier Levinas, men han har forlatt ontologien. Det han søker i den Annens ansikt, er ikke tettheten, soliditeten, tilstede-værelsen av en trofast venn. Han kjenner alt dette og setter det høyt, det er livsmiljøet, det *elementale* vi lever i og av, som vi *nyder* og ikke *bruker* eller *forbruker*. For refleksjonen fremtrer det som værender, som ting i verden, og filosofien som "visdom", det er læren om å forholde seg til disse værender – altså ontologi.

I sitt første hovedverk, *Totalitet og Uendelighet. Et essay om det ytre*, dveler Levinas ved nydelsens livsmodus; hele kapitel II, kalt "Innvendighet og Økonomi", handler om det.[16] Men i de senere verkene merkes en stadig stigende tendens til å se overskridelse i den Annens ansikt. Det er som når søstre og brødre møtes, først gleder de seg over søskenskapet i samværet – "du og jeg er her, samlet nå"–men så viker kanskje nærværet for minnene om far og mor, om barndommen og hjemmet. For Levinas er det *Han* – Han-heten – som stiger ut av nærværet, møtet med Ham som krysset vår vei før minnene begynte, i en fortid som forlengst er omme, som aldri har vært tilstede i en bevissthets nu-nærvær; Han som krysset veien og gav menings-retningen (*le sens*).[17]

Viljen til å overskride væren – bevissthet, verden, sprog – taler sterkt i dette avslutningsavsnittet i Levinas' verk: *Autrement qu'être ou au-dela de l'essence* (Anderledes enn væren eller ut over værens frembrudd):

> ... I dette verket som ikke søker å gjenreise noe utbrukt begrep, er avsettelsen og løslatelsen av subjektet ikke uten betydning. Efter en viss guds død, bakenforverdenenes gud, åpenbarer det stedfortredende gissel sporet – skrift som ikke kan uttales – sporet efter det som alltid allerede gikk forbi – og alltid som "han" – efter det som ikke faller sammen med noe nu-nærvær og som intet av de navn som betegner værender eller de verb hvor værens *frembrudd* gjenlyder, passer til, bare pro-nomenet som preger med sitt segl alt det som er istand til å bære et navn.

Teksten lyder teologisk, men Levinas kan ikke uten videre tas til inntekt for gjeldende teologi. Hinsides ontologien kan heller ikke Gud omtales som et værende, som noe i verden eller i himlenes bakverden. Ontologiens Gud, sier han, er død, bare etikkens Gud lever. Han åpenbarer seg i de etiske grunnsitua-sjoner, på annen måte åpenbarer han seg ikke.[18] Derfor kan han si: De som søker

---

[16] Peter Kemp legger stor vekt på denne side ved Levinas' filosofi i boken *Lévinas*, Anis forlag 1992.

[17] Minnelsen – eller myten – om *han som gikk forbi*, virker som en arketyp i Pär Lagerkvists siste diktning, en innsikt som han ikke selv er opphav til, men som har formet hans tankeliv. Se diktsamlingen *Aftonland* (1953). Levinas minner om fortellingen i 2. Mosebok kap. 33, hvor Herren går forbi Moses, og overlater til ham å følge i hans spor.

[18] Stephan Strasser, op.cit. s. 302.

å se Herrens åsyn, får ikke sett det før de har løst dem som er i fangenskap og gitt de fattige mat.[19]

Han som røber sitt spor i den Annens ansikt – spor og ikke tegn – er Gud som det Gode, det Gode som ifølge både Platon og den jødisk-kristne lære er hevet over væren, som er ut over væren, og som det hverken er sprog eller rom for i verden.

Dette var trekk ved Levinas' filosofi, men hva kan denne etikk bety for videnskapen om litteraturen? Den er ingen bydende tale som fremtvinger reformer eller ruelse. Den er alt annet enn maktsprog. Den viser til ansiktet som et værende som unndrar seg å bli tatt i besiddelse, som motsetter seg grep og begrep. Ansiktet viser oss det uinntagbare, det er ikke hårdt og ikke mykt, men det avvepner mitt tilgrep, innbyr til et forhold hinsides maktutfoldelse.

Vil jeg bli kvitt ansiktet, dvs. tviholder jeg på mitt herredømme, at alt skal lystre meg og legge seg til ro i min viden, da har jeg ikke noe alternativ: da må jeg gjøre som Kain, rydde ansiktet av veien, se bort fra at det ser på meg, kanskje i all evighet.

I sitt store dikt "Samvittigheten", forteller Victor Hugo at Kain flyktet fra land til land, men han ble ikke kvitt Abels ansikt. Til slutt muret han seg ned i en grav, men det som møtte ham der, i mørket, var øyet som han hadde krenket.[20]

Kain tålte ikke å se sin brors ansikt da Abel gjorde noe som mislyktes for ham: å få røken av offerbålet til å stige til himmels. Han drepte Abel. Og da Herren kom og spurte hvor hans bror var, svarte Kain med et spørsmål: Er jeg min brors vokter (eller gjeter)? Kain var oppriktig, sier Levinas,[21] da han svarte. Han var i ontologien, og i ontologien er jeg jeg og han han. Men mennesket er satt til å overskride ontologien, over i etikken. Derfor dømte Herren Kain, fordi han hadde krenket det etiske bud: å være sin brors gjeter.

Hvis litteraturen – som enkelte diktere har sagt – er et medium hvor menneskehjertet banker, og litteraturvidenskapen ønsker å verne om denne tilgang til mennesket, da har Levinas dette å si:

En humant ordnet verden er en verden hvor den Annen finnes. Uansett hva vi taler om, taler vi til den Annen; å meddele er å *dele* ordet *med* den Annen. Den Annens ansikt innstifter betydning, mening, slik at uten den Annen er der ingen intersubjektivitet og heller ingen objektivitet.[22]

Det er ikke når hånden heves til slag at det femte bud brytes; bruddet skjer når vi vender ansiktet bort fra den Annens ansikt som bønnfaller. Skulle der noen gang bli en dom, blir det kanskje spørsmål om hva vi gjorde med øynene våre og hvor vi vendte ansiktet?

---

[19] Sitatet er hentet fra boken *A l'heure des nations*, 1988, s.189.

[20] Diktet *"La Conscience"* står i *La légende des siècles*, 1859.

[21] Det var under et intervju Levinas uttalte dette, se "Møte med Emmanuel Levinas" ved Asbjørn Aarnes, Aftenposten, 31.7.1992.

[22] Stephan Strasser, op.cit. s.112.

Britannicus – magt og kærlighed
Om kærlighedens subversive kraft

Dan Ackermann

Som bekendt skrev Racine ialt 11 tragedier i årene fra 1664 til 1691[1]. Herudover udgav han en række oder og poetiske arbejder samt i 1668 en satirisk komedie. Hans forfatterskab indeholder imidlertid også en del ikke-litterære tekster, hvor især en "Abrégé de l'histoire de Port-Royal" (1697) er kendt. Som hofhistoriker under Ludvig d. XIV udarbejdede han tillige sammen med Boileau et manuskript over "l'Histoire du Roi". Desværre forliste dette skrift under en brand i 1726. Det er uden tvivl tragedierne, der har gjort Racine kendt i verdenslitteraturen. Sammenlignet med hans samtidige Corneille og Molière's produktion er det ikke noget omfattende forfatterskab. Det er til gengæld, hvad angår det sproglige, stilistiske og kompositoriske, højden af fransk drama i det 17. århundrede.

Kærligheden som subversivt element er en del af Racine's tematiske spektrum. At kærligheden er subversiv vil vi her forstå således, at den som en historisk betinget social orden er et led i magtens differentiering og reproduktionsbetingelser[2]. Kærligheden er selve det subversive element og forførelsen dens strategi. Et forsøg på at hindre og nedbryde den herskende seksuelle orden er derfor også en udfordring til den samfundsmæssige orden.

På et teoretisk plan har R. Barthes søgt at belyse, hvorledes kærlighedsproblematikken forholder sig til magtmotivet i Racines tragedier. Dette forhold kalder han "la relation fondamentale", (R. Barthes, 1963, p. 35):

> "A a tout pouvoir sur B"
> "A aime B, qui ne l'aime pas".

Barthes' metode bag denne umiddelbare banale observation i tragedierne er strukturalistisk. Her indeholder den strukturalistiske metode imidlertid ikke det historisk nødvendige aspekt, som vi fx ser formuleret i L. Goldmann's "genetiske strukturalisme", (L. Goldmann, 1959). De enkelte tragedier betragtes hos Barthes som lukkede autonome størrelser, som "un système d'unités ('les figures') et de fonctions". "Les figures" indgår i et gensidigt afhængighedsforhold, som afdækkes ved en psykologisk grundstruktur. Denne grundstruktur bygger på autoritetsforholdet mellem "les figures" og anskueliggøres af Barthes via myten om "la horde primitive". I sin forklaring på "la relation fondamentale" defineres

---

[1] Egentlig skrev han 12 tragedier. Den første – "l'Amasie" er imidlertid ikke bevaret. Den blev afvist af "La troupe du Marais" og siden opgivet af Racine. Jvf. R. Picard, 1961, p. 46.

[2] Disse teoretiske tanker skylder jeg Lars-Henrik Schmidt, der har udviklet det teoretiske korpus i sin bog *Magten og den sociale diskurs*, Aalborg 1981.

"les figures" ikke som karakterer, men som funktioner, der bestemmes af "la relation de force". De vigtigste 'figurer' er "le père", "la mère", "le fils" og "les frères":

> Il n'y a que des situations (...) tout tire son être de sa place dans la constellation générale des forces et des faiblesses. La division du monde racinien en forts et faibles, en tyrans et en captifs, est en quelque sorte extensive au partage des sexes
>
> (R. Barthes, 1963, pp. 24–25).

Barthes' modeludledning er mere indviklet end her vist. Hvad vi imidlertid kan bruge hans overvejelser til, er at anslå magtens politiske og psykologiske felt i en struktur, som på en hel anden måde ansætter et tematisk billede af Racines tragedier end det ses hos fx Goldmann. Styrken i Barthes' tese er, at den teoretisk underbygger en tematisk indgang som i Racine-forskningen længe har været anerkendt, (A. Simonnet, 1971). Yderligere er der den understregning i hans tese, at den fremhæver det meget vigtige aspekt, at kærligheden er det eneste felt i tragedierne, Racine selv har indlagt. Resten er mere eller mindre omskrivninger af de historiske forlæg hos bl.a. Sueton og Tacitus. Det betyder tillige, at det er i kærlighedsfeltet, at Racine skal indarbejde sin tragiske spænding.

En mærkværdighed er det dog, at Barthes i sin udledning alligevel mener, at kærligheden er af sekundær betydning hos Racine:

> Il ne s'agit nullement d'un conflit d'amour, celui qui peut opposer deux êtres dont l'un aime et l'autre n'aime pas. Le rapport essentiel est un rapport d'autorité, l'amour ne sert qu'à le *révéler*. Ce rapport est si général, si formel pourrait-on dire, que je n'hésiterai pas à le représenter sous l'espèce d'une double équation
>
> (R. Barthes, 1963, pp. 34–35).

Som det skal vises nedenfor er jeg af den opfattelse, at det lige netop forholder sig omvendt – kærlighedsproblematikken forholder sig determinerende overfor magtmotivet. Kærligheden optræder kun i dette autoritetsforhold – ifølge Barthes – som en funktionel størrelse, (R. Barthes, 1963, p. 35). Jeg finder altså ikke, at kærligheden blot er en funktionel del af autoritetsforholdet, men derimod overhovedet det centrale omdrejningspunkt. Det er min påstand, at B via kærligheden på et tidspunkt får mulighed for at ophæve A's funktion og på denne måde gøre kærligheden til et subversivt element i A's autoritetssfære. Den nedbryder den oprindelige magtstruktur.

I den oprindelige magtstruktur, dvs magtstrukturen sådan som den er fremstillet scenisk når tæppet går op, indgår kærligheden som magtelement. Og netop kærligheden bliver kampfelt for tragediens hovedmodsætning (tyran/slave, den der elsker/den elskende), dvs at når man vil undersøge, hvordan magtstrukturen bevæger sig, skal det ske indenfor dette magtfelt som kærlighedsproblematikken afstikker overfor magtforholdet.

Det er en machiavelliansk verden vi ofte finder i Racine's tragedier. Et centralt sted i *Il Principe* hævder Machiavelli, at: "En fyrste må ikke ænse ry for grusomhed, når det gælder at opretholde enighed og loyalitet blandt sine undersåtter". Man kunne tilføje, at en fyrste kan ikke tillade sig at vise gavmildhed, hvis han vil opretholde sin enevældige magt.

I Racine's tragedie *Britannicus*, udkæmpes der en intern familiestrid om den reelle magt bag paladsets mure mellem Nero og Agrippina. Tragedien sammenfatter højdepunktet i denne magtkamp komprimeret i et forløb på 24 timer. Bag dette døgns koncentrerede begivenheder ligger en overleveret legende, som Racine har hentet hos Sueton. Da Nero sytten år gammel 'arvede' kejsertitlen efter Claudius, som dennes adopterede søn, havde han erklæret, at han ville regere efter Augustus' grundsætninger. Han viste gavmildhed og var især rundhåndet overfor hæren. Overleveringen fortæller bl.a., at:

> Da man mindede ham om, at han efter sædvane måtte skrive under på en dødsdom, sagde han: "Hvor jeg ville ønske, at jeg ikke kunne skrive!"
>
> (Sueton, 1977, p. 44).

Senere viste der sig en "Uvornhed, liderlighed, ødselhed, havesyge og grusomhed", som endte med en karakteristik og mytologisering af Nero som ondskaben selv. Inkarnationen af den rendyrkede tyran.

Da vi som tilskuer træder ind i forværelset til Nero's gemakker hin morgen, hvor Albina finder sin herskerinde Agrippina i en spændt og nervøs venten på sønnens opvågen, er vi endnu ikke klar over den dybde, hvori hendes uro bunder. Vi får ret hurtigt at vide (v. 10), at det drejer sig om Nero's halvbroder Britannicus, som Nero har vendt sig imod. Som tilskuer kender vi fra historiebøgerne imidlertid baggrundshistorien herfor. Da Claudius' anden kone – Messalina – dør, gifter han sig med Agrippina. Hans eneste søn og 'tronarving' er Britannicus, som Agrippina imidlertid får skubbet til side, ved at overtale Claudius til at adoptere Nero som sin søn. Britannicus udtrykker den eneste faktor, som kan betvivle Nero's legitime ret til kejsertitlen. Nero viser sig her som en klart gennemskuende realpolitiker. Da tæppet går op for 1. akt fornemmer vi allerede inde i hovedet, hvori tragediens handling består. Navnet "Britannicus" er i historien strikt bundet op med Nero's mord på sin halvbroder. Da Agrippina umiddelbart efter sin antydning af den politiske konflikts indhold, samtidig antyder, at hun selv fornemmer, at den grusomme skæbne også vil indhente hende, er den historiske referenceramme klar. Den belæste tilskuer ved, at Agrippina's forudanelse er alt for sand. Nero er også gået over i historien som den berømteste modermorder. Racine har med sin åbning, nøjagtigt som i åbningen til en sensationsartikel i avisen, givet appetit til sit publikum gennem denne indirekte appel til tilskuerens historiske viden om tragediens slutning. Vi sidder spændt tilbage og venter på at lade vore følelser blive trukket igennem virkelighedens grusomhed, for til sidst at blive tilfredsstillet i en bekræftelse på vor forhåndsindsigt i historien. Vi er som publikummer fra starten i besiddelse af den grusomme sandhed, som ikke kan få lov til at trænge igennem til aktørerne på scenen, da Agrippina har givet sin åbningsreplik. Den moderne krimigysers kendte kneb med at lade læseren kende morderen før mordet er begået, var også et kendt kompositorisk kneb i 1600-tallets dramatiske teater. Skulle *Britannicus* have gået som feuilleton, ville fortsættelsen have gået over modermordet og drabet på Nero's tre hustruer til folkemordet på Roms befolkning, indtil Galba (retfærdighedens lange arm) pressede ham til den sidste æreløse handling – selvmordet.

Agrippina's intriger og de facto magt beskrives af Albina i samme moment. Hun er den, der har samlet trådene bag Nero's vej til magten – hun er den grå eminence. Albina kender kun den gode del af legendens beskrivelse af Nero. Agrippina forsøger at åbne øjnene på hende, så hun kan se klart. Agrippina er klar over Domitius-slægtens grusomhed og tungsind, og refererer til det analoge eksempel med Caligula (v. 39–42).

Hun er umådeholden ærlig overfor Albina i afdækningen af sine hensigter. Lad blot Rom tro på Nero som en landsfader, blot han erindrer, hvem der er hans moder. Det, der er foregået om natten har imidlertid været ikke bare en trussel mod hendes magt, men også mod hendes binding til ham som mor. Konflikten mellem mor og søn i magtens politiske og psykologiske antræk træder frem i en umiddelbar banal hofintrige. Britannicus elsker den åbenbare smukke og indtagende Junia. Agrippina har stækket begges muligheder for at true Nero's og sin egen magtposition. Ved at støtte et ægteskab mellem disse to, støtter hun den knuste legitime magt, der ville kunne træde ind, dersom hun blev nødt til at fjerne Nero fra tronen, for at tilfredstille sine egne magtpolitiske ambitioner. Hun er realpolitiker som sønnen og skyer ingen midler. Rom's politiske magtcentrum er bundet op af et magtpsykologisk spil mellem mor og søn. Udfordringen kom den dag Nero i senatet nægtede Agrippina at sidde på sin sædvanlige plads. Til trods for denne forklaring er Albina endnu skeptisk, og hendes funktion i 1. scene, synes også kun at være en anledning fra Racine's side til at afdække dels konfliktens udspring og dels at tegne et billede af forholdet mellem to magtmennesker – mor og søn. I sin slutreplik i 1. scene udtrykker Agrippina endnu et håb om at kunne sætte tingene på plads igen og få Nero til at 'lystre sin mor'. Hændelsen om natten har imidlertid gjort Nero urolig og denne psykiske afbalancering skal benyttes til at få ham til at røbe sit inderste jeg – hans planer.

I scene 2 af 1. akt træder Burrus – Nero's gamle lærer – ind på arenaen. Albina findes ikke i de historiske kilder, hvorfor hendes dramatiske tegning i tragedien står Racine frit. Burrus derimod optræder hos Tacitus. Her skildres han på linie med Seneca som opdrager for Nero. Begge har de søgt at dæmpe Nero's tendenser til det grusomme:

> Burrus' strength lay in soldierly efficiency and seriousness of character, Seneca's in amiable high principles and his tuition of Nero in public speaking.
>
> (Tacitus, 1979 p. 285)

Hos Tacitus beskrives Burrus som den tro soldat, der via sin ed til kejseren vil beskytte denne institution med alle midler. Seneca er den store stoiske filosof på Nero's tid. I stykket optræder han kun indirekte. Burrus er også scenevant hofsno, der forstår at belægge sine ord overfor bl.a. Agrippina. Han skal være et skjold mod hendes forsøg på at komme ham nær. Man aner Nero måske er bange for, at hendes moderlige indflydelse kan ændre hans beslutning om et opgør med hende. Agrippina prøver at udfordre hans position og hans integritet, (v. 179–80):

> Non. Ce n'est plus à vous qu'il faut que j'en réponde:
> Ce n'est plus votre fils, c'est le maître du monde

og som en direkte udfordring til Agrippina's trækken i snorene svarer Burrus, (v. 215):

> Mais, Madame, Néron suffit pour se conduire.

Agrippina beder Burrus om at forklare nattens hændelse: "Hvorfor har han 'røvet' Junia? En pige, som han aldrig har set før og kun kender gennem den slægt hun tilhører". Junia har gennem sin slægt arveret til kejserværdigheden gennem en søn, hvilket gør den mand hun ægter, til en udfordring mod Nero. Når denne mand samtidigt viser sig at være Britannicus, reagerer Nero – realpolitiker, som han er. Junia kan kun ægte en som Nero anerkender. Der er heri lagt en gammel ret, som har levet helt op i vor tid. Ægteskaber indenfor storaristokratiet var mere politiske ægteskaber end baseret på følelser. Junia kan derfor rimeligt set ikke blot ægte Britannicus. Det er Nero's ret til at dømme i den sag, der her udfordres af Junia.

Nero benytter denne nok så vigtige handling til at tage et opgør med sin mor. Rom vil forstå, hos hvem retten til magten ligger. Agrippina kan kun tabe den sag. Burrus appellerer herefter til Agrippina, som moderen der bærer over med sin søns 'unoder'. (v. 271–72). Britannicus entrer scenen sammen med Narcissus – hans egen lærer – i en søgen efter Junia. De lades alene efter Agrippinna har ladet Britannicus forstå, at de skal mødes senere for at tale om tingene.

Britannicus er ikke fuldt ud klar over den intrige, der har udspillet sig omkring Nero's vej til magten. Men han er ikke til sinds at afstå det han betragter som sin legitime ret. Endvidere anklager han Narcissus for at spionere mod ham til fordel for Nero. Narcissus skuldrer anklagen, men affejer den med hentydning til, at det er hos andre forræderen skal findes, (v. 337). Britannicus vil dog ikke slå hånden af Narcissus, for, (v. 343):

> Mon père (...) m'assura de ton zèle.

Narcissus optræder i Tacitus' *Annaler* i lide smigrende vendinger. Under Claudius var han blevet udnævnt til kvæstor, som tak for mordet på Messalina, Claudius' kone. Hans værste modstander blev Agrippina, og skulle have set sit eget endeligt for hendes hånd:

> Whether Britannicus or Nero comes to the throne, [skulle han have sagt], my destruction is inevitable. But Claudius has been so good to me that I would give my life to help him. The criminal intentions for which Messalina was condemned with Gaius Silius have re-emerged in Agrippina. With Britannicus as his successor the emperor has nothing to fear. But the intrigues of his stepmother in Nero's interests are fatal to the imperial house – more ruinous than if I had said nothing about her predecessor's unfaithfulness. And once more there is unfaithfulness. Agrippina's lover

is Pallas. That is the final proof that there is nothing she will not sacrifice to imperial ambition – neither decency, nor honour, nor chastity.

(Tacitus, 1979, p. 281).

Narcissus' forudsigelse af sin egen død bekræftes. Agrippina's forfølgelse af ham betød, at han til sidst valgte at begå selvmord. Som det vil ses nedenfor, passer denne historie ikke helt med tragediens. Karaktertegningen hos Racine rammer imidlertid Tacitus'. Narcissus havde ingen skrupler i sin forfølgelse af et mål, og synes tilsyneladende kun at have været oprigtig overfor Claudius – også efter dennes død. Denne afvigelse betyder i og for sig ikke noget i handlingens historiske associationer. Narcissus indtager ingen stor central rolle i den romerske historie eller i Tacitus' *Annaler*. Racine's frie omgang med sin person, kan derfor accepteres udfra en handlingsmæssig synsvinkel.

I 2. akt. træder Nero frem på scenen. Endelig er han vågnet op og er straks blevet informeret af Burrus om Agrippina's indvendinger. Udfra en psykologisk synsvinkel er overgangsscenen (I.1) ganske interessant, idet Nero endnu her er parat til at tilgive sin moders intriger, (v. 359–60):

(...) malgré ses injustices,
C'est ma mère (...).

Men samme sted forlanger han en omgående forvisning af Pallas – moderens elsker. Denne sag ligger ham så meget på sinde, at han ligefrem hævder, at, (v. 371):

Allez: cet ordre importe au salut de l'empire

Et centralt og kendt psykologisk tema ansættes i denne scene. I 2. akt, scene 2 føler Nero og Narcissus, at de endelig har fundet vejen til at tæmme Agrippina. Narcissus bemærker dog en mærkelig uro og angst hos Nero, som selv skulle overgå Britannicus' ængstelser. Narcissus er endnu ikke indviet i de natlige begivenheders indtryk på Nero.

På dette tidspunkt bevæger tragedien sig i sit spændingsfelt ikke ud over det historisk trivielle. Nero og hele den familiemæssige magtudøvelse har endnu kun vist den rå magt i sin politiske fremtrædelsesform.

Som et totalt anarkistisk element i magtintrigens korridorer må Nero bekende overfor Narcissus, at hans første møde med Junia har slået benene væk under ham. Den fatale kendsgerning lyder, (v. 382):

Narcisse, c'en est fait, Néron est amoureux

Her afsløres grunden til den uro, som præger Nero. Den er så meget mere forfærdelig, at han – kejseren – ikke er i stand til at kontrollere den. Hverken snigmord, politiske rævestreger, folkemord eller et planlagt oprør mod den alt omfavnende moder Agrippina kan hjælpe Nero i denne sag. Nero fortsætter, (v. 383–84):

Depuis un moment, mais pour toute ma vie
J'aime, que dis-je, aimer? j'adolâtre Junie

I Narcissus' verden er dette nye moment en total uhåndgribelig ting. Man ser ham næsten stående med vantro i øjnene, (v. 384):

Vous l'aimez!.

Herefter giver Nero en beskrivelse af sit natlige møde. Jeg citerer hele hans replik, fordi jeg finder denne sekvens for værende noget af det bedste Racine har skrevet – ja, nærmest overvældende i hele sin psykologiske og symbolske dybde, (v. 386–408):

Cette nuit je l'ai vue arriver en ces lieux,
 Triste, levant au ciel ses yeux mouillés de larmes,
 Qui brillaient au travers des flambeaux et des armes;
 Belle sans ornements, dans le simple appareil
 D'une beauté qu'on vient d'arracher au sommeil.
 Que veut-tu? Je ne sais si cette négligence,
 Et le farouche aspect de ses fiers ravisseurs,
 Relevaient de ses yeux les timides douceurs.
 Quoi qu'il en soit, ravi d'une si belle vue,
 J'ai voulu lui parler, et ma voix s'est perdue:
 Immobile, saisi d'un long étonnement,
 Je l'ai laissé passer dans son appartement.
 J'ai passé dans le mien. C'est là que, solitaire,
 De son image en vain j'ai voulu me distraire:
 Trop présente à mes yeux je croyais lui parler;
 J'aimais jusqu'à ses pleurs que je faisais couler.
 Quelquefois, mais trop tard, je lui demandais grâce:
 J'employais les soupirs, et même la menace.
 Voilà comme, occupé de mon nouvel amour,
 Mes yeux, sans se fermer, ont attendue le jour.
 Mais je m'en fais peut-être une trop belle image:
 Elle m'est apparue avec trop d'avantage:
 Narcisse, qu'en dis-tu?.

Nero's begær, efter mødet med Junia, vender ikke blot intrigen mod Britannicus til et opgør mellem to brødre over samme kvinde. Mødet med Junia sætter sig som et dybt traume i hans sind. Et traume, der blot venter på sin udløsning. Den natlige 'åbenbaring' sætter Nero's forhold til sine omgivelser i relief. Hans kone – Octavia – er blevet ham påtvunget som et politisk ægteskab og han er træt af hendes evindelige klager. I fire år har hun kun bedt til guderne, for, (v. 472–73):

D'aucun gage, Narcisse, ils n'honorent sa couche;
 l'empire vainement demande un héritier.

Bag disse linier ligger Sueton's beskrivelse af Nero's grund til at myrde Octavia:

Samlivet med Octavia blev han hurtig ked af, og da hans venner bebrejdede ham det, sagde han, at hun burde være tilfreds med rangen som hans hustru. Senere, efter at han flere gange uden resultat havde spekuleret på at lade hende kvæle, lod han sig skille fra hende under påskud af, at hun ikke kunne få børn.

(Sueton, 1977, pp. 62–63)

Narcissus' forhold til Cæsar er baseret på smigren og håbet om en fortrolig status, der kan fremme hans egne ambitioner, koste hvad det vil. Hans dobbeltspil overfor Britannicus og Nero afslører hans egentlige hensigter og mål, og meget à propos hedder han jo også Narcissus. Vejen til hans karriere er ikke et spørgsmål for eller imod Britannicus hhv Nero. Vejen ligger via Agrippina's fald, (v. 492):

> Vivez, régnez pour vous: C'est trop régner pour elle

Nero føler imidlertid ikke, at han har det mod, der skal til for at se sin moder i øjnene og fortælle hende 'sandheden'. Hendes nærvær er tyngende i al sin moderlige dominans.

Nero sender Narcissus til Britannicus med bud om at komme og tale med Junia. Nero har sine grunde til at lade dette møde komme i stand, til trods for Narcissus' advarsler. Som tilskuer får vi ikke disse grunde oplyst i replikkerne, men vi kan gætte på hensigten.

Inden de to elskende mødes konfronteres Junia med Nero. Stillet første gang overfor den, der i nattens stilhed og i faklernes skær havde røvet hende ud af sengen, starter Junia med at være overrasket over at møde Nero. Hun søger Octavia. Enten er hun ikke klar over, at det er på Nero's bud, at hun er i paladset, eller også kunne hun ikke forestille sig, at han havde noget ondt i sinde. Men Octavia ville måske kende grunden? Junia spørger i stedet Nero om sin brødes beskaffenhed. I en gribende smigrende scene forsøger Nero nu at gøre Junia klart, at han er den, der har ranet hende; at han er forelsket i hende. Junia gør klart og præcist opmærksom på, at det er Britannicus hun er trolovet til, hvilket skete med påbud fra Claudius. Hun fornærmer oven i købet Nero, ved at hentyde til Claudius' regeringstid som "un temps plus heureux" (v. 557). Nero skruer bissen på og irettesætter Junia, at nu er det ham, som er kejser. Han vil vælge hendes kommende mand. Junia spørger, hvem det er Nero tænker på. Han svarer lige ud, (v. 572):

> Moi, Madame.

Hun bedyrer, at denne æresbevisning gør hende skamfuld. Hun er lovet til Britannicus og hun ønsker at stå ved dette. Nero fortæller Junia, at hun skal komme til at møde Britannicus, og han lover en omsorg for sin halvbroder. Dog skal hun love at afvise Britannicus, hvis hun har hans liv kært. Junia tvivler på, at hun kan skjule sin sande kærlighed under en sådan afvisning. Igen truer Nero. Hans øjne og ører er skjult til stede og opfanger enhver skjult kærligheds-erklæring.

Junia's person var hovedemnet i den kritik, der rejste sig efter første-opførelsen i 1670. Hun figurerer kun ganske perifert i kilderne, som Junia Calvina, søster til Silanus og i familie med Augustus. Forlægget finder Racine igen hos Tacitus, der stik imod det billede vi får af hende i tragedien, fremstilles som en skamløs pige, der havde haft et nærmest incestuøst forhold til broderen. Ved Silanus' senere selvmord blev Junia forvist. Dette er denne pige, som Nero bringer tilbage, for, som det hedder hos Tacitus, at: "... intensify his mother's unpopularity and indicate his increased leniency ...". (Tacitus, 1979, p. 318). I tragedien får hun en central placering, ved at være den bolt, hvorom magtens politik udspindes. Hun er det politiske instrument. Det betyder imidlertid også, at hun som repræsentant for den uskyldsrene kærlighed virker som et våben. Kærligheden får en subversiv kraft overfor magten, der taber i spillet. Hendes politiske magt er den mest begrænsede i intrigen, men ikke desto mindre er hendes "nej", (v. 744), det betydeligste våben. Vi lægger også mærke til, at hun er den eneste person, der ikke direkte lader sig inddrage i intrigen. Hun er ufrivilligt tilskuer til magtkampen. Endvidere er hun den eneste, der direkte synes at trodse Nero.

Britannicus er forbavset over den afvisende holdning, han møder hos Junia under deres besøg. Han byder hende at tale frit, men Junia advarer blot, (v. 712–14):

> Vous êtes en des lieux tout pleins de sa puissance:
> Ces murs mêmes, seigneur, peuvent avoir des yeux;
> Et jamais l'empereur n'est absent de ces lieux

Men Britannicus er forblændet. Han afviser hendes frygt og forsøger at indgyde hende lidt mod, ved at hævde Agrippina's beskyttelse. Junia afviser omvendt Britannicus og beder ham gå, da Nero kommer tilbage. Alt imens har Narcissus stået og lyttet på, uden de to har anet hans dobbeltspil.

Efter mødet lægger Nero og Narcissus råd op. Britannicus skal betale for sin lykke og Junia græde over sin smerte. På vej ud af scenen kommer karriere-mageren frem i Narcissus' replik, (v. 757–60):

> La fortune t'appelle une seconde fois,
> Narcisse: voudrais-tu résister à sa voix?
> Suivons jusques au bout ses ordres favorables;
> Et pour nous rendre heureux, perdons les misérables

I 3. akt sker den direkte konfrontation mellem Nero og Britannicus. Første del af Nero's kup er gjort, da Burrus meddeler Pallas' eksil. Dog, Burrus mener at truslen mod Nero's magt kommer andet sted fra. Han har gennemskuet Nero's forelskelse. Cæsar afviser den gamle soldat under henvisning til, at hans domæne ikke er om Cæsar skal elske eller ej. Burrus bliver alene og indser, at Nero nu har vist sin sande karakter, (v. 801):

> Certe férocité que tu croyais fléchir

Burrus ser kun en udvej – at få Agrippina til at bøje af. Hun kommer i det samme ind ifølge med Albina. Under anklage om dårlig opdragelse af Nero, forsvarer Burrus sig med, at Cæsar's bud intet forsvar kræver. Hun søger til dernæst at ramme ham på et ømt punkt, ved at henvise til hæren og legionerne. Hun er overbevist om, at de vil følge hende – datter, som hun er, af deres berømte hærfører Germanicus. Men Burrus betvivler denne magt i Agrippina's hænder. Han appellerer til hende om at forstå hans synspunkt; han håber derved at få tid til at tæmme 'uhyret' igen. Albina lytter med, men forstår heller ikke her, hvori hele intrigen drejer. Hendes rolle benyttes igen til at fremhæve Agrippina's argumenter. De afbrydes af Britannicus og Narcissus. Med Narcissus som forræder, lægger de allierede deres slagplan. Narcissus prøver endvidere at indgive Britannicus et falsk håb om at se Junia igen. Til hans forbavselse dukker Junia op, hvorfor han iler til Nero for at fortælle om dette sammentræf.

Junia taler frit og åbent til Britannicus om faren, der truer ham. Men Britannicus tror ikke på hende. Et klimaks nåes, da Nero træder ind, og de to rivaler mødes ansigt til ansigt foran hende, der er nøglen til magtens forløsning. Britannicus forsøger at stå op imod Nero's trussel, men må trække sig. Deres samtale udvikler sig nærmest som en far, der belærer sin søn. (Hos Tacitus opgives hans alder da også kun til at være 14 år). Britannicus røber under denne diskussion, at Junia har fortalt om Nero's intrige med hende. Svaret falder prompte, (v. 1069):

> Je vous entends. Hé bien! gardes!

Junia går i forbøn for Britannicus. Selv truer hun med at flygte til det eneste sted Nero ikke har magt – Vestas Tempel. Da de to elskende er ført ud af vagten, befaler Nero Burrus at arrangere et møde med Agrippina. Nu skal de to 'vilddyr i junglen' have den sidste kamp. Nero mistror Burrus' sympatier – ligesom Agrippina havde gjort det – og truer ham.

4. akt indeholder den berømte scene, hvor Racine's psykologiske spil når sit klimaks. Mor og søn mødes. Agrippina opridser alle sine fortjenester overfor Nero og bedyrer ham, at de alle har været til hans gunst. Denne lange enetale, der i sin essens er et summa summarum af deres begges vej til magten, modtages af Nero med en anklage om, at Agrippina ønsker at begrænse hans magtudfoldelse og i stedet styrke Britannicus' position. Moderen erklærer sin kærlighed til sønnen, til trods for, at, (v. 1271–72):

> Dès vos plus jeunes ans, mes soins et mes tendresses
> N'ont arraché de vous que de feintes caresses

Nero beder sin moder fremsige sine betingelser. De består i, at han skal slutte fred med Britannicus og hjemkalde Pallas fra eksilet samt at hun genvinder sin ret til at få adgang til at tale med ham, når hun ønsker det. Nero's svar er bekræftende. Men Agrippina er ikke mere end lige gået, før han overfor Burrus røber et dybt had. Ingen af de tre betingelser agter han at indfri. Om Britannicus, den klassiske sætning, (v. 1313):

> J'embrasse mon rival, mais c'est pour l'étouffer

Før dagen er omme skal udåden være gennemført. Burrus aner skyggen bag Nero – her har Narcissus haft en finger med. Han appellerer til Nero's retfærdighedssans samt hensyntagen til de, der har givet ham magten. I sit svar åbenbarer Nero en essens i sit oprør, (v. 1332):

> Quoi! toujours enchaîné de ma gloire passée.

Burrus advarer Nero om hævnen. Den hævn som så grufuldt er fremstillet hos Sueton i Nero's uprofessionelle måde at begå sit selvmord på, (Sueton, 1977, pp. 74–75). Burrus forsøger forgæves. Selv en henvisning til legenden vejer ikke tungt nok, (v. 1366–72). Han ender i fortvivlelsen og fornedrelsens knæfald. Nero accepterer dog at ville tale med Britannicus om sagerne. Tilsyneladende er han blevet rørt af sin gamle mesters ord.

Imedens Burrus får fat i Britannicus kommer Narcissus til Nero med giftmordet i sit følge. Locusta – den berygtede giftblanderske – har brygget giften, og den er effektivt afprøvet. Her afviger Racine sin fortælling, idet Tacitus beretter, at giften, som ikke var formidlet af Narcissus, men en betalingsmand i paladsgarden (Julius Pollio), var for svag. Locusta måtte i gang igen og ved en banket forgives Britannicus.

Til sin overraskelse – endnu en fra Nero's side – forstår han, at planen er udsat. Nero bedyrer, at han er blevet forsonet med sin halvbroder. Narcissus accepterer straks Nero's beslutning overfor Nero, men påbegynder langsomt overtalelsen til at ændre afgørelsen. Tyranen vækkes i ham igen ved Narcissus nævnelse af Agrippina's navn, (v. 1415):

Elle a repris sur vous son souverain empire

Nero's uro er der straks i en ukontrollabel sproglig reaktion, som står i skarp kontrast til den ro, der tegnede hans dialog lige inden, (v. 1416):

Quoi donc? Qu'a-t-elle dit? Et que voulez-vous dire?

Narcissus ægger Nero's had, ved at referere, at Agrippina skulle have pralet af sin magt over kejseren. Nero er totalt i Narcissus vold, som djævelen der taler til Jesus på Bjergets rand. Nero kan – modsat Jesus – imidlertid kun følge Narcissus i fordærvelsen. Nero indser i al sin tiltagende magtesløshed, at dette fører lige ind i tyranniet, (v. 1428):

Sur les pas des tyrans veux-tu que je m'engage

Narcissus' svar sættes i forhold til det romerske folk, (v. 1432):

Et prenez-vous, seigneur, leurs caprices pour guides?

En ny plan lægges – Nero har bøjet sig for Narcissus' retorik, og vejen tilbage til kejseren med et menneskeligt ansigt er brudt.

5. akt åbner med, at Britannicus og Junia ser hinanden, som det skal vise sig, for sidste gang. Britannicus er, fuld af tillid til Nero's forsoning, bragt til ham gennem Burrus. Junia's mistro er dog ikke til at slå ud. Britannicus tror Agrippina endelig har lagt sin moderlige hånd på Nero og formået ham tilbage i folden. Junia's mistanke opruller hele galleriet af intrigemagere; hun har sin anelse om resultatets udfald, (v. 1547):

Et si je vous parlais pour la dernière fois.

Men Britannicus kan ikke komme hurtigt nok ud af døren. Selv Agrippina er fanget ind af Nero's løfte til Burrus. Hun følger med Junia til Octavia, medens Britannicus går til sit sidste taffel. Agrippina forsøger at trøste Junia i hendes angst, og forsikrer om, at Nero's løfte er helligt. Hun er selv bedraget af hans tilsyneladende forsonende holdning til hende, (v. 1596–97):

Tel que d'un empereur qui consulte sa mère,
Sa confidence auguste a mis entre mes mains

Junia's eneste replik hertil er et råb til de højere magter, (v. 1611):

O ciel, sauvez Britannicus!

Umiddelbart herefter haster Burrus ind og meddeler mordets iscenesættelse. Ind træder også Nero i al sønlig uskyld. Anklagen for brodermord står skarpt i ekkoet fra kulissen, da Agrippina byder Nero, (v. 1648–50):

Arrêtez, Néron: J'ai deux mots à vous dire.
Britannicus est mort, je reconnais les coups;
Je connais l'assassin.

Nero svarer, (v. 1651):

Et, qui, Madame?

Agrippina, (v. 1652):

Vous.

Overfor denne utvetydige anklage kan Nero optræde med sin nyvundne tyranniske autoritet, (v. 1653):

Il n'est point de malheur dont je ne sois coupable.

Narcissus anklages, men ægger kun herved Nero til at udfordre Agrippina's position. Hun ser for anden gang i stykket sin kommende død for sønnens hånd. En forudsigelse, som den historisk belæste tilskuer kan nikke genkendende til. Nero vender om uden et ord til forsvar.

Tragedien slutter i al sin gru med et efterspil, hvor hævnens uransagelige veje rammer den uforsonlige. Junia er flygtet til Vestas Tempel med Narcissus i sit kølvand. I al offentlighed sværger hun en ed ved Augustus' billedstøtte og lover at vie sit liv til guderne, som reaktion på mordet. Folkemængden fører hende i sine beskyttende arme til templet, medens Narcissus lynches. Nero ser til i en angst, der kun kan få ham til at fremstamme Junia's navn. Burrus' dom er ubønhørlig, (v. 1764):

Il se perdrait, madame.

Junia's udfordring ligger i første omgang i hendes kærlighed til Britannicus, som legitim rethaver af kerjserværdigheden. På dette plan optræder kærlighedsforholdet som en direkte trussel mod Nero's position, uden at have det subversive element i sig. Nero's reaktion er acceptabel set udfra realpolitikerens synspunkt. Han sikrer sig mod et coup d'état. Han er ikke tyran, fordi han i denne sammenhæng søger at begrænse såvel sin moders som Britannicus' anslag mod hans magt. Junia har ingen direkte indflydelse på det intrigemønster, som udspiller sig iblandt Narcissus, Nero, Agrippina og Britannicus samt Burrus. Indirekte udgør hun imidlertid den subversive faktor i den orden, som styrer Nero. I *Britannicus* er det subversive element det irrationelle i forelskelsen. Dette uforklarlige og anarkistiske, som Nero blot kan referere til som "et sært begær", udspiller sig i den før fremtrukne passus, hvor Junia's arrestation udpensles. Ud over det dybdepsykologiske interessante i scenen, har denne nats hændelse ophævet Nero's autoritet. Selv en mors naturlige magt kan ikke på samme måde forhindre hans 'galskab', da det går op for ham, at Junia siger "nej" til hans kærlighedserklæring. I al hendes magtesløshed har hun med dette ene ord udløst "le monstre naissant", og derved blevet anstødsstenen til ophævelsen af den gamle magtorden og samtidigt sat grænserne for den efterfølgende. Kærligheden gør blind, men også gal.

Litteratur

Barthes, R.   1966. *Sur Racine*, Paris.
Goldmann, L. 1959. *Le Dieu caché*, Paris.
Goldmann, L. 1970. *Racine*, Paris.
Picard, R. 1961. *La carrière de Jean Racine*, Paris.
Racine, J. 1962. *Œuvres complètes*, Paris.
Siminnet, A. 1971. "La structure sociale de l'autorité dans le théâtre de Racine", in: *Cahiers Raciniens*, vol. xxx, pp. 11–75.
Sueton 1977. *Romerske kejsere* I-II, København.
Tacitus 1979. *The Annals of Imperial Rome*, Harmondsworth.

Myte og musik
Om den borgerlige helt i musikken
i sidste halvdel af 1800-tallet

Peter Brask

Forbemærkning

Dette er det uændrede manus til en radiomontage, hvor den omtalte musik naturligvis var føjet ind – her må læseren selv tænke den til ved hjælp af stikordene. Enkelte eftertanker er vedsat i noten bagefter.

RICHARD STRAUSS, EIN HELDENLEBEN
(de første 5 minutter)

Med disse gevaldige gebærder præsenteres hovedpersonen i Richard Strausses symfoniske digtning *Et Helteliv* fra 1898. Det kan passende være den pompøse portal til den historie, som her skal skitseres: Historien om den borgerlige helt i musikken i slutningen af 1800-tallet. Længere fremme i symfonien kommer afsnit om heltens kamppladser og stordåd – og her er en række citater fra komponistens egne værker. Han citerer sig selv – er det da ham selv, der er helten? Det mente nogle af kritikerne – og ikke de mest venlige: "Her trutter Strauss i hornet for sig selv, eller rettere dem alle otte!". Men Strauss selv mente noget andet. Hvordan kan man nu vide det? Hvordan kan man vide, hvad denne musik skal betyde? Hvad har det at gøre med den borgerlige helt i musikken? Og hvad har det at gøre med myte og musik? Vi vil søge at opklare noget af det i dette causeri. Med forskellige eksempler undervejs, med tyngdepunkt i Strauss og Sibelius. De var dengang blandt "De Moderne"- indtil de moderne blev forældede og afløstes af "den Ny Musik" omkring 1920.

Men historien begynder egentlig før. Den kunne næsten få dato på – efter den dag i maj 1804, hvor Beethoven rev forsiden af partituret til sin *Tredje symfoni*. Den var ellers tilegnet Napoleon... men nu gjorde han sig til kejser, og det huede ikke Beethoven. I stedet skrev han på sin symfoni, at den var en heroisk symfoni til minde om et stort menneske. Napoleon blev abstrakt i musikken, da han blev utålelig i virkeligheden. Der er ingen tvivl om at 1800-talsmusikken forholder sig til samfundet omkring komponisterne, men den forvandler det, idet den gør det til musik. Musikken slipper ikke uden videre de følelser, der er knyttet til den omgivende virkelighed, den bliver ikke uden videre abstrakt lukket, og i sig selv nok,– men den kapper de fleste direkte henvisninger og anbringer de importerede følelser i en egen symbolsk verden, hvor der kan flyttes mere frit rundt med dem end i den omgivende virkelighed, som jo styres af økonomi og politik. Inde i værket kan der arbejdes med følelserne som i et laboratorium. Men selv i sin således ophøjede, omend ikke altid sublime, tilstand rummer 1800-talsmusikken stedse henvisninger. Der danner sig udtrykstraditioner, klasser og grupper af udtryk, hvis mening nok lader sig historisk bestemme i grove træk. Og mange af værkerne henviser indforstået til hinanden.

Vi er vant til at betragte følelser som noget af det mest intime, vi har. Men også opdraget til at mene at der findes et fællesskab om netop de væsentligste følelser, de "almenmenneskelige". Det er jo en modsigelse. En af de mange, vi lever med i borgerverdenen, eller som dens arvtagere. Følelsernes privathed er i virkeligheden et historisk træk, et produkt af den borgerlige æra og altså af kapitalismens tid og steder. Endnu hos Joh. Seb. Bach er der ikke følelser i vor forstand, uanset at vi kan føle ganske meget ved hans værker. Følelserne dér var affekter, rhetoriske masker, men sandelig oprigtigt mente masker, svarende til bestemte sociale sammenhænge. Først med Beethoven bliver følelsen i musikken for alvor privat, eller sløret-hemmelighedsfuld. Samtidig bliver den mere... nå ja, følelsesfuld end nogen sinde: den peger på sig selv. Her begynder individets laboratorium. Betingelsen for dette arbejde er som sagt, at der løsnes på forbindelsen til det sociale, på referencerne til samfundet, til den åbenbare fællesverden. Men det sker ganske langsomt. Endnu i Beethovens musik kan der påvises gestus og melodiomrids, der i samtiden kunne virke som klare henvisninger, ikke til begivenheder, men til områder af den fælles verden. Digteren Grillparzer skrev i den døve komponists samtalehefte: "Musikerne rammes ikke af censuren. Hvis censuren blot vidste, hvad De tænker, når de skriver deres musik...".

Endnu Beethovens sidste, niende symfoni har træk, der historisk har forbindelser til den franske revolution. Men samtidig er også det abstrakte sat ind. Ikke kun i kammermusikken, som er det intimeste musikalske rum, men også i symfonien, som jo nu er den brede flade ud mod det større publikum. Vi griber igen til anekdoten. Den niende slutter jo med at der synges: Schillers Hymne til Glæden. I Schillers tekst står der et sted at hvor Glæden hersker skal "Tigger blive Fyrstes broder" – en ret dristig bemærkning, når man lever under tyranner, hvad både Schiller og Beethoven jo gjorde. Men i symfonien står der ikke noget om tiggere. Der står at "Alle Mennesker bliver Brødre" (der er ingen søstre, nå!). Ser man firkantet på det, er det lige præcis de økonomiske momenter, som her er fjernet, til fordel for en rent abstrakt humanitet. Her bliver da en sær dobbelthed at bemærke. På den ene side den klare forvissning om alle menneskers fælles rettigheder, og om det gode-skønne-sande i at kæmpe for dem. På den anden side ophævning af problemerne til en ideal sfære; en anden end dén, hvor de faktiske kampe står. Men så for det tredje, på trods af denne modsigelse, dén forvissning at musikken, også *denne* musik, yder sit til kampen. Jfr. Grillparzer om censuren. Men når kunsten således ikke mere direkte henviser til omverdenen, men trækker henvisningerne ind og bearbejder dem i sit laboratorium, hvordan kan man så vide, hvad der foregår? Handler det alligevel om noget?

Måske hænger det sammen med dette problem, når så mange komponister i anden halvdel af 1800-tallet lægger digterværker til grund for deres store kompositioner; rent bortset fra at det nok løste nogle formproblemer. Når der komponeres til eller over litterære værker, så mødes musik og myte på en anden led end den før nævnte. Før talte vi jo om, hvorledes omverdenen trækkes ind i værket og bliver bearbejdet, opereret med under en myteproduktion. Men nu gåes der over til præfabrikerede myter som grundlag. Faust, Uglspil, Don Juan, don Quichote... og Ødipus. Men hvordan behandles så myterne? Her er to hovedmuligheder, vist. Man kan identificere sig med heltene – eller man kan placere sig på afstand som en betragter. Det første var 1800-tallets holdning. Betragterens rolle kommer til omkring 1920.

Opbuddet af en mangfoldighed af myter har også at gøre med det begyndende sammenbrud af den store fællesmyte: kristendommen. Den er jo ikke helt forsvundet endnu, men den er ikke mere det brede fælles livstolknings-grundlag, og ikke mere den altdominerende ideologiske overbygning på godt og ondt. Men gamle herskende forestillinger kan længe leve et skjult efterliv. Når fællesmyterne bryder sammen, kommer individets myteproduktion til at spille så meget større en rolle. Her får kunsten da en særlig plads. Den siver ind, hvor religionen gik ud, og en bivirkning er at kunstnerne bliver et nyt præsteskab, eller til helte, som stedfortrædenede gennemlider alle livstolkningens kvaler for de andre.

Her er vi så igen ved det *Helteliv*, som Strausses symfoniske værk fra 1898 egentlig handler om. At det er kulturens helte der menes, dét signaleres straks i værkets begyndelse. Ved to henvisninger. Til Schubert og til Beethoven. De allerførste hidsige løb – den rene energi, også erotisk – samler sig til et tema... som henviser til den Indadskuende ved hjælp af Schubert. En klavertrio fra 1827 i B-dur. Den begynder således:

SCHUBERT, TRIO B-DUR op.99
(1. minut)

Det allerførste lød altså:

TRIO B-DUR
(begyndelsen igen)

Hør så Heldenleben lige efter begyndelsesfigurerne:

HELDENLEBEN
(35'' til 1'00'')

Men snart blander sig et andet motiv heri. Også kun i et glimt, men dog vel hørbart:

HELDENLEBEN
(minut 2 & 3)

Det som her glimter frem, er jo nok så bekendt:

BEETHOVEN, IX. SYMFONI, sidste sats
(fra Allegro assai, hvor Cello & CB præsenterer
"Freude"-melodien; fades efter 1. variation)

Nu hvor vi har frisket Freude-melodien op, skal vi lige høre Strauss igen:

HELDENLEBEN
(Beethovenstedet, hvor "Freude"-melodien omskrives)

Hvor meget kan man nu stole på sine associationer? Er det ikke helt subjektivt? Men vi ved, at på den tid kunne komponisterne i Tyskland og Østrig deres Beethoven forfra og bagfra, han var dén slagskygge, de alle gik og skuttede sig i. Symfoni IX er fra 1823. Man var længe om at nærme sig den symfoniske form, af ære og respekt, men måske også fordi den forekom afsluttet med IXeren. Brahms var 43, inden han i 1876 vovede sig til sin første symfoni – og den slutter med en melodi, som man dengang syntes lignede "Freude"-temaet. "Ja, det kan ethvert fæ jo høre", mente Brahms. Men hvor stor lighed er der i grunden? Fornemmelsen af *slut* på den klassiske symfoni, og behovet for indre men dog refererende mytebearbejdelse, kan have medvirket til at så mange nu i århundredets anden halvdel gik i gang med at producere tonedigtninge. At situationen virkelig er *myteskabning*, dét markeres efterhånden obligatorisk ved værkernes start: Nu betræder du hellig grund, af med skoene!

STRAUSS, ALSO SPRACH ZARATHUSTRA
(første 1½ minut)

Det var i 1896 og imponerende som adskillige damptog. Men i 70'erne (vore altså) er det en kliché, og brugelig i vor hovedleverandør af myter: filmen. Det indleder Kubricks film *Rumrejsen år 2001*, men det er altså Strausses *Also sprach Zarathustra*, 1896. – samme åbningstype, "den mytiske helligdoms porte svinger op", findes i Bruckners III. symfoni 1889. Førstesatsen er direkte mærket *misterioso*:

BRUCKNER, III. SYMFONI, 1. sats
(begyndelsen)

I Bruckners *III. Symfoni* handler første sats så at sige om at nå frem (eller tilbage) til åbningstemaet fra Beethovens IX. Efter lang søgen, hele ti minutter, opstår andægtig tavshed. Svage pizzicati i dybe strygere giver signal om forventning (også et Beethovenprodukt), nogle tøvende, bedende blæsertoner lyder... og så kommer dét, *han*, helten... og bliver fejret. Værket kan endelig stræbe mod sin slutning. Mere privat kunne Bruckner selv godt finde på at forveksle denne helt med virkelighedens kejser af Østrig...

BRUCKNER III, 1. sats
(fra pizz. ca 10 ½ minut inde og
2 minutter frem. Fades derefter)
Den afspillede version er Eugen Jochums med Dresdnerne

Bruckners III. i denne version – han skrev den ustandselig om – er som sagt fra 1889. I årene 1889-91 var den unge komponistspire fra Finland, Jean Sibelius, på sin første studierejse i udlandet., i Berlin og Wien. Han var følsom, genialsk, svingende – følte sig begavet og uduelig, havde hverken fundet sin livsstil eller sin sande musik endnu. Ville være violinvirtuos, men duede ikke, klarede ikke sliddet, sløvheden, nerverne. I Berlin hørte han Strausses første tonedigt og første betydelige værk, *Don Juan*, efter Lenaus digt. Det første værk, han hørte i Wien, var Mozarts *Don Giovanni*. Han sov ikke natten derpå. Næste store værk: *Tristan og Isolde* af Wagner... som han tre år efter modtog et varigere indtryk af. Han følte sig sært beruset efter ankomsten til Wien. Det var som der gik nogen bag ham, stod nogen bag ham hele tiden. "Er det Døden?" spørger den unge mand (han levede 70 år til) "eller blot rusen over det fremmede? Undskyld!", skriver han. Men den største musikoplevelse midt i al livstummelen – det var Bruckners III. "efter min mening er hán den største af alle nulevende komponister", skrev han hjem. Senere hørte han Wagners heltemyte par excellence: *Siegfried*, og meldte sig ind i Wagner-Selskabet. Al denne nyere og ny musik virkede stærkt på ham. Også i anden henseende begyndte han på at forvandle sig, han besluttede at få sig gift, sikkert af kærlighed, men ikke kun derfor. Det var også for at redde sig ud af Bacchus' og Venus' tummel, som gav ham ruelse og tømmermænd ved skrivebordet. Opbruddet spejles i et storslået ungdomsværk, idet mindste hvad omfang angår: Symfonisk kantate om helten *Kullervo*. Den kommer vi tilbage til. Først vil vi springe i Sibeliuses virke for at vise en tråd fra Bruckner længere fremme, og for at belyse problemet om det musikalsk-mytiske arbejdes eventuelle begribelighed. Ti år efter dette Wien-ophold skrev Sibelius sin *II. symfoni*, i 1901. Den er tit blevet forstået som national. Finlands kamp mod Tsarriget. Sibelius har udtrykkeligt afvist denne opfattelse. Men han afviste i øvrigt mere og mere enhver udlægning af værkerne. "De er musik, basta!" Sibeliusforskeren Erik Tawastjerna har imidlertid i sin store Sibeliusbibliografi lagt dokumenterne frem, således at vi i det mindste kan vide *noget* om symfoniens oprindelige henvisninger, mytisk set.

Bruckners oplæg til citatet fra Beethovens IX. hørte vi før: pizz og blæsertoner. Lignende åbner 2.sats af Sibeliuses II.symfoni. Men apoteosen udebliver, frelsen kommer ikke. Hos Bruckner var frelsen mærket "se venligst IX. symfoni", hos Sibelius var den i kladden mærket "Christus". Men det må vi forklare lidt nøjere.

Satsen begynder med mysteriøs tomgang i dybe strygere, pizz. Musikken kommer ikke i spænding; lytteren nok. Endelig toner en sær sang frem over det ørkesløse løb. I partituret med udførelsesbetegnelsen "skummelt", *lugubre*. Det er fagotter i oktaver, med paukemumlen. Celloerne pusler – indtil strygerne vågner med et sæt, det går op for dem, hvad det hele handler om...

SIBELIUS, II. SYMFONI, 2. Sats
(4´15´´ fra begyndelsen til GP)

Den skumle fagotstemme fandtes allerede i første sats, men dér blev der flygtet fra den, i en rasende lidenskab...

SIBELIUS, II. SYMFONI, 1. sats
(afsn. E.F.G., d.v.s. fra fl. & fg.stedet
indtil tr. i timp. & klar.tone)

De opstormende strygere rører sig også i sats 2, men dér er de blevet kraftesløse. Hvad er det for en kraft? Som type kendes den igen fra Strausses *Don Juan*, som Sibelius jo havde hørt i Berlin. Og den anden, den skumle stemmes ophav kan man vistnok dechifrere ved hjælp af den senere Lemminkäinen-musik (*Fire Legender*, 1898), den har elementer fra Svanens dødsklange. Er det Don Juan og Døden da? Men vi behøver ikke nøjes med disse konstruktioner. Her er dokumenter. Den 11.2.1902 i Rapallo noterer Sibelius i sin skitsebog:

> DON JUAN. Sidder i tusmørket i mit slot, en gæst kommer ind. Jeg spørger, hvem han er. Intet svar. Jeg anstrænger mig for at underholde ham. Stadig intet svar. Endelig synger han. – Don Juan ser nu, hvem han er... Døden.

Bemærk forresten, hvordan Sibelius i sit notat først siger *jeg*, han er selv Don Juan, men til sidst taler han om ham i tredje person; han spalter sig fra. I sine dagbøger siger Sibelius ofte *du* til sig selv,– når han kritiserer sig. – Det er denne Dødens sang, som er fagotternes i den II.symfoni. De lidenskabelige strygerbevægelser siden genkendes (som sagt) som type fra Strauss,– og hans litterære forlæg er Lenaus digt om Don Juan. En bekymret Don Juan, én som søger frelse og forløsning hos kvinderne... som han dog bestormer. Hos Strauss sådan:

STRAUSS, DON JUAN
(begyndelsen)

Men hos Sibelius kommer der et modtema, dét som oprindelig hed "Christus" i kladden. Dét betyder det jo ikke nødvendigt nu, måske betyder det blot "frelse fra overvættes lidenskab", Men frelsen har ingen magt. Til sidst stilles Don Juans opspring, violinernes opspring, på hovedet: Ned, dérned:

SIBELIUS, II. SYMFONI, 2. sats
(Slutningen fra celloklagen, og ud = Andante,
fra 3 takter før bogstav O)

Endnu i Sibeliuses *V. symfoni* 1915, da han er 50 år, arbejdes der med udtryk, som måske kunne føres tilbage til disse mytiske rødder. Don Juan-bevægelsen kan nu ganske vist ligesåvel være den finske blæst, og frelsen, ja det er jo blot nogle kirketonale vendinger. Men hvorfor så dét? Og måske er det tilfældigt at det hele et øjeblik ligner Freude-melodien, smerteligt tilegnet, hilst som i afsked...

SIBELIUS V. SYMFONI, FINALE
(Bogstav I, misterioso, ppp, til og med O)

Don Juan-bevægelsen blev til Freude-temaet, som forsvandt i en kirketonal vending.- Det er 1914. Men så gåes der videre, fra frelsen, og ud over myten, forekommer det. Og ind i musikken, kunne man fristes til at sige. Det, som driver den videre, er Beethovenfiguren; genialt indsat. Men hvor går det hen? Efter denne melankolske reminiscens af borgerhumanitetens skønneste symbol. Hvor gik borgeren hen?

Vil man vide det, måtte man videre op i musikkens historie – og det skal vi ikke her. Blot vil vi som ét eksempel anføre, hvordan dommedagsbasunen fra Mozarts Requiem...

MOZART, REQUIEM "Tuba mirum ..."

genbruges i Stravinskijs Ødipus, hvor kong Kreon gør sin entré:

STRAVINSKIJ, OEDIPUS REX, Creon.

Hvad har Ødipus med Mozart at skaffe, og hvad kommer den kristne dommedag kong Kreon ved? Myten ses fra en fjern betragterholdning. Citaterne fremmedgør, sætter myten i anførselstegn. Borgerens intimrum er sprængt. – Men vi vender tilbage til Victorias dage og Sibeliuses ungdom. – Før sin 1. symfoni havde Sibelius skrevet to værker, der ligeågodt kunne regnes for symfonier. Der er altså egentlig ni, også af ham. Begge værker handler om tragiske helte fra Kalevala-digtningen. I de *Fire legender* om Lemminkäinen 1896 møder vi en stor pige-jæger, hvis begær lokker ham til at dræbe den hellige svane på den sorte elv, Tuonielven. Død og elskov kobles sammen. Som i Wagners Tristan. Og svanens klage spinder videre på hyrdens spil fra forspillet til 3. Akt af *Tristan og Isolde*. Det er Wagner først, og straks efter Sibelius:

WAGNER, TRISTAN, forspil 3. Akt
engelskhornsolo fades over i...

SIBELIUS, SVANEN FRA TUONELA
engelskhornsolos begyndelse

Nu er vi så nået tilbage, helt til *Kullervo* fra 1892. Dette vældige værk er i fem satser. Sats 1 er den brede mytiske indledning. Her lægges den hellige grund, som hos Bruckner ...

SIBELIUS, KULLERVO, 1. sats, begyndelsen

Og herfra stammer vist alt andet i værket. Sats 2 er en melankolsk vuggevise: Kullervos slægt er slæbt bort eller dræbt, selv er han slave. Et finsk motiv! Disse to satser er for orkestret alene. Men med tredje sats kommer sangere til; den gemmer vi lidt. Sats 4 handler om Kullervo på slagmarken, hvor han søger døden, efter det som er hændt ham i foregående sats. Sats 5 skildrer hans selvmord. Her kommer koret til igen og synger teksten fra Kalevala. Der er jo oprindelig mundtlig poesi, med melodier til, formler, som Sibelius havde hørt og var påvirket af... selv om han siden benægtede det.

Tredje sats veksler mellem scener og kor. Koret synger fortællingen. Kullervo er på rejse, møder tre gange en kvinde og vil have hende op i slæden til sig. Hør slædefarten, og korets første indsats:

SIBELIUS, KULLERVO, sats 3
fra lidt før korets første indsats

Men kvinderne afviser Kullervo. Den tredje kvinde tvinger han op i slæden, og forfører hende. Orkestret spiller sig gennem elskovsnatten. Først ved daggry forhører de elskende sig om hinandens herkomst. – De er søster og bror. Kvinden kaster sig i floden. Kullervo forbander sin skæbne.

Hvad kommer det så borgerhelten ved? Det er Don Juan og det er incest. Spørg Freud! Men hør hellere musikken først. Ved et sært sammentræf, så blev noget af det sidste oldingen Sibelius sad med, netop Kullervos forbandelse, som han instrumenterede om. Det er denne version vi hører her:

SIBELIUS, KULLERVO, slutningen af 3. sats

"Voi poloinen päiviäni/Voipa kurja kummiani... "(Ve mig, ve mitt lif, jag arme,/Ve mitt hårda olycksöde!)
(1981)

Efterskrift & –tanker

Hvis man vil videre i musikhistorien, kunne her have været et afsnit om Strausses spätwerke, hvor han forvandler sig tilbage til en Prospero-verden ved at identificere sig med Mozart. Dette skulle vises ved især kadencen i *Obokoncerten*, men også ved steder i *Capriccio* og suiten fra *Le Bourgeois gentilhomme*. Jævnfør også tilegnelsen på koncerten, hvor Mozart gøres til Strausses skytspatron. Sibelius identificerede sig med Prospero, da han skrev scenemusik til Shakespeares *Stormen* i 1924. Neoklassicistiske træk findes hos ham allerede i *Scaramouche*-musikken. – Min knappe bemærkning om betragterholdningen til myterne og sprængningen af borgernes intimrum kunne udføres nøjere, blandt andet med citatet i *Oedipus Rex* fra *Matthæuspassionen* af de falske vidners canon, dér hvor budbringerne i Oedipus kommer: Falsus pater per me/te. Hos Strauss og Sibelius er de citater, som jeg arbejdede med i udsendelsen, ikke henvisninger til færdigpakkede betydninger, men til ekstentialer, som der fortsat tages livtag med i den videre udvikling i deres eget pågældende musikstykke. Men hos Stravinskij i *Oedipus* er der tale om readymades med én bestemt, kulturmuseal henvisningsfunktion ("jfr. Katalog nummer xxx"). Funktionen heraf overfor publikum er dén "phatiske" at bekræfte det i dets status som finkulturmedlemmer. Huxleys citater og allusioner i hans romaner fra omtrent samme tid har en lignende funktion. De angiver ikke temata, som skal udvikles, transformeres, integreres, men er lærdoms- & dannelsesmarkører. Det hele har at gøre med den så at sige som klinisk markerede atmosfære i værkerne, modsat den tidligere naivt-mytiske, som demonstreres i udsendelsens eksempler med Beethovens og Bruckners "åbnings-" eller "portal-"symboler. – Det skal nævnes at nogle af mine indfald er fremsprunget ved læsning af analyserne i Eero Tarasti: *Myth and Musik* (Mouton, 1979). Endelig vil jeg minde om at teksten ovenfor jo ikke er skrevet til læsning, men er et mundtligt causeri, hvis evt. vellykkethed bygger på sammenfletningen med den afspillede musik – og dermed også på studieteknikerens og producerens (her Poul Borums) ekspertiser. Jeg kunne jo nok have skrevet teksten om til et essay, men jeg syntes at det kunne være morsomt at vise hvordan et sådant udsendelsesmanus tager sig ud. Og at jeg har ønsket at komme med det her, som en hilsen til Michel, har den særlige grund at musikken spillede en vældig rolle for Michel og mig i vores fælles studieår anno dazumal. Også om dén lærte jeg en masse af Michel.
(Amsterdam, sept. 1993)

Le Pascal moderne ou Mondrian contre Soutine
La Salle de bain de Jean-Philippe Toussaint

Inge Degn

Présentation

La Salle de bain, 1985, est le premier roman de l'auteur belge Jean-Philippe Toussaint. Ce roman raconte une sorte d'histoire centrée sur un personnage principal, qui se manifeste uniquement comme un *je*, mais qui est clairement belge, et sur son amie Edmonsson. L'histoire contient crise, départ et retour et le titre se réfère à la tendance qu'a *je* à s'enfermer dans sa salle de bain. Au début, nous apprenons que *je* a établi sa résidence dans sa salle de bain, où il passe son temps à lire, à écouter la radio, à se regarder dans le miroir et à méditer. Son amie Edmonsson, sa mère et un ami de la famille ne peuvent pas l'en faire partir, mais une lettre contenant une invitation de l'ambassade d'Autriche l'incite enfin à sortir dans l'appartement. Son amie Edmonsson a engagé deux peintres polonais en manque d'argent qu'elle sous-paye pour peindre leur cuisine. L'intrusion de ces deux individus dans l'appartement et surtout le fait qu'ils dépècent une demi-caisse de poulpes sont aussi une intrusion et un anéantissement de "la quiétude de (sa) vie abstraite", comme dit *je*. Il se promène dans l'appartement, se sent étranger et sans appartenance, il a froid, il a des crises d'angoisse. *Je* n'établit pas de relations entre les séquences, mais sur le plan du temps et du déroulement, son départ, qui est bien une fuite, suit immédiatement une série de scènes de dépeçage, dont la dernière décrit comment un des Polonais, Kabrowinski, fait exprès de percer la poche d'encre d'un poulpe, enfonce son doigt dans l'encre, parle de l'encre sépia et essuie le couteau et la planche. Cette scène est la dernière de la première partie.

Au début de la partie suivante, nous apprenons le départ, le voyage en train et l'arrivée et l'installation de *je* dans ce qui s'avérera plus tard être Venise. Il est parti sans bagages. Outre des caleçons, des chaussettes et des affaires de toilette, il s'achète aussi un transistor et, plus tard, un jeu de fléchettes. Après un certain temps, il se sent seul et contacte Edmonsson pour vivre désormais des entretiens téléphoniques avec elle. Elle finit par venir le chercher à Venise et c'est le bonheur. Mais il ne veulent pas la même chose, lui se retire en lui-même, paraît de plus en plus névrosé, joue toute la journée aux fléchettes dans la chambre d'hôtel en gardant son pardessus. La crise tourne à la catastrophe: Edmonsson lui demande d'arrêter de jouer et il se tourne vers elle et lui lance de toutes ses forces une fléchette dans le front. Elle est menée à l'hôpital, il est au désespoir et après le traitement, ils s'unissent dans un embrassement: "Nous

nous embrassâmes dans le couloir blanc," est la dernière séquence de la deuxième partie.

La troisième partie commence à la gare. La première séquence dit: "Edmonsson (mon amour) rentra à Paris." Ils font leurs adieux, "Et le train est parti comme un vêtement se déchire." La nuit, il est pris d'un mal de tête, on lui fait des radiographies et il réussit à obtenir une chambre à l'hôpital, où il s'installe. Son médecin l'invite à dîner et à jouer au tennis le jour suivant. Alors, devant un miroir au sous-sol du club de tennis, il se pose enfin la question: Qu'est-ce que je fais ici? Il rentre à Paris par avion. A son arrivée, il téléphone à Edmonsson pour demander s'il peut rentrer. Il le peut, il s'installe à nouveau dans la salle de bain, mais à la fin, il en sort après avoir reçu une invitation de l'ambassade d'Autriche.

La composition et le style

Du point de vue formel, le roman frappe, parce qu'il est constitué de trois parties portant comme titres: *Paris*, *L'hypoténuse* et *Paris*, et chacune de ces parties est divisée en de courtes séquences numérotées (1–40, 1–80, 1–50), une d'un seul mot, quelques-unes d'environ deux pages, tandis que la plupart contiennent entre 5 et 15 lignes. Ces séquences sont les notations et les commentaires de *je*. Ces notations indiquent comment *je* se meut et ce qu'il fait. Par endroits, on serait tenté d'appeler le style behavioristique tout en sachant bien combien il serait bizarre d'appeler ainsi un roman écrit à la première personne, car comment un "je" saurait-il décrire lui-même de l'extérieur? Aussi, il ne le fait pas, mais ce qui frappe, c'est qu'il n'analyse ni n'explique, qu'il n'établit pas une cohérence entre les éléments donnant au tout une direction ou un sens. Les séquences sont là comme des briques sans mortier ou comme des phrases sans conjonctions.

Le théorème de Pythagore a été mis en exergue du roman, qui forme, lui, sinon un cercle, en tout cas un triangle, voire un triangle rectangle, où il y a une relation fixe entre les côtés. Aussi l'invitation à la réception à l'ambassade d'Autriche et la décision que prend *je* de quitter la salle de bain ne sont-elles pas les seules répétitions. La crise que vit *je* dans la première partie et qui le fait fuir de Paris, est répétée dans la deuxième et la troisième parties, qui se déroulent à Venise. De la même façon qu'il s'est installé, dans la première partie, dans sa salle de bain, il s'installe maintenant, à Venise, dans une chambre d'hôtel et, plus tard, dans une chambre d'hôpital. Aussitôt sorti de son isolement, il se heurte à la réalité extérieure, aux autres, et chaque heurt implique le risque que quelque chose soit percé, la poche d'encre d'un poulpe, l'isolement de *je*, le front d'Edmonsson ou les sinus de *je*.

Demeurer dans une chambre

L'état que *je* élit dans la première partie rappelle, à maints égards, l'état du cocon ou l'état intra-utérin:[1] il se trouve dans un endroit clos, dans une baignoire, parfois remplie d'eau, et là il se laisse bercer, entouré de ténèbres, par des voix et de la musique.

Bercé par de chaudes voix humaines, j'écoutais les reportages la lumière éteinte, parfois les yeux fermés. (p. 13)

Cet état est mis, de manière explicite, en relation avec la pensée de Pascal lors de la visite inquiète de la mère de *je*. Car elle lui propose de *se divertir*, à quoi il répond:

Je répondis que le besoin de divertissement me paraissait suspect. Lorsque, en souriant presque, j'ajoutai que je craignais rien moins que les diversions, elle vit bien que l'on ne pouvait pas discuter avec moi et, machinalement, me tendit un mille-feuilles. (p. 13)

Passage que l'on associe inévitablement à l'article sur le divertissement des *Pensées* de Pascal:[2]

La seule chose qui nous console de nos misères est le divertissement, et cependant c'est la plus grande de nos misères. Car c'est cela qui nous empêche principalement de songer à nous, et qui nous fait perdre insensiblement. Sans cela, nous serions dans l'ennui, et cet ennui nous pousserait à chercher un moyen plus solide d'en sortir. Mais le divertissement nous amuse, et nous fait arriver insensiblement à la mort. (Article IV, 1, p. 59)

Mais *je* cherche justement cet état sans divertissement, il *demeure dans une chambre*, comme le dit Pascal un peu avant dans le même article:

Quand je me suis mis quelquefois, à considérer les diverses agitations des hommes, et les périls et les peines où ils s'exposent, dans la Cour, dans la guerre, d'où naissent tant de querelles, de passions, d'entreprises hardies et souvent mauvaises, j'ai dit souvent que tout le malheur des hommes vient d'une seule choses, qui est de ne savoir pas demeurer en repos dans une chambre. (...)

Mais quand j'ai pensé de plus près, et qu'après avoir trouvé la cause de tous nos malheurs, j'ai voulu en découvrir la raison, j'ai trouvé qu'il y en a une bien effective, qui consiste dans le malheur naturel de notre condition faible et mortelle, et si misérable, que rien ne peut nous consoler, lorsque nous y pensons de près. (*Pensées*, Article IV, 1, p. 51)

Le fait est que tant que *je* demeure dans cet état d'isolement, il est invulnérable, mais aussitôt qu'il le quitte, il est vulnérable. Bien sûr, il médite dans la salle de bain sur le mouvement, le temps, etc.: il regarde le mur, particulièrement une fissure qui semble gagner du terrain. D'autres fois, il regarde son visage dans un miroir en même temps que l'aiguille de sa montre pour surprendre un changement. Il est donc fixé, hanté, fasciné par la question du mouvement et de l'immobilité, thème qui est lié à la question du temps et donc de la mort. Mais

---

[1] Cf. Patrice Bollon: "Le Culte du cocon", in *Le Magazine littéraire no 264*, 1989, p. 83–85.

[2] Je me sers ici de l'édition d'Ernest Havet, Dezobry et E. Magdeleine, Libraires-Éditeurs, Paris, 1852.

il ne fait justement que méditer, il demeure dans ce qu'il appelle lui-même "la quiétude de ma vie abstraite". Il est très caractéristique que c'est à cause d'une réception qu'il sort et, bien qu'il ne sorte que dans l'appartement, cela suffit pour qu'il se heurte à la réalité, à l'autre. Là, il peut continuer ses méditations et ses réflexions, mais celles-ci se heurtent constamment aux activités qui se déroulent dans la cuisine, la vie concrète avec la mort concrète.

Mondrian contre Soutine

La vie abstraite de *je* peut être résumée par l'image de *la dame blanche*:

> D'un point de vue scientifique (je ne suis pas gourmand), je voyais dans ce mélange un aperçu de la perfection. Un Mondrian. Le chocolat onctueux sur la vanille glacée, le chaud et le froid, la consistance et la fluidité. Déséquilibre et rigueur, exactitude. (p. 15)

Comme on peut le constater, il associe lui-même cette image au peintre Mondrian,[3] peintre de la structure abstraite pure. La vie concrète est représentée avant tout, dans cette première partie du roman, par les deux peintres polonais qui font intrusion dans la maison à l'invitation d'Edmonsson. Par opposition à la description expressément esthétique que *je* a donnée de lui-même,[4] un des Polonais est décrit avec une insistance nette sur la corporalité, qui en devient dégoûtante.[5] Il est enrhumé et éternue. Il se sert du même couteau pour toutes les besognes et ouvre aussi bien les pots de confiture que les pots de peinture et dépèce les poulpes avec. Tandis que *je* témoigne d'une prédilection pour Mondrian, le Polonais renvoie à l'opposé absolu de ce dernier: Soutine, Van Gogh, Hartung, Pollock.[6] Pour Mondrian, la réalité la plus haute, la réalité proprement

---

[3] Piet Mondriaan (1872–1944), peintre et théoricien néerlandais, principal fondateur de l'abstraction géométrique. Ses peintures sont des agencements de carrés ou de rectancles, souvent de couleurs pures et disposés dans des grilles de lignes noires. Avec Theo Van Doesburg, il fonda la revue *De Stijl*, ensuite il fut membre des groupes *Cercle et Carré* et *Abstraction-Création*. Fortement influencé par la théosophie, il représente la spiritualisation de l'art du 20e siècle et la recherche d'une pureté absolue.

[4] "Je portais des vêtements simples. Un pantalon de toile beige, une chemise bleue et une cravate unie. Les tissus tombaient avec tant de profit sur mon corps que, tout habillé, je semblais musclé d'une manière fine et puissante." (p. 14)

[5] Cf. p. 24: "il terminait en éternuant"; p. 26: "Le corps renversé en arrière, il s'essuya la bouche avec satisfaction (...)"; p. 27: "il grimaçait, les mains crispées"; p. 34: "le corps légèrement incliné" et "les genoux fléchis".

[6] Chaïm Soutine (1893–1943): Sa peinture est caractérisée par une touche nerveuse et agressive. Ses portraits sont torturés, mais c'est essentiellement dans les paysages que Soutine exprime l'inquiétude qui le tourmente: les maisons se cassent, les sols sont boursouflés, les ciels étouffants sont bouleversés par des tornades qui couchent les arbres. En 1925, il exécuta des séries, *Boeufs écorchés* et *Volailles plumées*. L'évocation de Soutine est sans doute due à la viande sanglante et aux couleurs luisantes de la série inspirée par *Le Boeuf écorché* de Rembrandt.

La manière de peindre de Soutine rappelle celle de Vincent Van Gogh (1853–1890), cf. par exemple *Le Champ de blé*, les grands tableaux sinueux de Hartung et les coulées caractéristiques de l'*Action Painting* de Jackson Pollock (1912–56). Hans Hartung (1904–) fut le premier à suggérer ce qui devient l'*Action Painting*. D'abord inspiré à un style non-figuratif et expressionniste par Kandinsky, il développe ensuite son propre style, évitant la régularité et la géométrie et devient un des maîtres

dite est plutôt d'ordre idéal ou spirituel. La peinture de Soutine, Van Gogh, Hartung, Pollock est celle des sens, du mouvement et de la matérialité. Lorsqu'il raconte sa nuit aux Halles, Kabrowinski revient à Soutine, connu, entre autres, pour trois études sur "Le Boeuf écorché" de Rembrandt et pour des études de volailles plumées:

> Avec un fin sourire, citant Soutine, il parlait de viande crue, de sang, de mouches, cervelles, tripes, boyaux, abats entassés regroupés dans des caisses; accompagnant les détails infects de gestes évocateurs qu'il terminait en éternuant. (p. 24)

Ensuite dominent totalement les descriptions des scènes de dépeçage qui se déroulent dans la cuisine, mais elles sont interrompues par la description de la circulation de *je* dans l'appartement et de ses pensées. *Je* s'enferme dans la salle de bain pour se raser et il s'abandonne à la contemplation du mouvement de la trotteuse de sa montre autour du cadran immobile:

> "A chaque tour, une minute s'écoulait. C'était lent et agréable." (p. 25)

Il semble logique de supposer une relation entre ces deux notations, sinon une relation de cause à effet, au moins une réaction, peut-être inconsciente, qui cherche à opposer l'abstraction à l'abondance de matérialité corporelle concrète des évocations de Kabrowinski. Ce qui rend innocent, ici, l'écoulement du temps, c'est le fait qu'il s'exprime par le biais de la montre, qui repose sur le rayon, et que l'aiguille tourne avec régularité et lentement dans une figure parfaite, suivant un cours prévu. Autrement, l'écoulement du temps n'est pas ressenti comme innocent et inoffensif, mais comme changement, détériorement, décadence. Les notations nous montrent un va-et-vient entre les gestes du peintre polonais et la réaction-réflexion de *je*. L'insistance corporelle mise dans la conversation et dans le comportement de Kabrowinski devient action concrète, lorsque celui-ci commence à décortiquer les poulpes qu'il a apportés:

> Kabrowinski tentait de glisser la pointe d'un couteau dans la chair gluante d'un tentacule du poulpe répandu sur la planche en bois. (p. 27)
>
> (...) il grimaçait, les mains crispées, enfonçant de toutes ses forces l'opinel dans la masse viscérale. (p. 27)

Cette scène de dépeçage revient comme un thème musical principal dans les séquences 25, 29, 31 et 40, mais est interrompue par les fantaisies de *je* concernant

---

principaux de la *peinture gestuelle* et du *tachisme*.

Dans son livre *Les structures anthropologiques de l'imaginaire*, Gilbert Durand oppose aussi Van Gogh et Mondrian, bien que dans une autre optique. Il écrit:

> Ce qui, en effet, permet de différencier la technique analytique d'un Seurat du tourbillon pictural de Van Gogh, c'est avant tout la liaison de la matière picturale: la toile entière est balayée, semble-t-il, par le même mouvement du pinceau, est submergée par une onde continue de furieuse et tendre peinture. Le monde plastique et pictural de Van Gogh, si on l'oppose à la conception analytique d'un schizoïde comme Seurat et à plus forte raison si on l'oppose au monde disloqué, précis, formel et dur de la peinture concrète du paranoïaque Dali ou des abstractions géométriques de Mondrian, apparaît bien comme le règne du visqueux. D'ailleurs c'est surtout à partir de Van Gogh et des fauves ses disciples que la peinture à l'huile sera utilisée en tant que pâte visqueuse et non plus en tant que véhicule translucide. (*Les structures anthropologiques de l'imaginaire*, p. 312–313)

la réception à l'ambassade d'Autriche, la contemplation de la pluie et les souvenirs de leur reprise de l'appartement et de leur emménagement. *Je* se retire dans ses pensées et lorsqu'il regarde de nouveau la scène, il en donne une description détaillée et neutre:

> Au passage, je jetais un coup d'oeil sur le poulpe dont la seule moitié supérieure, parfaitement lisse, était pour l'instant écorchée. Kabrowinski avait réussi à isoler un long fragment de peau grisâtre mais, malgré ses efforts, ne parvenait pas à le détacher du plus grand tentacule. Avec son couteau, il donnait de brusques petits coups de lame à la hauteur des ventouses et creusait des entailles pour libérer la peau. (p. 29–30)

Cependant cette description est suivie immédiatement après par une crise d'angoisse, révélée par la description aliénée de ses mouvements[7] et qui dégénère néanmoins en hallucination. Il regarde la rue où les gens marchent sous la pluie:

> J'approchai mon visage de la fenêtre et, les yeux collés contre le verre, j'eus soudain l'impression que tous ces gens se trouvaient dans un aquarium. Peut-être avaient-ils peur? L'aquarium lentement se remplissait. (p. 31)

En y réfléchissant, il conclut lui-même:

> C'est moi qui, devant ma fenêtre, par une confusion que justifiait la crainte que m'avaient inspirée les divers mouvements qui se déroulaient devant mes yeux, pluie, déplacements des hommes et des voitures, avais eu soudain peur du mauvais temps, alors que c'était l'écoulement même du temps, une fois de plus, qui m'avait horrifié. (p. 31)

Il ne reconnaît plus la cuisine,[8] quand il y rentre, mais il poursuit néanmoins la description du décorticage grotesque des poulpes. Leurs membres sont humanisés par la comparaison avec les chaussettes, mais c'est surtout l'impression envahissante et sinuante qui est forte:

> Le poulpe avait été entièrement dénudé. Seule l'extrémité des membres préhensiles restait encore couverte, où subsistaient des pièces de peau grisâtre, retroussées, ainsi que des chaussettes. Quittant de toutes parts la planche en bois, les tentacules *sinuaient* dans toutes les directions; ils longeaient la surface de l'évier, surmontaient les obstacles, se rejoignaient, parfois se superposaient. Les plus longs pendaient dans le vide en différents endroits. (p. 32; c'est moi qui souligne)

Je quitte la cuisine, et lorsqu'il revient:

> Le poulpe avait été entièrement découpé, le corps en lamelles, les tentacules en rondelles et, décomposé, constituait l'amas *en mouvement* que Kabrowinski faisait dévaler au fond du récipient à l'aide de son couteau. (p. 34; c'est moi qui souligne)

Chaque fois, *je* décrit la position du corps de Kabrowinski:

---

[7] Un pied devant l'autre, en courant presque, je trottais dans le couloir pour aller répondre au téléphone. (...) (p. 30)

[8] Dans l'ensemble, l'aliénation prévaut: *je* s'égare à l'hôtel, lui et Edmonsson s'égarent à Venise, lui s'égare à l'hôpital, et, en tant que Belge, il est un étranger à Paris comme à Venise. Il est souvent séparé des autres: par la langue ou par le verre. Ce trait peut être vu comme un trait spécifiquement *belge* du livre, cf. Marc Quaghebeur: *National eller regional identitet*, København, 1993, mais c'est aussi un aspect de la problématique existentielle introduite par la référence à Pascal.

Le corps légèrement incliné, Kabrowinski faisait glisser avec amour, la planche penchée, de fines rondelles de poulpes dans un récipient. (...) L'opération terminée, il empoigna un deuxième poulpe dans l'évier, l'éleva très haut au-dessus de nos têtes et, en souplesse, les genoux fléchis, l'allongea sur la planche dans un mouvement enveloppant. (p. 34)

La dernière séquence décrit comment Kovalskazinski tient le poulpe:

Kovalskazinski Jean-Marie continuait de maintenir la tête d'un mollusque sur la planche en bois. Il avait les mains très rouges, mouillées, contractées. (p. 45)

mais c'est toujours Kabrowinski qui tient le couteau. Ils discutent de ce que contient la poche beige blottie dans la calotte, et pour prouver ce qu'il veut dire:

d'un coup sec, il (Kabrowinski) enfonça l'opinel dans l'organe. L'encre ne se libéra pas tout de suite, quelques gouttes d'abord, extrêmement noires, émergèrent à la surface, puis d'autres gouttes et enfin un filet, qui glissait lentement sur la planche (...) Il avait trempé son doigt dans l'encre et expliquait que c'était avec l'encre des seiches qu'était faite la sépia. (p. 45–46)

A Venise

Cette notation termine la première partie, *Paris*. La deuxième partie, *L'hypoténuse*, commence par le départ de *je*. Où il va, il nous faut le deviner petit à petit,[9] pour ne l'apprendre explicitement qu'à la page 66. Il faut supposer que la cause de son départ doit être cherchée dans la séquence précédente. C'est ce qui se confirme. Dans la séquence no 3, il contemple son visage dans un miroir et, dans la séquence no 4, il revient à la question du *mouvement*:

J'avais passé la nuit dans un compartiment de train, seul, la lumière éteinte. Immobile. Sensible au mouvement, uniquement au mouvement, au mouvement extérieur, manifeste, qui me déplaçait malgré mon immobilité, mais aussi au mouvement intérieur de mon corps qui se détruisait, mouvement imperceptible auquel je commençais à vouer une attention exclusive, qu'à toutes forces je voulais fixer. Mais comment le saisir? où le constater? (...) (p. 51)

La première partie s'est jouée sur l'opposition entre la quiétude de sa vie abstraite et la perfection d'un Mondrian d'une part et, de l'autre, la chair morte, mais sinueuse du poulpe qui rappelle la peinture de Soutine. Le raisonnement de bravoure sur le mouvement, qui mène toujours à la mort,[10] doit, à mon avis,

---

[9] P. 51: un policier italien; p. 64–65: le Lido, le Palais des Doges.

[10] "Il y a deux manières de regarder tomber la pluie, chez soi, derrière une vitre. La première est de maintenir son regard fixé sur un point quelconque de l'espace et de voir la succession de pluie à l'endroit choisi; cette manière, reposante pour l'esprit, ne donne aucune idée de la finalité du mouvement. La deuxième, qui exige de la vue davantage de souplesse, consiste à suivre des yeux la chute d'une seule goutte à la fois, depuis son intrusion dans le champ de vision jusqu'à la dispersion de son eau sur le sol. Ainsi est-il possible de se représenter que le mouvement, aussi fulgurant soit-il en apparence, tend essentiellement vers l'immobilité, et qu'en conséquence, aussi lent peut-il parfois sembler, entraîne continûment les corps vers la mort, qui est immobilité. Olé." (p. 36)

être considéré comme une tentative pour maîtriser ce conflit angoissant grâce à la force de l'esprit, comme dans la peinture de Mondrian.

Dans ce contexte, les réflexions de *je* sur une émission muette à la télévision sont intéressantes. Il dit que, en l'absence de son, l'image est impuissante à exprimer l'horreur, à l'opposé du son sans image. Sa réflexion est interrompue par un match de football, mais elle est un exemple supplémentaire du pouvoir d'abstraction que possède la peinture, selon lui. Seulement, il laisse de côté les nombreux exemples de l'efficacité de la peinture pour exprimer la vie, le sentiment et la souffrance, comme dans *Le Cri* d'Edvard Munch ou justement dans la peinture de Soutine.

Après avoir trouvé une chambre d'hôtel, *je* va s'acheter des vêtements de rechange et des affaires de toilette pour être quitte des marques corporelles du voyage. Ses achats sont banals, excepté un transistor dont il faut supposer qu'il doit remplacer celui qu'il écoutait dans sa propre salle de bain (p. 13). Autrement dit, il semble donc en train de rétablir un état semblable à celui qui a été dérangé dans sa maison. Après une période de restitution, il reprend contact avec Edmonsson sur un mode semblable: ils ont de longs entretiens téléphoniques, où il écoute sa voix ou simplement sa respiration. Edmonsson finit par venir le rejoindre et c'est le bonheur: "Nous nous sentions bien" (p. 70), et: "j'étais heureux" (p. 73), comme cela ressort aussi de sa manière de voir et de se mouvoir:

> Le soleil traversait le couloir de part en part, toutes les vitres scintillaient, les plantes vertes resplendissaient. Il faisait clair, je marchais vite, j'étais heureux. Dans les escaliers, je me mis à sauter des marches, je courais presque en arrivant dans le hall. (p. 73)

Sinuosité

Mais le bonheur ne dure pas longtemps, lui et Edmonsson ne veulent pas la même chose. Contre son gré, il se laisse entraîner dans Saint-Marc: la basilique est sombre et le dallage en marbre *gondole* (p. 77). On peut dire, en effet, que le bonheur commence à se dissoudre, ce qui est montré littéralement lorsque, pour éviter le regard d'une serveuse, il commande une *dame blanche*, qu'il n'a pas envie de manger. Nous n'avons pas, ici, la méditation-description abstraite de la suspension intemporelle des oppositions, mais la description de la dissolution-dégradation concrète au fur et à mesure que la glace fond et se mêle au chocolat. *Je* est saisi de terreur:

> Je regardais la dame blanche fondre devant moi. Je regardais fondre imperceptible-ment la vanille sous la nappe de chocolat brûlant. Je regardais la boule encore exactement ronde un instant plus tôt qui ruisselait lentement en filets réguliers blancs et bruns métissés. Je regardais le mouvement, immobile, les yeux fixés sur la soucoupe. Je ne bougeais pas. Les mains figées sur la table, j'essayais de toutes mes forces de garder l'immobilité, de la retenir, mais je sentais bien que, sur mon corps aussi, le mouvement s'écoulait. (p. 80)

Le mot "regardais" revient quatre fois et la manière dont il regarde ressort de son attitude crispée; il combat le mouvement par sa propre immobilité impossible. En rentrant du restaurant, ils s'égarent et décident de rentrer en vaporetto, autres indices de sa situation intenable. Il reste à l'hôtel et lit *Les Pensées* de Pascal ou joue aux fléchettes. D'abord un moyen apparemment efficace pour faire le vide et pour maîtriser le mouvement, ce jeu n'est pas, à la longue, à même de tenir le conflit à distance. Lorsqu'il mentionne la *dame blanche* la première fois (p. 15), il y associe tout de suite Mondrian; cette fois-ci, le ruissellement et les filets font plutôt penser aux poulpes, c'est-à-dire à Soutine. L'apaisement obtenu grâce au jeu, plus spécifiquement par la victoire de son peuple dans un match entre la Belgique et la France, le ramène à ses réflexions sur Mondrian, mais comme nous allons le voir, ses pensées dévient, non pas vers Jasper Johns,[11] mais vers l'*autre* concret, Edmonsson, qu'il a lui-même admise dans sa "chambre":

> Ce qui me plaît dans la peinture de Mondrian, c'est son immobilité. Aucun peintre n'a voisiné d'aussi près l'immobilité. L'immobilité n'est pas l'absence de mouvement, mais l'absence de toute perspective de mouvement, elle est mort. La peinture, en général, n'est jamais immobile. Comme aux échecs, son immobilité est dynamique. Chaque pièce, puissance immobile, est un mouvement en puissance. Chez Mondrian, l'immobilité est immobile. Peut-être est-ce pour cela qu'Edmonsson trouve que Mondrian est chiant. Moi, il me rassure. Une fléchette dans la main, je regardais la cible accrochée sur le battant de l'armoire, et je me demandais pourquoi cette cible, plutôt qu'à Jasper Johns, m'avait fait penser à Edmonsson. (p. 84)

Le drame se répète dans ses cauchemars, qui sont décrits dans la séquence suivante: soit un tourbillon l'englobe et l'emporte en son centre, soit il tâche infiniment de modifier la structure de lignes droites placées devant ses yeux, remplaçant un segment par un autre, procédant à des corrections sans fin pour les épurer (cf. p. 84–85).

Ces deux niveaux, la vie réveillée et les cauchemars, se rejoignent dans le jeu de fléchettes dont la fonction est, au début, d'être une défense contre la vie concrète, mais qui finit avec une cible vivante.

Comme la situation dégénère dans la première partie à cause d'Edmonsson, elle dérape aussi dans la deuxième partie à cause de la proximité ou de la réticence/résistance d'Edmonsson. Elle bouge tout le temps, lui ne veut pas bouger. Le soleil et la lumière du premier matin avec elle à Venise devient "une mer sombre derrière mes yeux fermés, une mer infinie, irrémissiblement figée" (p. 86). Encore une fois, il ne supporte pas les regards, il veut se protéger: "Mais j'avais envie de remonter dans ma chambre, de m'isoler. Je ne voulais plus sentir de regard posé sur moi. Je ne voulais plus être vu" (p. 87–88). Il garde son pardessus dans la chambre et n'a plus envie de parler. Lorsqu'Edmonsson insiste en le regardant fixement, il lui envoie, dans un ultime geste de défense, une fléchette dans le front.

Il doit encore une fois s'abandonner à l'élément ondulant, l'eau (l'ambulance qui mène Edmonsson à l'hôpital est un vaporetto), et le mouvement/la mort

---

[11] Jasper Johns (1930–), peintre américain, connu justement pour des séries de cibles et de drapeaux.

s'insinuent en lui sous forme d'une sinusite, de sorte qu'il doit se fixer à l'hôpital avec son odeur de mort concrète.[12] L'état d'abandon de *je* devient celui que traduit la peinture de Soutine, où tout ondule. Le moment de sauvetage, c'est le moment où, dans l'histoire du naufrage du Titanic, qu'il raconte à la fille de son médecin, il rame dans un canot de sauvetage.

Mais c'est seulement à cause du divertissement – distractions de société et sport (même s'il ne jouera pas) – qu'il est sauvé. Le fait qu'il soit sauvé ne lui vaut que de retourner au même problème fondamental: celui de demeurer dans la salle de bain ou d'en sortir.

Conclusion

Ce roman, de même que les autres romans publiés ces dernières années par les Éditions de Minuit, a suscité maintes comparaisons avec l'ancien scoop de cette maison: *le nouveau roman*. Un point est essentiel dans ce contexte: c'est l'importance que revêt la forme dans le roman, la relation entre la forme et le contenu. Selon Robbe-Grillet, c'est dans la forme du roman que réside son sens, son contenu.[13] Comme nous venons de le voir, *La Salle de bain* est découpée en une suite de séquences textuelles séparées par du blanc, ce qui fait que le texte se présente comme une quantité de rectancles de dimensions variées comme dans la peinture de Mondrian. Cependant cette mise en forme a été obtenue en découpant le texte comme dans le genre danois appelé "knækprosa". A travers ces rectancles, sinuent de longs fils thématiques tissant le problème existentiel fondamental avec son inquiétude émotionnelle.

L'état intra-utérin et les autres traits narcissiques dans ce type de socialisation n'amènent pas une inversion absolue de la problématique de Pascal, mais ils impliquent qu'il n'est pas moins problématique de quitter la chambre que d'y demeurer, c'est plutôt le contraire. Le malheur de notre condition faible et mortelle est présent partout et toujours et on ne peut pas s'en sortir, même pas par le jeu.

---

[12] "une odeur d'éther: émanation de mort, concrète, qui me faisait mal." (p. 90)

[13] Cf. A. Robbe-Grillet: *Pour un nouveau roman*, Gallimard, Collection Idées, 1968, p. 49. Michel Butor aborde le même problème dans son essai "Le roman comme recherche" *in Essais sur le roman*, Gallimard, Collection Idées, 1972.

Genrebevissthet og genresyn hos Henrik Ibsen

Jan W. Dietrichson

Henrik Ibsen redegjorde aldri sammenhengende for sitt syn på genreproblematikken. At han likevel har vært seg den bevisst og har ment noe om den, kan man utlede av endel uttalelser i artikler som egentlig dreier seg om andre ting. Jeg har funnet utsagn om genre i artikler som dekker tiden fra 1. mars 1851 til 21. desember 1862, altså en stor del av den perioden hvor han var aktiv som journalist. De fleste er å finne i teateranmeldelsene hans. For å kunne si noe om dikterens oppfatning når det gjelder genrespørsmål, må man systematisere disse utsagnene og sette dem i sammenheng.

I alt Ibsen har å si om slike spørsmål får idéer fra Johan Ludvig Heiberg et sterkt gjennomslag. Derfor er det nødvendig å ta med noen om ord om den danske dikteren og kritikerens genreteori – et ord som ikke kan anvendes i sammenheng med Ibsen – for å se i hvilken utstrekning tanker derfra kommer igjen hos hans norske kollega. Heiberg utviklet jo et helhetlig genresystem på basis av den hegelske logikks og metafysikks triadiske skjema. Jeg støtter meg her til Paul Rubows fremstilling i hans bok om *Heiberg og hans Skole i Kritiken* (1953).

Grunninndelingen i Heibergs system er den tradisjonelle, i lyrisk, episk og dramatisk poesi. Med det lyriske betegner han det subjektive og umiddelbare trinn, med det episke det reflekterende eller objektive og med det dramatiske den spekulative, høyere enhet av disse to. Dramatikken, sier han i sin kjente avhandling *Om Vaudevillen* (1826), er en enhet av musisk (lyrikk) og plastisk (epos); derfor er det poesiens poesi! (Heiberg, 1861, VI, 46). Innvendinger kan selvsagt rettes både mot systemet og komponentene i det, og spesielt er Rubow sterk i sin kritikk av det episke. Det som har størst interesse for oss, det dramatiske, betrakter han derimot som systemets forse. Jeg kan ikke gå i detalj om dets utforming på dette nivået, som er dets høyeste, men vil bare nevne at Heiberg satte de dramatiske genrene han selv eksellerte i, øverst! Tross alle svakheter setter Rubow systemet høyt som en synopsis av dramaets univers. Man kan muligens respektere det som tankebygning betraktet og likevel se dets beklagelige konsekvens, nemlig den bastante motvilje mot all genreblanding som Heiberg stadig gir uttrykk for, ikke minst i avhandlingen om vaudevillen. En kunstform er enten det ene eller det annet; blandingsformer har han ikke noe til overs for. Rubow har grunn til å mene at han drev avgudsdyrkelse av genrebegrepet. (Rubow, 1953, 58).

Det er helt i Heibergs ånd når Ibsen i en anmeldelse av studentervaudevillen *Asylet paa Grønland* fra mars 1851 omhyggelig og detaljert redegjør for den nye genren studentkomedien med særlig vekt på dens grunnidé. Han finner uttrykk som stemmer overens med den hegelske dialektikk: Den idé studenten representerer utvikler seg og vinner fremover mot sitt mål gjennom konflikt med sine motsetninger. Studentkomedien har et begrenset territorium som den ikke kan overskride uten å oppheve sitt begrep; den kan f. eks. ikke dreie seg om noe annet enn brytningen mellom det åndelige (studenten) og det ikke-åndelige (spissborgeren). Heibergs snevre avgrensning av genrene og strenge skiller dem i mellom skinner igjennom i Ibsens resonnement. Det samme gjelder den motvilje mot genreblanding som dikteren også gir uttrykk for. I motsetning til Ibsen stilte den kjente tyske dramateoretikeren Hermann Theodor Hettner seg ikke avvisende til genreblanding i et verk som Ibsen leste samme år som det kom ut, nemlig *Das moderne Drama* (1852). Hettner kan f.eks. tenke seg et komisk innslag i den historiske tragedie når det tjener en kunstnerisk hensikt. (Hettner, 1852, 40). Her gjorde hans positive holdning til Shakespeares diktning utslaget.

Som vi før har sett, tar Ibsen for gitt at det kan stilles krav til hver enkelt genre om at den må være slik eller slik for å svare til sitt begrep. F.eks. stiller han slike krav til den historiske tragedie i en anmeldelse fra 1857 av den norske dikteren Andreas Munchs drama *Lord William Russell*. Et genrebegrep er som kjent en bevegelig størrelse, avhengig av hvilke tekster som subsumeres under det. Skal det ha noen verdi å si at et verk ikke svarer til sitt begrep, må man definere hva man legger i begrepet. Ibsen gjør faktisk dette når han sier at man ikke har rett til å kreve historiens fakta av den historiske tragedie. Dette er første stadium. Som hos J.L. Heiberg (jfr. Rubow, 1953, 63) må da i annet stadium et diktverks kvalitet bedømmes ved at det henføres til sin genre og måles ut fra spørsmålet om det lever opp til dens lover. Disse lovene blir med andre ord identiske med genrens definisjon. Ut fra lovene for den historiske tragedie – eller tradisjonelle krav, som er det uttrykk Ibsen bruker – kommer dikteren til at Andreas Munchs skuespill ikke er noen tragedie. Det må bero på at det hverken rommer tidsalderens ånd og tenkesett i seg eller har "den Storhed i Tanke og Udtryk, i Villie og Handling" man er vant til å finne i en tragedie. (Hundreårsutg., 15, 161). I denne sammenheng legger Ibsen de krav man tradisjonelt har stilt til den, til grunn for sin vurdering.

Han stiller seg overhodet ikke kritisk til den implisitte påstand om at et drama må svare til sitt begrep for å kunne kalles godt. En slik normerende holdning kunne jo oppleves som en tvangstrøye for en ung dikter, og bremse ham i hans anstrengelser for å fornye en genre med en lang tradisjon bak seg. Spørsmålet om hvorledes et genrebegrep blir til eller hvordan en genre utvikles og fornyes opptok ham heller ikke: F.eks. at hvert nytt *originalt* verk innenfor genren må sies å endre den, om enn aldri så lite. Noen genreteoretiker var han avgjort ikke.

Ibsen tok ikke alltid noe strengt normerende standpunkt slik det kan høres ut, for allerede i en anmeldelse fra 1851 av et skuespill av tyskeren Karl Gutzkow,

Hårpisk og kårde, registrerer han uten noen nedsettende kommentar at mens tyskerne godtar lesedramaet – en type skuespill som ikke tilsvarer det tradisjonelt mest vesentlige i dramaets begrep, å kunne oppføres på scenen – gjør frankmennene det ikke. Både lesedramaet og scenedramaet ser ut til å ha sin berettigelse i og for seg. Det det kommer an på er som sagt om et stykke innfrir de krav som ligger i genrens natur. Fordi tyskerne opererer med to typer drama som stiller forskjellige krav, kan det oppstå en konflikt mellom deres generelle anskuelse av dramaet og de krav som må tilfredsstilles når det enkelte verk settes på papiret. Dette kan f.eks. føre til at virkelighetstrekk utmales i det vide og det brede slik at enheten forstyrres og illusjonen går tapt. Dikterens resonnement er ikke helt lett å følge, men en mulig tolkning er at et lesedrama tåler et større antall virkelighetstrekk enn ett som er ment å skulle oppføres på scenen. Når han kanskje arbeider mer eller mindre samtidig med begge typer, kan dramatikeren lett føre inn i scenestykket egenskaper som bare passer for lesedramaet.

Ibsens sentrale forutsetning, at hver enkelt genre stiller sine bestemte krav, har sine bestemte normer, ligger bak når han i 1851 påtaler at et stykke har fått en misvisende genrebetegnelse. Dette gjelder *En blaseret Herre* på Christiania Theater. Forfatteren eller kanskje helst oversetteren har kalt det en vaudeville, mens Ibsen har sterke argumenter for å mene at lystspill må være en riktigere benevnelse. Det er innholdet som avgjør. Men dette er et vidt og vagt begrep, og i det inngår jo både situasjon, karakterer og særlig, fremhever Ibsen i en teaterartikkel fra 1861, "Fremstillingsstilen, der er, og nødvendigvis maa være særegne for de forskjellige dramatiske Kunstarter." Resonnementet blir forvirrende ved at han ikke skiller klart mellom drama som tekst og drama på scenen – synlig, f. eks., når han definerer fremstillingsstilen som "Spillemaadens hele aandige Form." (H.u. 15, 239). Her bruker han ordet bare med referanse til sceneoppførelsen. Like før taler han imidlertid om dramaet som *kunstverk*, der selve tekstgrunnlaget må forutsettes å være det det dreier seg om.

I en anmeldelse av Bjørnstjerne Bjørnsons *Sigurd Slembe* fra 1862 gir han inntrykk av at han betrakter genreavgrensningene som fornuftsmessige, og mener at "Størsteparten af den læsende Almeenhed saa nogenlunde har Kathegorierne inde." (H.u. 15, 329). Man biter merke i "saa nogenlunde"; her som ellers stikker hans inngrodde skepsis til sitt publikum hestehoven frem. Likevel går han med på at massen er såpass avansert at den vil stille seg betenkelig til en femakters vaudeville på jamber eller et lyrisk dikt i to bind! Ordet "massen" er uheldig valgt om det er et noe mer dannet – og derfor begrenset – leser- og teaterpublikum han har i tankene, hvilket er sannsynlig. Det er lettere å følge ham når han hevder at slike normer ikke er naturgitt, men et resultat av vane. Han sier dette for å begrunne at Bjørnsons stykke kan vekke forundring, fordi det bryter med en etablert dramatisk norm. Her er det jo tale om et drama, forklarer han, som egentlig er tre forskjellige stykker, med hver sin uavhengige handling og hvert sitt persongalleri, som likevel utgjør et hele med en felles avslutning. Dette er det eneste sted jeg har funnet der Ibsen så vidt streifer inn på spørsmålet om brudd på genrenormer og dermed også på hvorledes genrer kan fornyes.

Genreproblematikk var aldri noen hovedsak for Ibsen, men han beskjeftiget seg med den endel steder, som vi har sett. Hans avhengighet av Heiberg er påtagelig; noen selvstendig tenkning omkring genre er det ikke lett å oppdrage hos ham. Hans sentrale synsmåter, om nytteverdien av å inndele i genrer, behovet for avhrensning genrene i mellom og for å vurdere det enkelte stykke i forhold til sitt genrebegrep, ser alle ut til å ha vært gjengse i samtiden.

Litteraturliste

Heiberg, Johan Ludvig. *Prosaiske Skrifter* (Kjøbenhavn, C.A. Reitzels Forlag 1861), b. VI.
Hettner, Hermann Theodor. *Das moderne Drama. Aesthetische Untersuchungen* (Braunschweig, Druck und Verlag von Friedrich Bleweg und Sohn 1852).
Ibsen, Henrik. *Samlede verker.* Hundreårsutgave. Utg. ved Francis Bull, Halvdan Koht og Didrik Arup Seip (Oslo, Gyldendal Norsk Forlag 1928–57), b. XV (1930). I teksten forkortet H.u.
Rubow, Paul. *Heiberg og hans Skole i Kritiken* (Københacvn, Gyldendalske Boghandel Nordisk Forlag 1953).

At læse
– Receptionsteoretiske betragtninger

Niels Egebak

Læsning er et arbejde. Dette er måske en trivialitet. Men der er en udbredt tendens til at glemme det, at betragte læsning som først og fremmest oplevelse eller slet og ret som underholdning. Oplevelse er det selvfølgelig – og en glæde, hvorfor ellers beskæftige sig med litteratur? Men der er oplevelse og oplevelse. Og nogle oplevelser er mere kvalificerede end andre. Så derfor er det måske alligevel en trivialitet, det er værd at bringe i erindring.

Man kan iagttage det i den alvor, børn lægger i læsning. Det er tydeligt, at læsearbejdet for dem er en næring for deres fantasi og forestillingsevne, ja allerede (skønt de jo ikke har et så "fint" begreb om den) – som det jo også ofte er for den voksne, der altså ikke blot ønsker at blive underholdt eller at fordrive tiden – et erkendelsesarbejde, en erkendelses*proces*. Man kan sige – og dette er faktisk en grundlæggende ide i receptionsæstetikken – at læsning er en *tekstproduktion* (og ikke en blot og bar tekst*reproduktion*). Selvom *værket* jo er uforandret, når det først er blevet frembragt og bragt på tryk, og herefter har forladt forfatterens arbejdsbord, er det for hver ny læsning, for de første læsere, som for de senere tilkomne, en ny *tekst* frembragt af *dem*. Det er flere gange – i varieret form fra receptionsæstetisk hold – blevet hævdet, at vi må forstå tekstreceptionen (eller værkreceptionen) dialektisk som tekstproduktion. I en nyligt udkommen bog om Samuel Beckett, skriver den franske psykoanalytiker *Didier Anzieu* helt i overensstemmelse hermed:

> Læse, det er at vælge, overføre, tolke, rekonstruere. Mens jeg skriver om Beckett, skriver jeg en bog om min læsning af hans tekster: hvordan hans tekster har fået mig til at overveje, røres, fantasere, og hvordan jeg, ud fra mine tanker og mine følelser, mine fantasmer, rekonstruerer dem. Og fastholder dem (les conserve), forandrede, men levende.[1]

Derfor er ingen læsning uskyldig. Måske dét også er en trivialitet, men min erfaring har vist mig, at den ikke kan gentages for ofte. *Sandheden* om en tekst – eller rettere om et *værk* – eksisterer ikke. Som Anzieu hævder, er det læseren, som ved at investere sig selv og sine fantasmer i værket, giver det liv. Derfor er der lige så mange "sandheder," som der er læsere. Eller mere præcist: det er ikke "sandheder," det drejer sig om, men *viden*. Og denne viden er opbygget af værk og læser i fællesskab. Man kan naturligvis ikke sige hvad som helst om et værk, det sætter visse grænser, men i princippet er det åbent. Dette er fx også

---

[1] Didier Anzieu: *Beckett et le psychanalyse*, (1992), s. 91.

forklaringen på Marx' og Engels' forundring over, at Homer og de græske dramatikere i dag kan læses og forstås, selvom deres værker er blevet til under helt andre historiske og samfundsmæssige forhold end vore, ja at de, som de siger, på en vis måde gælder som norm og mønster (de taler endog om et "uopnåeligt mønster"). Dette skyldes, hvad jeg med den svejtsiske litteratur-forsker *Peter von Matt* har kaldt *den dobbelte historiske markering*.[2]

Når vi læser, analyserer og fortolker et værk, sætter vi det altid ind i vor egen historicitet – uden derfor at glemme de historiske og samfundsmæssige forhold, det blev til under. Der opstår et dialektisk forhold mellem værkets fortid og vor nutid. Dette er måske læsearbejdets dybeste hemmelighed. Jeg kunne illustrere forholdet med en henvisning til den franske filosof *Louis Althussers* "praksismodel" og hans redegørelse for den i sin bog *Pour Marx*.[3] Denne model kan fremstilles grafisk sådan:

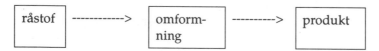

Denne generelle praksismodel – praksis i almenhed, byggende på Marx' teori om arbejde i almenhed som selve det teoretiske og logiske udgangspunkt for *Kapitalen* – differencierer Althusser nu på forskellig måde, idet han investerer den forskelligt alt efter hvilken praksis, det drejer sig om. Der er fx den materielle praksis, der omformer et givet råstof – det være sig jord, træ, jern eller andet – til brugsprodukter eller varer. Der er den videnskabelige praksis, der omformer *sit* råstof af forskellig art til viden. Og der er den ideologiske praksis – og Althusser anbringer litteraturen under denne kategori – der omformer fantasier, oplevelser, begivenheder osv, til *sit* produkt: *værket*, ofte kaldt et *artefact* eller en *formular*. Men alle praksisser fungerer efter de samme generelle normer: råstof – omformning – produkt, hvor det hverken er råstoffet eller produktet, der er det centrale og afgørende, men selve *omformningsprocessen*. Nøjagtig det samme gælder den læsende praksis, læseprocessen, *læsearbejdet*: også det arbejder med et råstof (værket, formularen), som det omformer og dermed frembringer et nyt produkt, en ny formular, for fortolkerens vedkommende hans eller hendes analysetekst, der kan blive råstof for en ny læseproces og således fremdeles. Derfor eksisterer der ingen endegyldig sandhed, hverken om værket eller om teksten. Det kan måske være vanskeligt at begribe for folk, der er opdraget med den traditionelle litteraturopfattelse og litteraturfortolkning. For dem gælder det om at finde frem til forfatterens intention med sit værk, meningen, forfatterens egen mening om, hvad han har frembragt, og fortolkeren skal respektere værket for dets pålydende (eller det, som fortolkeren mener eller tror er dette pålydende) og tolkes på dets egne præmisser – idet man altså mener at kende disse

---

[2] Se Niels Egebak *Psykoanalyse og videnskabsteori* (1980), ss. 265f.

[3] Se Niels Egebak *Tekst og økonomi. Træk af en materialistisk tekstteori* (1976), ss. 139f.

præmisser – ellers bedrager man og forfalsker det. Men allerede de mange forskellige tolkninger, både samtidige og senere, viser med tilstrækkelig tydelighed, at de ikke selv er i stand til at leve op til dette krav. Når de alligevel med en sådan vedholdenhed hævder at det gælder om at respektere forfatterens intentioner, kunne man med rette spørge om, hvorfra de egentlig kender disse intentioner, ja om forfatteren selv kender sine egne intentioner til bunds. Fungerer der ikke ofte noget så at sige "bag hans ryg," som han ikke behersker, eller endog ikke ved noget om eller ikke véd af, fx fordi det stammer fra det ubevidste, men som alligevel har sat sig spor i hans værk. Som *Per Højholt* engang har formuleret det:

> ... et godt digt indgår altid i en sammensværgelse bag digterens ryg (...) og siger andet (og helst mere) end han véd af (...) Jeg havde min altomfattende teori på en måde, og den måde var bundet til min personlighed i former jeg ikke havde herredømme over. Lige meget hvad fanden jeg gjorde skete det på en måde, og den måde måtte jeg affinde mig med som min (...) Ad denne bagvej har jeg altså måttet konstatere, at dele af mine bestræbelser afsætter betydninger i diglet, som jeg ikke råder over og derfor ikke kan styre eller lukke ude.[4]

Med andre ord: digtet, teksten, har sin egen viden, som ikke er ganske identisk med digterens men går ud over den. Dette er baggrunden for den "dekonstruktionsproces," som *Jacques Derrida* har praktiseret over for forskellige tekster, først og fremmest filosofiske tekster, og som i en delvis misforstået overlevering er blevet til den amerikanske *deconstructionism*, og via USA har vundet indpas også her i landet med en fejlagtig henvisning til Derrida, skønt der er tale om en rent amerikansk opfindelse. Dekonstruktionens princip er, at det ikke er tilstrækkeligt at tolke og fremlægge, hvad værket siger, man må også undersøge, hvad teksten *gør*. Heroverfor er det blevet hævdet, at denne kritiske dekonstruktionsproces ikke er nødvendig, fordi teksten dekonstruerer sig selv (se fx *de Man* om Derridas Rousseau-læsning).[5] Dertil er kun at svare, at selvfølgelig dekonstruerer teksten sig selv: det hele står *i* teksten og ikke andre steder. *Teksten* véd af det. Problemet er, om også *forfatteren* véd af det. Dette er Derridas pointe. Thi – som så mange forfattere, især modernistiske, hævder: det er ikke os, der skriver, vi *skrives*. Omvendt må det siges om læsearbejdet, at det også til en vis grad er styret af læserens ubevidste. Netop dette er baggrunden for den dialektik, der i receptionsprocessen opstår mellem værk og læser og er medvirkende til at tekstreceptionen også er en tekstproduktion.

For kort at resumere: så langt fra at være en passiv modtagelse er receptionsprocessen et aktivt omformende læsearbejde, hvorunder læseren også sætter sig selv på spil i mødet med værkets udfordringer. Læsearbejdet er en kreativ proces. Så meget og ikke mindre.

---

[4] *Spring*. Tidsskrift for moderne dansk litteratur (1992), nr.2, ss. 9f.

[5] Se citat i Lars Erslev Andersen e.a. (red.) *Tekst og trope. Dekonstruktion i Amerika* (1988), s. 96 fra Paul de Mann *Blindness and Insight* (1971).

Tillad, at jeg i denne sammenhæng kommer med nogle helt personlige betragtninger over "min vej til" receptionsteorien (receptionsæstetikken) og dens problematik:

Jeg er så at sige vokset op med strukturalismen i dens franske udformning. Jeg havde bogstaveligt levet med i dens "heroiske periode" fra slutningen af 50'erne og op gennem 60'erne, bl.a. gennem et flerårigt studieophold på *École Pratique des Hautes Études* ved Pariseruniversitetet med forskere som *Lucien Goldmann, Roland Barthes* og *A.J. Greimas* og *Jacques Derrida* fra *École Normale* i rue d'Ulm, samt studiekolleger som bl.a. *Tzvetan Todorov, Paolo Fabbri* og *Julia Kristeva*. Selvom beskæftigelsen med tekstreception ganske vist var en åben indbygget mulighed i strukturalismen,[6] så var den hovedopfattelse, der i begyndelsen var styrende for den, at det måtte være muligt ved hjælp af forskellige modeller udtømmende at beskrive tekster. Beskrivelserne var måske ikke "sandheder," men forsøg på at nå en slags sandhed – overbeviste som vi dengang var om, at sandheden *måtte* eksistere og derfor også kunne findes gennem vores læsearbejde og indiskutabelt fremlægges. Det mest konsekvente forsøg på at fremskrive denne "sandhed" udtømmende og endeligt var Roland Barthes' analyse af de tekstlige (retoriske) koder i en Balzac-novelle i bogen *S/Z*, hvori han ved en minutiøs læsning, sætning for sætning, afsnit for afsnit mente at finde frem til de (forholdsvis få) koder, der var styrende for hele forløbet. Et imponerende og respektindgydende arbejde, som i sin konsekvens udtømte, ikke teksten, men metodens muligheder og dermed åbnede for nye nødvendige metoders mulighed.

Man fandt nemlig, bl.a. gennem Barthes' analysearbejde, ud af, at strukturalismens metoder og modeller nok var nødvendige, men ikke derfor tilstrækkelige til en adækvat beskrivelse af litterære tekster. De havde kun relativ gyldighed og de måtte indoptages i et større, overlejrende projekt: semiologien eller semiotikken. Dets mål var nok stadig at beskrive et foreliggende værk, men nu med hovedvægten på selve *produktionsprocessen*, den kunstneriske arbejdsproces, bl.a. med støtte i psykoanalysen, som det blev tilfældet i den såkaldte *semanalyse* (Kristevas betegnelse) og i psykosemiotikken. Men efterhånden dæmrede det for os – belært af erfaringerne – at det vi forskede i egentlig, når det kom til stykket, nok så meget var vores egne læsninger, at vore læsninger, læseprocessen som sådan med nødvendighed indgår i projektet, at læsearbejdet på én eller anden måde (men hvordan?) indgår symbiose med den kunstneriske produktionsproces, den kunstneriske arbejdsproces, og at denne derfor nødvendigvis måtte inddrages. Netop den psykoanalytisk inspirerede tilgang til tekstanalysen bragte stadig mere receptionsproblematikken ind i billedet: dialektikken mellem tekst og læsning i lyset af den psykoanalytiske praksis, spørgsmålet om der kan findes

---

[6] Se fx Roman Jakobsons kommunikationsmodel, der indgik i flere strukturalistiske modeller, og fx ukritisk er blevet overtaget af den pragmatiske analysemodel til brug for læsning af sagprosatekster. Se Jakobsons essay "Closing statements: Linguistics and Poetry" In T.A. Sebeok (ed.) *Style in Language* (1960) og sml. min diskussion af modellen i "At analysere sagprosa – en model og et eksempel" In *Meddelelser fra Dansklærerforeningen*, oktober 1979, ss.246ff.

en gyldig homologi (men hvilken?) mellem overføringsfænomenet i kliniken og en tilsvarende "overføring" (og "modoverføring") mellem tekst og læser og læser og tekst, i betragtning af, at det jo altså er i læsningen, at teksten får sin egentlige realisering (eller sin "konkretisation," som det hedder i receptionsæstetikken).

Her rejser der sig nogle store og interessante problemer og perspektiver, som kunne undersøges nærmere, selvom det bliver i et lidt andet regi. Imidlertid gælder det om at undgå nogle farlige skær. Man må undgå at praktisere (anvende) psykoanalyse på forfatterpersonligheden – en dårlig og dilettantisk anvendt psykoanalyse, hvis resultater har vist sig pauvre og utilfredsstillende, et supplement til den traditionelle biografiske metode.[7] Det gælder også om at undgå en reduktionistisk psykoanalyse af de fiktive personer. I denne anvendte psykoanalyse af de fiktive personer var det altid (og er det stadig) de samme ting man fandt (finder): Ødipuskompleks, moderbinding, kastrationsangst, og hvad ikke af ting, man havde læst om i Freuds metapsykologiske skrifter (og nu hos *Jacques Lacan*). Det vil sige, at man gennem sådanne læsninger kun opnåede (opnår) at sige goddag til sig selv og aldrig lærte noget nyt.[8] Det, det gjaldt, var nok så meget så at sige at betragte læseprocessen og læseren under en psykoanalytisk synsvinkel. Hvordan det i praksis skal effektueres – uden at man falder i nye fælder – står dog for mig endnu hen i det uvisse.

En tilskyndelse og inspiration finder jeg foreløbig i *Jacques Derridas* særegne tilknytning til (eller snarere anvendelse af) en bestemt Rabbi-tradition, hvor hver læsning af *Torahen* skaber sin egen kanon, der er lige så gyldig som *Torahens* kanon, at enhver tolkning og kommentar er lige så gyldig som den tekst, der tolkes og kommenteres, og som jo selv er en tolkning af og en kommentar til en tolkning og kommentar i en uendelig regression uden oprindelse og en uendelig progression uden ende. Det, der synes at være en vigtig impuls for Derridas dekonstruktionsarbejde.[9]

Mine refleksioner over alt dette bragte mig i en første kontakt med Konstanz-skolens skrifter og dens teori om receptionsæstetik, som blev lanceret i 70'erne og introduceret i Danmark med den af *Michel Olsen* og *Gunver Kelstrup* udgivne antologi *Værk og læser* (1981). Teorien blev først og fremmest grundlagt af de tyske litteraturforskere *Hans-Robert Jauss* og *Wolfgang Iser* og deres elever ved

---

[7] Et eksempel: Frederik Nielsen; *I.P. Jacobsen. Digteren og mennesket* (1953). Gennem en læsning af Jacobsens forfatterskab slås det fast, at han var sadomasochist (algolagnier), fordi der optræder mange sado-masochistiske personer i hans værker! Biografismen i sin mest usmagelige udformning.

[8] Se fx Christian Gramby og Harly Sonnes analyse af I.P. Jacobsens novelle "Et skud i Taagen." In Anders Østergaard (red.) *Skud – tekstanalysen i dag* (1992). Her postuleres det bl.a., at deres "psykosemiotiske" model – opstillet ved en sammenblanding af A.J. Greimas' strukturelle semantik og Lacans psykoanalyse – som en universel dåseåbner kan anvendes på "folkeeventyr såvel som borgerlig roman og moderne novelle, drama, men også centrallyriske tekster (...) musik-videoen og reklamespottet." Intet mindre! (op. cit. ss. 84f.) Og for at gøre målet fuldt, skal samme model også finde anvendelse på "menneskets ødipale udvikling". Det er i lyset heraf, analysen af Jacobsens novelle foretages. Resultatet er forbløffende – og skræmmende!

[9] Se Susan Handelman "Jacques Derrida and the Heretic hermeneutics". In Mark Krupnick (ed.) *Displacement. Derrida and after* (1983).

universitetet i Konstanz i begyndelsen og i løbet af 70'erne. Den udgik fra en delvis anden tradition end semiotikken, nemlig den tyske hermeneutik, som den bl.a. blev udfoldet af *Roman Ingarden* og *Hans-Georg Gadamar*. Men den vakte snart interesse blandt franske semiotikere og i USA, netop som en revision af den dér udbredte opfattelse af, hvad litterær tekstanalyse er og bør være, eller rettere: som et nødvendigt supplement til den hidtidige semiotiske tekstanalyse – og et korrektiv til den opfattelse, at litteraturvidenskaben, sådan som det egentlig var strukturalismens og semiotikkens bestræbelse og hensigt, skulle kunne gøres til en positiv og objektiv videnskab.

Humaniora har nu engang en anden karakter end de eksakte videnskaber, eller de videnskaber, der lever i den vildfarelse, at de *er* eksakte. Også i dem tager iagttagelserne jo farve af den udøvende videnskabsmands arbejde!

Pointen er altså, som flere gange nævnt, at tekstarbejde og læsearbejde har nøje sammenhæng med hinanden, at også læsearbejdet er en skriven – og skriven et læsearbejde. Omvendt forandrer en senere læsning ofte en teksts betydning, når den under nye historiske og samfundsmæssige forhold tages op af senere læsere. Der er adskillige eksempler på, at ældre tekster bliver "genopdaget" og indskrevet i den aktuelle situation i overensstemmelse med den dobbelte historiske markering, som jeg tidligere omtalte: hver gang vi læser og tolker en tekst, sætter vi den med nødvendighed ind som en integrerende del af vor egen historicitet. Det er *måden*, vi gør det på, der er den afgørende.[10] Tænk på *Georg Brandes'* genopdagelse af den europæiske romantisme og hans brug af den i sit "moderne gennembrud," eller *Karen Blixens* brug af den gotiske roman til opbygningen af sit eget højst personlige litterære univers, for nu blot at nævne de to. Man vil hurtigt komme i tanke om andre, fx også en senere forfatters brug af et gammelt sujet, som gennem hans brug bringes til at belyse en moderne problematik. Her kunne man også nævne *pastichen*, ikke blot som en leg, men også som kritisk stillingtagen til tidligere frembringelser – fx *Cervantes'* satiriske brug af middelalderens populære ridderromaner i *Don Quijote*. Pastichen kan i det hele taget betragtes som et centralt kunstnerisk princip, der igen og igen kan iagttages gennem historien og faktisk sætter et stort spørgsmålstegn ved et begreb som "originalitet," sådan som det almindeligvis forstås. Enhver skrift er resultatet af en skriven på en anden skrift, der igen var en skriven på (og aflæsning af) en anden skrift, osv. *ad infinitum.* "Originaliteten" – hvis man endelig *skal* bruge det ord – består i *den nye måde*, hvorpå der skrives på en tidligere skrift. Dette er en vigtig pointe, som netop receptionsteorien kan belære os om. Det er sådan en tradition bliver til og bevares tværs gennem alle midlertidige konventioner, der kun er traditionens fremtrædelsesform, hvori den manifesterer sig.[11]

---

[10] Se Niels Egebak *Psykoanalyse...* op. cit. loc. cit.

[11] Se mit essay "Pastichen som kunstnerisk princip" In *Af en evighedsstudents meriter* (1991). Se også kapitlet "Tradition og konvention." In Niels Egebak: *Den skabende bevidsthed. Studier i den moderne roman* (1963), s. 125 ff.

Fænomenet kan såmænd også iagttages, når en forfatter læser egne tidligere værker under andre forhold end dem, hvorunder han frembragte dem.[12] Der findes fx en anekdote om *Alexandre Dumas d.æ.*, som under et besøg hos sin søn *Dumas d.y.* i en sen nattetime blev antruffet af sønnen ivrigt fordybet i et digert værk. "Hvad er det, du læser, far," spurgte sønnen. "En meget spændende og interessant roman, jeg fandt på en af dine boghylder," svarede faderen. Sønnen spurgte, hvad den dog hed og fik til svar, at det var *Greven af Monte Christo*. "Jamen den har du jo selv skrevet," udbrød sønnen overrasket. "Ja nok, ja nok," vrissede faderen, "men jeg har aldrig læst den." Og det er ikke blot en erfaring, der kan gøres af digtere, men også af andre skribenter, når de fx læser deres gamle analyser, essays, bøger etc., og pludselig opdager nye aspekter i dem som de ikke var opmærksomme på da de skrev dem, men som nu kalder på en uddybning og videreførelse. Det kan være en enkelt passage eller et afsnit, der åbner nye perspektiver for dem, hvis eksistens de ikke tidligere kendte, men som nu i læsende stund får betydning og måske kan føre til en revision af tidligere standpunkter. Men de opdagede det altså i et af deres egne tidligere skrifter. Ja, det kan sågar på en pudsig måde hænde for en videnskabsmand. Min gamle matematiklærer, der var en anerkendt matematiker, og som selv havde skrevet den bog, han underviste efter, blev engang af en af sine elever spurgt om en vanskelig passage, som eleven ikke rigtig havde forstået. Læreren genlæste passagen flere gange, kløede sig i håret og sagde så: "Ja, hvad *kan* forfatteren dog have ment?." Det er også en erfaring, vi alle kan gøre, når vi fx genlæser vore gamle breve, som vi jo dog har skrevet engang, men som vi, som den gamle Dumas, aldrig har læst. Det er som om de var skrevet af en fremmed. Det skyldes – egentlig helt enkelt – vores neddykning i sproget på en måde, som vi kun behersker til en vis grad. Vi skrives.

Per Højholt er en af de danske digtere, der radikalt tager konsekvensen af en sådan erfaring. Hans grundholdning er, at en bog, et digt, når den (det) har forladt hans arbejdsbord, ikke længer er hans, at han ikke har noget ansvar for den (det). Ansvaret er helt og holdent læserens, og han er helt åben for læserenes forståelse og tolkning. Det kan man bl.a. se af bagsideteksten til romanen *6512* – iøvrigt en titel, han har fundet ved et tilfældigt opslag i en telefonbog: "Det er mig, der har skrevet *6512*. Den består af nogle blade, som en eller anden har skrevet, jeg kender ham ikke, hans navn står ikke på bladene (...) jeg har bare ordnet bladene og lavet en bog af dem. Så læseren må selv bestemme det hele, også hvordan hovedpersonen er (...) Jeg fralægger mig som sagt ansvaret, det er læserens helt og holdent."

Højholts forskellighed fra så mange andre digtere, der nidkært vogter over deres produktion som *deres* og bliver fornærmede, hvis en læsning eller en

---

[12] Se Per Højholt In *Spring*, loc. cit.., "For ikke så længe siden var jeg det hele (hans bøger) igennem sammen med en oversætter, og egentlig var jeg tilfreds: bedre kunne jeg ikke gøre det, og ind i mellem måtte jeg endda spørge mig selv, hvordan fanden jeg havde båret mig ad med at skrive bestemte ting. men jeg kunne da godt mærke, at det var længe siden, jeg havde trukket fingrene til mig". (op. cit. s. 9).

tolkning ikke stemmer overens med deres egen forståelse, deres intentioner, deres *mening* med det, de har skrevet, ligger i, at han altså tager konsekvensen af den almene erfaring hos enhver skribent, at uanset hvor omhyggeligt reflekteret han arbejder med sproget og udciselerer hver sætning, gennemtænker hver formulering, ja anbringer ethvert komma, så er der noget i sproget, han ikke behersker, fordi han altså er nedsunket i det, og at han, som vi alle, og som det altså er blevet formuleret, egentlig ikke skriver, men skrives og, hvor påpasselig, man end er, føres med af sproget.[13] Derfor er det ikke *bare* koketteri, når han siger, at han ikke kan tage ansvaret for teksten, når den har forladt hans arbejdsbord, men at ansvaret er læserens.

Når teksten møder læseren, er det som nogle sorte bogstaver på et stykke hvidt papir. Det er læsearbejdet, der virkeliggør disse sorte bogstaver som tekst, realiserer dem, ikke sjældent mod den bevidste intention, forfatteren *troede*, han havde med den. Derfor skelner man også i receptionsteorien mellem et værks *mening*, det forfatteren har sat på papiret, og dets *betydning*, som er resultatet af læserens læsearbejde.

Receptionsæstetikeren *Hans-Robert Jauss* har med et lykkeligt greb sammenlignet værket med et partitur.[14] Partituret er de sorte nodetegn på nodepapiret, der strukturerer et musikstykke, materielt, som et potentiale for orkestret og dirigentens realisering og konkretisation. Og der er som bekendt meget stor forskel på hvordan fx det hollandske *Concertgebouw-orkester* realiserer en af Beethovens symfonier under ledelse af *Eduard van Beinum* og *Berliner Symfonikernes* realisering af samme symfoni under ledelse af *Herbert von Karajan*! Ligesom der er forskel på hvordan en *Lester Young* og en *Colemann Hawkins* realiserer den samme jazzmelodi. Det ved vi, det er alment accepteret. Ligesom det er alment accepteret, at forskellige instruktører og forskellige skuespillere på forskellig måde opfatter fx Shakespeares skuespil og deres personer. Der er tale om forskellige *læsemåder*, alle med deres særlige gyldighed – deres særlige *betydning*. Og nøjagtigt sådan er det med forholdet mellem værk og læser, mellem værkets tekst (partituret) og læserens tekst. At *dette sidste* forhold hos nogen har kunnet vække forargelse, og blive betragtet som vild subjektivisme og ødelæggende for seriøs litteraturvidenskab, kan godt give grund til en del forbløffelse.[15]

At denne forargelse har sin rod i nykritikkens dogme om det litterære værks autonomi, er for mig skellig grund til at tage denne nykritik og dens forskellige dogmer – som har afsløret en forbavsende levedygtighed gennem vekslende perioder i litteraturteoriens og litteraturkritikkens nyere historie – op til kritisk vurdering. Og til, fx, at dekonstruere den nye nykritik, som går under navnet

---

[13] Se Michel Foucault: "Mennesket er ikke samtidigt med det, der gør, at det er, eller ud fra hvilket, det er, det føres med af en kraft, som fjerner det fra dets egentlige oprindelse." *Les mots et les choses* (1966), s. 345. Sproget er en del af denne kraft.

[14] Hans-Robert Jauss "Litteraturhistorie som udfordring til litteraturvidenskaben." In Michel Olsen og Gunver Kelstrup (red.) *Værk og læser. En antologi om receptionsforskning* (1981), s. 59.

[15] Ret beset er læsning jo også en udøvende kunst og et håndværk.

"dekonstruktivisme," og som – som nævnt – fejlagtigt påberåber sig Jacques Derridas navn og autoritet.

Og det er slet ikke nogen "anden historie." Den står tværtimod i centrum af receptionsteoriens problematik. Og dermed i centrum af hele den litteratur-teoretiske diskussion, der er på færde i disse år – også her i landet, hvor den på det seneste har givet anledning til flere antologier med forskellige tolkninger af ét og samme værk ud fra forskellige principper og med forskellige metoder, der altså repræsenterer lige så mange forskellige læsninger og receptioner. Om de nu kalder sig nykritiske, hermeneutiske, strukturalistiske, poststrukturalistiske, postmodernistiske, socialhistoriske, psykosemiotiske, feministiske eller post-feministiske, dekonstruktivistiske eller hvilke betegnelser, man ellers kan finde på for at betegne dem i deres forskellighed fra hinanden. Den tyske receptions-æstetik er kun én blandt disse mange varianter. Dens force er netop dens koncentration om selve læsningen og læseprocessen. Derfor indbyder den til kritisk vurdering og videreførelse, måske i et nyt regi, der – uden at det havner i en uacceptabel eklekticisme – vil kunne indoptage de vigtigste impulser og resultater fra nogle af de nævnte "retninger" inden for litteraturteorien og litteraturkritikken. Måske vil den skitserede almene praksismodel, som jeg præsenterede den, i al dens abstrakthed, her kunne blive til nytte i en kritisk videreførelse og således muliggøre en overskridelse af den hidtidige recep-tionsæstetiks – nødvendige – begrænsning og undgå dens fejltagelser og mangler.

Et overset element i Stendhals *De l'Amour*?
Til V. del Litto, François Mitterand og Mikkel Olsen

Merete Gerlach-Nielsen

Det siges ofte, at litteraturens forskningsresultater bør tages op til revision ca. hvert 30. år. Passer det?

I alle tilfælde var det med bange anelser, at jeg for et par år siden fandt anledning til at genlæse min gamle prisopgave fra 1960-1961, *Ideerne i Stendhals De l'Amour og deres udnyttelse i det øvrige forfatterskab*[1]. Det skete under forberedelsen af to foredrag, jeg skulle holde i l'*Association des Amis de Stendhal* (11.12.1991) og la *Société des Amis d'Honoré de Balzac et de la Maison de Balzac* (15.2.1992) om Georg Brandes som læser af Stendhal og Balzac. De to foredrag er publiceret i *Bulletin de l'Association des Amis de Stendhal* (1992) og *Le Courrier balzacien* (1992).

Havde jeg overset noget? Det ville være pinligt. Godt nok var opgaven blevet belønnet med guld, og i en anmeldelse i Berlingske Tidende resumerede Knud Togeby afhandlingen som resultat af "en dobbelt bevisførelse. For det første viser hun (= Merete Gerlach-Nielsen), at denne afhandling om kærligheden (Stendhals) er meget mere sammenhængende, end man har troet, fordi bogen nærmest fremtræder som en række meget spredte strøtanker. For det andet viser hun, hvad man aldrig har villet tro på, at Stendhal i sine romaner lader sine personer følge det samme psykologiske skema for kærlighedens forløb, som han har tegnet i sit teoretiske skrift, hvilket vil sige gennem 7 etaper: beundring, sansernes vækning, håb, kærlighedens fødsel, første krystallisering, tvivl, anden krystallisering". Med krystallisering mente Stendhal, at "den forelskede tillægger den elskede en stråleglans, som den elskede ikke ejer selv"[2].

Bedømmerne mente generelt, at jeg med en enkelt undtagelse havde givet en "passende oversigt over de vigtigste elementer i de mange kapitler, fragmenter, paragraffer, der udgør Stendhals *De l'Amour*. Der havde dog været grund til at ofre en særlig paragraf på den idé, der findes udtrykt i kapitel 36 af Stendhals bog, og som han har udnyttet i så at sige alle dele af sit øvrige forfatterskab, således som det også fremgår af afhandlingens (min) anden del:

---

[1] Forkortet fransk udgave med titlen *Stendhal théoricien et romancier de l'amour*, Historisk-filosofiske Meddelelser udgivet af Det Kongelige Danske Videnskabernes Selskab, bind 40, nr. 6, København 1965; omtalt i tidsskriftet Stendhal Club (red. V. del Litto), nr. 30 (15.1.1966), p. 195.

[2] Ibid.

L'amour de deux personnes qui s'aiment n'est presque jamais le même. L'amour-passion a ses phases durant lesquelles, et tour à tour, l'un des deux aime davantage".[3]

Men på trods af de pæne ord kunne jeg jo godt have overset eller misforstået noget.

I første del af min afhandling havde jeg i den tematiske analyse også samlet de i Stendhals afhandling spredte bemærkninger om det specifikt kvindelige adfærdsmønster i responsen på den mandlige kærlighed: den kvindelige stolthed og blufærdighed konstateredes at være de eneste kulturbestemte fænomener, hvis virkning overvejende er positiv. De fremmer mandens krystallisering, hans evne til, uophørligt og uafhængigt af enhver ydre realitet, at udstyre den elskede kvinde med nye skønne egenskaber. Skønt næsten ukampdygtig på grund af det rige indre fantasiliv er det i kærlighed manden, der angriber; kvinden forsvarer sig. Det er ifølge Stendhal kvindernes manglende adgang til at hævde sig ved konkret arbejde, der gør dem næsten overdrevent stolte i små følelsessager. Hvis kvinden havde arbejde, ville hun kunne finde lykken og ikke udelukkende være henvist til stramajbroderi. Stendhal er overbevist om, at kvinden ville kunne klare alle hverv mindst lige så godt som manden, hvis hun fik lov dertil. Hun burde trænes intellektuelt, fordi hun som mor giver børnene den tidlige opdragelse, der stiller sjælen ind på at *"chercher le bonheur par telle route plutôt que par telle autre, ce qui est toujours une affaire faite à quatre ou cinq ans"*[4]. Beylismens lykkejagt startes, som man ser, tidligt. Stendhal foreslår, at piger får samme skoleuddannelse som drenge[5]. Herved kunne de blive strålende børneopdragere og i ægteskabet åndelige partnere for manden: "Quel excellent conseiller un homme ne trouverait-il pas dans sa femme si elle savait penser!"[6]. Selv om drengenes skoleuddannelse mangler de vigtigste fag logik og etik, er den dog at foretrække for musik, akvarelmaling og broderi, som pigerne normalt må nøjes med[7].

Ved min gennemlæsning viste det sig, at jeg i min analyse *ikke* havde noteret, at Stendhal i en enkelt passage søger at knytte tankerne om kvindens uddannelse til det, jeg fandt var bogens hovedemne, l'amour-passion og dens hovedfase krystalliseringen registreret i en *mandssjæl*[8]. Jeg inddrog *ikke* Stendhals bemærkning

---

[3] Bedømmelse af afhandlingen indleveret under mærket FM 2 sg. H. Sten, Hans Sørensen, Knud Togeby.

[4] Stendhals udhævning, *De l'Amour*, p. 201. Henvisningerne gælder Garnier-udgaven fra 1959.

[5] Ibid., p. 216.

[6] Ibid., p. 215.

[7] Ibid., p. 216.

[8] Stendhal tager selv følgende forbehold med hensyn til sin behandling af et eventuelt specifikt kvindeligt adfærdsmønster i kærlighed: "Il serait nécessaire qu'une femme d'esprit qui aurait connu l'amour, consentît à effacer beaucoup de choses dans cet essai et à y en ajouter quelques-unes." (Note til *De l'Amour*-manuskriptet, pp. 489–490). Generelt gælder det imidlertid, at *De l'Amour* gør fordring på at fremstille en lovmæssighed, der omfatter både mænd og kvinder. Det ses ikke mindst deraf, at den eksemplificerende, skematiserede indlagte novelle *Ernestine ou la naissance de l'amour* har en kvinde som hovedperson. (Cf. min analyse i kapitlet *L'Exemple d'Ernestine*, pp. 26–32).

om, at de kvindelige kundskaber kunne fremme den mandlige krystallisering. Den pågældende passage lyder:

> l'amour redoublera de charmes et de transports, voilà tout. La base sur laquelle s'établit la *cristallisation* deviendra plus large; l'homme pourra jouir de toutes ses idées auprès de la femme qu'il aime, la nature tout entière prendra de nouveaux charmes à leurs yeux, et comme les idées réfléchissent toujours quelques nuances des caractères, *ils se connaîtront mieux et feront moins d'imprudences; l'amour sera moins aveugle et produira moins de malheurs.*[9]

Isoleret lyder sætningen logisk, fornuftig og optimistisk. Stendhal åbner her muligheden for, at krystalliseringens grundlag skulle kunne gøres bredere og mere solidt, at krystalliseringsmekanismen skulle kunne udløses af *andet* end den kvindelige skønhed og fastholdes af andet end tvivlen om, at man genelskes. Ved at forestille sig, at forelskelsen skulle kunne forankres i en form for objektiv virkelighed, skyder Stendhal en afgørende breche i sit eget system. Krystalliseringen er jo i sit væsen subjektiv: den elskende udstyrer i sin fantasi den elskede genstand med netop alle de skønne egenskaber, *han* ønsker at tillægge hende. Der opstår en række selvmodsigelser i systemet, hvis denne passage skal tages for pålydende. Det fremgår af mange udtalelser i *De l'Amour*, at kærlighed, samtidig med at være den højeste lykke, medfører sorg, at i kærlighed er målet af sorg relativt større end målet af glæde, og at selv den ulykkeligt elskende hverken kan eller vil slippe sin kærlighedsfølelse. Den elskende lever på afgrundens rand, fanget i krystalliseringens net, fastholdt mellem håb og tvivl. Det synes næppe sandsynligt, at et passende mål af kvindelige skolekundskaber skulle kunne afbøde denne tilstand, som er den følsomme sjæls privilegium og adelsmærke. Slet ikke at lærde kundskaber hos kvinden skulle kunne rette op på den mandligt forelskedes tilfælde af vanmagt, le *fiasco d'amour*.

Idéerne om kvindens uddannelse såvel som den nævnte passage må opfattes som et isoleret uintegreret indslag i *De l'Amour*'s værdisammenhæng. De får heller ingen konsekvens for det senere fiktive forfatterskab. De genialt elskende kvinder Clélia, Madame de Rênal og Gina er ikke lærde damer, har næppe så meget som mellemskolekundskaber. Det er heller ikke læsning, den passionerede, frigjorte Lamiel kaster sig over.

Det er ikke sådan, at tankerne om kvindens uddannelse blot er strøtanker for Stendhal. Anvisninger, opfordringer til seriøs læsning af filosofi, historie og skønlitteratur kan tælles i hundredvis i ungdomsbrevene til søsteren Pauline. Et enkelt eksempel, især på *tonen* i broderens langstrakte brevkursus i lykkelære. I 1805 er han 22, søsteren 19. I brev fra Marseille af 22.–26. fructidor [9.–13. september] farer han således frem:

> Parle-moi en grands détails de tes lectures. Tu dois être à la fin de Shak[espeare] ... Lis-tu l'*Idéologie*? Si tu ne le fais pas, lis-le bien vite. Ensuite, songe à te garnir la tête de faits qui puissent baser tes jugements sur les hommes. Relis Retz, dont je suis toujours plus enthousiaste et dont je suis fâché de t'avoir privée; les *Conjurations* de

---

[9] De l'Amour, p. 208. Den sidste udhævning er min.

Saint-Réal, plusieurs réflexions fines sur l'histoire qu'on ne trouve que dans ses oeuvres complètes en cinq volumes in-12 que M. Ducros te prêtera; la nouvelle de *Don Carlos*, du même; le divin Saint-Simon; la *Conjuration de Russie*. En général tu ne saurais être trop avide de Mémoires particuliers. Leurs auteurs les écrivent ordinairement pour *sfogare*, débonder leur vanité, ils disent donc en général la vérité ... Cherche toujours *la Nature humaine* de Hobbes et lis-la quand tu en trouveras l'occasion. Dès que j'aurai un peu d'argent, je te ferai envoyer de Paris l'*Esprit de Mirabeau*, deux volumes in 8°, qui te donnera des idées justes et sérieuses, dégagées de cette emphase féminine qu'ont en général les femmes et que tu n'as point ... Le ton de tes lettres est parfait, en ce qu'il est extrêmement naturel ... Songe toujours au fameux quinque: Tracy, Helvétius, Duclos, Vauvenargues et Hobbes ... N'oublie pas de lire Tacite, tu liras ensuite Tite-Live et Salluste ... Les *Douze Césars* de Suétone, édition de La Harpe. Qu'as-tu lu depuis moi?[10]

Søsteren skal læres op og opfordres yderligere adskillige gange til at indgå ægteskab med en mand, der passer i stand og formue. Stendhal sætter altså ikke Pauline på sporet af det, der for ham selv var lykkejagtens højeste mål, kærligheden. Det er jo sådan, at både De l'*Amour*'s og romanernes budskab, nært beslægtet med den høviske kodeks, går på uforenelighed mellem kærlighedslykke og ægteskab.

En feministisk ideologikritisk undersøgelse af de mange selvmodsigelser ville *bebrejde* Stendhal, at hans "gode, progressive" idéer om pigeopdragelse *ikke* fik konsekvens for hans opfattelse af lykkejagten som livets egentlige mål. Den genetiske, komparative idéhistorie ville *forklare*, at tankerne om opdragelsen som et tematisk lån er overtaget fra ideologerne og derfor *ikke* blev en integrerende del af Henri Beyles kærlighedslykkelære. For mit eget vedkommende fastholder jeg blot min daværende konklusion. Hverken Stendhal eller jeg har rykket positionerne: kærlighedsdramaet leves *hic et nunc*. Den lidenskabeligt elskende – mand eller kvinde – har ingen eskaperingsmuligheder.

---

[10] Correspondance I, 1800–1821, édit. de la Pléiade, 1962, pp. 225–226.

"Juliette attend Roméo *pieds nus*" ou le dilemme de la prédication dans les constructions absolues

Suzanne Hanon

A. *Définition*

Le français est riche en constructions absolues, réminiscences lointaines des ablatifs absolus du latin. Par *constructions absolues*, nous entendons (Hanon 1989 et 1990) des constructions nominales, dépendantes, constituées par deux termes en rapport de solidarité que l'on peut considérer comme un sujet et un prédicat logiques. Ces constructions sont *absolues* parce qu'elles sont autonomes, non-régies et non-introduites, elles sont *nominales* parce qu'elles excluent la présence d'un verbe conjugué dans leur prédicat, elles sont *dépendantes* parce qu'elles remplissent toujours une fonction à l'intérieur d'une proposition ou d'un autre syntagme. La cohérence du groupe est assurée par la récurrence du même schéma syntaxique: deux éléments constitutifs, sujet et prédicat, forment une entité insécable qui amène une prédication secondaire. Le sujet est toujours de nature nominale, le prédicat exclut l'infinitif mais pas les participes. A part ces contraintes, il n'existe aucun marqueur typique d'ordre morphologique, syntaxique, lexical ou prosodique. Si sujet et prédicat sont parfois en accord mutuel de genre et de nombre, l'entité insécable n'entretient pas, elle, de rapports d'accord avec le membre de phrase qu'elle prédique.

Ainsi les exemples (1) à (6) présentent tous des cas de contructions absolues (ci-après abrégées en *c.abs.*), que nous avons mises en italiques:

(1)   Marie est assise, *les yeux fermés*
(2)   *La porte fermée*, Marie s'en alla
(3)   Pierre est *tête nue*
(4)   Marie a surpris Jean *pieds nus*
(5)   Un jeune homme *torse nu* se promène dans le jardin
(6)   Ils prennent un bain de soleil, *elle en bikini, lui torse nu.*

B. *Prédication secondaire et actants: hypothèse de la fonction privilégiée*

Dans toutes ces phrases, la *c.abs.* apporte une modification sous forme de prédication secondaire. Dans (1) et dans (6), la *c.abs.* prédique le sujet; il y a apposition ou prédicat libre. Dans (2), la *c.abs.* joue le rôle de complément circonstanciel de temps ou de cause. Dans (3) et (4), la *c.abs.* occupe une fonction essentielle, attribut du sujet en (3), attribut de l'objet en (4). Dans (5), la *c.abs.*

remplit toute entière la fonction d'épithète du substantif *jeune homme*. Pour une description détaillée du fonctionnement des *c.abs.*, voir Hanon 1987 à 1991.

On sait que le sujet est statistiquement le membre de phrase le plus souvent prédiqué. Combettes 1982 montre aussi que les constructions détachées se rapportent le plus souvent au sujet. C'est aussi le cas pour les *c.abs.*. Dans deux enquêtes quantitatives indépendantes (Hanon 1979 et 1989), j'ai montré que 73% à 74% des *c.abs.* prédiquent toujours le sujet (sous forme d'attribut du sujet ou d'apposition). Nous nous référerons plus loin à cette caractéristique significative privilégiant le sujet en employant les termes de "hypothèse de la fonction privilégiée".

Curieusement, la tradition grammaticale, quand (et si) elle s'est penchée sur la fonction des *c.abs.*, a toujours mis en avant la fonction de circonstant. Mes deux enquêtes quantitatives montrent au contraire des chiffres négligeables oscillant entre 5 et 10% des corpus envisagés pour cette fonction. Il est vrai que la tradition grammaticale a toujours voulu voir dans les *c.abs.* actuelles uniquement des réminiscences des ablatifs absolus du latin, dont la fonction privilégiée, mais non unique, était de nature circonstancielle. L'exemple (2) est un cas représentatif de *c.abs.* à valeur circonstancielle.

Dans tous les autres exemples, la *c.abs.* modifie un actant spécifique. Par "actant", nous entendons avec Tesnière :"...les êtres ou les choses qui, à un titre quelconque et de quelque façon que ce soit, même au titre de simples figurants et de la façon la plus passive, participent au procès." (*Eléments de syntaxe structurale*,1976, p.102).

Si nous adoptons le modèle actanciel de Tesnière, c'est pour "neutraliser" temporairement le jeu des fonctions grammaticales traditionnelles. En effet, l'objet d'un verbe actif peut devenir le sujet d'un verbe passif, tout en restant le même actant. D'autres cas de fonctions grammaticales traditionnelles, comme la relation du sujet réel et du sujet grammatical, ou le rapport sujet grammatical d'une phrase passive avec l'agentif s'expliquent également mieux par le jeu des actants. Ainsi, on pourra tester l'hypothèse de la fonction privilégiée et la remplacer éventuellement par un autre modèle.

Les exemples (1), (3), (5) ne présentant qu'un seul actant, il n'y a rien d'étonnant à ce que la *c.abs.* prédique cet actant (même s'il s'avère que, parfois, la *c.abs.* se rapporte à un actant absent, comme on le verra plus loin). Dans (6), on note qu'une *c.abs.* prédique le sujet, *ils*, en redistribuant la prédication secondaire sur deux actants distincts (*elle, lui*). Dans l'exemple (4), deux actants sont des candidats potentiels à la prédication secondaire *pieds nus*: le prime actant ou sujet, *Marie*, et le second actant ou objet, *Jean*. Ici, normalement, l'hypothèse de la fonction privilégiée devrait nous contraindre à voir dans *Marie* le seul actant prédicable, comme dans (1), mais il n'en est rien. En effet, la plupart des locuteurs sont d'accord pour voir dans *Jean* l'actant prédiqué de façon préférentielle par la *c.abs. pieds nus*.

C. Prédication sur le sujet, sur l'objet ou sur le terme le plus proche? Règle d'objet ou règle de proximité?

De prime abord, on serait tenté de conclure de l'exemple (4) que si objet il y a, la *c.abs.* prédique préférentiellement ce dernier, ce que l'on pourrait appeler une "règle d'objet". En termes actanciels, cela reviendrait à dire que s'il existe un second actant, c'est ce dernier qui est prédiqué. On pourrait alors élargir le concept et invoquer une "règle de proximité" : faute de sujet (ou prime actant) à prédiquer, et en raison inverse de la distance, la *c.abs.* prédiquerait le membre de phrase le plus rapproché (donc le second ou énième actant à l'exclusion du prime actant). Ce mécanisme favorisant la prédication du terme le plus proche ne peut être entièrement écarté. Néanmoins, le choix univoque de l'actant objet dans (4) ne peut être expliqué de façon satisfaisante uniquement par cette "règle de proximité". Un grand nombre de phrases comportent en effet deux actants possibles (même parfois plus), tous théoriquement candidats à une prédication secondaire sous forme de *c.abs.*. Regardons maintenant pour nous en convaincre les exemples (7) et (8). Ces deux phrases, très similaires, diffèrent par l'orientation de la prédication secondaire *bouche ouverte*:

(7)   Marie regarde Paul *bouche ouverte*
          (:Marie a la bouche ouverte)
(8)   Marie voit Paul *bouche ouverte*
          (:Paul a la bouche ouverte)

(Dorénavant, nous mettrons l'actant prédiqué en évidence, dans une phrase explicative entre parenthèses en le faisant précéder de ":"). Pour (7) et (8), on constate que dans des phrases présentant un schéma syntaxique identique (ordre sujet-verbe-objet, actants de même nature, etc) et un sémantisme très proche (*regarder* vs. *voir*, actants identiques), une *c.abs.* peut prédiquer des actants différents: le prime actant ou sujet en (7), et le second actant ou objet en (8). Par conséquent, on ne peut considérer comme tout à fait fiables ni "l'hypothèse de la fonction privilégiée", ni "la règle d'objet", ni "la règle de proximité", qui ne permettent pas d'expliquer le jeu différent de la prédication secondaire dans ces deux exemples. Il faut donc chercher l'explication ailleurs.

D. L'actant zéro ou actant absent: la prédication "in absentia"

Il n'est peut-être pas inutile ici de noter que les *c.abs.* se rapportent parfois à des actants "absents". Regardons les exemples (9), (10) et (11):

(9)   La respiration accélérée se fait *bouche ouverte*
          (:on, tous, etc)
(10)   Il ne faut pas parler *la bouche pleine*
          (:tu, on, etc)
(11)   La boxe, ça se pratique *torse nu*
          (:les boxeurs, etc)

Dans tous ces cas, l'actant prédiqué est un actant "absent", que l'on peut imaginer comme *on, tu, tous, tout le monde*, ou une autre forme de prime actant ou sujet,

suivant les contextes. On posera donc qu'une *c.abs.* peut prédiquer un terme "in
absentia". De même, si nous manipulons un peu l'exemple (7) en le mettant à
l'impératif pour en faire (7a) :

(7a)   Regarde Paul *bouche ouverte* !
          (:tu as la bouche ouverte)

nous avons une autre confirmation de cette prédication du prime actant "in
absentia". Cette constatation permet d'écarter définitivement "la règle de
proximité" comme une contrainte fixe. Par contre, tous les exemples de
prédication "in absentia" que nous venons d'étudier peuvent être expliqués par
"l'hypothèse de la fonction privilégiée", puisque c'est toujours le sujet qui est
"manquant". Ceci n'a pourtant rien d'étonnant, puisque syntaxiquement et
partant sémantiquement, il est plus facile de "se passer" du sujet ou prime actant
(Cf. par exemple l'emploi des constructions pronominales (9) et (11), l'infinitif
(10), l'impératif (7a)) que de l'objet. L'objet fait souvent corps avec le verbe et
il est rare de trouver des expressions comprenant une prédication secondaire
sur un objet "in absentia". Citons cependant des expressions figées comme
"prendre la main dans le sac", qui ne peuvent être comprises que comme une
prédication sur un objet "in absentia": "prendre quelqu'un la main dans le sac".

E. Prédication sur le sujet ou sur l'agentif ?

Examinons maintenant des phrases au passif. Dans le cas des phrases
passives, la prédication peut être établie soit avec l'actant présent, le sujet de
la phrase, comme dans (12) et (13):

(12)   Alfred est représenté *les yeux fermés*
          (:Alfred)
(13)   Le triangle est dessiné *la pointe vers le haut*
          (:le triangle)

soit à nouveau avec un actant absent, cette fois-ci l'agentif, comme dans (14):

(14)   Pour cette épreuve, le triangle devra nécessairement être dessiné *les yeux fermés*
          (:on, tu, les élèves, etc)

En d'autres termes, en (14), la prédication est établie sur un prime actant absent,
l'agentif, en (12) et (13) avec un second actant présent, le sujet. Nous avons un
jeu similaire à celui observé plus haut entre prédication sur le sujet et sur l'objet
et toujours le même problème pour déterminer d'après quelles règles la
prédication est établie.

Il est évident que les *c.abs.* entretiennent des rapports sémantiques de
sélection avec les termes qu'elles prédiquent: *les yeux fermés* dans (12) et dans
(14) sont censés appartenir à un être humain ou à un animal, *la pointe vers le haut*
dans (13) à un objet pointu ou à une figure géométrique pointue, ce qui permet
d'orienter le choix dans (14) et d'exclure une variante de (12), (12x):

(12x)   * Alfred est représenté *la pointe vers le haut*.

Ces rapports sémantiques de sélection sont régis par ce que l'on nomme parfois "l'expression de la possession inaliénable". Cette notion est souvent citée comme typique des relations qu'entretiennent les parties du corps humain avec le corps entier, vu comme un "tout". Ce concept gagne à être élargi. Il s'inscrit en effet (Hanon 1989) dans un système plus universel portant sur les rapports qu'entretiennent les objets ou les êtres (considérés globalement comme un "tout") avec leurs parties constitutives.

Dans les phrases passives comprenant à la fois un sujet et un agentif, remplis par des actants comparables au point de vue sémantique, et où la "possession inaliénable" peut s'exercer sur l'un comme sur l'autre des actants, on retrouve une situation d'ambiguïté aussi forte que celle évoquée plus haut (exemples (7) et (8) pour le sujet et l'objet. Ainsi l'exemple (12a), transformation de (12) par adjonction d'un agentif:

(12a)   Alfred est représenté par Paul *les yeux fermés*
         (:Alfred?, :Paul?)

sera-t-il évité puisqu'il est impossible de savoir de manière univoque lequel des deux actants est prédiqué par la *c.abs.*.

F. Ordre des mots et représentation du monde

L'ordre des mots peut jouer un certain rôle. Ainsi pour lever l'ambiguïté de (12a), prenons (12b), où la *c.abs.* est placée en intraposition:

(12b)   Alfred est représenté *les yeux fermés* par Paul
         (:Alfred)

Cette fois-ci il n'y a plus d'équivoque possible sur l'actant prédiqué. Il n'est pourtant pas toujours nécessaire de faire varier l'ordre des mots. Regardons l'exemple (15), proposé par O. Eriksson:

(15)   Un an plus tard, il était tué par les Allemands, *les armes à la main*, dans les
        montagnes du Vercors
        (:il)

Dans cet exemple syntaxiquement très comparable à (12a) (passif, sujet, agentif, ordre des mots, etc), il ne fait aucun doute que la *c.abs.* prédique le sujet *il*, et non l'agentif *les Allemands*. La "règle de proximité" laisse la place ici à une contrainte sémantique régie par notre représentation du monde. Cette même représentation du monde nous aurait permis de comprendre de façon univoque le remaniement de (12a) en (12c):

(12c)   Le modèle est représenté par Paul *les seins nus*
         (:le modèle)

ou en (12d):

(12d)   Paul est bousculé par le modèle *les seins nus*
         (:le modèle)

ou mieux encore en (12f):

(12f)   Le modèle, Sophie, est représenté par Paul *les seins nus*
         (:le modèle)

Résumons maintenant le mécanisme de l'ordre des mots par rapport à la
prédication des *c.abs.*. Il n'y a en fait que trois places possibles pour situer une
c.abs. par rapport au noeud verbal:
L'antéposition (16a):

(16a)   *Les yeux fermés*, Paul dessine Alfred
         (:Paul)

l'intraposition (16b) et (16c):

(16b)   Paul, *les yeux fermés*, dessine Alfred
         (:Paul)
(16c)   Paul dessine, *les yeux fermés*, Alfred
         (:Paul)

et l'extraposition (16d):

(16d)   Paul dessine Alfred *les yeux fermés*
         (:Paul? :Alfred?)

Pour prédiquer le sujet, on peut se servir soit de l'antéposition (16a), soit de
l'intraposition post-sujet (16b), ou encore de l'intraposition postverbale, moins
fréquente, (16c). On a vu en (12b) que l'intraposition postverbale pouvait servir
pour lever l'ambiguïté. L'extraposition, nécessairement postverbale, peut servir
à prédiquer le sujet: exemples (1), (6), (7) et (15). Quand elle est post-objet, elle
permet aussi de prédiquer l'objet: exemples (4) et (8), mais pas exclusivement:
cf. exemple (7). Dans le cas (16d), l'extraposition de la *c.abs.* rend la prédication
ambiguë, ce qu'on avait déjà remarqué pour l'exemple (12a), où l'extraposition
suivait l'agentif.

Il semble donc que le mécanisme favorise toujours en principe la prédication
du sujet (ou de l'agentif même absent) et que l'hypothèse de la fonction
privilégiée doive être retenue. Pour ce qui est de la topographie, l'antéposition
et l'intraposition sont les places les plus sûres pour apporter une modification
du sujet. Quant à la postposition, c'est la place la plus critique, car si elle sert
souvent au sujet, elle n'exclut jamais une prédication sur un terme "X", qui peut
être l'objet ou un autre complément: complément indirect, complément du nom,
mais aussi agentif.

G. *L'orientation sémantique des verbes construits avec un objet*

Pour expliquer l'alternance de la prédication sur le sujet (7) ou sur l'objet
(4), (8), il faut étudier l'orientation sémantique des verbes utilisés.

a) *Les verbes orientant la prédication vers le sujet*

Certains verbes exprimant une action volontaire (comme *regarder* dans (7)) tournée
vers l'objet, n'excluent pas une qualification simultanée du sujet sous forme de

c.abs. Parmi ces verbes on trouve des quasi-synonymes de *regarder* comme *fixer*, *observer*, *dévisager*, *contempler*, *examiner*.

Les exemples (7a) à (7e) montrent bien cet état de choses:

(7a)   Marie fixe Paul *bouche ouverte*
(7b)   Marie observe Paul *bouche ouverte*
(7c)   Marie dévisage Paul *bouche ouverte*
(7d)   Marie contemple Paul *bouche ouverte*
(7e)   Marie examine Paul *bouche ouverte*
          (:Marie)

On trouve aussi des verbes comme *écouter* (17):

(17)   Marie écoute Paul *les yeux fermés*
          (:Marie)

et des verbes exprimant un mouvement volontaire comme *suivre*, *précéder*, *dépasser*, *rejoindre*: exemples (18a) à (18d):

(18a)   Pierre suit Marie, *la tête en avant*
(18b)   Pierre précède Marie, *la tête en avant*
(18c)   Pierre dépasse Marie, *la tête en avant*
(18d)   Pierre rejoint Marie, *la tête en avant*
          (:Pierre)

Syntaxiquement, les verbes que nous venons d'énumérer, excluent une construction subordonnée introduite par *que*. Il serait donc impossible de transformer (7a), etc en (7x):

(7x)   * Marie fixe (observe, dévisage ...) que Paul est *bouche ouverte*.

De même pour des variantes en *que* basées sur les exemples (17) et (18a) à (18d).

b) Les verbes orientant la prédication vers l'objet

   D'autres verbes orientent et l'action et la prédication sur l'objet. La *c.abs.* modifie donc l'objet et une subordonnée en *que* est parfois possible. Ainsi (8) peut être transformé en (8a):

(8a)   Marie voit que Paul est *bouche ouverte*.

Dans ce groupe de verbes, on note outre *voir*, des quasi-synonymes comme *apercevoir* ou d'autres verbes comme *entendre, savoir*. Dans ces cas, l'action rendue par le verbe exprime une perception non volontaire et il est intéressant de comparer les couples *regarder-voir* et *écouter-entendre* avec une alternance de la prédication sujet-objet.

   Parmi les verbes qui orientent la prédication de la *c.abs.* vers l'objet, on remarque aussi des verbes évoquant un événement à caractère fortuit, tel *surprendre* dans (4) et des quasi-synonymes comme *rencontrer, croiser, découvrir*. Ces verbes ne permettent jamais une transformation en *que*.

   D'autres verbes encore, tels les verbes de sentiments comme *aimer, détester, craindre, préférer, vouloir, souhaiter, accepter*, etc orientent la prédication vers l'objet:

(19)   Marie préfère Pierre *torse nu*
          (:Pierre)

et tolèrent des transformations en *que*:

(19a)   Marie préfère que Pierre soit *torse nu*

D'autres verbes orientant la prédication vers l'objet et autorisant une transformation en *que* sont ceux qui expriment une représentation mentale comme *supposer, imaginer, croire* comme dans (20):

(20)   Marie suppose (imagine,croit...) Pierre *torse nu.*
          (:Pierre)

ou des verbes déclaratifs ou performatifs comme *dire, affirmer, juger*:

(21)   Pierre affirme Paul *torse nu*
          (:Paul)

et des verbes qui ne permettent pas la transformation en *que*, comme *évoquer*:

(22)   Pierre évoque Paul *torse nu*
          (:Paul)

et des verbes d'action, exprimant cette fois un mouvement volontaire orienté vers l'objet comme *amener, chasser, envoyer, laisser, quitter, tirer, traîner*:

(23)   Pierre amène (chasse, laisse, quitte ...) Paul *les yeux bandés*
          (:Paul)

c) Les verbes ambivalents et ambigus

Il existe une catégorie d'actions où aussi bien le sujet que l'objet sont prédicables par la *c.abs.*. Dans l'exemple (16d), nous avions remarqué une ambiguïté: il y avait autant de chances pour que ce soit le dessinateur Paul que son modèle Alfred qui ait les yeux fermés. C'est le plus souvent le contexte qui est décisif et faute de contexte, notre représentation du monde. Pour lever l'ambiguïté du verbe *dessiner*, on peut se servir d'un quasi-synonyme, *représenter* qui, à la voix active, oriente l'action uniquement vers l'objet:

(24)   Paul représente Alfred *les yeux fermés*
          (:Alfred)

Parmi les verbes ambivalents, outre *dessiner*, citons les verbes *trouver, attendre, recevoir, accueillir, attraper*. L'exemple (25) montre bien l'ambivalence:

(25)   Juliette attend Roméo *pieds nus*

car il permet des transformations différentes:

(25a)   Juliette, *pieds nus*, attend Roméo

et

(25b)   Juliette s'attend à ce que Roméo vienne *pieds nus*

Avec ces verbes la sémantique de la *c.abs.* corrobore parfois celle du verbe, ce qui fait pencher la balance vers le sujet ou vers l'objet. Ainsi l'exemple (26a) et ses variantes (26b) et (26c), qui ont été soumis à des informateurs (Hanon 1991):

(26a)   Il trouva Maigret *l'arme au poing*
         (:Maigret: actant désigné de façon unanime par 20 informateurs)
(26b)   Il trouva Maigret *les yeux bandés*
         (:il = 3 informateurs; :Maigret = 15 informateurs; 2 dans le doute)
(26c)   Il trouva Maigret *les yeux fermés*
         (:?? tous les informateurs sont dans le doute)

Dans d'autres cas encore, la *c.abs.* fait corps avec le verbe envisagé et l'orientation de la prédication est fixée à l'avance:

(27)   Alfred a pris Roméo *la main dans le sac*
         (:Roméo).

H. Conclusion

De l'examen des exemples étudiés, on peut conclure que l'hypothèse de la fonction privilégiée (le sujet) est parfois infirmée par l'orientation sémantique de certains verbes. Ces verbes, qui permettent souvent une transformation en *que*, expriment une perception non volontaire ou une représentation mentale. Ils évoquent parfois un événement à caractère fortuit. D'autres verbes encore comme certains déclaratifs ou des verbes comme *amener* orientent de façon univoque l'action et la prédication sur l'objet.

Bibliographie

Combettes, B. 1982: "Grammaires floues" *Pratique 33*, pp. 51–59
Eriksson, O. 1980: *L'attribut de localisation et les nexus locatifs en français moderne*. Göteborg.
Hanon, S. 1979: "Les constructions nominales du type *les yeux fermés* en français moderne" *NOK 32*, pp. 1–42.
Hanon, S. 1987: "Les constructions absolues et l'ordre des mots" *Actes du colloque sur l'ordre des mots en français. Gand, 1987 Travaux de linguistique 14–15*, pp. 237–248.
Hanon, S. 1989: *Les constructions absolues en français moderne*. Thèse de doctorat. Editions Peeters, Louvain et Paris.
Hanon, S. 1990: "Les constructions absolues en français moderne. Présentation de thèse". *L'Information grammaticale 47*, pp. 37–38.
Hanon, S. 1991: "Etude des constructions dites absolues (type *les yeux fermés*) d'après une série d'enquêtes orales". *Actes du XVIIIe Congrès International de Linguistique et de Philologie Romanes Trèves 1986* publiés par Dieter Kremer, Tübingen, 1991. Vol. II, pp. 613–624.
Tesnière, L. 1976: *Eléments de syntaxe structurale*. Paris.

H. C. Andersen og de sproglige "Sikkerhedstropper"

Kirsten Hørby Bech

Et af de mest karakteristiske træk ved det danske sprog er ordenes faste pladser i sætningen ud fra deres funktion i denne, hvilket så kan give mulighed for fine stilistiske spil ved ændringer i den bundne placering, detaljer, som det for en udlænding ofte kan være meget vanskeligt at fange.

En ny H. C. Andersen-oversættelse til italiensk har bekræftet eksistensen af en række vanskeligheder forbundet hermed, vanskeligheder som dukkede op næsten dagligt i dansk-undervisningen ved Roms Universitet og som opstår i forbindelse med brugen af adverbierne *jo, da* og *dog*, ved det at disse overhovedet ikke mere synes at respektere "spillets regler".

Meget ofte er de ovennævnte små adverbier ganske uoversættelige til italiensk, hvilket enkelte gange kan skyldes, at italiensk ikke har et dækkende ord eller udtryk for dem, men hvilket oftest beror på, at de egentlig har mistet enhver betydning.

Som adverbier står de normalt som neksusadverbialer, altså i en forholdsvis stærk position, og de har da egentlig også deres egen helt præcise betydning: *jo* udtrykker noget indlysende eller en indrømmelse, *da* tiden og *dog* en modsætning.

Nu peger alt blot på, at der er gået inflation i brugen af disse adverbier. I Nudansk Ordbog læser man under *jo*: "overflødigt ord i nægtende sætninger" efterfulgt af følgende eksempel: "der kan intet ske, uden at han jo straks er på pletten". Under *da* tales der om en "videre anvendelse" med eksempler som disse: "kommer Jens, skulle det da være for at træffe Marie", "foråret er da den skønneste tid", altså to eksempler, hvor man ikke har vidst, hvilken betydning man kunne tilskrive det lille adverbium. Til slut finder man under *dog* følgende punkt: "forstærkende som udtryk for en følelse (stærkere end 'da')" med eksemplet: "foråret er dog den skønneste årstid".

Bortset fra et eksempel er ordbogens eksempler udelukkende taget fra hovedsætninger. Spillet bliver meget mere interessant, hvis man udvider eksempelmaterialet til bisætninger, hvor problemerne på dansk er mange flere end i hovedsætningen i forbindelse med det at sikre bisætningen som bisætning.

Det er kendt, at den danske bisætning adskiller sig fra en hovedsætning ved leddenes indbyrdes placering. I bisætningen flytter neksusadvervialet således frem foran det finitte verbum inden for neksusfeltets rammer.

Det er ligeledes kendt, at den underordnende konjunktion *at* kan udelades, ligesom det relative pronomen *som* kan falde bort. Man kan altså meget let komme ud i den situation, at man har en bisætning uden noget i forbinderfeltet (der er ingen sideordnende konjunktion og den underordnende konjunktion eller det relative pronomen er udeladt). I en sådan bisætning er der nu kun et "sikkerhedsnet" tilbage til at gøre det helt klart, at der er tale om en bisætning, nemlig neksusadverbialet, hvis placering foran det finitte verbum klart markerer, at det er en bisætning. Men dette neksusadverbial er der ikke altid, ikke alle bisætninger er benægtede og blandt de ikke-benægtede er der mange, der ud fra deres betydning ikke har behov for et neksusadverbial. Der er således ikke noget "sikkerhedsnet" tilbage overhovedet til at sikre bisætningen dens status af bisætning.

Det mest alarmerende tilfælde er den relative bisætning med det relative pronomen som subjekt. Her har Diderichsen bevist, at man har indskudt det formelle situativ *der*, da man stod med et helt tomt forbinderfelt og uden noget subjekt i neksusfeltet, hvilket tilsammen gav en klar fornemmelse af, at noget manglede. Ved at vise, at dette indskudte *der* er et formelt situativ[1] og ikke et relativt pronomen, som det ofte fejlagtigt kaldes, har Diderichsen indirekte vist, at der her er tale om en form for "nødhjælpssituation", hvor sproget griber til "et eller andet" element, som kan virke som "sikkerhedsnet" og sikre, at i det mindste de minimale krav til en sætningskonstruktion tilfredsstilles – i dette tilfælde at bisætningen i det mindste får *udfyldt* et af sine to tomme felter.

Hvis vi vender tilbage til ordbogens definition af *jo* som "unødvendigt ord i nægtende sætninger", må man ud fra dette punkt slutte, at *jo* for overhovedet at figurere i ordbogen med denne funktion længe må have stået i nær tilknytning til *ikke* uden at tilføje sætningen nogen ny betydningsnuance. Der er da ikke langt herfra og til at acceptere, at dette samme *jo*, som ofte har stået trofast og "tomt" op og ned ad *ikke* i neksusfeltet som neksusadverbial, meget let og "behjælpsomt" hopper ind på denne samme neksusplads, når den står tom, især i de tilfælde, hvor den tomme plads *fornemmes* som særlig tom og hvor en nødhjælpssituation er opstået, idet der mangler noget til at sikre bisætningens status som sådan.

Det er især under arbejdet med oversættelser sammen med udlændinge, at man bliver sådan "betydningstømte" ord bevidst, idet man konstaterer ikke længere at kunne gøre rede for ordets mening og derfor går over til at undersøge dets funktion.

Nøjagtige statistikker vil kunne bevise, at det lille *jo* langt de fleste steder, hvor man finder det, er gået over til udelukkende at fungere som "sikkerhedsnet", tømt for enhver betydning, og at det således især i bisætninger har påtaget sig en ikke uvæsentlig funktion i det danske sprog. Sådanne statistikker er ikke helt nemme at opstille, men eksemplerne, som jeg i de mange sidste år er standset ved med de danskstuderende ved Roms Universitet, er utrolig mange og nu kommer så en italiensk H. C. Andersen-oversættelse og viser det samme.

Allerede H. C. Andersen bruger meget ofte både *jo*, *da* og *dog* uden at lade dem med tilstrækkelig betydning til at de på italiensk kan fremkalde blot det

---

[1] Elementær dansk Grammatik, 69, tillæg 2.

mindste ubetydelige adverbium eller udtryk. De er kort sagt allerede hos H. C. Andersen oftest "sikkerhedsforanstaltninger", som for øvrigt kan være hårdt påkrævede i hans til tider lange snørklede sætningskonstruktioner.

Spændende bliver det så, når H. C. Andersen bevidst ønsker at give disse adverbier en stærkere og mere præcis betydning og dermed også tvinger oversætteren til nøje at overveje adverbiernes nuancer. Det viser sig nemlig i disse tilfælde meget ofte, at digteren er nødt til at anbringe adverbierne ikke længere som neksusadverbialer i neksusfeltet men på mere uventede pladser, idet han også synes at undgå indholdsadverbialets svækkede vante felt, hvor de vel snarere end at få nyt indhold ville miste – om det var muligt – endnu mere af deres betydning. Det skal så her siges, at denne mere uvante brug volder udlændinge mange og store kvaler.

Et par enkelte eksempler på denne sidstnævnte teknik er følgende:

I *Nabofamilierne*[2] har de små spurve vovet sig ind i havestuen på herregården og opdager nu maleriet af roserne ved gadekæret derhjemme:

> *"det er ellers en løierlig Menneske-Rede den! og hvad her er stillet op! nei hvad er det!"*
> *Lige foran Spurvene blomstrede jo Roserne, de speilede sig der i Vandet.*

Jo er her placeret i en hovedsætning, hvor det som neksusadverbial eller som indholdsadverbial normalt skulle stå efter subjektet. Der er ingen tvivl om, at det lille *jo* er stærkt betydningsladet, hvilket mange italienske oversættelser helt har set bort fra. En mulighed kan her være: *ecco **infatti** che davanti ai passeri ...*

I *Den lille Idas Blomster*[3] beder Studenten den lille Ida fortælle blomsterne i den botaniske have, at der er stort bal ude på slottet, så de flyver derud og han tilføjer:

> *kommer **da** Professoren ud i Haven, saa er der ikke en eneste Blomst, og han kan slet ikke forstaae, hvor de ere henne.*

Her har H. C. Andersen anbragt sit *da* i en hovedsætningskonstruktion med inversion, som erstatter en hypotetisk bisætning. *Da* har her helt klart sin oprindelige tidsbetydning. Som tidsadverbium kan *da* stå i neksusfeltet og i indholdsfeltet og endelig kan det foranstilles i fundamentfeltet, men H. C. Andersen vælger en helt fjerde løsning, som giver det lille *da* endnu mere styrke, nemlig den at anbringe det mellem det finitte verbum og subjektet på en plads, som egentlig slet ikke eksisterer. Mange italienske oversættelser springer *da* helt over, den korrekte oversættelse vil givet være *se **poi** il professore dovesse uscire* ...

Disse eksempler og uendelig mange andre synes yderligere at bevise, hvorledes *jo, da* og *dog* på neksusadverbialpladsen har mistet deres semantiske funktion som meningsbærende element og i stedet har påtaget sig funktionen som "sikkerhedselement", eftersom de for at genvinde deres tabte betydning må anbringes på mere uvante pladser i sætningen. Forskubningen er allerede

---

[2] H. C. Andersens Eventyr, ved Erik Dahl, Hans Reitzels Forlag, bind II, s.119.

[3] Op.cit. bind I, s.45.

tydelig hos H. C. Andersen, så det kan ikke undre, at udviklingen i dag er nået meget langt med de tre omtalte adverbier, som for øvrigt efter al sandsynlighed snart vil blive efterfulgt af andre. Et andet adverbium, som synes parat til at slutte sig til "sikkerhedstropperne" er nemlig det lille *nok*.

nam-lú-ulù des scribes babyloniens
Un humanisme différent – ma non troppo

Jens Høyrup

Il y a eu deux grands humanismes. Celui d'Italie, qui tire son origine d'une terre parsemée des vestiges physiques du monde antique, comme il apparaît de cette déscription que l'éditeur de la deuxième édition de la *Summa de Arithmetica* faisait de sa Cité [Pacioli 1523, titre]:

> Amenissimo sito: de li antique et euidenti ruini di la nobil cita Benaco ditta illustrato: Cum numerosita de Imperatorij epitaphij di antique et perfette littere sculpiti dotato: et cumque finissimi et mirabil colone marmorei: inumeri fragmenti di alabastro porphidi et serpentini.

Et puis l'autre, plus tardif et septentrional, dont la dévotion se dirigeait vers un monde antique résidant dans les bibliothèques – un humanisme qui sera repris par les écoles Jésuites et par les écoles latines de l'Europe septentrionale.

On sait désormais que ce second humanisme, en dépit de la présence de quelques personnalités fondatrices comme Érasme, Rabelais et More, était lié aux idéologies répressives de l'époque de la Contre-réforme. Les partisans du premier (ceux de l'époque aussi bien que ceux du 19ième siècle) en ont fait un tableau idéal bien différent, plein de vitalité civique et de sens esthétique. A les croire, le vrai sens du terme «humanisme» serait à dériver de *l'homme universel*, et l'étymologie partagée avec les *studia humanitatis* ne serait que fortuite.

Dans ses *Transformations du triangle érotique*, Michel Olsen [1976:141f, et *passim*] mit cette idéalisation en doute, en montrant qu'un nouvelliste comme Masuccio annonçait déjà la morale qui serait celle de la Contre-réforme. Après Boccaccio, «toute une idéologie basée sur l'action« tarit; du moins pour les femmes, la seule possibilité d'action indépendante qui reste (hormis la résistance vertueuse) est «quelque acte de bravoure, signalé comme extraordinaire, et dont le but est infailliblement de sauver l'autorité (on pense à certaines anecdotes de chiens sauvant leurs maîtres)» (p. 298).

L'analyse de l'école humaniste du Quattrocento que font Anthony Grafton et Lisa Jardine [1986] suggère qu'elle aussi était fondée sur le respect envers la hiérarchie sociale établie. Cette éducation, qui – selon son idéologie proclamée, et telle qu'elle a pu être formulée par Guarino Guarini et par d'autres – devait préparer à une vie pleine de dignité humaine, de gloire civique et de bonheur, était en réalité fondée sur une lecture extrêmement pédante de quelques centaines de pages tirées d'auteurs antiques de second rang, et ne permettait qu'à une minorité infime d'élèves de dépasser ce niveau, tandis que la plupart n'apprendraient qu'à parler, lire et écrire avec aisance un latin «copieux». Analysant les raisons pour lesquelles des parents envoyaient leurs fils dans ces écoles et se demandant comment cette éducation pouvait effectivement préparer à des carrières civiques et de cour, les auteurs expliquent, premièrement, que l'éducation humaniste était à la mode (ce qui semble un argument quelque peu circulaire); deuxièmement, que la perfection linguistique était d'une importance réelle dans nombre de carrières (sans ce bagage ni un ambassadeur, ni un secrétaire, ni un avocat n'aurait pu prétendre au respect qui lui était dû[1]); troisièmement, que

> l'éducation de Guarino formait des caractères que tout souverain de la Renaissance appréciait: Tout d'abord, obéissance et docilité. Une bonne partie du temps [...] se passait à absorber passivement, à accumuler et à classifier des matières déjà digérées et préparées. La participation active, comme la *disputatio* formelle (ou le débat obligatoire), si prépondérante dans l'éducation médiévale, avait peu d'importance. En conséquence [...] les étudiants étaient accoutumés à recevoir des ordres et des directives d'une autorité dont les principes n'étaient ni révélés ni remis en question. [...] Les élèves de l'école de Guarino étaient des laïcs, souvent de haute naissance et destinés à des hautes fonctions. Les jeunes gentilshommes éloquents et dociles étaient une marchandise que les oligarques et tyrans de l'Italie du quinzième siècle avancé ne manqueraient d'apprécier.[2]

Bien que le milieu physique et culturelle diffère d'un humanisme à l'autre, la tâche de l'école humaniste demeure donc essentiellement la même: Transmettre les connaissances jugées utiles (dont la liste n'est ni close ni tout à fait stable), et inculquer (dans la mesure du possible) une attitude ne tolérant qu'une indépendance restreinte: celle des chiens fidèles dont parle justement Michel Olsen.

Peu connu des historiens de la Renaissance, il existe un humanisme babylonien qui ressemble dans bien des aspects à l'humanisme en vigueur à Florence et Wittenberg: la culture scribale de l'époque paléo-babylonienne (2000 à 1600 avant Jésus-Christ; le règne de Hammurapi est du 18ième siècle).

Un scribe babylonien était un homme de la vie pratique, mi-ingénieur, mi-comptable et notaire, et à l'époque néo-sumérienne (21ième siècle) il devait se limiter à ces fonctions. Il les exerçait, il est vrai, dans une société centralisée à l'extrême et donc bâtie sur les fonctions scribales, mais une société qu'un spécialiste a pu définir comme un «système de Kapos» (où le Kapo est le scribe)[3]. Cette centralisation s'écroula au début de l'époque paléo-babylonienne, permettant l'émergence d'une économie plus individualiste. En bel accord avec les manuels de matérialisme historique, le niveau idéologique réagit en

---

[1] Encore une fois, Fra Luca Pacioli peut servir d'exemple. Comme autodidacte il s'était élevé du niveau d'un *maestro d'abbaco* à celui de mathématicien de cours de Ludovico Sforza, et il était certainement meilleur mathématicien que la plupart des gentilshommes-mathématiciens du Cinquecento; mais ses œuvres écrites dans un italien vénitien mêlé de latin suffisaient à le faire dédaigner des seigneurs officiers.

[2] [Grafton et Jardine 1986:23f], traduction française JH.

[3] Robert Englund [communication personnelle].

engendrant le concept de personne privée ou d'individu. Pour la première fois dans la civilisation babylonienne apparaît la lettre privée; le sceau devient un signe d'identité personnelle et non seulement de fonction; des rites religieux sont célébrés dans le milieu domestique par des «prêtres de coin de rue», et l'individu se voue à un dieu-tutélaire privé[4].

Beaucoup de ce que nous savons sur les idées de l'époque vient de la main des scribes, puisque eux seuls étaient en état d'écrire. Évidemment, une grande partie de ce qu'ils écrivaient n'était pas faite pour eux (correspondances royales, comptes commerciales, cadastres, etc.); même les grands poèmes épiques comme celui de Gilgameš ont dû servir à une lecture plus ou moins publique. Mais les scribes ont aussi écrit pour eux, et plus précisément pour l'école des scribes, la «maison des tablettes» (é - d u b - b a - a), et un corpus non négligeable de textes développe ce que la culture scribale doit être, et les qualités qu'un scribe digne de ce nom doit posséder – qualités qui lui permettent de se définir en tant que personne privée et non seulement en tant que fonctionnaire et sujet.

Ces qualités considérées dans leur ensemble portent un nom: n a m - l ú - u l ù , «la qualité d'être humain» ou *humanité* (voir [Sjöberg 1973:125]). Le mot est sumérien, ce qui est significatif. La langue parlée en Babylonie à cette époque – donc la langue maternelle des scribes – était l'akkadien, une langue sémitique. Le sumérien était pratiquement une langue morte[5]. L'akkadien aurait pu être transcrit au moyen d'une petite centaine de signes cunéiformes syllabiques. Un bagage assez mince en langue et écriture aurait donc pu suffir comme base pour la fonction des scribes. La réalité de l'humanisme des scribes pourtant était bien différente, comme le démontre le "Texte d'examen A", l'un des textes qui énoncent l'idéal «humaniste» de la profession[6]. Le texte rapporte le dialogue entre un maître et un étudiant qui, entré à l'école dès sa tendre enfance, est sur le point de la quitter à un âge déjà mûr. Lire et écrire l'akkadien ordinaire n'est pas même mentionné, et le sumérien de base à peine. La liste des matières importantes commence par le déchiffrement du sens «caché» des signes sumériens (des valeurs logographiques peu courantes?), et se poursuit avec la préparation de versions bilingues (à partir de l'une et l'autre langue). Plus tard viennent (entre autres choses aujourd'hui mal comprises) la grammaire sumérienne (qui n'a pas dû être plus facile à comprendre pour les Akkadiens qu'elle ne l'est pour nous); la duplication des tablettes; le vocabulaire technique de divers métiers et professions; la musique; et des calculs mathématiques d'apparence appliquée. A la fin, le candidat s'avoue battu, et il est de ce fait sévèrement reprimandé et déclaré indigne à la fonction de scribe, fonction élevée et si nécessaire au Palais.

---

[4] Voir par exemple, pour les deux aspects, [Klengel 1974] et [Klengel 1977].

[5] Une survivance dans des enclaves géographiques isolées est vraisemblable, mais ces enclaves, même si elles existaient, n'affectaient en rien l'école des scribes.

[6] Éd. [Sjöberg 1975]. Seulement des copies tardives sont connues, mais l'école qui est décrite est indubitablement paléo-babylonienne.

Nul hormis les scribes eux-mêmes n'était en mesure d'apprécier leur sumérien, et encore moins leur connaissance du sens «caché» des signes. Néanmoins, la phrase la plus terrible qu'un scribe pouvait dire à un confrère était «ta bouche n'est pas faite pour le sumérien». D'un point de vue strictement utilitaire, la conservation de la tradition sumérienne est bien «la plus grande énigme que nous ont laissée les scribes paléo-babyloniens», comme le dit Kraus [1973:28].

Pour comprendre la fonction du sumérien (et, indirectement, pour en savoir plus sur la fonction de la «latinité» Guarinienne), un examen de ce que le «texte d'examen» dit sur les mathématiques peut être utile. Un scribe (ou du moins un scribe spécialisé dans ce domaine) devait être compétent en comptabilité; en calcul technique – par exemple, étant donné les dimensions d'une plate-forme il devait être en mesure de trouver la quantité de terre et de briques nécessaire, la temps de travail utile à la fabrication et le transport des briques et à la construction – ainsi que le coût. Pour cela, il utilisait des tables de multiplications et de réciproques et des constantes techniques, mises en table elles aussi. Finalement, il devait connaître l'arpentage, aussi bien pour partager les terres que pour en mesurer l'aire et en calculer la taxation.

Tout ceci semble coïncider parfaitement avec ce que dit notre texte – il y est fait mention de coefficients techniques, de multiplications, de comptabilité, du partage des champs, de transactions commerciales, etc. Dans la vie de l'école, pourtant, ces matières recouvraient des contenues allant bien au delà de l'utilitaire, comme le montrent les textes mathématiques provenant de l'édubba. Toutes les mathématiques pratiques s'y trouvent, il est vrai. Mais plus de la moitié du corpus se compose de problèmes qui, bien qu'à première vue appliqués, ne correspondaient à aucune situation pratique: des transactions commerciales où l'on connaît le bénéfice et la différence entre la quantité d'huile achetée et la quantité vendue pour un šekel, mais non la quantité totale; des champs carrés où l'on connaît la somme du côté et de l'aire mais non la dimension du côté lui-même; etc. La plupart des problèmes (y compris les exemples ici donnés) conduisent à des équations de deuxième (parfois de troisième) degré; mais pas un seul de ces problèmes «d'algèbre supérieure» ne correspond à ce qu'un scribe pouvait effectivement rencontrer dans la vie pratique. L'algèbre de deuxième degré joue donc un rôle non moins énigmatique que le sumérien[7].

La raison parfois invoquée – que les scribes babyloniens auraient découvert les plaisirs des mathématiques théoriques – n'explique rien, non seulement parce que ces plaisirs seraient eux-mêmes à expliquer, mais aussi parce qu'un problème n'est pas par autant «théorique» du fait qu'il est non-appliqué. La mathématique pure des grecs, que nous pouvons prendre comme prototype des mathématiques

---

[7] Une énigme qui s'agrandit encore plus quand on constate que l'enseignement de cette discipline continue pendant 2500 ans avant que l'on ne trouve sa première application pratique (l'interpolation dans les tables trigonométriques utilisées par les astronomes arabes) – et persiste jusqu'à nos jours à un niveau scolaire où pas une seule application n'entre dans l'horizon des élèves.

théoriques, a toujours comme point de départ *un problème* plus ou moins bien défini: par exemple, comment expliquer que les techniques des arpenteurs fonctionnent? Si une ligne peut être partagée en trois parties égales au moyen de la règle et du compas, peut-on faire la même opération pour un angle? Si l'on peut doubler un carré, est-ce que l'on peut en faire autant avec un cube? S'il existe des quantités incommensurables avec l'unité, comment peut-on en produire d'autres, et comment peut-on les classer? Comme on peut le voir, de tels problèmes dérivent souvent de la solution d'autres problèmes. Pour les résoudre, il faut fréquemment développer de nouvelles techniques; les réponses constitueront soit des théorèmes, soit des constructions (les deux classes dans lesquelles Proclus divise les propositions des *Éléments* d'Euclide). On peut donc dire que les problèmes constituent le fond d'une mathématique théorique, et que les techniques sont secondaires.

Dans les mathématiques babyloniennes, ce rapport est renversé. Bien sûr, les textes mathématiques ne sont que des recueils de problèmes. Le fond, néanmoins, est constitué par les méthodes, et les problèmes servent, soit à exercer des techniques importantes (ceci vaut pour les méthodes qui servent la pratique), soit a déployer la virtuosité. Une fois qu'un artifice comme le «complément quadratique»[8] a été trouvé, on construit des centaines et des centaines de problèmes où le stratagème peut servir, et qui n'ont d'autre but que l'exercice de la technique en question.

Historiquement, il semble que les artifices de base de l'algèbre et l'idée même de formuler des problèmes «algébriques» de deuxième degré proviennent d'une profession non-scribale, celle des arpenteurs akkadiens[9]. Là, ils étaient transmis en forme de devinettes:

> Quelqu'un te dit: J'ai additionné les quatre côtés et l'aire d'un champ carré, et j'ai trouvé 140. Dis-moi, si tu es un arpenteur parfait, quel est le coté de son champ?

Les «énigmes de métier» servent aussi (dans tous les milieux semblables) à faire valoir la virtuosité professionnelle. Leur forme doit donc être appliquée (l'habileté à résoudre des énigmes qui ne traitent ni de champs et ni de leur aire ne démontre pas qu'on est habile *en tant qu'arpenteur*); mais leur substance doit être plus complexe que les tâches triviales quotidiennes – et donc non-appliquée, «pure».

Le nombre de ces devinettes n'excéde pas la vingtaine; pour chaque structure il y en a eu une ou deux qui survécurent durant des millénaires dans l'entourage des géomètres-praticiens[10]. L'école des scribes, pourtant, leur emprunta seule-

---

[8] L'addition à une équation $x^2 \pm ax = b$ d'un terme $(^a/_2)^2$, qui la transforme en $(x\pm^a/_2)^2 = b+(^a/_2)^2$; ce qui permet l'extraction de la racine carrée des deux côtés et donc la solution.

[9] Ceci résulte d'une analyse comparée d'un grand nombre de textes, quelques-uns babyloniens, quelques-uns représentant la survivance de la tradition non-scribale jusqu'au moyen âge arabe (et au delà). Voir [Høyrup 1994].

[10] La dernière apparition des «quatre côtés et l'aire» est dans [Pacioli 1523:II,fol. 16ʳ]. Le côté est encore 10.

ment les structures et les méthodes, et pour chaque structure elle construisait un grand nombre de variations.

Une énigme, même si elle sert à affirmer une identité professionnelle, ne peut servir que si elle est amusante, plaisante ou brillante. En devenant *discipline*, au sens de matière pour un enseignement systématique, elle perd cette qualité – la solution de vingt problèmes possédant une structure invariable est aussi opprimante pour l'élève qui a compris du premier coup que pour celui qui ne comprend rien après la vingtième répétition. Celui qui est passé par cette formation pédante se sentira peut-être meilleur que les autres, mais ce qui est sûr c'est que son orgueil aura été soumis à une attitude de docilité envers ses supérieurs analogue à celle que Grafton et Jardine reconnaissent à l'humanisme des écoles du Quattrocento.

Un aspect de l'«humanité» du scribe est indubitablement la virtuosité (et il ne faut pas oublier l'étymologie de ce mot – d'abord «virtus», et en seconde instance «vir»); mais l'autre, non moins indubitablement, est cette civilité qui consiste à se tenir à sa place et à respecter les normes et règles sociales[11] – «fort respectueux envers les grands, et sachant toujours, auprès d'eux, 'se tenir à sa place'», comme disait Taine [1877:vi]. Cela est dit assez clairement à la fin du «texte d'examen A» (je traduis l'allemand de [Sjöberg 1973], en insérant explicitement ce qui a dû être le message sous-jacent):

> Tu es fort, tu ne t'affaiblira pas [une fois en service, tu auras aussi à supporter des situations désagréables sans te plaindre]. Ceci est un examen, ne te plains pas! [Ce n'est pas la dernière fois qu'il te faudra obéir à tes supérieurs]. Ne t'énerve pas, ne te racle pas la gorge constamment! Ne remplis pas ta bouche avec des mots [mal à propos]! N'écoute pas ce qui se passe à la porte [mais fais ton travail]! Assieds-toi, soumets-toi à l'art du scribe! Que ton cœur s'en occupe jour et nuit!

Ces conseils sont prodigués en général, et valent pour l'enseignement et l'école dans l'ensemble, et non seulement pour les mathématiques. La civilité respectueuse des règles et des autorités doit donc être un aspect universel de l'«humanité» des scribes. Mais même la virtuosité est une caractéristique qui vaut aussi bien pour les matières littéraires et linguistiques que pour les mathématiques. La relation entre écriture akkadienne et écriture sumérienne est un peu comme la relation entre le calcul des aires et la solution du problème des «quatre côtes et l'aire»: Les antécédents de cette analogie sont nécessaires; les conséquents n'ont aucune valeur pratique, et ne peuvent être appréciés que par des confrères. Les antécédents, pourtant, sont trop simples pour servir de prétexte à l'orgueil de métier; les conséquents, d'autre part, exigent de la virtuosité et peuvent servir.

Tout comme la Renaissance, l'époque paléo-babylonienne a produit des œuvres littéraires magnifiques, et c'est grâce aux scribes que nous les connaissons. L'algèbre de l'époque témoigne, elle aussi, d'une compréhension mathématique impressionnante. Sous cette perspective, l'humanisme des scribes pourrait bien

---

[11] Encore une fois, le terme est justifié étymologiquement. *awīlūtum*, le mot accadien qui traduit n a m - l ú - u l ù , signifie aussi l'humanité comprise comme *civitas*, comme corps social; agir selon *awīlūtum* veut dire qu'on agit selon les normes de la meilleure société.

dériver son nom de l'idée de l'homme universel léonardien. Mais cette perspective est la nôtre, et non celle des textes babyloniens où le terme apparaît. La leur a plutôt été *la virtuosité* et *la civilité* – toutes les deux envisagées à l'intérieur de l'activité scribale et de la position de fonctionnaire public.

Revenons à la Renaissance. Même ici, il est évident que la dérivation de *humanitas* à partir des *studia humanitatis* n'explique que peu. Dans la dédicace de *De pictura* au Prince de Mantoue, par exemple, Leon Battista Alberti [éd. Grayson 1973:9] parle de «tua solita humanitate» non moins éminente que «la gloire de [tes] armes» et «[ta] connaissance des lettres»; pour Alberti, *humanitas* est donc une qualité distincte aussi bien de celles qui dérivent des *studia humanitatis* que des vertus guerrières. S'en louer équivaut à se prétendre «humain par excellence» – mais n'implique apparemment pas qu'on soit un «homme universel».

L'humanité du Prince réside – la dédicace le montre clairement – au moins en partie dans sa civilité et générosité princière. Pour de bonnes raisons, l'humanisme des humanistes d'école a dû être différent. Naturellement, pour eux aussi la civilité en fait partie: Les humanistes, non moins que les scribes babyloniens, se flattaient d'être les assistants privilégiés des princes[12]. Mais la civilité des fonctionnaires avait cette autre coloration dont parlent Grafton et Jardine, de docilité et de soumission envers les supérieurs. En même temps, le latin appris dans l'école humaniste (et, pour l'élite intellectuelle, la familiarité avec les grands de l'antiquité – Hermès pour les occultistes, Vitruve pour les architectes, Archimède pour les mathématiciens) leur procurait une virtuosité (encore liée a *virtus*) qui leur permettait de se considérer supérieurs.

Vue de Babylonie comme de Wittenberg, c'est donc l'humanisme des écoles humanistes du Quattrocento qui représente «un humanisme différent – ma non troppo».

Bibliographie

Grafton, Anthony, & Lisa Jardine, 1986. *From Humanism to the Humanities. Education and Liberal Arts in Fifteenth- and Sixteenth-Century Europe.* London: Duckworth.

Grayson, Cecil (ed.), 1973. Leon Battista Alberti, *Opere volgari.* Volume terzo. *Trattati d'arte, Ludi rerum mathematicarum, grammatica della lingua toscana, Opuscoli amatori, Lettere.* (Scrittori d'Italia, N. 254). Bari: Laterza.

Høyrup, Jens, 1994. "»The Four sides and the Area«: Oblique Light on the Prehistory of Algebra". A paraître dans Ronal Calinger (ed.), *History of Mathematics: Sources, Studies, and Pedagogic Integration.* Washington, D.C.: The Mathematical Association of America.

Klengel, Horst, 1974. "Einige Bemerkungen zur sozialökonomischen Entwicklung in der altbabylonischen Zeit". *Acta Antiqua Academiae Scientiarum Hungaricae* **22**, 249–257.

---

[12] On se souvient de «la fiction que je parle à une assemblée de rois et chefs» de Lorenzo Valla [éd., trad. Pugliese 1985:65] – fiction qui, à en croire Valla, résultera vraie «puisque ce discours arrivera certainement dans leurs mains».

Klengel, Horst, 1977. "Zur Rolle der Persönlichkeit in der altbabylonischen Gesellschaft",
    pp. 109–117 in *Humanismus und Menschenbild im Orient und in der Antike*. Halle (Saale):
    Martin-Luther-Universität Halle-Wittenberg.

Kraus, F. R., 1973. *Vom mesopotamischen Menschen der altbabylonischen Zeit und seiner Welt*.
    Amsterdam & London: North-Holland.

Pacioli, Luca, 1523. *Summa de Arithmetica geometria Proportioni: et proportionalita*. Novamente
    impressa. Toscolano: Paganinus de Paganino.

Olsen, Michel, 1976. *Les Transformations du triangle érotique*. København: Akademiske
    Forlag.

Pugliese, Olga Zorzi (ed., trans.), 1985. Lorenzo Valla, *The Profession of the Religious* and
    the principal arguments from *The Falsely-Believed and Forged Donation of Constantine*.
    Toronto: Centre for Reformation and Renaissance Studies.

Sjöberg, Åke W., 1973. "Der Vater und sein mißratener Sohn" *Journal of Cuneiform Studies*
    25, 105–169.

Sjöberg, Åke, 1975. "Der Examenstext A". *Zeitschrift für Assyriologie und vorderasiatische
    Archäologie* **64**, 137–176.

Taine, Hippolyte, 1877. *Histoire de la littérature anglaise*, vol. I. Quatrième édition. Paris:
    Hachette.

Tristan og Indiana eller "Lykkens tumlebold"
– fortællinger om Tristan og Isolde i Norden

Jonna Kjær

Uden at overdrive kan man roligt kalde historien om Tristan og Isolde for "alle tiders kærlighedshistorie". Den er alle tiders i helt bogstavelig forstand, eftersom hver epoke siden de første tekster fra middelalderen bestandig har frembragt nye måder at fortælle den på. Måske er *Tristan og Isolde* endda den eneste europæiske middelalderroman, der stadig kan genfortælles og blive vedkommende også i vore dage. De nyeste gendigtninger, jeg har kendskab til, er fra 1985. Tristanmyten, som man kan kalde dette vældige kompleks af versioner, er også fælleseuropæisk, med tekster på fransk, tysk, engelsk, spansk, italiensk, portugisisk, tjekkisk og russisk – og på norsk, islandsk og dansk. Det er om nogle af disse nordiske versioner, der skal tales nedenfor.

Et vanskeligt spørgsmål er det filologiske om teksternes oprindelse og indbyrdes afhængighedsforhold, spørgsmål som antagelig aldrig vil kunne besvares definitivt. Siden Joseph Bédier og Gertrude Schoepperle regner man med to europæiske hovedgrene inden for den middelalderlige overlevering, en høvisk-aristokratisk "litterær", repræsenteret af Thomas d'Angleterre fra slutningen af det 12. årh., og en mere folkelig, arkaisk og mundtligt præget, repræsenteret af den tyske Eilhart og den franske Béroul fra omtrent samme tid. I den franske prosaroman om Tristan fra ca. 1230 er de to grene blevet forenet. Vil man forsøge at gå bag om teksterne fra det 12. århundrede, er det sædvanligt at henvise til en oprindelig keltisk mundtlig tradition, som f.eks. den danske L.L. Hammerich har beskrevet så glimrende i sin bog *Tristan og Isolde før Gottfried af Strassburg* fra 1960. I modsat geografisk og kulturel retning trækker f.eks. Pierre Gallais, når han argumenterer for en arabisk overleveret persisk model, *Wîs og Râmîn*, fra midten af det 11. århundrede[1]. Opsummerende må det siges, at tristanforskere som så mange andre middelalderforskere har vænnet sig til at leve med overordnede uoverensstemmelser såvel mellem keltofile og keltofobe som mellem orientalister og anti-orientalister. Som man vil se, arbejder jeg i den følgende præsentation af hidtil uudforskede tekster fra nyere tid vedrørende Tristanmyten i Norden med en hypotese om, at vi har med en nordisk nyskabelse at gøre.

Mit nordiske Tristan-korpus er afgrænset ud fra det kriterium, at teksternes hovedpersoner hedder Tristan og Isolde eller afledte former. Den komplette titel på *Tristan og Indiana* er: *En Tragoedisk Historie om den ædle og tappre Tistrand,*

---

[1] Gallais, Pierre, 1974. *Genèse du roman occidental. Essais sur Tristan et Iseut et son modèle persan*. Paris, SIRAC.

Hertugens Søn af Burgundien, og den skiønne Indiana, den store Mogul Keiserens Daatter af Indien. På titelbladet i den udgave, der blev trykt i Christiania 1775, står der: Nu nyligen af Tydsk paa Dansk oversat.

Det var almindeligt på dette tidspunkt at oversætte tyske folkebøger i Danmark (og herfra kom de evt. videre til Island og Norge), men det mærkelige er, at det ikke er muligt at finde en tysk tekst som forlæg for *Tristan og Indiana.* Først i 1857 oversættes en tysk folkebogsroman om Tristan og Isolde til dansk, og den har titlen: *Historie om Herr Tristan og den smukke Isalde, som oplevede stor Glæde med hinanden, og hvorledes de fik en heel sørgelig Ende.* Denne tekst er en bearbejdelse af den ovennævnte Eilhart og blev trykt første gang i 1484 og siden optaget i samlingen *Buch der Liebe,* der blev udgivet i det 16. og 17. århundrede og igen af Büsching og von der Hagen i 1809. Men denne Tristantekst er altså ikke forlæg for *Tristan og Indiana.*

I 1785 og 1792 genoptrykkes i København *Tristan og Indiana* fra Christiania 1775 med visse ændringer. Romanen fik stor succes, det ses af de mange genoptryk og reviderede udgaver, der kommer i Danmark og Norge mere end 20 gange i de følgende 100 år. Der er ikke forsket i denne folkebogslitteratur, bortset fra to artikler, hvoraf den ene også er meget værdifuld som det første forsøg på at skaffe overblik over romanens boghistoriske skæbne. Denne artikel er skrevet af tidligere leder af håndskriftsafdelingen på Det kongelige Bibliotek i København, dr.phil. Tue Gad[2]. I de forskellige udgaver er der foretaget stilistiske ændringer i teksten, sådan at man ifølge Tue Gad, der beskæftiger sig med romanen som en dansk folkebog, kan regne med 4 versioner. Det er imidlertid gået op for mig, at der ikke blot er tale om stilistiske ændringer i udgaverne, men også rent sproglige, og at romanen måske slet ikke er dansk fra begyndelsen.

Selv om Danmark og Norge var ét kongerige, og selv om dansk var officielt sprog i Norge, og selv om trykte bøger oftere blev sendt fra Danmark til Norge, end de blev fremstillet i Norge, så er nok *Tristan og Indiana* et eksempel på en roman, der er norsk før den bliver dansk. Dette foreløbige resultat har jeg fundet frem til på en pudsig – og snørklet – måde, som det jo ofte går.

Mit eneste kritiske grundlag for det teksthistoriske arbejde med *Tristan og Indiana* har været den nævnte artikel af Tue Gad. Heri fastslås det om sproget i den udgave, der udkom "på dansk" i 1775, at: "Sproget er godt dansk, uden germanismer". Tue Gad ser det dog som en mulighed, at bogen kan være oversat fra tysk, som oplysningen på titelbladet siger, og selv om der ikke er bevaret nogen tysk udgave. Det har imidlertid været mit indtryk ved læsningen af både denne udgave og af den senere fra København 1792, at sproget *ikke* er "godt dansk", og dette indtryk har jeg følt bekræftet på to måder.For det første ved læsning af de islandske versioner, som jeg vender tilbage til, og hvor sproget (islandsk) for mig synes at flyde helt anderledes let og ubesværet, således at jeg

---

[2] Gad, Tue, 1987. *En Tragoedisk Historie...* Kbh., Magasin fra Det kgl. Bibliotek og Universitetsbiblioteket I. 2. årgang nr. 3. – Den anden artikel er Kalinke, Marianne E., 1991. "En tragoedisk Historie om den ædle og tappre Tistrand. An Eighteenth-Century King's Mirror". *Danske Studier,* p. 57–74.

opstillede den hypotese, at den danske roman kunne være oversat fra islandsk, og at det altså var på Island, *Tristan og Indiana* først var blevet skabt. For det andet bestyrkedes jeg i min fornemmelse af det ikke helt danske sprog i udgaven fra København 1792, da jeg læste følgende karakteristik hos den gode, gamle litteraturhistoriker Rasmus Nyerup:

> Hvor længe denne Historie har været paa dansk, er mig uvitterligt. Sproget viser, at den er temmelig ny, og Oversætteren maa have været en Normand, da her et Sted staaer "ifra Spanien" og et Par gange "jeg har ondt af ham" istedet for: det gjør mig ondt for ham.[3]

Det citerede er det eneste, Nyerup siger om sproget i udgaven fra København 1792. Jeg har foretaget en tæt, sproglig sammenligning mellem Christiania 1775 og København 1792, og mens Nyerup altså i den sidste fornemmede et norsk præg, kan jeg fastslå[4], at den førstnævnte tekst fra Christiania er ganske gennemgående præget af norvagismer, og dette altså i langt højere grad end Nyerup antydede, at det var tilfældet i udgaven fra København 1792.

At en oprindelig *Tristan og Indiana* kunne være norsk i stedet for dansk bestyrkedes også af, at den første kendte udgivelse af romanen finder sted i *Nordske Intelligenz-Sedler*, Christiania, 1771 og 1772. Romanen er ikke afsluttet, kun omtrent den første halvdel af den findes publiceret her.

Men som nævnt findes der også islandske romaner om *Tristan og Indiana*. Disse foreligger alle i håndskrifter og er aldrig blevet trykt. Jeg har fundet 4 af disse, alle fra sidste halvdel af det 19. århundrede. Det drejer sig grundlæggende om den samme tekst som i de norsk-danske romaner, men der er alligevel tale om væsentlige afvigelser, også mellem dem indbyrdes, og man må tale om forskellige versioner. Jeg er igang med den nærmere sammenligning af dem, også i forhold til de norsk-danske, og jeg vil ikke udtale mig for detailleret nu og løbe risikoen for senere at skulle dementere. Jeg vil begrænse mig til at sige, at mens to af versionerne er tekstkritisk ret uinteressante, er der én af versionerne, der er spændende ved at være påfaldende fri og anderledes, først og fremmest på grund af tilføjelse af nogle meget flotte og stærke skildringer af erotisk længsel. Den er skrevet af Magnús Jónsson, der levede i Tjaldanesi 1835–1922 som bonde; han var en lærd mand, der afskrev mange håndskrifter og desuden fungerede som sognefoged. Den anden version, der åbner perspektiver, er skrevet af Jens V. Hjaltalín. Han var præst i Setberg og levede 1842–1930. Hans tekst er uhyre tæt på den danske (fra 1792, som er den jeg foreløbig har sammenlignet med), og da der er tanketorsk i den danske, som *ikke* er i den islandske, fik jeg den idé, at det kunne være den danske *Tristan og Indiana*, der var oversat fra en islandsk tekst som Hjaltalíns, der altså på sin side skulle bygge på en ældre, tabt islandsk tekst. Dette bliver ren spekulation, men der er dog den smule holdepunkt, at Jens måske kunne kende en gammel *Tristan og Indiana* fra sin

---

[3] Nyerup, Rasmus, 1796. "Almuens Morskabslæsning" (fortsat). *Iris og Hebe*, Octb., Nov. og December, p. 109.

[4] Jeg skylder Jan Ragnar Hagland, Trondheim, tak for hjælp med spørgsmålet.

bedstefader[5], Jón Hjaltalín (1749–1835), der var præst og desuden meget produktiv som oversætter, romanforfatter og digter. I det mindste har den slags spekulationer åbnet mine øjne for, at det måske er på Island, man skal søge oprindelsen til *Tristan og Indiana*. Romanens vej er i så fald: Island-Norge-Danmark.

At der har været en levedygtig tradition for fortællinger om *Tristan og Indiana* på Island, fremgår også af eksistensen af rímur-digtning fra det 19. århundrede. Rímur er en speciel islandsk form for episk digtning, en genre der går tilbage til det 14. århundrede. Ofte drejer det sig om en overføring til vers af en saga eller en ridderroman på prosa, men det omvendte forekommer også. Ligesom de islandske romaner foreligger disse rímur om Tristan og Indiana, hvoraf jeg kender 3, kun i håndskrifter, bortset fra den berømte islandske digter Sigurð Breiðfjörðs *Rímur af Tístran og Indíönu*, der blev trykt i København 1831. Allerede inden en nærmere sammenligning mellem de islandske romaner og rímur forekommer det højst sandsynligt, at Breiðfjörðs rímur helt eller delvist har været inspiration for en eller flere af romanversionerne.

Det er ikke kun som romaner og rímur fra moderne tid, Tristantraditionen lever på Island. Den har også manifesteret sig som folkeviser og som eventyr. Faktisk ser det ud til, at der her siden det 13. århundrede har været en uafbrudt interesse for Tristan og Isolde.

Ved Hákon den gamles hof i Bergen oversættes i 1226 Thomas d'Angleterres franske Tristan-roman til norrøn (islandsk-norsk) prosa med titlen *Tristrams saga ok Ísöndar*. Denne Tristansaga er kun bevaret i sene islandske håndskrifter, og de lærde kan derfor strides om, hvorvidt den er norsk eller islandsk[6]. Det mest almindelige er at betragte den som norsk, simpelthen fordi man véd, at den første gang blev oversat i Norge, hvilket dog ikke udelukker, at den Robert, der i prologen nævner sig som oversætter, har haft en tilknytning til Island. Under alle omstændigheder er denne Tristantekst fra 1226 af afgørende betydning ikke blot for den senere nordiske Tristantradition, men også for smagen for oversættelser af franske ridderromaner overhovedet. Den er nemlig den første af den strøm af oversættelser, der følger i dens kølvand ved Hákons hof og på hans initiativ. Det skal også fremhæves, at denne norske oversættelseslitteratur bliver inspiration for original islandsk digtning i de følgende århundreder. Det er af disse grunde, at den danske Paul Rubow så markant priser den første Tristan-oversætter i Norden, den nævnte Robert:

> Der burde et Sted oprejses ham en Statue, thi han er efter al Sandsynlighed Grundlægger af den oldnordiske Underholdningslitteratur i Prosa.[7]

---

[5] Vésteinn Ólason, Reykjavík, fremsatte denne teori efter et foredrag, jeg holdt på Island om mit projekt.

[6] Sverrir Tómasson, 1977, argumenterer for, at den er islandsk in "Hvenær var 'Tistrams sögu' snuið?", *Gripla*, 2, p. 47–78.

[7] Rubow, Paul, 1928. "Den islandske Familieroman". *Tilskueren*, Første Halvbind, p. 355.

Denne Tristansaga er altså starten på hele den nordiske litteratur om Tristan og Isolde. Med henblik på behandlingen af teksterne fra nyere tid om *Tristan og Indiana* mener jeg dog, at det er en *islandsk* Tristansaga, *Saga af Tistram og Ísoddar*, der er afgørende, men denne er også inspireret af Roberts norske oversættelse fra 1226. Denne islandske saga er skrevet o. 1400, og måske er den ment som en parodi eller satire på Roberts. Det mener i hvert fald specialisten Paul Schach[8]. Jeg vil kalde den en "fantasisaga", og som litterært kunstværk bør den fortælleteknisk sammenholdes med de originale sagaer, der digtes på Island fra det 14. århundrede og frem, og som man kalder "lyvesagaer" eller "eventyrsagaer". Det er eventyrlige romaner, der trækker på alverdens fortællestof, og hvis fiktive personer bevæger sig uhæmmet mellem alle mulige fjerne og eksotiske lande, hvor de møder uhyrer og overnaturlige væsener og oplever – ja, kort sagt *eventyr*.

Det er altså foreløbig min hypotese, at det er denne islandske saga, der mest direkte har inspireret til skabelsen af *Tristan og Indiana*, ganske vist med den store forskel, at *Tristan og Indiana* tydeligvis ideologisk indskriver sig i det 18. århundredes såkaldte "følsomme roman".

De håndgribelige lighedspunkter mellem den islandske saga og *Tristan og Indiana*, og som afviger fra den ældre Tristan-tradition, beror først og fremmest på ændringerne i det geografiske rum. I de middelalderlige franske versioner, og også i den norske sagaoversættelse, foregår handlingen i den keltiske sagnkreds' områder: Cornwall (kong Marcs hof), Bretagne (Tristans hjemland og hjemlandet for den Isolde, han gifter sig med, den 2. Isolde) og Irland (den rigtige Isoldes hjemland). I den islandske saga sker en interessant fornyelse, idet kongehoffet stadig ligger i England, og Isolde den smukke eller lyse (*hin fagra*) er fra Irland, men Tristan selv og hans kone, Ísodd (den sorte, *Ísodd svarta*, hedder hun nu), er fra *Spanien*. Desuden omtales vikinger og konger fra *Rusland*, *Afrika* og *Tyskland*, og vi kommer helt til *Jerusalem*, hvor kongen nemlig til sidst går i kloster. *Hedninger*, dvs. muslimer, optræder også. Tristan bliver konge af Spanien, og hans søn bliver konge af England. I *Tristan og Indiana* er hovedlandene blevet til *Spanien*, hvor kongen nu er, *Frankrig*, som Tristans kone er fra, mens Tristan selv er fra *Bourgogne*, og – til vores forbløffelse – er heltinden sandelig fra *Indien*! Derfor hedder hun Indiana. Men ikke nok med det: vi hører også om *Kina*, *Asien* og *Afrika*. Tristan bliver konge af Frankrig ved at gifte sig med den 2. Isolde.

En bærende del af *Tristan og Indiana* omhandler (nu) *storpolitik*, dvs. krig mellem England og Frankrig og forbund mellem Frankrig og Spanien; *handelspolitik*, idet Frankrig og Spanien behersker verdenshavene, og ikke mindst *koloniherredømme* i Indien, hvor både Frankrigs og Spaniens handel med Indien er vigtig[9]. Jeg foreslår altså, at finde inspirationen til den geografiske omkalfatring og

---

[8] Schach, Paul, 1960. "The Saga af Tristram ok Ísodd. Summary or Satire?" *Modern Language Quarterly*, March, p. 336–52.

[9] Det må være relevant, at også Danmark på dette tidspunkt havde kolonier i Indien.

enorme udvidelse af handlerummets lokaliteter i den islandske fantasisaga, som
brød med traditionen for de keltiske lande ved i første omgang at gøre Spanien
til Tristans land. Mon ikke man på Island i begyndelsen af det 15. århundrede
var interesseret i den spanske Reconquista (der afsluttes 1492), og må vi ikke
tænke os, at navnet Ísodd den sorte, som denne saga opfinder, betyder, at denne
sorte Isolde faktisk er maurisk? Som den islandske saga muligvis inddrager sin
tids aktivitet i Spanien, gør *Tristan og Indiana* Frankrig til Tristans land og giver
en stor plads til fjendskabet mellem England og Frankrig, som det er i det 18.
århundrede. Dette fjendskab kan tidens publikum ikke have været uvidende
om eller uinteresseret i. I romanen er sympatien klart på Frankrigs side.

Der er en anden vigtig forbindelse mellem den islandske saga og *Tristan og
Indiana*, nemlig *liljemotivet* i slutningen. I sagaen gifter Tristans søn sig med
kejseren af Sachsens datter, og hun hedder *Lilia*. I *Tristan og Indiana* vokser der
liljer op og forener sig over de elskendes lig. Vi snydes heller ikke for symbolet
med de sammenslyngede vegetationer i den islandske saga, her er det dog træer
med frugter, der vokser op fra de elskendes grave og forener deres grene over
kirkens tag. Dette symbol kommer direkte fra den norske Tristansaga, hvor det
dog ikke siges, at træerne bærer frugter.

Når dette er sagt, skal det tilføjes, at der ikke er tale om kyskhed i den
islandske saga, således som i *Tristan og Indiana*. Og især er kvinderne, både
Tristans mor til at begynde med og siden Ísodd, særdeles ivrige, og det er –
modsat i *Tristan og Indiana* – Tristan, der i den vigtige skovepisode foreslår Ísodd
at dæmpe sig for kongens skyld.

Som allerede sagt, bærer *Tristan og Indiana* præg af at være skrevet i den
følsomme tid. Intimiteten, privatlivet, følelserne og ikke mindst dydens triumf
og det godes sejr til sidst er tematiseret og detailleret beskrevet. Romanen er
"larmoyant", dvs. der grædes utroligt meget, "med grædende tårer", som det
hedder. Selve det overordnede tema om mennesket som "Lykkens tumlebold"
er også tidstypisk. Det helt særlige ved denne Tristan-historie er dog, at parret
lever kysk (*trods* kærlighedsdrikken!). Det gøres på Indianas initiativ, for ærens
og dydens og hendes ægteskabs skyld. Det aftales således mellem hende og
Tristan, at han aldrig må begære mere end at kysse hendes hånd, men så vil
hun også klappe ham på kinden. Dette projekt gennemføres.

Først i den afsluttende dødsscene, hvor Indiana dør af sorg ved Tristans lig,
har hun disse sensuelle afskedsord:

> O du dyrebare Legeme og ædle Hierte, som har saa trofast elsket mig! Nu skal du
> nyde det i Døden, som du ikke blev værdig i Livet! nu skal min Mund kysse dig
> død, som ikke blev dig tilladt medens du levede!

Som nævnt har romanen også en dimension, der refererer til den historiske
verdenssituation i midten af det 18. århundrede. Dette på trods af det eventyrlige
præg, som stadig er bevaret (den magiske drik, Tristans kamp mod dragen o.s.v.).
Disse historiske referencer placerer romanens handling inden 1763, hvor Frankrig
lider det afgørende nederlag over for England i kampen om koloniherredømmet
bl.a. i Indien. Derfor kan romanen naturligvis godt være skrevet efter dette

tidspunkt, hvorved den da afskærer sig ganske fra, ja direkte modsiger, sit publikums virkelighed. Eventyrlig er den, men skal vi se på historiske referencer, har jeg svært ved at samtykke i den tolkning, der ser romanen som en nøgleroman om Struensees og Caroline Mathildes forhold[10]. Struensee kom som bekendt til Danmark i 1769, og jeg vil ikke udelukke, at læsepublikummet kan have associeret til hofskandalen, men særlig meget synes jeg ikke, romanen kan have indbudt til det, især fordi det forudsætter, at læserne sympatiserede med den tyske Struensee og hans magtran. Det forekommer mig at måtte have ligget temmelig fjernt at opfatte Struensee som en uskyldig "Lykkens tumlebold", således som Tristan (fulgt af forfatteren) opfatter sig med det udtryk, jeg nu langt om længe vil citere.

Bortset fra et tilfælde i den islandske saga, hvor Tristan indgår en handel med Gud og tilbyder at forlade Ísodd, er det nyt at se Tristan miste modet og frivilligt forlade sin elskede. Han giver denne begrundelse:

> Den ædle Tistrand faldt i Knæ for Kongen, sigendes: Allernaadigste Konge! Jeg haver her udi nogle Aar været ved eders Hoff, ligesom Lykkens Tumlebold, og lidt meget Ont og Forfølgelse, dog kand jeg ikke fuldtakke Eders Majestæts Naade og store Godhed mod mig, men mine Fienders falske Opdigt haver voldet mig det altsammen, og som jeg endnu forstaaer deres Had imod mig ikke aflades, beder jeg Kongen vil give mig Forlov at reyse Hiem, at jeg dog engang kand glæde mine Forældre; thi skulde jeg endnu blive her længere, blev jeg vel ikke frie for mine Uvenners Efterstræbelse.

At dette er et kærnested i teksten om *Tristan og Indiana*, fremgår bl.a. af forfatterens direkte kommentar og sammenfatning i romanens slutning. Han siger:

> Saaledes tumlede Lykken om med disse tvende høye Kongelige Personer (i.e. Tristan og Indiana), der saa uskyldig var kommen til at elske hverandre.

Men alligevel får de den længe ventede belønning efter døden: det afsløres, at drikken var skyld i deres kærlighed, de begraves i en fælles kiste, og deres børn med deres respektive ægtefæller forenes i ægteskab til stor lykke for alle. Det skete allerede i den islandske saga, at parret fik børn, omend som her altså ikke med hinanden.

Inden selve begravelsen lægges parret på en seng, og lilje-miraklet sker. Inden sin død er Tristan blevet konge af Frankrig, og nu bliver liljesymbolet forklaret som oprindelsen til det franske kongevåben! Som om det ikke var nok, bliver Tristan og Indiana til allersidst helgenkåret af paven.

Uanset problemerne med *Tristan og Indiana*'s teksthistorie, som jeg har skitseret, tror jeg, man forstår min fornøjelse ved herefter også at arbejde litteraturhistorisk med denne nye nordiske variant af "alle tiders kærlighedshistorie".

---

[10] Kalinke, se note 2.

Écho, sa raison et ses rimes

Ludovica Koch

Deux fausses étymologies à "étymologie", très éloquentes – ou mieux, deux glissements de la langue, deux croisements de la pensée – révèlent la profonde différence entre le travail sur la langue de la Renaissance et celui du Baroque. *Émytologie*, écrit le cabaliste chrétien Guillaume Postel (XVIème siècle)[1]: qui entend par cela revendiquer, aux fouilles dans les profondeurs des mots, soit une qualité "adamique" (l'hébraïque *emeth* vaudrait "origine"), soit le pouvoir par excellence sur le récit (grec *mythos*). *Tymologie*, c´est à dire "science du courage", va même jusqu´à dire le théoricien (et médiocre poète) italien Tommaso Stigliani[2]. Il faudra en effet beaucoup de courage, au dissecteur qui, pendant ce siècle d´anatomistes, se chargera de braver les dangereuses fumées, les visions intoxicantes cachées dans les entrailles du mot. Car, comme l´écrit l´un des poéticiens les plus originaux de l´époque, l´évêque espagnol José Caramuel[3], "c´est le diable lui-même qui a inventé la réversibilité des lettres".

A force de dériver "n´importe quel mot de n´importe quel autre, le grec du lappois et le danois du turc"[4], les grandioses cartographies des civilisations élaborées par la Renaissance – les barycentres fantastiques, éternellement réversibles, qui plaçaient l´Atlantide en Suède, l´Éden aux Pays Bas et Orphée chez les Cimbres – tournoient désormais vainement sur elles-mêmes. Les querelles des langues nationales (issues de Babel) pour s´arroger le droit de primogéniture ont pratiquement perdu d´intérêt. Quiconque espère retrouver la physionomie originaire des langues en dépit de leur corruption, de leur dispersion, de leurs mélanges "pêche des raines dans l´air"[5]. Il vaut mieux mettre à profit les mécanismes, désormais isolés, qui règlent la dérivation et la transformation des mots.

Les manifestes et les titres des études sur les langues ont changé. On s´est lassé d´inventorier leurs "confusions" ou leurs "différences": on s´intéresse désormais plutôt à leurs déguisements et à leurs imbrications. Aux arbres généalogiques succèdent les "clés". Kircher enseigne des "polygraphies", des "stéganographies". D´autres (Geßner, Crinesius, Bibliander) étudient la *ratio communis* des langues, l´"art de les apprendre toutes en partant d´une seule".

---

[1] Ms. inédit cité par F. Sécret dans E. Castelli, éd., *Umanesimo e esoterismo*, Padova 1960, p. 404.

[2] *Arte del verso italiano*, Roma 1658, p. 177.

[3] *Apollo retrogradus*, dans *Primus Calamus Metametrikên exhibens*, Romae 1662, p. 45.

[4] P. P. Syv, *Nogle betænkninger om det Kimbriske sprog*, Kjøbenhavn 1663, p. 25.

[5] A. Kircher, *Turris Babel sive Archontologia*, Amstelodami 1679, p. 218.

Bacon propose une "grammaire philosophique"; Leibniz une "langue universelle". C´est encore Leibniz qui formule clairement la grande découverte de son temps. Non seulement dans toute langue nationale ou privée, "employée correctement", il est possible de retrouver toutes les autres; mais dans chacune se cache soit Babel (à rebours), soit la Cabale (en avant)[6].

Au dix-septième siècle, on continue de concevoir le mot comme un précis du monde. Non tant, cependant, parce qu´il *représente* le monde, mais parce qu´il en *reproduit* en miniature les douteux équilibres, les troublements, la coexistence des possibles. "La Machine du monde régorge de Protée. Prenons donc une plume protéique, pour chanter les louanges de Protée"[7]. Le petit nombre d´éléments minimaux qui s´agrègent pour former un mot ramène forcément l´ancienne analogie de Démocrite et de Lucrèce. Du même que le tournoiement des atomes, le désordre de l´alphabet bâtit une variété inépuisable de phéno-mènes, qui se désagrègent et se rassemblent à nouveau, sans aucune perte, le long des abîmes de l´histoire. L´analogie atomique a longtemps servi de métaphore théologique. "Dieu se cache parmi les lettres", écrivait Böhme quelque part. Caramuel, lui, va plus loin. Dieu et l´alphabet se partagent toutes les immenses capacités créatrices. Mais il leur arrive de travailler soit à l´intérieur de leur système, avec des résultats passifs et mécaniques, soit "en *dehors* de ce système": activement, mais dangereusement, avec des effets imprévisibles[8].

"La plume est plus puissante que la langue, et la langue plus puissante que la métaphysique" (c´est encore Caramuel), parce qu´elle, seule, est capable d´explorer le terrain vague entre l´existant et le non-existant. Les mots que construit l´anagramme, ou une capricieuse combinaison sonore – "PAM, BEB, PIF, POM, PUC" – "ne signifient rien, et pourtant ils sont signifiants; ils pourront dans le futur atteindre le signifié qui leur manque, de même que les créatures possibles pourront atteindre à l´existence"[9]. Il suffit d´associer à chacun de ces tronçons quelques lettres pour former des familles entières de mots, déjà perceptibles en embryon.

Opposées et complémentaires non moins que l´analyse et la combinaison, l´étymologie et la syntaxe servent d´abord des desseins sémantiques. Elles montrent la nature complexe et ambiguë de l´expérience, où "le tout est contenu dans l´un, le mal se mélange au bien, l´inutile à l´utile"[10]. Surtout, elles expérimentent des formules de dérivation et de transformation, applicables à tout ordre d´unité linguistique. "Nous jouons des syllabes, des mots et des mètres comme nous jouons des lettres"[11]. La littérature devient le règne du *perpetuum mobile*; ses rotations peuvent provoquer bien des vertiges.

---

[6] G. W. Leibniz, *Collectanea etymologica, Opera omnia*, Geneva 1768, VI, p. 232.

[7] J. Caramuel, *Apollo analexicus, Metametrikê*[...], p. 1.

[8] *Praecursor logicus, complectens grammaticam audacem*, Francofurti 1654, p. 116.

[9] *Praecursor* [...], p. 86.

[10] M. I. V. Merbitz, *De varietate faciei humanae discursus physicus*, Dresdae 1676, p. 30.

[11] *Metametrikê* [...], p. 215.

C´est dans ce cadre que Caramuel isole un procédé particulier de paronomasie, qui mérite, dans un sens hétérodoxe, le nom d´étymologie et auquel on doit plusieurs trouvailles baroques. La fermeture épigrammatique (la "pointe") des sonnets, par exemple; le *motto* des emblèmes; les strophes et les textes entièrement fondés sur une contradiction, ou sur une "correspondance" inattendue, qui se cache à l´intérieur d´un mot. L´antithèse, figure de ce temps, règle aussi les relations entre les deux mots qu´une simple coupe, telle qu´une césarienne, a engendrés l´un de l´autre. Dans une espèce de dédoublement vertigineux, on arrive ainsi à découvrir les réalités ultimes sous les apparences: soit par réduction (le crâne sous la peau), soit par glorification inespérée (le monde entier dans un grain de sable). L´art dans le cœur (*heart/art*), l´univers dans le vide de la solitude (*alone/one, mysticall/all*), l´éternité dans la négation (*never/ever*). Ce sont des rimes de John Donne, très proches d´une strophe de Robert Herrick ("Thus I/ pass by/ and die/ as one/ unknown/ and gone"), ou de l´apologie du méditateur solitaire, *all-ein*, par Knorr:

Ich werd´ Ein-all, und All-in-ein,
Recht ich, und ein, und alles seyn.

A mesure que l´on passe du maniérisme au baroque mûr, la "tymologie" se change progressivement en une "tomologie": une science, et un art, de la coupe. La révolution méthodologique qui, des quatre procédés rhétoriques, privilégie ceux qui décomposent et recomposent (la Soustraction et l´Addition) sur ceux qui gouvernent la métamorphose et l´anagramme (la Permutation et la Transposition) n´est pas moins flagrante chez les étymologistes professionnels (Guichard, Ménage, Vossius[12]) que chez les poètes. Dans la littérature, ce penchant s´explique par une conscience retrouvée de la matérialité flottante de la langue, qui s´avance et recule telle une vague, qui érode et dépose telle une marée. Les effets sonores – l´amplification et la réfraction – prévalent à nouveau sur le modèle combinatoire (mathématique et mécanique) de l´écriture. On arrive jusqu´à redécouvrir les miracles du symbolisme phonétique: qui a cessé d´être onomatopéique, "naturel", "divin", pour devenir conventionnel, subjectif, synesthétique, laïque, expressif et ne tenant qu´au signifiant.

Pour simplifier: la Renaissance tend à la plus grande condensation possible des signifiés, à l´introversion centripète. Dans le mot, ce minuscule système solaire, se cachent toutes les raisons de coexistence et de subsistance de la chose elle-même, sondées par le regard qui s´en approche grâce aux nouveaux dispositifs optiques, la lunette et (bien plus tard) la longue-vue[13]. Afin de déchiffrer ce "gryphe" magique et mystique qu´est le mot, il faut le démonter et le remonter à l´aide des quatre "mouvements" rhétoriques (accroissement,

---

[12] Pour des considérations plus étendues sur l´histoire de l´étymologie poétique pendant la Renaissance et à l´âge baroque, v. mon *Rime, arditezze e ragioni* dans "Fabrica I: Etimologia. Pratiche e invenzioni", Napoli 1983, pp. 178 ss.

[13] Je songe ici à quelques traités de poétique aux titres éloquents (*L´Occhiale* par Stigliani, le *Cannocchiale aristotelico* par Tesauro).

soustraction, permutation, transposition). Les maniéristes, eux, rangent tous les "déchiffrements" qu´ils ont ainsi trouvés et raisonnent exclusivement sur eux, en laissant la chose de côté. L´âge baroque, qui vient d´assimiler la pédagogie sceptique et subjectiviste de la *new Philosophy*, n´emploie que les deux mouvements premiers: décomposition jusqu´aux moindres signifiants, recomposition par accroissement. A ce point-là, elle refuse de piétiner davantage et intervient par des gloses, des variations, des dilatations déviantes, aussi bien métaphoriques que métonymiques: qui doivent être, autant que possible, inouïes et surprenantes. Dans la rime, surtout, qui consiste par définition dans la tension entre l´appel à l´oreille (ou à l´œil) et la discorde du sens, et dont cette poésie exalte à l´excès les qualités évocatrices et rhétoriques ("nulla è ch´essa non possa sopra le menti umane"[14]), se concentrent et se croisent des jeux signifiants que, bien souvent, le texte ne fait que développer.

Il existe un type de rime qui, mieux que tout autre, mérite le nom d´étymologique (dans le sens hétérodoxe que l´on vient d´adopter), en ce qu´il travaille exclusivement sur la segmentation et la réduction des homonymes: non pas en remontant vers les racines mais au contraire (il s´agit bien d´une rime!) en procédant vers le bout du mot: qui finit ainsi par se voir foncièrement fondé sur la syllabe rimante. Cette rime spéciale présuppose un dire et un dédire, une voix dédoublée qui renvoie le même mot avec une signification changée. Elle tend donc à une approche dialogique, et réinvente un ancien genre littéraire dont elle est le seul prétexte. Ce genre prend son nom d´un mythe de transformation non moins vénérable et suggestif que celui de Narcisse, aussi merveilleux chez les baroques que celui de Narcisse, auquel il est étroitement lié: le mythe d´Écho.

Les vers en écho, qui décapitent une phrase ou un mot pour susciter des effets de contradiction, de commentaire, de conseil, de consolation, de prolongement expressif sont en Occident (comme la plupart des ruses littéraires modernes) une invention alexandrine. La mise en scène champêtre nécessaire pour que la voix puisse se répercuter (les forêts, la solitude, les rochers) détermine la situation imaginaire centrale (pastorale, avec un seul acteur: le plus souvent masculin, s´il faut qu´il se sente maternellement consolé) et le climat élégiaque, qui meut le monologue. Mais les réponses de l´écho avaient aussi, dans le passé, des fonctions publiques et solennelles: politiques et religieuses dans le cas des oracles, dramatiques au théâtre, judiciaires dans les controverses des avocats[15]. Au dix-septième siècle, c´est au dédaléen Kircher que revient le mérite d´exalter la *magia phonocamptica*, les prodiges de la voix brisée, et de projeter une véritable science de l´écho: une échométrie qui mesure l´espace, le genre des sons (Caramuel: "les mots trop rudes ne méritent pas que la nymphe y réponde") et les conditions qui favorisent l´écho: l´ondulation de l´air, par exemple, les rapports avec l´eau et les corps solides. Kircher s´applique à dessiner des instruments acoustiques sophistiqués et des architectures résonnantes, et

---

[14] T. Stigliani, *Arte* [...], p. 140.

[15] Sénèque, *Controversiae* 7, 7, 19.

même à étudier les moyens de capturer et d'emmagasiner l'écho, comme il y a des matières qui emmagasinent la lumière[16].

Écho est femme, et comme telle louée ou plainte à l'infini, mais le plus souvent insultée par celui qui l'interroge. Féminine est la figure particulière de répétition qui lui revient; féminins les lieux communs qui la décrivent, en l'appelant tour à tour inconstante, inquiétante, imprévisible, vide, traîtresse, menteuse:

> Respon, Écho, et bien que tu sois femme,
> Dy vérité. Qui feit mordre la fame? Femme.
> Qui est la chose au monde plus infâme? Femme.
> Qui plus engendre à l'homme de diffame? Femme.
> Qui plus tost homme et maison riche affame? Femme.
> Qui feit Amour grand dieu et grand blasphème? Femme.
> Qui grippe biens, agraphe corps, griffe âme? Femme[17].

Un moderne confie à l'écho une plainte sur la beauté perdue par une voix de femme, qui balbutie et trébuche sur des familles de mots:

> Winning ways, airs innocent, maiden manners, sweet locks, loose locks,
> long locks, lovelocks, gaygear, going gallant, girlgrace[18].

Mais c'est le Baroque, son véritable temps de gloire. Les tromperies et les fuites acoustiques, autant que les optiques, sont la source de l'*ingegno* le plus apprécié, et les os pierreux d'Écho, tels que les dents de Bérénice chez Poe, "constituent des idées". Dans un siècle qui tient tellement en honneur l'air et la langue, leur "vaine fille"[19] devient de par elle-même (sans plus dépendre de Narcisse ou de Pan) une "métaphore énigmatique et merveilleuse" (Tesauro): le modèle pour engendrer toutes les finesses possibles par les trois voies de l'*acutezza*. "Par l'accouplement de deux termes en contraste, l'un positif, l'autre négatif" ("Elle est une âme inanimée [...] un rien parlant qui ne sait pas parler et pourtant parle, et parle sans savoir ce qu'elle dit"). "Par la conjonction du positif avec le positif" ("Elle est une nymphe de l'air, une pierre parlante, un rocher animé [...]"). "Par la conjonction du négatif avec le négatif" ("Elle ne sait ni parler ni se taire, ni mentir ni vrai dire [...]").

Si Tesauro déjà déploie, en parlant d'Écho, des figures d'écho (étymologiques, allitérantes), Caramuel ne se borne pas à réunir sous son nom (malheureusement, masculinisé: *Apollo echeticus*) toutes les figures de répétition et de réfraction des sons – du refrain à l'anaphore, à la rime. Il y reconnaît surtout le principe même de la dialectique[20] et de la grammaire poétique. Bien mieux: d'une étymologie

---

[16] *Phonurgia nova* [...]. Campidonae 1673.

[17] Th. Sébillet, *Art poétique françois*, éd. crit. Paris 1932, p. 201.

[18] G. M. Hopkins, *The Golden Echo and the Leaden Echo*.

[19] G. B. Marino, *Lira*.

[20] *Apollo echeticus, Metametrikê* [...], p. 93: "hebraice hecho argumentatio, increpatio".

qui décompose et compose les mots *non sine gratia*, tout en tirant d´eux de nouveaux: mutilés, rétrécis, au sens changé.

Caramuel va jusqu´à découvrir et formaliser les règles pour un écho poétique correct. Mais sa contribution la plus éclatante consiste en de longs catalogues de rimes en écho espagnoles et latines (*Sylvae vocum refractarum*), qu´il fait suivre – afin d´inciter le lecteur à en produire d´autres lui même – aux exemples contemporains de poésie en écho[21]. On a affaire ici à une poétique intrépidement, rigidement formelle, qui fait de la langue son domaine exclusif d´expériences. Des manipulations téméraires du signifiant, cette poétique attend d´incessantes découvertes, imbriquées les unes dans les autres et concernant, par contre, le niveau des idées et des choses. Mais elle en attend aussi des suggestions pour relier sémantiquement, d´une façon jamais explorée, des mots tirés mécaniquement l´un de l´autre. La seule chose certaine, c´est que le lien qui les unira sera entièrement arbitraire: libre de se servir à son gré des lois logiques de la combinaison comme des associations les plus irrégulières, ou des fantaisies les plus déformantes.

Ce qui nous retient ici n´est pas seulement l´histoire d´un procédé très sophistiqué, la rime en écho, mais plutôt l´art particulier que le Baroque invente, semble-t-il, et qu´il transmet parmi tant d´artifices aux avant-gardes de notre siècle, qui en feront l´un des principes de leur travail. C´est à dire l´habileté à établir des relations temporelles, des conséquences narratives, à l´intérieur d´un texte *entièrement construit sur des paradigmes*: la chaîne d´assonances, la comptine, le répertoire, le catalogue, la série d´homonymes, la litanie des permutations tirées d´un seul mot. Évidemment, la célèbre loi de Jakobson peut et doit être renversée: la fonction poétique ne se borne pas à "projeter le principe de similarité sur l´axe de la contiguïté"; elle projette aussi le principe de contiguïté sur l´axe métaphorique de la similarité.

En vérité, il existe quelque chose de semblable bien avant le Baroque, dans les vertigineux excès verbaux des Grands Rhétoriqueurs français, dans leurs "subtilitez curieusement inutiles et monstrueuses"[22]. Ce n´est certainement pas par hasard que les Rhétoriqueurs ont été redécouverts par notre siècle, qui les apprécie particulièrement. Leur poétique réside dans leurs rimes rares, "impossibles"; et leurs Arts enseignent surtout "à bien rimer"[23]. L´étymologie triomphe dans leurs rimes, même dans la forme en écho, avec une fréquence invraisemblable: dans les rondeaux en écho, dans les "vers léoniens" ("Par dis*cors cors* je pris en re*cords corps*"), dans la "rime fratrisée" ("Metz voile au vent, single vers nous *Charon/ Car on* t´attend [...]"), dans la "conjuguée" (qui relie des mots dérivés l´un de l´autre: des*confort/ confort*), et surtout dans la "couronnée", "écho

[21] Quelques longs poèmes religieux espagnols et le célèbre *Echo sive lusus imaginis iocosae* par J. Dousa (Hagae 1603).

[22] C´est la boutade qu´É. Tabourot (*Les bigarrures du seigneur des Accords*, Rouen 1595, I, p. 154) dévoue aux *carmina figurata* par Rabane Maure.

[23] Th. Sébillet, *cit.*; É. Langlois, éd., *Recueil d´arts de seconde rhétorique*, Genève 1974.

sans âme"[24] ("La blanche colom*belle belle* [...]"), où tant souvent "la couronne est tirée par les cheveus"[25]; pour ne pas nommer ce monstre, à la vie brève, que la "rime emperière" ("Ceus qui par*fais, fais fais*"). Étymologique est l'épître de Marot au roi, rimant toute en "ryme"; étymologiques, et tous en écho, sont les vers imbriqués, décroissant et croissant comme dans cet exemple (une étrange réduction, mi gnomique mi-anatomique, des possessions et des sens): "Sçavoir, avoir, voir, ouyr".

Bien mieux: leurs traités théoriques, comme le fera Caramuel, énumèrent de longs catalogues de rimes homonymiques et de rimes en écho, parfois si beaux qu'il constituent, pour un moderne, de minuscules poèmes surréalistes (je pense surtout à Desnos). Il suffit d'y ajouter une ponctuation minimale, et un titre:

La fin du cynique	*La "Mariée" de Duchamp*
La mort	Du ciel la nue
me mord.	femme nue
Remort,	soustenue
à mort!	detenue
	tenue
Son agonie	maintenue
Fors,	contenue
confors.	abstenue
Effors,	venue
diffors.	advenue
	chose advenue[26]
La colère du bigot	
Injure,	*Héloïse et Abélard*
je le jure.	Une nonne
Conjure,	qui sonne nonne:
parjure!	ung chanonne[27].

Ce sont des microtextes très semblables à d'authentiques rondeaux en deux ou trois syllabes, comme celui-ci, cité par Molinet: "Ton nom/ Me plait/ Hennon/ Mais non/ Ton plait./ Ton nom/ Me plait"[28]. Cependant, leurs trouvailles sont un jeu curieusement involontaire et gratuit, qui donne l'impression d'un gaspillage de ressources inouï. Ces rimes fantastiques ne créent aucune tension, ne font que s'accumuler, se suffisent à elles-mêmes, n'engendrent aucun texte complexe, ne conduisent à aucune découverte. "Trilli, brilli, zampilli, serpilli, amarilli e grilli"[29].

Prenons, par contre, un poème du dix-septième siècle sûrement construit par la technique des "bouts rimés", *Paradise* par George Herbert, et soumettons-le

---

[24] É. Tabourot, *cit.* p. 143.

[25] Th. Sébillet, *cit.*, p. 202.

[26] B. Herenc, *Doctrinal de la seconde rhétorique*, dans *Recueil* [...], pp. 163, 161, 141, 134.

[27] Anonyme, *Les règles de la seconde rhétorique*, dans *Recueil* [...], p. 209.

[28] J. Molinet, *L'art de rhétorique*, dans *Recueil* [...], p. 227.

[29] F. F. Frugoni, *Del cane di Diogene*, Venezia 1639, V, p. 325.

à une "haï-kaïsation" à la Queneau[30] (ce qu´il supporte du reste très bien). Ses rimes réfractées, ou plutôt, progressivement élaguées (c´est le *concetto* d´où le poème se développe: le dépouillement spirituel, la douloureuse coupure avec les désirs et les attraits du monde) formeront alors de minuscules triangles, des tourbillons d´idées qui tracent des circuits de connaissance fermés ("such beginnings touch their ends"), mais projettent en même temps d´inquiètes aventures. Par ses rimes, *Paradise* propose une expérience consciemment partielle, précaire, déformée, illusoire, et pourtant capable de saisir l´obscure globalité qui relie les phénomènes. Ainsi la carte géographique de Mercator (à laquelle Donne, le maître de Herbert, compare son propre corps étendu sur son lit de mort) dessine, bien que plate, une étrange rotondité de mappemonde.

---

[30] Dans *Bâtons, chiffres et lettres* (Paris 1965/2, pp. 336–338), Queneau "haï-kaïse" perfidement le célèbre *Ses purs ongles* par le plus intouchable des maniéristes modernes, Mallarmé: c´est à dire, il en coupe les mots rimés et en forme un nouveau microsonnet ("qui, ma foi, n´est pas mal, et il ne faut jamais se plaindre quand on vous donne de beaux poèmes"), pour montrer que ce texte idolâtré est proprement une "redondance" – une excrescence – de ses rimes rares.

De store fortællinger

Mihail Larsen

Ethvert samfund er svangert – med muligheder, der rækker ud over den bestående orden. Tilværelsen kan forandres, og bliver det med eller uden menneskenes bevidste medvirken.

I primitive og traditionsbundne samfund spiller disse muligheder ingen fremtrædende rolle; de økonomiske, tekniske, sociale og kulturelle livsmønstre er fast forankrede over mange generationer og ændres kun umærkeligt.

I civiliserede og dynamiske samfund, derimod, udgør disse muligheder en uudtømmelig kilde til ubehag, splid og krise; de sociale bånd, som giver samfundet dets sammenhængskraft – den sociale kontrakt – udsættes til stadighed for hårde belastninger og brud.

Når kriserne melder sig, forvandles samfundet til et filosofisk problem; for der er noget svimlende usikkert og foruroligende ved en tilværelse uden indiskutable sociale normer. Men det er tillige fra denne usikkerhed, at samfundet henter sin mageløse rigdom; for uden denne bestandige anfægtelse, udlængsel og krise ville vores kultur forblive simpel og monoton.

Filosofien opstår, når tilværelsen mister sin selvfølgelighed, og det fortrolige bliver fremmed. I filosofien tager vi pejling af de fundamentale spørgsmål om Gud, verden og mennesket eller naturen, samfundet og individet i et forsøg på at forankre vores bevidsthed og handlinger i værdier, som er mere faste end de flygtige sanselige indtryk og sociale normer.

Filosofien søger at skabe mening og orden i en virkelighed, der trues af tomhed og kaos; og kan det ikke ske på et jordnært plan, fordi modsigelserne og splittelsen her er for store, må det ske 'på et højere plan'. Det er baggrunden for opkomsten af de store fortællinger. De sammenfatter en tids bærende forestillinger i en ordnet verdensanskuelse, og giver dem et stempel af troværdighed.

Nogle vil kalde den slags fortællinger mytologi, religion, metafysik eller ideologi, og på den måde afskrive deres betydning. Således kulminerede flere århundreders religionskritik i forrige århundrede med erklæringen om, at 'Gud er død', samtidig med at metafysikken blev fortrængt af materialismen og positivismen i skøn samdrægtighed. I efterkrigstiden er det gået ideologierne på samme måde – de er officielt 'døde' og enhver sagkundskab følgelig 'værdifri'.

Det er i dag noget af en modesag – ikke mindst efter inspiration af nye, franske filosoffer – at erklære 'de store fortællinger' døde over én bank. Det gælder ikke alene det store drama om kampen mellem liberalisme og socialisme, som nu angiveligt skulle være bragt til sin ende med liberalismens totale sejr efter de midt- og østeuropæiske samfundssystemers ideologiske kollaps. Det gælder også den kristen-humanistiske kulturarv og forestillingen om universelle menneskerettigheder. Tilbage er 'de små fortællinger' – og pragmatisk kynisme.

En sådan dødsattest er imidlertid alt for forhastet. 'De store fortællingers' betydning for os og senere generationer er ikke gjort op ved en påvisning af, at ingen længere for alvor tror på dem. Ejheller ved en dokumentation af, at de stundom har været misbrugt til alskens uhyrligheder. Og end ikke ved en afdækning af deres specielle historiske baggrund og mulige forklaring.

'De store fortællinger' er andet og mere end den kulturelle fernis over en tilværelse i splid med sig selv. De rækker både dybere ned og højere op. Dybere, fordi deres billeder og myter, mentalitet og sprog, er blevet en så fundamental bestanddel af vores erkendelse, moral og sanselighed, at vi ustandseligt genbruger dem, også når vi tror os fri af dem. Højere, fordi de igen og igen minder os om, at tilværelsen kan forandres og forbedres.

'De store fortællinger' er således på én gang en kilde til fortrolig identitet og uberegneligt oprør. De grundfæstede, tilvante og bekræftede forestillinger om det gode liv, det retfærdige samfund og menneskelig lykke som den egentlige mening med tilværelsen er formentlig lige så gamle som samfundets arbejds- og klassedeling. Uligheden i menneskers vilkår og velfærd har engang åbnet deres øjne for tilværelsens armod og uret, og fostret utopiske fantasier om paradisiske tilstande eller i det mindste et jævnt, menneskeligt liv uden nød og elendighed. I denne vedholdende insisteren på en mening med tilværelsen ligger den fortrolige bekræftelse af en identitet.

Men det er samtidig den slags fantasier, der med mellemrum ryster samfundsordenen eftertrykkeligt og sommetider fører til dens revolutionære sammenbrud. Det kan derfor heller ikke undre, at sådanne forestillinger mødes med skepsis, irritation eller fjendtlighed af samfundets aktuelle magthavere. Selve ideen om forandringens mulighed anfægter den etablerede orden og giver næring til et latent oprør.

Alle de store religioner og civilisationer besidder denne dobbelthed af mening og forandring, identitet og oprør, som et grundlæggende træk, der kan spores tilbage til det kulturskred og den fremmedgørelse, som fulgte med den tidlige arbejdsdeling mellem håndens og åndens, kvindens og mandens, landets og byens arbejde. Arbejdsdelingen, og den ulighed i menneskers livsvilkår den cementere- de, skabte et problem af lige så fundamental betydning som filosofiens såkaldt 'evige spørgsmål', nemlig: det sociale spørgsmål. Det er frem for alt uligheden mellem mennesker, der har givet anledning til kritik af den bestående orden og næring til forestillingerne om en anden, højere og mere retfærdig orden.

'De store fortællinger' er således uløseligt forbundet med 'det sociale spørgsmål', alle forskelle i billedsprog, myter og begreber til trods. Udtalt eller fortiet har de store fortællinger derfor også altid været bærer af et budskab om en legitim orden i samfundet, som alle dets medlemmer i princippet kunne acceptere – altså en 'social kontrakt'. Idealtypisk kan vi skelne mellem

Samfundsform	Teoritype	Nøglebegreber
urcivilisation	mytisk	ære, magt og rigdom
antikt slavesamfund	metafysisk	sandhed, retfærd og skønhed
tidlig borgerligt klassesamfund	kontraktteori	frihed, lighed og broderskab
udviklet borgerligt klassesamfund	systemteori	kapital, stat og klasser
senborgerlig socialstat	forvaltning	rationalitet, legitimitet og velfærd

Ære, magt og rigdom

Den arkaiske, store fortælling om den gyldne tid, som karakteriserer de fleste af urcivilisationens myter, er (forfalds)historien om fordums storhed, som i det højeste kan håbe på den evige genkomst; en tilbagevenden til de gode, gamle dage, hvor de aristokratiske dyder ære, magt og rigdom igen er i højsædet.

Fortællingen er regressiv, og oversat til politisk praksis reaktionær. Men den er også revolutionær, fordi den indebærer en radikal kritik af den eksisterende samfundsorden. Blot er dens midler ikke en opløsning af modsætningerne i samfundet og en frigørelse fra undertrykkelsen, men en retablering af tidligere tiders autoritet.

Fortællingen har bevist sin styrke helt frem til vort århundrede, hvor den i forskellige varianter fungerer som legitimation for nazismen og fascismen samt andre højreekstremistiske bevægelser og militærdiktaturer.

Det sande, det gode og det skønne

De sociale legitimationsbehov i antikken blev opfyldt af en ordenstænkning, der på religiøst, metafysisk eller ontologisk plan gav mening og sammenhæng til en splittet tilværelse.

Den religiøse orden var baseret på den stærkeres ret, for så vidt som den kom til verden i strid. Af samme grund var den understøttet socialpsykologisk af simpel frygt for de straffeforanstaltninger, guderne allerede til overmål havde demonstreret i deres kamp om den førende position.

Den metafysiske og ontologiske orden, derimod, hvilede på en forestilling om en universel harmoni hinsides den fænomenale verdens splittelse og kaos – en harmoni, der kunne genkaldes ved erindring (den maieutiske metode) eller erfaring (den induktive metode). Platon valgte den første, Aristoteles den anden.

Medens Platon så harmonien etableret i ideernes overjordiske sfære, der gav den teoretiske tænkning højeste prioritet, ledte Aristoteles efter harmonien i fænomenerne selv; han tillagde af den grund også menneskets praktiske fornuft og sanselighed en med den teoretiske abstraktion ligeberettiget status.

Den antikke harmonitænkning, således som den kommer til udtryk i idealet om enkyklios paideia, står i større gæld til Aristoteles end til Platon. Selv hovedopdelingen af refleksionen i teoretisk, praktisk og æstetisk stammer fra ham (Logikken).

Fremhævelsen af 'det hele menneske' som en overordnet værdi er siden indgået i humanismen, og er blevet aktualiseret under vekslende historiske betingelser. Idag har den systemiske specialisering gjort en sådan norm mere aktuel end nogensinde tidligere (som værn om livsverdenens integritet over for systemernes egensindige koloniseringstrend).

Frihed, lighed og broderskab

Den antikke harmoni brød ironisk nok sammen, da antikken genfødtes i renæssancen. Den stabile forankring af individ og samfund i en metafysisk orden blev afløst af menneskets forankring – i sig selv.

Mennesket har ikke kun en første, gudgiven natur, men også en anden, menneskeskabt natur med sin egen, historiske orden. Frisættelsen af denne anden natur har domineret det sidste halve årtusinds socialfilosofi, for det blev i forhold til den, at samfundets orden i sidste instans skulle hente sin legitimitet.

Først tøvende. De tidlige, borgerlige samfundsteoretikere tænkte sig endnu et nært slægtskab mellem den første naturs 'naturlove' og den anden naturs 'naturret'. Senere blev bruddet kraftigere markeret, mennesket mere selvsikkert skildret som den nye creator mundi. Med den voksende magt over naturen (i teknologien), samfundet (i institutionerne) og mennesket selv (i civilisationen), blev magten imidlertid selv et problem.

De borgerlige teoretikere var i mere end én forstand børn af den gryende kapitalisme; de gav magtens problem en form, de kendte fra deres økonomiske foretagsomhed: kontrakten. I den blev ækvivalentbyttet fikseret og legitimeret, hvad enten det drejede sig om den gennemsnitlige profitrate eller den borgerlige retsorden med frihed og lighed – og lige gyldighed – for alle.

Disse to principper – frihed og lighed – sikrede i fællesskab samfundets orden og legitimitet, i det mindste i teorien. For i virkelighedens verden førte de jo under kapitalisme og industrialisme til voldsomt stigende sociale spændinger med forgyldning af en lille minoritet og forarmelse af det store flertal. Det borgerlige samfund var – lige så lidt som tidligere samfund – i stand til at løse 'det sociale spørgsmål'.

Det var for at løse netop dette spørgsmål, at de gode principper blev forankret i solidaritetens garant: broderskabet. Med den fik de frie og lige kontrakter deres egentlige legitimitet som sikkerhedsnet i en urolig og usikker tid.

Antikkens og middelalderens samfundsforståelser var gennemgående statiske. Der kunne vendes op og ned på menneskers skæbne og politiske magtforhold, men grundlæggende var samfundets beståen en given ting, hvad enten man tilskrev den gudernes vilje eller naturens orden. Disse forståelser blev der vendt op og ned på for henved 500 år siden, da de nye nationalstater fortrængte de feudale dynastier og den tidlige kapitalisme brød igennem den sociale livsverden med forarmelse af store menneskemasser og omfattende krige til følge.

Dengang – som nu – spurgte man sig selv, hvad der midt i denne omskiftelighed egentlig holdt sammen på samfundet og gav det legitimt grundlag. Frem til den Franske Revolution delte svarene sig i det væsentligste på tre opfattelser, der hver for sig tilgodeså et bestemt hensyn.

1. Italieneren Machiavelli og englænderen Hobbes havde omfattende og sønderslidende borgerkrige tæt inde på livet. For dem var fredens sikring eller i det mindste samfundets elementære overlevelse det dominerende hensyn, og deres interesse rettede sig derfor mod en forståelse af politikken som et værktøj for strategisk kalkulation. Magten hviler ikke på sæder og skikke, moral og idealisme, men på en benhård afbalancering af egoistiske interesse og eksistensen af en væbnet neutralitet, hvis ikke ligefrem en terrorbalance. Politik drejer sig om styrkeforhold og magt, ikke om etik; og den statsmand, som ikke har forstået den lektie, fører sit folk ud på de vilde vover. Imellem statsmanden og folket eksisterer der derfor et kontraktlignende forhold, hvori folket – i egen interesse – sætter sin lid til en stærk leder og afskriver sig en politiske indflydelse i forventning om, at lederen magter opgaven.

2. Englænderne More og Locke var, med 150 års interval, konfronteret med de økonomiske og sociale følger af kapitalismens tidlige udvikling. Deres interesse angik sikringen af borgernes velfærd og økonomiske frihed. For More var fattigdommen et påtrængende problem, både økonomisk og moralsk. Den engelske enclosure-bevægelse havde fordrevet masser af selvstændige bønder fra deres jordlodder og gjort dem til omvandrende betlere og røvere; den sociale armod var omfattende, og han placerede skylden for denne misère på en velhavende og magtfuld overklasse. Et retfærdigt samfund forudsætter en rimelig fordeling af samfundets rigdom og borgernes adgang til at skabe, hvad de opfatter som det gode liv, i fællesskab med andre borgere. Samfundets institutioner er til for at sikre disse mål, og der kan derfor aldrig i et sådant samfund opstå nogen modsætningen mellem institutionerne og den enkelte borger. En lignende tanke finder vi hos Locke, der tildeler staten en primær opgave som garant for borgernes realisering af naturlige og medfødte frihedsrettigheder. Derfor skal staten ikke være større, end at den lige akkurat kan varetage denne funktion ved opretholdelse af lov og orden, forsvar for ejendomsretten og det frie initiativ – kort sagt en 'natvægter-stat'.

3. For franskmanden Rousseau og tyskeren Kant kunne disse tidlige overvejelser over politik og økonomi, magt og velfærd, strategisk kalkulation og retfærdighed som elementer i en legitimering af samfundets orden samles i et mere overordnet hensyn – almenvellet. Her er der ikke længere tale om en permanent overdragelse af magten til en stærk leder, der kan etablere den orden, folket ikke selv er i stand til at opretholde (Machiavelli, Hobbes); ejheller om en betinget delegering af enkelte magtbeføjelser til politiske institutioner med krav om at repræsentere og sikre borgernes velfærd og personlige frihed (More, Locke); men om frembringelsen af en almen retstilstand, som værner om

enkeltindividers, gruppers og folkeslags selvbestemmelse – og det endda i en sådan grad, at man slet ikke kan sige sig fri for den. Frihed, magt og ansvar er uløseligt bundet sammen på alle niveauer i samspillet mellem det enkelte individ og samfundet; ingen kan sige sig fri for ansvaret uden netop – at handle uansvarligt.

Af disse borgerlige, politiske filosoffer var det Rousseau, der støbte begrebet den sociale kontrakt, ligesom det også var ham, der lagde navn til almenviljen. Der er sagt meget forvrøvlet om disse begreber; men kernen i dem er, at et samfunds legitimitet først og sidst bestemmes af, i hvilken udstrækning dets legalitet (lovene) udspringer af borgernes politiske vilje, engagement og ansvarlighed.

Det er en kontrakt, som samfundets borgere indgår med sig selv eller hinanden, og som indebærer, at de vedkender sig såvel den frihed som det ansvar, der følger af dens oprettelse. Det sociale ved den siger blot, at vi under udøvelsen af de rettigheder og pligter, som kontrakten garanterer, altid er henvist til det fællesskab, som oprettede kontrakten. Det almene ved kontrakten skyldes både, at den gælder med samme ret for alle, og at den udtrykker samfundshelhedens interesse.

Summarisk udtrykt er kontrakten (som viljeshandling) en garant for friheden, dens almene gyldighed tilsvarende en garant for ligheden, medens dens sociale karakter borger for broderskabet. Altså en klar foregribelse af den Franske Revolutions paroler. Men også af forskellige, indbyrdes uforenelige opfattelser af forholdet mellem individ og samfund, alt efter hvilke af de tre paroler man lægger mest vægt på. For Rousseau var der imidlertid ingen uforenelighed imellem disse hensyn; tværtimod er de hinandens nødvendige forudsætninger.

Kapital, stat og klasser

I det tidlige borgerlige samfund skulle mennesket forankres i sig selv som selvstændig og ansvarlig person med evne til at indgå fornuftige og viljebestemte kontrakter med andre mennesker. Normen herfor var frihed, lighed og broderskab, og midlet hertil: almen dannelse.

Ved således at basere individets resultatrige tilværelse på dets egen fornuft, moral og dømmekraft, sikrede det borgerlige samfund sig en demokratisk legitimation.

Men ét er legitimation; noget andet legitimitet. Der var ingen, eller svigtende, overensstemmelse mellem dette ideal og de virkelige forhold. I stedet for en gradvis demokratisering af samfundets produktionsgrundlag (gennem en spredning af ejendomsretten til produktionsmidlerne) som forudsat i den tidlige, borgerlige samfundsutopi, blev kapitalen i stedet koncentreret på færre hænder og en voksende del af befolkningen deklasseret og forarmet.

Det er i sig selv en stor fortælling med mange ofre og færre vindere, men øjensynlig uden egentligt ansvarlige personer. Samfundets udvikling mindede mere om en uafvendelig naturproces end om et bevidst, politisk valg mellem alternativer.

Det er naturligvis fortsat enkeltindivider, der i de konkrete situationer træffer beslutninger, handler og kalkulerer; men de egentlige beslutningstagere befinder sig på et næsten metafysisk plan. Det er markedskræfter, statsræson og klassekamp, der hen over hovedet og bag om ryggen på samfundets borgere lægger en stadig strammere dagsorden for deres bevægelsesmuligheder.

Set i lyset heraf bliver parolen om 'frihed, lighed og broderskab' enten hul eller revolutionær; enten omtolkes principperne, så de passer til de økonomiske, politiske og sociale realiteter, eller de bruges kritisk-revolutionært imod disse realiteter.

Kontrakteoretikerne lagde alle afgørende vægt på viljen. Kontrakten er ikke meget bevendt, hvis den strider fundamentalt mod kontrahenternes vitale interesser eller blot indgås på skrømt. Den blotte affinden sig med tingenes tilstand anses ikke for tilstrækkelig for kontraktens indgåelse.

Den opfattelse forlades af 1800-tallets borgerlige, politiske tænkere. De ser mere samfundets udvikling som resultat af økonomiske, teknologiske og sociale konflikter end som resultat af bevidste, politiske beslutninger. Udviklingen skabes og drives frem af kræfter, som virker bag om ryggen og hen over hovedet på de mennesker, den berører. Og selv når de får et bevidst forhold til disse kræfter, er de som regel afskåret fra at ændre dem på afgørende måde. Selv om historien fortsat er menneskenes værk, får den dermed næsten karakter af en naturlovs nødvendighed.

Den engelske moralfilosof og økonom, Adam Smith, talte således om den usynlige hånd, der synes at regulere den økonomiske udvikling. Tyskeren Hegel omtalte den menneskelige fornuft som indsigt i nødvendigheden, og beskrev det borgerlige samfund som et organisk system af behov. Marx føjede til, at det er produktivkræfternes udvikling, der udgør samfundets virkelige dynamik, og at den politiske forståelse heraf halter langt bagefter og i øvrigt tillige ofte er ideologisk forvrænget (falsk). Max Weber påviste – blandt meget andet – en uafvendelig, indre økonomisk rationaliseringstvang i det borgerligt-kapitalistiske samfund; en tvang, der gennemtrængte stadig større dele af samfundet, også uden for de egentlige økonomiske sektorer. Endelig satte Freud trumf på med sin psykoanalyse, der afslørede, at den menneskelige bevidsthed ligger under for ubevidste driftsimpulser.

Fælles for alle disse tænkere er deres indordning af den menneskelige bevidsthed med dens motiver, interesser og fornuft under et eller andet system – et organisk, et økonomisk, et psykologisk. Ikke af despekt for mennesker i almindelighed, men i en nøgtern konstatering af, at kontraktteoretikernes forestilling om fuldt bevidst og rationelt kalkulerende kontrahenter med klar indsigt i deres reelle valgmuligheder er en from illusion eller – i værste fald – radikale fantasier med totalitære og terroristiske 'løsninger'. 'Forstandens tyranni', med Hegels ord og gentaget hos Marx med advarslen mod 'kommunismens børnesygdomme'.

Med forestillingen om den oplyste og selvstændigt reflekterende borger var der lagt et grundlag for den borgerlige offentlighed som et diskuterende forum for samfundets anliggender. Derfor er afsløringen af denne borger som en fiktion ikke kun ensbetydende med fremhævelsen af samfundet som et (eller flere) system(er), der virker hen over hovedet på samfunds borgere, men også en teoretisk underminering af den offentlige menings betydning. Ganske vist kan man allerede hos Rousseau konstatere skarpe udfald mod denne 'mening', men kun som en modebestemt og lunefuld opinion; ikke som den konsensus, der udtrykkes i 'almenviljen'. Hos 1800-tallets teoretikere er det imidlertid den politiske offentlighed som sådan, der på forhånd afskrives som et egnet medium for formuleringen af samfundets egentlige eller overordnede interesser. Dermed bliver den nøgterne analyse, hvor rigtig den end er, selv værdiladet. Konstateringen af status quo har en tendens til at forlænge dens levetid; og dystre forudsigelser kan blive selvopfyldende.

Hvis vi ser væk fra de ungdommelige tænkere i selskabet (Smith, Hegel), er de øvrige da også præget vekselvis af indignation, vrede, fatalisme og kulturpessimisme. For dem personligt har forskningen bevaret det element af 'vilje, engagement og ansvarlighed', som deres intellektuelle redelighed ellers har tilskyndet til – nødtvungent – at afskrive som almengyldige normer. I deres konstatering af status quo – realitetsprincippet, med Freuds ord – ligger der allerede en protest.

Rationalitet, legitimitet og velfærd

Det borgerlige samfunds historie kan opvise 3 dramatiske former for 'meningstab'. Først sækulariseringen, der erstattede religionen med de verdslige proklamationer af universelle menneskerettigheder (herunder frihed, lighed og broderskab); dernæst den borgerlige offentligheds forfald, der måtte blive konsekvensen af, at samfundets udvikling reelt bestemmes af markedskræfter, statsræson og klassekamp; og endeligt den voksende forarmelse, der har ledsaget kapitalismens herredømme over jordens naturlige og menneskelige ressourcer, altså 'det sociale spørgsmål'.

En så voldsom tømning af samfundet for 'mening' ville have ført til dets opløsning, hvis ikke andre former for legitimation var trådt i de gamle værdiers sted.

Af mangel på indre mål, normer og værdier – der mistroisk kasseres som 'ideologi' – retter legitimationsinteressen sig i stedet mod registrering og formalisering af de midler, procedurer og adfærdsmønstre, som er optimale for det bestående samfundssystems reproduktion.

Midlernes effektivitet bliver vigtigere end de mål, de fremmer. Procedurernes ulastelige korrekthed skygger tilsvarende for de normer, de udtrykker. Og adfærdsmønstrenes vilkårlige frihed i valget af forbrug gør al videre diskussion af kvalitative værdier irrelevant.

Fra 3 sider gennemtrænges livsverdenen i denne sidste af det borgerlige samfunds faser af kompensationer for de mål, normer og værdier, der er gået tabt. Den teknologiske rationalitet er blevet altomfattende og har skabt sit eget verdensbillede (Teknokosmos); alt, hvad der unddrager sig dens *instrumentelle fornuft*, opfattes som 'meningsløs'; formålsrationalitet har fortrængt værdirationaliteten. Den politiske legitimitet er blevet inkorporeret i et *statsligt bureaukrati* og en sværm af institutioner, befolket af social-teknologer, som klarer ethvert normativt spørgsmål administrativt. Og vælgertilslutningen købes i sidste instans af et højt materielt forbrug.

Kontraktteoretikerne satsede på kontrahenter med veldefinerede interesser og bevidsthed om dem. De senere systemteoretikere interesserede sig mere for, hvilke ydre faktorer der i sidste instans bestemmer menneskers adfærd og bevidsthed. I vores århundrede er selv denne interesse blevet drevet til sin foreløbig yderste konsekvens: midlerne til dannelse af den offentlige mening er blevet vigtigere end meningen selv. Fra at være et udtryk for bevidst politisk vilje over et mellemstadium som ideologisk forvrænget bevidsthed om de virkelige forhold er samfundsforståelsen blevet reduceret til instrumentel fornuft. Hvorledes får man skidtet til at fungere? I en sådan sammenhæng vil det være meningsløst at diskutere, hvad man skal forstå ved et retfærdigt samfund og et godt liv, for et hvilket som helst svar på disse spørgsmål vil bestå i en brugervejledning eller et tilbud om terapi.

Et forstemmende udtryk for denne underminering af en åben, kritisk og diskuterende offentlighed er forskning i vælgeradfærd, som drejede det sig om et studium af biologiske mønstre. Det, der kunne være et værdifuldt bidrag til demokratisering af samfundet – de løbende opinionsmålinger – bliver hyppigere anvendt som arbejdsredskab for mediebevidste politikere, der ønsker at 'sælge sig selv'.

Et andet, næsten lige så forstemmende, udtryk for nedslidningen af en vågen politisk interesse er den routinerede tildækning af strukturelle problemer i samfundet gennem oprettelse af stadig nye institutioner til at tage sig af de ubekvemme, besværlige og kværulantiske medborgere. Et samfund, der opretter institutter for ethvert tænkeligt problem, er svært forkalket.

Allerede ved århundredets begyndelse kunne der i den offentlige forvaltning spores tegn på en selvstændiggørelse af statsmagten – med alle dens tilhørende institutioner – i forhold til de forskellige, indbyrdes stridende samfundsklasser. Den traditionelle (marxistiske såvel som borgerlige) opfattelse af staten som et magtmonopol, der tilkom en bestemt samfundsklasse, måtte gradvist vige for den moderne opfattelse af staten som et bureaukrati med egne interesser.

En vigtig årsag hertil er naturligvis den samtidige udvidelse af stemmeretten, der inddrog en stadig større del af befolkningen i det ansvarlige vælgerkorps; med den lige og almindelige stemmeret blev staten også en stat for daglejere, arbejdsmænd og kvinder. Når staten skal repræsentere alles interesser, har ingen enkelt gruppe eller klasse patent på dens politik, og den skylder ingen noget særligt hensyn. Staten fremtræder som en upartisk forvaltning, og dens behov for øgede ressourcer forsvares gerne med hensynet til det almene vel.

En endnu vigtigere årsag er imidlertid det reelle behov for store offentlige investeringer og reguleringsforanstaltninger, som udviklingen af den private markedsøkonomi fremkaldte. Den klassiske (borgerlige) forståelse af markedet som et selvregulerende system, styret af udbud og efterspørgsel, viste sig uholdbar. Fortsat økonomisk vækst og international konkurrenceevne forudsatte bedre skoler, veje, sygehuse, forsorgsinstitutioner, ordensmagt etc. – alt sammen foranstaltninger, der oversteg den enkelte kapitalejers investeringsevne (for slet ikke at tale om -vilje), og som derfor blev væltet over på det offentlige. Det var markedet, som skabte behovet for en stor offentlig sektor.

Begge dele har medvirket til en mærkværdig forflygtigelse af ansvar – det politiske såvel som det personlige. På den ene side identificeres staten med en ideologifri forvaltning, hvor ansvaret fortaber sig i institutionernes, beslutnings-strukturernes og reglementernes uoverskuelige netværk. På den anden side tjener netop denne uoverskuelighed som undskyldning på det personlige plan for at lade selv indlysende misforhold bestå ved at fralægge sig ansvaret.

Det er ikke rationaliteten, legitimiteten og velfærden som sådan, der er noget galt med, tværtimod. Det er deres pervertering til midler for kontrol, manipula-tion og passivisering, som kritikken må rettes mod. I sig selv rummer disse begreber en moderne version af de store fortællinger i forestillingen om et oplyst, retfærdigt og rigt samfundsliv.

Den frie tanke, en ny verdensorden og paradis på jorden

Det sociale spørgsmål er lige så gammelt som de ældste arbejds- eller klassedelte samfund. Men det har ikke altid udgjort et påtrængende legitimations-problem. Sålænge den sociale orden var et spejl af guders vilje eller evige naturlove, havde det ingen mening at kræve den til regnskab. Men overladt til menneskers forgodtbefindende måtte den før eller siden blive anfægtet.

Anfægtelsen har fundet sit poetisk-retoriske udtryk i de store fortællinger, der gav *mening* til tilværelsens lyse og mørke stunder ved at placere dem i en orden mellem fortid og fremtid, teori og praksis. I disse fortællinger løsrev mennesker sig fra den stumme identitet med deres skæbne og gav den navn. Med denne objektivering fødtes imidlertid også muligheden for *oprør*, for *afstandtagen* og for *kritik*. Når noget får navn, kan det tiltales – og modsiges. Selv 'skæbnen' kan ydes trods, når man kender den, og vi kender disse kontroverser i rigt mål fra religionernes, videnskabernes, ideologiernes og kunstarternes idéhistorie. Selv den tragiske helt, der med sit nederlag anskueliggør skæbnens overmagt, rummer kimen til oprør mod skæbnen i sig. Det er jo derfor, vi kalder ham en 'helt'.

Det er klart, at det oprørske potentiale i tvivlen på 'skæbnens magt' har været størst i tider med materielle forudsætninger for *ændringer* af det bestående. Men selv i perioder med en stivnet samfundsudvikling har de store fortællinger – som 'fortællinger' – lagt en dimension ind i menneskers sind, der insisterede på 'mening' og 'orden', en dimension, der har kunnet bruges som kritisk standard over for livsvilkår, der med rette kunne opfattes som 'meningsløse'. Selv i deres besyngelse af skæbnens strenge lovmæssighed, der straffer oprørerne, har den etablerede ordens ideologer skabt et ståsted for de oprørere, der insisterer på orden – i en uordentlig verden.

I selve sin – æstetiske – struktur er de store fortællinger et oprør mod løgn, snyderi og plat. De store fortællinger fastholder, at der er en mening med tilværelsen. Men de fortæller ikke den samme historie om, hvad denne mening er – i fortiden eller nu. De har, hvad nogle ville kalde 'bevaret en erindring om', andre 'fastholdt en realistisk opfattelse af' og atter andre 'holdt liv i en drøm om', at den menneskelige tilværelse rummer en værdi.

I vor egen tid har denne erindring/opfattelse/drøm givet sig nye udtryk i hidtil usete fantasier om 'den frie tanke', 'en ny verdensorden' og 'paradis på jord'. Alle har de naturligvis været foregrebet. Vi lever jo, på godt og ondt, på skuldrene af vores slægt. Men i vor tid er disse fantasier blevet til realistiske valgmuligheder. Forestillinger, der måske tidligere fik en slags fripas, fordi de tilhørte utopiernes drømmeverden, er i dag påtrængende og ansvarlige, fordi deres visioner er – mulige. Det forpligter.

'Den frie tanke' har vi som mulighed takket være et eventyrligt skred i de moderne medier – oven i flere tusind års religiøs, videnskabelig, politisk og æstetisk kritik. Den kritiske vinkel blev lagt allerede i oldtiden – for en priviligeret elite, men med de moderne massemedier er kritikken blevet tilgængelig for snart sagt enhver. Enhver forestilling om kontrol gennem informationsmonopol, som har kendetegnet de fleste historiske samfund, er meningsløs i en verden, hvor informationer kan transporteres billigt og hurtigt over enhver landegrænse.

'En ny verdensorden', der allerede ligger som utopi i de tidligste religiøse og politiske forestillinger, er i dag på den internationale politiks dagsorden. Man kan have sine tvivl om bærekraften i de retoriske proklamationer af en sådan orden, men at den normativt bindende kraft er i spil, er ikke til at tage fejl af. For 3 årtier siden var en sådan utopi stort set identisk med en lattervækkende naivitet, i dag er den standard ved bevilling af udviklingshjælp. Tidligere tiders nationale retsforståelse viger gradvist for internationale normer.

'Paradis på jord' er – ligesom tankens frihed og verdensordenen – ingen ny tankekonstruktion. Trykket ligger, i dag, ikke på 'paradis', men på 'jord'. Heri ligger der naturligvis en slags trods mod den ur-myte, som er på spil: Menneskets fordrivelse fra Paradisets Have og udsættelse til pine og plagelse. For os er der ingen, eller ringe, trøst at hente i lidelse uden mening, og meningsløs blev lidelsen i denne tilværelse netop, når den ikke længere lod sig begribe som udtryk for en højere retfærdighed. Wir wollen alles, lød det i min ungdoms tyske afdeling, og det gælder stadigvæk.

De store fortællinger har haft deres mission. Først deres etablering af 'mening', så deres legitimering af det bestående, dernæst deres anfægtelse af samme ved krav om gyldige grunde eller ved opstilling af mod-utopier, og igen ved etablering af en 'ny orden'. Selv kritikken af 'de store fortælllinger' trækker på denne tradition: selv kritikken er 'en stor fortælling'.

Det interessante er jo, at selv når kritikken af de store fortællinger antager en anarkistisk eller dekonstruktiv form, gør den det i sidste instans med en appel til noget almengyldigt. Hvorfor ellers tage til orde?

"Var alltid Guds barn, så är du även naturens goda barn"
Barnets bild i Zachris Topelius' sagor

Maija Lehtonen

I *Helsingfors Tidningar* stod i december 1846 en kort anmälan av en svensk översättning av H.C. Andersens *Nye Eventyr*, skriven av redaktören, Zachris Topelius:

> *Nya Sagor* af H.C. Andersen - - är - - inom sagans verld en af de lämpligaste, älskeligaste böcker, att sätta i barnahanden. I den naiva lekande stilen söker Andersen sin mästare. Mycken ädelsint satir döljer sig under den färgrika, skimrande klädnaden af hans berättelser; det är de täckaste törnrosor man kan få se. Barnet tjusas deraf, ty berättelsen rör sig otvunget inom kretsen af dess föreställningar, och hvarje bild, hvarje löje känner det igen som sitt eget. Att skrifva så enkelt, är den största konst, och få gå i land dermed.[1]

Topelius hade själv börjat skriva för barn och skulle följande år (1847) ge ut sin första samling *Sagor*. Hans bedömning av Andersen visar att han oreserverat accepterade dennes sagor som barnlitteratur – vilket inte alltid var en självklarhet för samtida danska kritiker. Den visar också att han uppskattade Andersens satir (som inte alla gånger är lättfattlig för barn) och betraktade den "naiva", "enkla" stilen som en konstnärlig prestation, inte enbart som ett medel att nå barnpubliken.

Zachris Topelius hann under sitt långa liv (1818-1898) med att skriva mycket, både dikter, historiska romaner, noveller, dramer och barnlitteratur. Han var journalist, professor i historia, rektor för Helsingfors universitet och deltog i många sociala aktiviteter. Vid sidan av Runeberg spelade han en viktig roll i Finlands litterära och kulturella liv under en epok då den unga nationen i det autonoma ryska storfurstendömet Finland sökte sin identitet. Hans sagor och berättelser för barn, som ofta först publicerades i barntidningar och senare i *Läsning för barn* (8 delar), nådde en mycket stor popularitet i Norden och blev även översatta till andra språk. I Finland har de varit kanoniserad barnlitteratur under flera generationer. Nya upplagor utkommer ständigt, även i Sverige.

Till skillnad från Andersen, som ofta skrev mera för vuxna än för barn, vände sig Topelius uttryckligen till barnen och hade en klart pedagogisk utgångspunkt. Uppfostrans mål var för honom att bilda både goda medborgare och harmoniska individer; upplysningens och romantikens ideal blandades alltså hos honom, även om han till sin läggning var romantiker. Sagan var å andra sidan en genuin

---

[1] *Helsingfors Tidningar* n:o 100, 1846.

uttrycksform för honom, och hans *Läsning för barn* speglar hans personliga
livssyn. Topelius' sagor saknar den komplexitet och den tragiska dimension som
är karakteristisk för Andersen, men även hos honom finner man reflexioner och
symboler som den vuxne läsaren fattar lättare än barnet.

Andersen var för Topelius en förebild och en inspirationskälla. Det har
påvisats att han tagit intryck av Andersen[2], huvudsakligen i de satiriska sagorna
där antingen föremål eller djur och växter representerar mänskliga egenskaper.
Topelius har till och med skrivit en variation på en av Andersens sagor: "De
röda skorna", där både brott och straff har krympts till barnkammarnivå.

I likhet med Andersen vänder sig Topelius gärna till barnen i en familjär
ton och apostroferar ofta läsaren – ett grepp som givetvis inte är förbehållet
barnlitteraturen. Genom frågor som "Har någon sett den lilla gården borta vid
landsvägen?" blir läsaren indragen i berättelsens värld. Berättargestalten
framträder mycket tydligt, han är allvetande, han kommenterar och värderar.
Han berättar också ibland om sig själv. Synvinkeln är kanske oftare berättarens
än personens. Men ofta lyckas Topelius återge barnets sätt att tänka och tala.

Den publik Topelius – i likhet med Andersen – vänder sig till är medel-
klassbarn. Det var borgarklassens uppfattning om familjens betydelse och dess
omtanke om barnen, som hade skapat förutsättningarna för barnlitteraturen i
modern mening.

Huvudpersonerna i Topelius' sagor och berättelser är ofta barn. Den bild
han tecknar av barnet företer likheter med Andersens utan att det är fråga om
"inflytande". Bådas livssyn grundar sig på romantiken och kristendomen; även
deras uppfattning om barnet och barndomen bör betraktas i denna kontext.

Topelius har formulerat sina tankar om barnet i korta texter, som han
publicerade i *Blad ur min Tänkebok* (1896). Barnet är inte "oskyldigt" i absolut
mening, men det handlar omedvetet och spontant, utan beräkning, därför är
dess syfte rent. Barnet ser världen "objektivt", som en helhet. Det känner inte
till klyftan mellan anden och naturen. Det representerar människans ursprungliga
enhet, som går förlorad när reflexionen vaknar vid ungdomens port. Barndomen
har ett autonomt värde, och uppfostran borde inte för tidigt driva barnet bort
från dess paradis. Topelius motsätter sig den överdrivna intellektualismen i
skolan; även i flera sagor framstår den tomma boklärdomen i komisk belysning.
Vid sidan av intellektet bör känslan, viljan och fantasin utvecklas. Topelius lägger
också vikt vid den fysiska uppfostran och talar för en försiktig emancipation
av flickorna.[3]

Idén om människans ursprungliga enhet och om barnet som representant
för detta förlorade tillstånd är typiskt romantisk. Men hos Topelius fattas i regel
den tragiska, dunkelt skrämmande dimension som barndomen företer i den tyska
romantiken (t ex hos Tieck och Hoffmann) och även hos Andersen. Barnet i
Topelius' sagor kan se och höra oerhörda saker, men skräckscener förekommer

---

[2] Laurent 1947, s. 158–167, 320–322. Det är mest fråga om en jämförelse av detaljer.

[3] *Blad ur min Tänkebok*, Z. Topelius *Samlade Skrifter* 1922, del 25, s. 79–81, 83, 102.

sällan, och slutet brukar vara lyckligt. Hans barn känner sig trots alla svårigheter hemmastadda i världen. Någon gång skymtar dock det romantiskt hemska fram genom sprickor i idyllen.

Sagorna utspelar sig ibland i en tidlös sagomiljö, men oftare i en samtida borgerlig miljö, på landsbygden eller i en liten stad – detta gäller särskilt de texter som är förlagda till vardagsverkligheten. De mera fantastiska händelserna utspelas i den finska ödemarken, där fattiga torp står bland ändlösa skogar, eller i det hemlighetsfulla Lappland. Även dessa miljöer skildras med många realistiska detaljer.

Barnet, som är huvudperson i dessa sagor, står – såsom hos Andersen – nära både Gud och naturen. Topelius ser hela universum som en stor organism, vars centrum är Skaparen (även detta en romantisk idé). Det goda barnet förstår naturens språk, och naturen visar på olika sätt, t ex genom magiska gåvor, sin sympati för barnet. Barnen liknas ofta vid blommor eller unga träd. Gemenskapen med naturen är ytterst grundad på gemenskapen med Gud. Topelius hänvisar också till kristendomens uppfattning om barnet: det är en förebild för den som vill komma in i Guds rike.

Hos Andersen finns Gud i himlen, dit de dödas själ stiger. Hos Topelius är Gud både transcendent och på sätt och vis även immanent. Barnen förstår "Naturens hemlighet", som titeln på en saga lyder. Ett gammalt troll har i tusen år förgäves sökt naturens hemlighet, alltings ursprung och meningen med det hela; han har sökt i böcker, i döda löv och djur. Men barnen som han frågar i skogen vet att "Gud har skapat allt", och då trollet vill veta var Gud finns svarar vallpojken: "Gud är överallt". Berättaren förklarar:

> Men så är det i världen, att de små barnen kunna se Gud; och naturens hemlighet är ingenting annat, än att Gud är allt i oss alla.[4]

Berättaren talar även om de "två biblar" som Gud har skrivit åt människorna; den andra bibeln är "naturens bok" – som alltså för Topelius inte är någon mystisk, hemlig skrift: den kan bäst tolkas av barnahjärtan. Topelius ställer gärna (i likhet med Andersen) hjärtats vishet och barnets intuition i kontrast mot den kalla, rationalistiska analysen, den döda lärdomen.

Vad som förenar människan med alla naturväsen är att de alla har av Gud fått en "levande ande". I sagan *Syne i Sommarby* förklarar en gammal stubbe för vallflickan Syne:

> Och vet du inte, att det finns en levande ande i alla växter och djur? Ja, han finns där, men han är bunden, han är icke fri, som din fria ande. Han är samma Skapares verk --.

Barn förstår naturen tack vare sin fantasi, som kan avslöja oanade aspekter av verkligheten, menar stubben som uppträder som författarens språkrör:

---

[4] *Läsning för barn* III, SS 28, s. 33.

Goda, ofördärvade barn förstå naturspråket, men andra mena, att det bara är en inbillning, och kalla det saga, men minns, att det är en sannsaga; i den finns mer verklighet, än människorna tro.

Och stubben uppmanar flickan:

Var alltid Guds barn, så är du även naturens goda barn![5]

Den mest idealiserade bild Topelius ger av barnet är en scen där två små fattiga barn ber sin bön i skogen, och bofinken, som är prisdomare i skogens skönhetstävling, förklarar att dessa barn är "det vackraste i skogen". Även han vet att "den samma eviga anden lever och talar uti oss alla".[6]

Gud uppträder i sagorna som en överallt närvarande, kärleksfull fader, som prisas av både naturen och de oskyldiga barnen.

Ändå fattas varken lidande eller sorg i Topelius' sagovärld, där barnen ofta lever under mycket hårda villkor. Han kan inte helt undvika teodicéproblemet. Döden är en konkret verklighet i hans sagor, även om den inte skildras med lika kusliga detaljer som hos Andersen.[7] Den stora barnadödligheten på 1800-talet var ett faktum som författaren inte kunde bortse från (själv förlorade Topelius tre av sina sex barn). I sagan *Om den sommar, som aldrig kom* skildrar han en liten gosses borttynande och död både enkelt och gripande. En fågel som släpps ut ur buren och sjunger vid gossens grav symboliserar den befriade själen. Berättaren försöker förklara det ofattbara:

Gud såg, att den lille gossen, när han blev stor, skulle en gång få mycken sorg uti världen och råka i många frestelser, som kunde fördärva hans hjärta och vända det bort till synd.[8]

Därför sände Gud en ängel att föra gossen till himlen. Barnets död skall alltså rädda honom från ett ont liv – en tanke som inte är främmande för Andersen i *Historien om en Moder*, där problemet ställs på sin spets.

Topelius försäkrar i flera sagor att de döda barnen är lyckliga i himlen; därför bör man inte sörja dem alltför mycket.

Den dödes själ ledsagas av en ängel, som bär den till himlen. Det vimlar av änglar i Topelius' – liksom i Andersens – sagovärld. Topelius berättar ofta (och han trodde det verkligen) att varje dött barn blir en ängel, som sedan kan vandra osynlig vid syskonens sida för att skydda och trösta dem.

En forskare som har undersökt barnets och barndomens betydelse i Andersens *Eventyr og Historier* konstaterar att hos Andersen är barnet "en varelse som står närmast sacrum".[9] Topelius ger en lika idealistisk bild av barnet. Genom sin fantasi och sitt rena hjärta når barnet kontakt både med Gud och med naturen

---

[5] *Läsning för barn* VII, SS 32, s. 221, 226.

[6] *Läsning för barn* III, SS 28, s. 199. – Andersen hade tillägnat sig Ørsteds idé om "Aanden i Naturen" (se t ex Bredsdorff 1979, s. 258.).

[7] Jfr. Berendsohn 1955, s. 129–138.

[8] *Läsning för barn* III, SS 28, s. 127.

[9] Chojnacki 1991, s. 106.

och får ta del av hemligheter som de vuxna inte förstår. Berättarens eller personernas resonemang ger dock ibland en "rationell" förklaring åt det hemlighetsfulla.

Barnet har en andlig kraft som visar sig i dess förmåga att sprida ljus, glädje och välsignelse i sin omgivning. Naturen ger denna gåva i konkret form till Sylvester och Sylvia: solen skiner överallt där gossen går, och flickans prat får snödrivorna att smälta, så att det blir vår omkring henne. Detta väcker givetvis förundran i omgivningen, men barnens ovanliga förmågor hindrar dem inte att bli accepterade: de använder sina magiska krafter på ett nyttigt sätt och blir aktade medlemmar i samhället. Berättaren rationaliserar onödigtvis sagans under genom att förklara, att alla glada och goda barn äger samma förmågor som Sylvester och Sylvia: när man ser dem, "då smälter -- frosten i människornas frusna hjärtan".[10]

En mystisk förmåga har även den lilla flickan som kallas *Stjärnöga* i sagan med samma titel, en av Topelius' mest lyckade sagor. Den är förlagd i Lappland (Topelius och Andersen torde vara de första som har infört Lappland i barnlitteraturen). En lappgumma tappar en vinternatt sitt lindebarn i drivan. Flickan har en sådan makt i sina ögon, att vargarna lämnar henne i fred. Hon vilar trygg i sin ytterliga hjälplöshet:

> Barnet låg nu ensamt i den stora, vilda ödemarken i vinternatten på snön. Det sag på stjärnorna, och stjärnorna sago på barnet.[11]

– och till sist "stannade stjärnljuset kvar i barnets ögon.[12]

Flickan hittas av en nybyggare; hon växer upp med hans pojkar, hon är alltid "lugn, fridsam och tyst" och bringar välsignelse till familjen. Men hon har i sina ögon en hemlig makt, som oroar de vuxna. Hon kan tämja storm, men hon kan också se de vuxnas tankar, vilket ju inte alltid är så angenämt. Den vidskepliga nybyggarhustrun tror att lappflickan kan trolla. Hon stänger Stjärnöga i källaren och lindar sju ylledukar för hennes ögon. Men snart hörs flickan sjunga därnere en visa, som berättar både om stjärnornas sken och om de prosaiska sysslor familjen i stugan har för sig. Hustrun lämnar henne åt den onda grannkvinnan, som för Stjärnöga tillbaka till fjället. När man sedan söker flickan, har hon försvunnit. – Mot sin vana lämnar Topelius slutet öppet, men tillfogar även här en rationaliserande förklaring: Stjärnöga finns någonstans bland oss, berättaren har mött henne, och hennes förmåga att läsa andras tankar är inte onaturlig ... Ändå ger han i denna saga ett originellt uttryck åt den romantiska barnbildens mystiska, litet oroande aspekt. Här är barnet *den Andre*, den utomstående som isoleras på grund av sin magiska förmåga och som genomskådan den "normala" människan. Den vuxna är rädd för barnet, vars oskuld avslöjar honom. Stjärnöga representerar också den romantiska individualismen, som annars hos Topelius får underkasta sig gemenskapens krav. Barnets underbara makt påminner om

[10] *Läsning för barn* III, SS 28, s. 24 (*Vintersagan om Skyhög och Molnskägg*).

[11] *Läsning för barn*, VI, SS 31, s. 25.

[12] *Läsning för barn* VI, SS 31, s. 25.

Gerda och det oskyldiga barnhjärtats makt i *Sneedronningen*, som ju också delvis utspelas i Lappland.[13]

Vissa privilegierade människor bevarar barnasinnet, särskilt förmågan att se och höra mer än andra, även i vuxen ålder. Detta gäller främst konstnärer. Topelius uttrycker idén tydligt i sagan *Luftslotten*, som har jämförts med Andersens *Klokken*. I Andersens allegoriska saga upplever de två unga pojkarna – de enda som inte har gett upp sökandet efter den hemlighetsfulla klockan i skogen – till slut en hisnande skönhetsvision vid havet, "i Naturens og Poesiens store Kirke".[14]

Hos Topelius liksom hos Andersen framträder kontrasten mellan andliga och materiella värden. Topelius skildrar en skara bondebarn som en sommarkväll betraktar soldnedgångens färgspel över havet. Många är okänsliga för skönheten, men tre av barnen – två pojkar och en tiggarflicka – ser underbara luftslott och hör toner över vågorna. Den ena pojken blir diktare, den andra målare. Det kvinnliga konstnärsämnet får inte tillfälle att utveckla sina gåvor, men när de tre senare möts på samma ställe som förr, menar de unga männen i alla fall att "Guds gåva är dock aldrig förgäves".[15] – Men vad blev det av dem som *inte* såg luftslotten? Pojken som gick hem för att äta gröt, blir en flitig bonde, nyttig för sitt land. För hegelianen Topelius är den gemensamma välgången det högsta värdet, somförenar antitesens poler. Den praktiska inställningen till livet är lika legitim som den estetiska. Men i andra sammanhang ironiserar Topelius över den som svikit sin andliga kallelse för materiella värdens skull (prästen i sagan *Lilla Genius*).

Kampen mellan det goda och det onda är ett centralt tema i alla sagor; så ock hos Topelius. Ofta uttrycker han denna kamp genom antitesen ljus/mörker. Vid sidan av *Stjärnöga* är en av hans mest berömda sagor *Sampo Lappelill*, som också är förlagd till Lappland. Andersen låter det onda – den kalla rationalismen – representeras av Sneedronningen. Topelius gör "mörkrets furste" till Fjällkonungen, som samlar Lapplands troll och djur till en bergstopp för att motvilligt hylla solen, då den efter den långa vintern för första gången visar sig vid himlaranden. Fjällkonungen hänger sig en stund åt sin önskedröm och ropar: "Solen är död!" Men han får mothugg av den lille käcke lappgossen Sampo, som har varit med om ceremonin. Fjällkonungen störtar naturligtvis efter Sampo, men han räddas både av solen och dess andliga motsvarighet, kristendomen: den förtrollade renen bär Sampo till en prästgård, där han blir döpt och därigenom befriad ur mörkrets och Fjällkonungens våld.

Men kampen mellan det goda och det onda pågår också i barnets själ. Topelius låter gärna sina barnhjältar råka i valsituationer eller ställer goda och stygga barn mot varandra. Onda barn brukar vara påverkade av onda vuxna. Kontrasten mellan barn och vuxna är alltså inte regel hos Topelius. Ondskan

---

[13] Jfr Chojnacki 1991, s. 106 och Bredsdorff 1979, s. 215–216.

[14] Andersen 1961, s. 301.

[15] *Läsning för barn* I, *SS* 26, s. 256.

består mest av själviskhet och lögnaktighet. Lögn och förräderi får ett orimligt strängt straff i sagospelet *Sanningens pärla*, där de skyldiga överlämnas till en humoristisk jätte (en "ogre") som får äta upp dem. Även annars hotas barn i Topelius' sagovärld ofta av faran att bli uppätna – av jättar, trollar, vargar eller björnar. Detta skulle möjligen stämma en psykoanalytiker till eftertanke. Å andra sidan spelar maten en stor roll i sagorna; skildringen av barns kulinariska njutningar har en sensuell färg, medan sexualiteten endast framträder under infantila former.

Även i de berättelser som utspelas på vardagsverklighetens plan framträder moralen tydligt, men den serveras godmodigt och blandas ofta med humor. Barngestalterna i dessa historier skiljer sig avsevärt från sagornas idealgestalter. De är helt vanliga, nyfikna och aktiva barn, som lever i en trygg och begränsad värld. Topelius ger, i likhet med Andersen, en levande och detaljrik bild av borgerligt familjeliv på 1800-talet.

I dessa berättelser visar Topelius sin förmåga att leva sig in i barnens, särskilt små pojkars värld. Han har infört ett nytt element i barnlitteraturen genom att skapa den sympatiska lilla rackarungetypen. Hans Walter och Bullerbasius förebådar Astrid Lindgrens Emil i Lönneberga.

Även om Topelius betraktar barndomen som en ålder som har sitt egenvärde, önskar han inte hålla barnen kvar alltför länge i detta lyckoland. Barnet måste växa (ett av Topelius' favoritord) och träda ut ur sitt paradis, förhoppningsvis med något av det äkta barnasinnet i behåll, för att ställa sig i samhällets – fosterlandets – tjänst.

Bibliografi:

Andersen, H.C. 1961. *Samlede Eventyr og Historier*. København.
Berendsohn, Walter A. 1955. *Fantasi og Virkelighed i H.C.Andersens "Eventyr og Historier"*. Aarhus, Jydsk Centraltrykkeri's forlag.
Bredsdorff, Elias 1979. *H.C.Andersen. Mennesket og Digteren*. København, Fremad.
Chojnacki, Hieronim 1991. "Barnets och barndomens betydelse i Andersens 'Eventyr og Historier'". In *Beiträge zur nordischen Philologie* 19. *Nordische Romantik*. Akten der XVII. Studienkonferenz der IASS 1988. Basel, Helbing & Lichtenhahn Verlag AG.
Laurent, Kaarina 1947. *Topelius saturunoilijana*. Porvoo, Werner Söderström Osakeyhtiö.
Topelius, Z. 1921-1922. *Samlade Skrifter* 25-32. Helsingfors, Holger Schildts förlagsaktiebolag.
Topelius, Z. 1846. "Jul-läsning". Helsingfors Tidningar n:o 100, 1846.

Metaforer og fagsprog – en farlig forbindelse

Lita Lundquist

At metaforer udgør en væsentlig del af fagsprog er en kendt sag – de er bl.a. hyppige i børstekster ikke blot som billedpynt men som grundlæggende billedskemaer: kurser går op og ned, renter stiger, obligationer falder, markeder er vigende eller går grassat, osv. Men at metaforer og fagsprog kan indgå en farlig forbindelse er måske mere overraskende.

Hvad skal man f.eks. stille op med flg. "digt", taget fra børssiden i den franske avis "Libération" (7. oktober 1990):

> LA TENDANCE: –0,05%
> **Espoirs d'Outre-Manche**
>
> Elle partit bien chagrin, la bourse vendredi
> Attristée qu'elle était de l'ire américaine.
> Pour tenir son budget il n'y eut compromis,
> Ce qui plongea Brongniart dans une vive peine.
> Et quoi, voilà soudain que venu d'outre-Manche,
> ainsi que deux amants qui depuis toujours s'aiment.
> Le fleuve, c'est heureux, n'était donc plus étanche,
> La livre s'est jetée au coeur du SME!
> L'indice Cac-quarant' retrouvait des couleurs.
> Perdant plus de deux points, il regarda l'anglaise
> Et redressant la tête pour montrer sa valeur
> Il revint à zéro, et eut l'air plus balaise.
> Wall Street n'était pas bien, cela dès l'ouverture,
> N'ayant plus guère de cran face à son avenir,
> Elle ne supporta pas du chômage, l'envergure.
> C'est un point que rendait le marché, en martyre.
> Il fallut donc que Londres intervint, et en trombe,
> Sa Bourse s'envolant avec l'Eurotunnel,
> (La journée finalement n'était pas si immonde)
> Il règna sur les places un parfun de Channel.

Digtet er sjovt som det spiller på genkendelsens glæde; det er poetisk med rim og rytme og metaforer og metonymier; det er fuldt af intertekstualitet med referencer til klassikere i fransk litteratur (Chateubriand, La Fontaine...). Men hvad gør man ved indholdet? Vækker ikke formen en forkert forventningshorisont hos læseren, en forventning om et fiktivt univers der suspenderer sandhedsværdien af det udsagte? Er der ikke en diskrepans mellem, med Jakobsons ord, på den ene side den poetiske funktion og på den anden den referentielle?

For at få svar på disse spørgsmål, som oprindeligt blev stillet i et tekst-lingvistisk-pragmatisk perspektiv[1], lod jeg foretage et læseeksperiment ud fra et lignende "børsdigt". Eksperimentet gik ud på at undersøge hvilken "mental model" læseren rent faktisk aktiverede i sin læsning af denne hybrid-tekst, der indeholder fiktive træk såvel som faktuelle, og som forudsætter såvel faglig specialviden som litterær og kulturel viden. Ved eksperimentet ville jeg se hvilken slags viden den enkelte læser trak på for at få en sammenhængende fortolkning af teksten, og hvilke af tekstens vidt forskellige typer af signaler der aktiverede den pågældende viden.

Læserne var tre: to eksperter i (fransk) økonomisk sprog og en "almen" ikke ekspert læser, og hypotesen var – naturligvis – den enkle at de to ekspert-læsere ville bruge tekstens fagudtryk og danne sig en mental model på basis af referencerne til faktuelle data, mens ikke-eksperten ville bruge de litterære støttepunkter – rimene, rytmen, metaforerne, intertekstualiteten – til at danne sig en anden type mental repræsentation af teksten.

Men sådan gik det ikke helt.

Resultaterne af eksperimentet – der foregik efter 'on line – think aloud' metoden hvor én linje ad gangen blev læst og kommenteret højt med hensyn til de tanker, billeder, associationer læseren havde og de udregninger hun udførte – viste nemlig at hver af de tre læsere, uafhængig af deres baggrundsviden, aktiverede hver sin mentale model, en slags "læseprogram" fra tekstens begyndelse.

Hver læsers individuelle læseprogram, der "programmerede" den følgende læsning ved at styre resten af læsningen i den forstand at kun signaler, på form- og/eller indholdsplan, der var kongruente med startprogrammet blev brugt i den videre fortolkning, mens resten stort set blev siet fra, byggede på forskellige "scenarier" som vi vil se i det følgende.

Her kommer så hvordan de tre læsere læste teksten, der forløb således (det er mig der nummererer linjerne):

LA BOURSE EN ALEXANDRINS
En beauté

En début de journée, la Bourse était mollasse,	1
Le réveil de Wall Street la sortit de la nasse!	2
Le contexte est meilleur. Le risque de la guerre	3
Semble moins imminent qu'en semaine dernière.	4
Le pétrole est en baisse et là-bas, à Wall Street,	5
C'est presque l'euphorie: le pessimisme exit,	6
L'indice Dow Jones grimpe très vivement,	7
Lundi ce fut marquant et, profitant du vent,	8
Paris se réveilla pour finir en beauté.	9
Mais les opérateurs nuancent l'envolée:	10
La récession US n'a pas lâché du lest,	11

---

[1] Og fremstillet i L. Lundquist "Comment (se) représenter un texte littéraire?" i Etudes Littéraires "Pragmatique, disours et action", Université Laval, Québec. 1992.

La prudence demeure et les volumes restent 12
Toujours microscopiques. On note à l'occasion, 13
La vive progression des achats sur options 14
qui réduisent d'autant la vigueur du marché. 15
En hausse on remarquait Havas, Pernod, Berger, 16
Suez et la Bancaire. Eurotunnel a chu: 17
L'émission des actions suscite un beau chahut. 18

LÆSER1 – den ene af de to ekspert-læsere – valgte allerede da overskriften blev afdækket, en ikke-fiktiv læsning og det med argumentet: "Det er lidt svært at skrive fiktion om børsen – selv om selvfølgelig alexandrinerne peger i den anden retning!". LÆSER1 aktiverer således fra starten et børs-scenarie og affærdiger et alternativt "poetisk scenarie", og det er børsscenariet som styrer fortolkningen af l. 2 "En beauté" til at "stemningen på børsen var positiv". Børs-scenariet integrerer også metonymet "Wall Street" i l.2 i en tidsrelation med børsen i Paris, ligesom årsagsrelationerne mellem den reducerede krigstrussel (det drejer sig om krisen i Golfen) l.3, faldet i oliepriserne, l.5, euforien l.6 og opsvinget i Dow Jones forklares naturligt ved hjælp af børs-scenariet. Dette ekspert-program er så stærkt styrende, at LÆSER1 helt overser "mais", der vender argumentations-retningen i l. 10, og derfor volder forståelsen af metaforen "ne pas lâcher du lest" (lâcher du lest = kaste ballast ud, blive lettere) i l.11 problemer, ligesom l.12 og 13 ikke passer ind i læseprogrammet og derfor sies fra. Den meget tekniske kommentar l. 14 "la vive progression des achats sur options", fremkalder til gengæld hos LÆSER1 en detaljeret ekspert-forklaring som også integrerer læsningen af de sidste linjer, hausse og baisse i visse værdipapirer, samt relationen mellem udstedelse af aktier og faldet.

LÆSER1 har udelukkende baseret sin læsning på de ekspert-rammer teksten aktiverede, men alligevel opfatter hun ikke teksten som en ekspert-tekst: enhver ville kunne læse og forstå teksten. I overensstemmelse med sit ikke-fiktive læseprogram, tror læseren på sandhedsværdien af de fremsatte udsagn, men dog ikke nok til at hun ville investere sine penge i overensstemmelse med oplysningerne! Der er således en vis diskrepans mellem den semantiske og den pragmatiske dimension i LÆSER1's læsning af dette børsdigt ...

LÆSER 2 – den anden ekspertlæser – griber sagen helt anderledes an. Han starter allerede ved titlen et poetisk læseprogram, idet udtrykket "på alexandri-nere" for ham signalerer at det drejer sig om en fiktiv "humoristisk tekst der blander genrer, metaforer, rim osv." Udtrykket "en beauté" i l.2 tolkes ligeledes på et meta-plan, som om det siger noget om teksten selv, i stil med "her kommer en smuk tekst". LÆSER 2's læsning styres således af forventninger om rytme, billeder og rim, f.eks. vækker ordet "mollase" forventningen om et "sjovt rim", ligesom rimet mellem "exit" i l.6 og "Wall Street" får ham til at sige: "Det er ikke let at rime på Wall Street, men det går, når det er den franske udtale 'val strit!'" Det er dog ikke sådan at LÆSER 2 ikke bruger sin ekspert-viden. Udtrykkene "Dow Jones" l.7, "la récession US" l. 11, "la vive progression des achats sur option" l.14 aktiverer f.eks. hans ekspert-scenarier, han bruger dem, men finder årsagssammenhængene ulogiske eller lidet troværdige og affærdiger dem derfor til fordel for det én gang iværksatte poetiske læseprogram, der er alt nok til at skabe en sammenhængende fortolkning af teksten. F.eks. læses l.9 og metaforen i l.10 korrekt som vendende den positive stemning til en negativ, og navnene på værdipapirerne i l.16 og 17 genkendes som værende reelle, men tages dog ikke for deres pålydende, men for deres poetiske værdi. "Årsagforklaringen" i l.18 affærdiges som værende det rene sludder.

For LÆSER 2 har "informationerne" i teksten ingen sandhedsværdi overhovedet, hvilket er i overensstemmelse med det poetiske program, og teksten sammenlignes til slut med en film om Mars: "Man føler sig som hensat til en anden verden, hvor oplysningernes forankring i den reelle verden ingen betydning har".

LÆSER 3 var ikke-eksperten blandt de tre, men det forhindrede hende ikke i at læse teksten på en uproblematisk måde. LÆSER 3 brugte hverken et ekspertprogram eller et poetisk program, men et *argumentativt program*, idet det var de positivt ladede udtryk – "en beauté", "sortit de la nasse" l.2, "le contexte est meilleur" l.3 etc., der var trampolin for læsningen. Dette argumentative program, der orienterede betydningerne i en positiv retning, skabte ikke blot en problemløs kohærens mellem linjerne 1–9, selv om LÆSER 2 ved "Dow Jones" i l.7 erkendte at her manglede hun ekspert-viden, men var fuldt konsistent med den argumentative vending i negativ retning ved "mais" i l.10 og indholdet i l.10 og 13. Til gengæld voldte den manglende ekspert-viden i l.14 angående "la vive progression des achats sur options" problemer, fordi udtrykket for en ikke-ekspert synes at være positivt ladet og derfor i umiddelbar modstrid med det negative læseprogram der ellers var kørende. Roen blev imidlertid genoprettet i l.15 hvor "réduisent" er konsistent med den negative retning i den mentale model LÆSER 3 var igang med at bygge videre på. l. 16 og 17 voldte heller ingen problemer men "forklaringen" i l.18 på l.17, der annonceres af kolonnet, blev ikke forstået af LÆSER 3 der følte sig frustret over at "der ikke var en linje til" – formodentlig for at hendes mentale repræsentation af teksten kunne have været vel afrundet!

LÆSER 3 aktiverede som LÆSER1 en ikke fiktiv læsning, men ville som LÆSER1 aldrig placere sine penge efter oplysningerne i teksten, og formodede at ingen nogensinde ville gøre det.

For at resumere, kan vi sige at LÆSER1 brugte digtets ekspert-udtryk (med *kursiv* nedenfor) til at aktivere baggrundsviden og skabe sammenhæng mellem de faktuelle oplysninger. LÆSER 2 slog bevidst sin baggrundsviden fra og forlod sig udelukkende på digtets poetiske signaler (understreget nedenfor) for at få teksten til at hænge sammen, mens LÆSER 3 klarede sig fint og næsten i mål ved at bruge digtets positivt og negativt ladede udtryk (med **fedt** nedenfor).

LA BOURSE <u>EN ALEXANDRINS</u>
En beauté

En début de journée, la *Bourse* était <u>mollasse,</u>
Le réveil de ***Wall Street*** **la sortit de la <u>nasse</u>!**
Le contexte est meilleur. *Le risque de la guerre*
Semble moins imminent qu'en semaine dernière.

Le pétrole est en baisse et là-bas, à <u>Wall Street</u>,
C'est presque **l'euphorie**: le **pessimisme** <u>exit</u>,
L'indice Dow Jones **grimpe très vivement,**
Lundi ce fut marquant et, **profitant du vent,**
Paris se réveilla pour <u>**finir en beauté.**</u>
Mais les opérateurs **nuancent l'envolée**:
La récession US n'a pas lâché du lest,
La prudence demeure et *les volumes* restent
Toujours **microscopiques**. On note à l'occasion,
La vive progression des achats sur options
qui **réduisent** *d'autant la vigueur du marché.*
En hausse on remarquait <u>Havas</u>, <u>Pernod</u>, <u>Berger</u>,
Suez et la Bancaire. *Eurotunnel a* **chu:**
L'émission des actions suscite un beau chahut.

Hvad viser nu dette lille eksperiment? Det viser i første række, at den enkelte læser har baseret sin læsning på vidt forskellige sæt af tekstens signaler, men at vedkommende, når hun én gang har sat ét læseprogram i sving, er meget trofast over for dette, og det i en grad, så hun er villig til at foretage drastiske frasorteringer af andre af tekstens betydnings-potentialer.

Eksperimentet viser i anden række at en tekst som ovennævnte børsdigt er "farlig" fordi afsenderen ikke kan styre hvilken læsning modtageren vil vælge, og farlig fordi modtageren ikke kan vide hvad afsenderen har intenderet. Men faren er selvfølgelig begrænset ved at digtformen om dette børs-indhold svækker om ikke i nævneværdig grad den semantiske sandhedsrelation, så dog den pragmatiske handlingsrelation stærkt nok til at børsdigtet ikke har fremprovokeret nogen risikofyldte børshandlinger eller investeringer...

Kunstens autonomi

Steinar Mathisen

Den mest dekkende beskrivelse av fenomenet skjønnhet – den skjønne ting (i naturen eller i kunsten), er at den fenger, griper, tryllebinder oss uten at vi egentlig vet hva det er som fenger, griper, tryllebinder. Nettopp derfor utfordrer og beliver skjønnheten vår etablerte – teoretiske og praktiske – forståelse av virkeligheten.

Skjønnheten utgjør en form for formidling av virkeligheten – erfaring – hvor såvel den opplevende persons som tingenes fikserte, tingliggjorte væremåte overskrides. I og med skjønnheten stifter mennesket bekjentskap med den omstendighet at det finnes en virkelighet som det ikke selv qua metodisk subjekt er opphavsmann til – og følgelig heller ikke har herredømme over. Kant sier derfor ikke bare om skjønnheten at den er uten begrep, men også at den er en gunst: noe som vederfarer oss.

I møte med tingene som skjønne har be-tagelsen primat fremfor be-gripelsen. Som skjønne er tingene ikke lenger likegyldige, men bærere av forventning. Skjønnheten inngir oss en fornemmelse av at de systemer vi konstruerer for å kunne gjøre virkeligheten håndterlig, dvs. entydig sann eller god – alltid er partikulære og utilstrekkelige. Skjønnheten overvelder og tilintetgjør våre såkalte objektive standpunkter samtidig som dens erotiske karakter inngir oss en streben etter noe mer, noe virkeligere, noe bedre.

Men hvis det forholder seg slik, vil det da ikke oppstå et rivalitetsforhold mellom skjønnheten, sannheten og moralen? Jo. Og det har det da også alltid vært. Ettersom skjønnheten alltid har vært den tapende part i denne rivalisering, ble den både glad og lettet da sannheten en dag – det var forresten den dag opplysningens prosjekt ble besluttet iverksatt – fortalte skjønnheten: Fra nå av skal du være min venn – og dette vennskap skal hete autonomi. I gleden over denne uventede anerkjennelse forstod ikke skjønnheten at det her var noe lureri på ferde. Ved å akseptere sannhetens premisser for selvstendighet, endte den som en mer eller mindre raffinert form for ufornuft. I opplysningens navn ble den autonom – og uten interesse.

Moralen, som aldri helt hadde likt skjønnheten – den var jo så forferdelig uansvarlig –, godtet seg over dette trekk fra sannhetens side. Når skjønnheten ikke lenger kan kaste sitt fortryllende slør over alle ting og slik skape usikkerhet, blir det endelig orden på sakene, tenkte den. Jeg regjerer i idealitetens rike med mitt *bør*, og sannhet regjerer i faktisitetens rike med sitt *er*.

Træg som moralen jo er, tok det en tid før den oppdaget at den var blitt hersker i et skyggerike. Dens undersåtter – imperativene – viste seg kraftløse overfor den instans – vitenskapen – som fra nå av hadde monopol på å forklare hvorledes alt virkelig er. Også det gode live må jo bygge på fakta! Når moralen innså dette, forsøkte den å gjøre seg nyttig. Den allierte seg med vitenskapen (sannheten) i en utilitaristisk kalkyle – uten å oppdage at dette i virkeligheten var en form for abdikasjon. Den utgjorde ikke lenger en selvstendig rettesnor for utformningen av det gode liv, men var kun et redskap for den instrumentelle fornuft.

Det hører med til selvfølgelighetene i den moderne kultur å skille mer eller mindre klart mellom forskjellige kulturområder: vitenskap, moral og kunst. Og til disse kulturområder svarer da forskjellige efaringsformer: den teoretiske, den moralske og den estetiske erfaring. Dette gir seg blant annet utslag i at ingen i våre dager ville drømme om å kritisere innholdet i et kunst- eller dikterverk ut fra hvorvidt det er sant, dvs. svarer til det vitenskapen lærer. Ja, ikke engang sannsynligheten er lenger gangbar som teoretisk kriterium for bedømmelsen av kunst- og dikterverker. Og ennå mer uvanlig, for ikke å si direkte suspekt er det for et moderne menneske å blande moralske forestillinger inn i erfaringen av kunst- og dikterverker. Vårt kulturelle klima domineres av forestillingen om at disse erfaringsområder er uavhengig i forhold til hverandre, de er autonome.

I ly av forestillingen om autonomi er det etablert en stilltiende arbeidsfordeling eller fredelig sameksistens mellom disse forskjellige kulturområder. Devisen synes å være: hvis du ikke blander deg i mine gjøremål, skal heller ikke jeg forstyrre deg i dine. Autonomien er med andre ord en nær slektning av toleransen: de er begge produkter av den opplyste fornuft.

Og dette er bakgrunnen for at et tradisjonelt sett så sentralt kulturområde som religionen vanligvis ikke nevnes i samme åndedrag som vitenskap, moral og kunst. Fordi disse kulturområder er korrelert til *erfarings*former, og erfaring har noe med objektivitet å gjøre, falt religionen ut av den opplyste fornufts system av autonome kulturområder. Dette så meget mer som kravet om (fornuftens) autonomi jo primært ble rettet mot religionen. Nå kan man – og med rette – vise til at på grunn av de historiske og kulturelle omstendigheter ble et krav som primært angikk religionens kulturelle *dominans* rettet mot religionen som sådan.

Hvis religionen oppgir sitt krav på dominans, da skulle det – i autonomiens og toleransens navn – ikke være noe i veien for at den kunne innta en plass på linje med de øvrige kulturområder. Men så enkelt er det ikke. I følge den opplyste fornuft kan nemlig ikke religionen utgjøre en erfaringsform fordi den ganske enkelt ikke har noe objektivt korrelat. Dens gjenstand, dvs. den virkelighet den forholder seg til, ligger utover erfaringen. I det minste den erfaring den opplyste fornuft anerkjenner.

Men hvis man gjør kravet om et objektivt korrelat til en forutsetning for å kunne utgjøre en erfaringsform, da dukker straks tre problemer opp: 1. Hvem bestemmer hva dette objektive korrelat er, eventuelt: hva som kan være et objektivt korrelat for fornuften slik at denne blir til erfaring? 2. Kan kunst og moral i så fall imøtekomme kravet om et slikt objektivt korrelat – og hvorledes? 3. Hva skjer hvis de ikke klarer dette? Svaret på disse spørsmål er i korthet følgende: 1. Det har den opplyste, instrumentelle fornuft i skikkelse av vitenskapen gjort. 2. Nei. 3. Kunst og moral fortsetter – akkurat som religionen – å være kulturelle fakta, men uten intensjon om å utsi noe om virkeligheten. Ettersom kunst og moral – merkelig nok – ikke forsvinner fra vår kulturelle virkelighet, blir de akseptert som sådanne og tolerert så lenge og i den grad de er harmløse, dvs. kun til privat bruk.

Nå er det et nokså opplagt forhold at forestillingen om kunstens (skjønnhetens) autonomi kun finnes i den europeiske kultur, og at de fleste av de kunst- og dikterverker vi i dag setter høyest som *kunst*verker, er skapt i en tid da forestillingen om kunstens autonomi var fullstendig ukjent også i den europeiske åndshistorie. Legger vi så til disse to momenter at den moderne kunst – altså den kunst som påberoper seg autonomien som et grunnvilkår for sin eksistens – har utartet til vilkårlighet, er det lite som taler for at kunstfilosofene burde anstrenge seg noe særlig for å redde forestillingen om kunstens autonomi.

Det er med andre ord slett ikke sikkert at forestillingen om kunstens og skjønnhetens autonomi behøver å være noe annet enn en episode i historien. Ønsker man å finne gode grunner for å holde fast ved denne forestilling, altså vise at den er en nødvendig forutsetning for å kunne skape og oppleve kunst, må det første skritt være å restituere kunsten som en fornuftsaktivitet. Så paradoksalt det enn lyder, er forestillingen om kunstens autonomi kun meningsfull når den står i sammenheng med den teoretiske og praktiske fornuft. Den enkle grunn til dette er at forestillingen om autonomi i utgangspunktet, dvs. som prinsipp for opplysningens prosjekt var et uspesifisert krav om fornuftens autonomi.

Den generelle devise for opplysningens prosjekt ble meget treffende av Kant formulert slik: sape audere! At det hefter noe paradoksalt ved denne devise, skyldes ikke bare at den er formulert på latin – språket til den autoritet, tradisjonen, som man gjorde opprør mot. Men at den latinske formulering effektivt skjuler det mest karakteristiske ved den nyere tids filosofi: fremhevningen av det personlige pronomen som bærer av verbalhandlingen.

Devisen kan selvsagt nøytralt oversettes med: våg å tenke; men den oversettelse som er mest i pakt med opplysningens tenkemåte (og som derfor også er den vanlige), er: ha mot til å bruke din fornuft! En slik formulering avdekker i langt større grad det tvetydige ved forestillingen om autonomi. På den ene side synes autonomien å forlange at det er jeg selv som bestemmer – og ikke noe annet. Det ville være heteronomi. På den annen side er det bestemmende jeg identisk med den almene fornuft. Selv om mennesket heretter kan og skal bestemme over seg selv, innebærer dette ikke at den enkelte kan og skal bestemme seg for hva han selv måtte finne for godt. Det ville være vilkårlighet, og således stride mot fornuftens almene karakter. Mennesket skal – Kantiansk sagt – bestemme over seg selv ut fra fornuftens almene lover. Autonomien ligger altså ene og alene i at jeg i en fornuftig akt selv kan finne ut og gi min tilslutning til disse almene lover.

I den liberale – og dominerende – versjon av opplysningens program har man kun festet seg ved den ene side ved autonomien: at *jeg* selv skal bestemme. Man har i langt mindre grad fremhevet den annen side som sier noe om hvorledes denne selv-bestemmelse skal skje, nemlig i overensstemmelse med fornuftige, dvs. almene lover. Disse fornuftige og almene lover sammenfaller selvfølgelig ikke uten videre med mine egne preferanser. På moralens område er dette kanskje tydeligere enn ellers: De moralske normer har ikke sitt grunnlag i noe utenfor mennesket qua fornuftig, i så henseende utgjør de ingen "ytre" tvang. Men i forhold til den enkeltes tilbøyeligheter og preferanser er det fullt mulig – for ikke å si overveiende sannsynlig – at de fremstår som "indre" tvang.

Autonomien er altså ikke et program for normløshet (hverken på det ene eller det annet område), men for begrunnelse av normer. Og som sådant inneholder det nødvendigvis et krav om oppdragelse (dannelse) av individet til fornuftighet i sin alminnelighet.

Et eventuelt berettiget krav om kunstens autonomi har sitt grunnlag i fornuftens autonomi – og dermed som sin forutsetning at fornuften har forskjellige dimensjoner, at den kan komme til uttrykk på forskjellig vis. Følgelig er sammenhengen mellom disse fornuftsmoduser – den teoretiske, den praktiske og den estetiske – mer grunnleggende enn deres egenart. Eller sagt annerledes: i og med deres egenart må det fremkomme en spesifisering av den felles grunn: fornuften.

Skulle det ikke lykkes å påvise en slik sammenheng – og dermed altså kunstens "fornuftighet" –, står kun to muligheter åpne: 1. Kunst (og skjønnhet) har ingen plass innen opplysningens prosjekt. 2. Opplysnigens prosjekt, dvs. selve forestillingen om fornuftens autonomi, må overskrides.

Den løsning på autonomiens problem som det 19 århundre la opp til, har mer og mer vist seg utilstrekkelig. I kjølvannet av romantikken, men særlig under inntrykk av kunstretninger som l'art pour l'art og symbolismen antok man en art parallellisme mellom de forskjellige kulturområder: vitenskap, moral og kunst. Denne parallellisme fant sin filosofiske begrunnelse i ny-kantianismen (opprinnelsen til all moderne akademisk filosofi) og dens lære om fornuftens forskjellige intensjonaliteter eller symbolfunksjoner (Cassirer).

Det denne filosofi imidlertid ikke sa noe om, er hvorledes fornuften må være for at den skal "utstråle" vitenskap (det sanne), moral (det gode) og kunst (det skjønne). Likeledes sa man ikke noe om hvorledes de forskjellige gyldighets-områder som fornuften konstituerer passer sammen, dvs. utgjør *en* verden. Tausheten på dette punkt skyldes fraværet an en ontologi: Tingene ble ikke oppfattet som substanser, noe selvstendig værende, men som et knippe av funksjoner. Det matematisk-konstruerende innslag i den nyere tids naturvitenskap ble gjort retningsgivende for enhver virkelighetsforståelse.

Det kan altså tilsynelatende virke som om den kulturelle harmoni best blir ivaretatt når man unnlater å tenke i ontologiske baner. Når tingene oppløses i (tenkningens) funksjoner, behøver man ikke å ta stilling til problemer av typen: Kan og bør de forskjellige fornuftsaktiviteter (og de korresponderende erfaringsområder) unngå å strides hvis de a) er uttrykk for den samme fornuft, og b) forholder seg til, eventuelt konstituerer, den samme verden? Når problemet stilles på denne måten, vil nemlig både opprinnelsen (fornuften) og endepunktet (verden) for de autonome erfaringsområder sette klare grenser for deres autonomi. At problemet ikke ble formulert på denne måte, kan derfor kun innebære at autonomien stilltiende hadde skiftet innhold: kunst og moral var autonome fordi de ikke var fornuftsaktiviteter og ikke forholdt seg til verden.

Men autonomien – og da særlig i forbindelse med kunsten – fortsatte å være et problem. Det blir jo for eksempel stadig anført som fundamentale karakteristika ved den moderne kunst at den er grensesprengende, innovativ, utfordrende o.l. Men for å oppfylle et slikt kriterium, må ikke kunsten da gå utover sitt (autonome) område – og dermed inn på andres, dvs. vitenskapens og moralens? Når disse – hvis de da overhodet lenger bryr seg om det – så måler kunstens frembringelser med teoretiske og moralske målestokker, blir det straks av kunstens talsmenn påpekt at "dette er jo kunst". Man påkaller autonomien.

Når kunstens autonomi er blitt rendyrket som f. eks. i kunstretninger som l'art pour l'art og symbolismen, har det alltid straks fremkommet kritikk av typen: dette er uforpliktende estetisisme o.l. Kunstnerne har da som regel igjen søkt en eller annen form for engasjement, dvs. forsøkt å knytte sine kunstneriske bestrebelser til strømninger og oppgaver i tiden. Denne vakling i kunstens selvforståelse tyder på et dypt rotfestet ubehag ved den plass og rolle den har fått seg tildelt i moderne tid.

Forestillingen om kunstens autonomi kan i denne situasjon lett fungere tilslørende: den sier tilsynelatende at vi i kunsten har å gjøre med en selvstendig og egenartet erfaringsform, mens den egentlig er med på å tømme kunsten for ethvert objektivt innhold. Hvis det virkelig forholder seg slik at min erfaring av et kunstverk kan utfordre den herskende oppfatning av hva som var sant eller moralskt riktig, så må dette i like stor grad kunne ha til følge en revurdering av den teoretisk og praktiske gyldighet, som av kunstverkets. Men så usannsynlig forekom dette alternativ under den opplyste fornufts herredømme, at det aldri kom på tale som en seriøs opsjon. Kunsten hadde derfor ikke noe annet valg enn å flykte inn i den uforpliktende opplevelse og det formalistiske uttrykk. Kunsten blir til opplevelse, dvs. en tilstand i subjektet som er irrelevant både for den teoretiske og den praktiske erfaring.

Skal man komme ut av denne blindgate, må det første og mest elementære skritt bestå i at man erkjenner den som sådan. Og det gjøres kun ved å innse at kunstens autonomi springer av samme rot som vitenskapens og moralens, altså at deres sammenheng er en forutsetning for deres egenart. At for eksempel moralen er autonom, selv-bestemmende, forutsetter at mennesket qua moralskt tenkende og handlende vesen ikke restløst er bestemt av noe annet, f.eks. Gud eller naturen. Autonomien må på samme tid være uttrykk for menneskets ubestemthet og dets evne til selv-bestemmelse, kort sagt: friheten. Som fritt må mennesket kunne være opphav til forandringer i verden; og verden må følgelig være – og kunne tenkes – slik at det blir plass for det nye.

Som realisering av friheten – og ikke kun som reproduksjon av konvensjoner – er moralen altså i høyeste grad avhengig av at det tenkes nytt, at det fremkommer utopier. Bundet som den er av ansvarligheten, dvs. hensynet til konvensjonene og omsorgen for at det gode liv kan og skal virkeliggjøres, kan den moralske tenkning ikke selv være utopisk. Den må overlate det grensesprengende, overskridende til en ennå friere – mange vil si: mindre ansvarlig – fornuftsaktivitet: kunsten.

I våre dager er forestillingen om kunstens autonomien tilslørende så lenge den ikke reflekterer kunstens prekære situasjon under den opplyste fornufts herredømme. Når det gode liv vil komme som et resultat av opplysning, er det ingen plass for kunsten. Dessuten var kunsten i den opplyste fornufts øyne alt for nært knyttet til den mytologi og overtro som hadde kneblet den frie tanke. Og selv om kunsten fra nå av også bestrebet seg på å friggjøre seg fra den gamle mytologi, skapte den ved sin tvetydighet og antropomorfiserende måte å fremstille virkeligheten på, straks en ny mytologi. Kunsten befant seg per definisjon i utakt med den opplyste fornuft.

Sett med kunstens øyne fikk imidlertid virkeligheten slik den ble fremstilt og utformet av den opplyste fornuft, mer og mer preg av forflatning og trivialisering. Under navn av romantikk gjorde kunsten opprør mot dette, og slik oppstod forestillingen om kunsten som forvalter av en slags "høyere" innsikt, og dermed med krav på en særlig status.

Kravet om kunstens autonomi har sin opprinnelse i romantikken, men da ikke primært som et krav om likestilling av kunsten i forhold til teoretisk erkjennelse og moral. Det syn på kunst (og skjønnhet) som utgjør nerven i romantikken, er at kunsten må fristilles fra teoretisk erkjennelse og moral fordi den er hevet over disse. Kunsten er det eneste som kan overskride den instrumentelle tenkemåte. I en verden preget av nytte-tenkning ble kunstverkene en protest i kraft av sin notoriske unyttighet; men spørsmålet er om de dessuten hadde en så sterk meningsskapende kraft at de også kunne virke som korrektiver til denne tenkemåte.

Nå står det ikke til å nekte at kravet om kunstens autonomi slik det fremstår fra romantikken og fremover førte til en avsondring, ja isolasjon av kunsten fra de øvrige ånds- og kulturaktiviteter. Autonomien var tenkt å skulle gi kunsten mulighet til å besinne seg på seg selv, til å utvikle sin egenart som kunst, men den kom i like stor grad til å skjerme kunsten fra innblanding fra "andre". Kunsten følte seg med andre ord fra nå av ikke beriket, men truet av samværet med andre kulturaktiviteter. Dels kan man i dette ane en manglende tiltro til egen kraft – en mangel som skulle vise seg fatal for kunsten. Dels kan man lure på om det forholder seg slik at kunsten når den får anledning til å utvikle seg friksjonsløst som kunst, mister sin meningsskapende og meningsformidlende evne. Kort sagt at den nok blir bedre, rikere som kunst, men – med Hegels ord – opphører å være et produktivt organ for menneskenes høyeste og viktigste aspirasjoner.

Il libro d'esordio di Primo Levi

Jørn Moestrup

1. *Forma versus contenuto*

Se questo è un uomo (S.Q.) uscì dall'editore torinese De Silva nel 1947 e fu ripubblicato dall'Einaudi undici anni dopo, nel 1958. La seconda edizione è un rifacimento con moltissime correzioni e l'aggiunta di un intero capitolo, il terzo (senza contare la prefazione), *Iniziazione*. – Le varianti sono state esaminate nel 1977 da Giovanni Tesio[1], autore di uno dei migliori studi monografici su Levi, del 1979[2]. Il Tesio conclude così la sua indagine: «...i nuovi contributi non modificano profondamente ma tendono a sviluppare aspetti prima non abbastanza espliciti oppure ad offrire qualche ulteriore elemento di testimonianza che si amalgama perfettamente, anche nella misura stilistica, con il precedente assetto del libro». – È un giudizio sul quale si può concordare a proposito dello stile, mentre invece le aggiunte nuove, il capitolo supplementare in particolare, richiedono un altro discorso, ne diremo più avanti.

La valutazione critica del primo libro di Levi ha variato molto nel tempo – non quanto al suo valore, da sempre riconosciuto, se non altro come prezioso documento umano – ma quanto al suo carattere letterario, e non c'è motivo di stupirsene. Bisogna dire che l'autore stesso ha contribuito ampiamente a questa incertezza, e se il diretto responsabile sembra avere opinioni cangianti sulla sua opera, a tanto maggior ragione lo stesso si verifica negli studiosi della sua opera. – È la prefazione del libro che apra la via a possibili malintesi. Scrive, troppo modestamente, l'autore: «Mi rendo conto e chiedo venia dei difetti strutturali del libro...Il bisogno di raccontare...aveva assunto...il carattere di un impulso immediato e violento, tanto da rivaleggiare con gli altri bisogni elementari; il libro è stato scritto per soddisfare a questo bisogno...Di qui il suo carattere frammentario: i capitoli sono stati scritti non in successione logica, ma per ordine di urgenza»[3]. – È doveroso aggiungere che, a conclusione della citazione riportata, Levi precisa che «Il lavoro di raccordo e di fusione è stato svolto su piano ed è posteriore», periodo facilmente dimenticato o messo da parte, però, a favore del lungo tratto precedente in cui si insiste sul sentimento di necessità, di urgenza, dal quale il testo sorge. Pur dando atto all'autore del rimando finale all'elaborazione formale, non è in nessun modo possibile accettare

---

[1] Su alcune giunte e varianti di S.Q., Studi piemontesi, no.2, novembre 1977, Torino.

[2] Belfagor, no.6, novembre 1979. – Il profilo di G.T. si segnala tra l'altro per il suo apporto di notizie inedite, raccolte in colloqui diretti con l'autore.

[3] P.L.: Opere, Vol. I, pp.3–4. Einaudi, Torino, 1987.

l'aggettivo frammentario, applicato a una narrazione composta in maniera rigorosamente pertinente, secondo una logica interna che esclude ogni frammentarietà. – Anche altrove, insistendo sull'atto indispensabile del rendere testimonianza, Levi viene a privilegiare, implicitamente, l'aspetto del significato, a spese del significante, ad esempio nel dialogo con Ferdinando Camon[4]. È certo, quindi, che Levi stesso ha contribuito a diffondere l'idea di un testo-verità, un'ennesima testimonianza neorealistica, al posto di quella straordinaria opera d'arte che è il suo primo libro. – Gli esempi critici di questo modo di concepire il testo si incontrano a ogni piè sospinto, più spesso nella forma di un puntare esclusivamente sulla forza morale che emana dal libro, sulla scarna obiettività di scrittura, eventualmente, ma non di rado compare anche una blanda svalutazione dell'aspetto formale, considerata non interamente all'altezza del contenuto, perchè troppo spontaneo e incurante di quella finitezza che richiederebbe un vero testo letterario. Basti vedere ad esempio (1979) Fiora Vincenti: «Il libro risente pertanto della concitazone di un messaggio reso indifferibile dalla sua stessa impellenza e l'impianto narrativo denuncia l'incalzare tumultuoso con cui i ricordi si affollano alla memoria. Ma questi che potrebbero essere ravvisati come difetti, qualora il libro fosse il risultato di un'operazione letteraria nata dalla decantazione dei fatti, conferiscono invece all'opera il pregio dell'immediatezza, imprimendole quel carattere che le è proprio di appassionata confessione, di eccitato abbandono al flusso dei ricordi»[5]. – Giuseppe Grassano (1981): «S.Q. nasce, secondo le ammissioni dell'autore [sic] "a rovescio", senza un progetto, né una struttura, senza dunque le pretese della letteratura», e le pagine di Levi ottengono «una risonanza tanto più profonda quanto minore sulla materia raccontata appare il segno dell'artificio», ciò che non impedisce allo studioso citato di riconoscere – e di indagare – la «varietà delle strutture letterarie, la duttilità del mezzo linguistico»[6].

Documentabile, quindi, l'influenza diretta dell'autore su questo tipo di approccio al libro, ma Levi ha dato anche, in un altro testo, posteriore di quasi trent'anni, la più decisa autosmentita. Nel capitolo *Cromo* del *Sistema periodico* (1975) descrive il suo stato d'animo nei primi mesi dopo il ritorno, alla ricerca di un lavoro e alle prese con i ricordi che stava mettendo insieme: «...scrivevo disordinatamente pagine su pagine dei ricordi che mi avvelenavano...Il libro mi cresceva fra le mani quasi spontaneamente, senza piano, né sistema, intricato e gremito come un termitaio»[7]. Avviene poi il fatto che cambia la vita del giovane reduce, l'incontro con la donna che sarebbe diventata sua moglie, descritto, anzi, accennato, in una pagina di rara bellezza, rapidissima, schiva,

---

[4] Autoritratto di P.L., Ed Nord-Est (Garzanti distrib.), Padova, 1987, pp.49–51.

[5] Invito alla lettura di P.L., Mursia, Milano, 1979, p.89.

[6] Gius. Grassano: P.L., Il Castoro, La Nuova Italia, Firenze, 1981, p.35–36. – I passi tolti dal Grassano e dalla Vincenti sono citati, con altro intento, anche da Claudio Toscani: Come leggere S.Q., Mursia, 1990, pp.102–5.

[7] Einaudi, I, pp.570–1. Questo è il passo «senza piano, né sistema» cui allude Gius. Grassano (v. nota precedente).

straordinariamente intensa. È il miracolo che trasforma l'esistenza e anche il lavoro di recupero del passato: «Lo stesso mio scrivere diventò una avventura diversa...un costruire lucido...un opera di chimico che misura e giudica...provavo ora nello scrivere un piacere complesso, intenso e nuovo, simile a quello sperimentato da studente nel penetrare l'ordine solenne del calcolo differenziale. Era esaltante cercare e trovare, o creare, la parola giusta, cioè commisurata, breve e forte; ricavare le cose dal ricordo, e descriverle col massimo rigore e il minimo ingombro»[8]. È un passo che, stranamente, non viene quasi mai citata[9], eppure è la migliore testimonianza esistente della decisa volontà di *costruire* l'opera e non soltanto di ricercare verbalmente le soluzioni più consone al suo stile.

2. Costruzione a tre tempi

Prima dell'inclusione di un capitolo aggiuntivo nell'edizione del '58, il testo constava di 17 elementi, una prefazione, indispensabile, parte integrante dell'insieme, e 16 capitoli titolati, ma senza numerazione progressiva. Esattamente nel mezzo, nono elemento/ottavo capitolo, si trova *Sommersi e salvati* che ha una posizione a se stante, un contenuto del tutto particolare e la funzione di dividere il testo in due metà all'incirca della stessa lunghezza. È anche uno dei capitoli più lunghi, insieme con i due in cui vengono rappresentato l'ingresso nel campo (*Sul fondo*) e la sua chiusura (*Storia di dieci giorni*). Un solo capitolo fra gli altri possiede le medesime dimensioni, quello intitolato *Ka-Be*, sul infermeria del Lager (Ka-Be = Krankenbau). La superiore estensione di queste parti della narrazione e la loro posizione a inizio, centro e chiusura del percorso non è naturalmente un caso, e costituisce invece un'altra piccola prova dell'armonia che pervade l'opera, composto come un concerto classico a tre tempi. Ciascuna delle tre parti ha una sua funzione precisa. Dopo un esordio descrittivo interviene una pausa di meditazione, e si conclude con una parte in cui il tempo riprende a scorrere, verso un drammatico finale di morte o salvazione – il paragone con il componimento musicale si rivela, all'esame approfondito, estremamente calzante.

3. Primo tempo

Nel esame seguente del testo verrà in un primo momento escluso l'inserto del '58, il capitolo *Iniziazione*, che sarà ripreso in una valutazione complessiva delle novità introdotte dall'edizione einaudiana. – Una caratteristica singolare dell'intero testo è la riduzione e, quando è possibile, addirittura l'esclusione, degli elementi troppo personali, troppo legati alla sola persona del narratore. Inevitabile protagonista dei fatti, Levi cerca quando può di farsi portavoce di tutti, da qui quel noi che trasforma il ricordo del singolo in memoria collettiva. – A sua volta quest'uso è in stretto rapporto con un'altra delle maggiori caratteristiche del modo leviano di riaccostarsi per iscritto ai fatti vissuti: il carattere di ricerca del

---

[8] Einaudi, I, p.572.

[9] Fa eccezione Cesare Cases: Introduzione, Einaudi, I, pp.xix–xx.

suo ricordare. Non è una ricerca di fatti, l'autore ha detto e ripetuto più volte che anche a distanza di lunghissimo tempo – oltre trent'anni nel caso dell'ultimo libro sull'esperienza del Lager, *I sommersi e i salvati*, del 1986 – conserva una memoria capillare di persone e di episodi di quel tempo[10]. – Ricerca, nel caso di Levi, significa tentativo di capire, di connettere una serie di fatti, di mettere in luce i legami che uniscono certi comportamenti a determinati fatti. Conserveranno sempre, per lui, un senso misterioso i fatti che aveva sperimentato nel campo di sterminio, e non si stanca di ripensarli, studiarli, ricercare cause e spiegazioni – con l'atteggiamento dell'uomo di scienza che indaga la sua materia, il chimico che tenta di penetrare nell'universo degli elementi.

Il desiderio di capire, non la sua in particolare, ma la situazione di tutti, spiega in buona parte la soppressione del troppo personale, ed è una tendenza particolarmente evidente nei primi sette capitoli, utilizzati per descrivere gli elementi di base della vita nel campo. *S.Q.* non è assolutamente un'autobiografia, o lo è in modo subordinato – vuol essere invece lo studio dell'uomo che vive al limite, a quotidiano contatto con la morte. Fra le cavie si trova *anche* Levi, ma uno fra tanti. L'essere umano nella totale costrizione, spinto sull'orlo dell'annientamento: Levi si propone di indagare, ricordando, i fattori che interagiscono in questo stato eccezionale. Scorrendo i primi capitoli ci accorgiamo che tutti si rifanno a una situazione fondamentale del prigioniero in lager, prescindendo dal primo, *Il viaggio*, sul movimento ad locum. Si tratta di sei titoli (escludendo *Iniziazione*), *Sul fondo*, *Ka-Be*, *Le nostre notti*, *Il lavoro*, *Una buona giornata*, *Al di qua del bene e del male*. *Sul fondo* è il capitolo introduttivo: rappresenta il momento dell'entrata in lager, choc iniziale al quale molti non sopravvivono, perchè non riescono a capire le regole di quel particolare tipo di esistenza, non vi si adattono e escono rapidamente di scena.

Ka-Be è il capitolo della malattia, altro stadio che nessuno riesce ad evitare. Le condizioni sono tali che a un certo momento il passaggio per l'infermeria si impone da sè, tempo di respiro e di pericolo mortale, perchè da quel luogo si diparte anche la strada della camera da gas, «del camino» nel linguaggio degli Häftlinge. – Anche la successione dei capitoli in questa prima parte, priva di scansione cronologica, ha una sua interna logica. Levi compone a dicotomie, nel primo caso salute-malattia, i due poli tra i quali oscilla l'esistenza del prigioniero, dall'arrivo in piena salute all'inevitabile deperimento, conseguenza di un periodo generalmente breve in lager. – La successiva dicotomia notte-giorno, rispettivamente *Le nostre notti* e *Il lavoro*, presentano altri due ingredienti del processo di schiacciamento, rappresentati nella loro monotona, ossessiva distruttività: l'incubo notturno col sogno del ritorno e il racconto del passato rifiutato da familiari e amici, contrapposto alla disumana fatica quotidiana col suo progressivo svuotamento delle forze, calcolabile in una durata approssimativa di tre mesi.

---

[10] È caratteristico dello scrupolo di Levi, della meticolosa cura documentaria del suo lavoro, che proprio in *I sommersi e i salvati* vi è un capitolo, il primo, *La memoria dell'offesa*, in cui mette in guardia contro le insidie della memoria, soprattutto pp.663–4 e p.673, Einaudi, I.

Gli ultimi due capitoli della prima parte trovano posto alla fine, perchè i soli che accennano ad una reale durata del tempo, sono passati ormai alcuni mesi e siamo in primavera. *Una buona giornata* descrive uno dei primi giorni di sole della fredda primavera polacca, e in *Al di qua del bene e del male* si accenna ad un ritardo di settanta giorni nel Wäschetauschen, il cambio della biancheria. Dicotomia della fame e dei mezzi di combatterla, completano il quadro delle generalità, *Una buona giornata* con il pensiero che sempre e ovunque domina assillante il pensiero degli abitanti del lager: il cibo. *Al di qua del bene e del male* continua in maniera diretta il precedente capitolo, descrivendo il commercio del lager. Ha luogo nelle ore non dedicate al lavoro, il tempo libero, per modo di dire, con cui si compie il resoconto dell'aspetto temporale. Il commercio tocca qualsiasi oggetto che interessi la vita nel campo, e in ultima analisi mira all'esclusivo scopo di diminuire la fame.

La precedente, rapida rassegna dei capitoli della prima parte del testo mette in chiara evidenza la solidità della costruzione: la plausibilità della successione dei singoli elementi, i legami interni che uniscono i componenti ad unità bipolari.

4. Secondo tempo

Con la lunga sosta dei *Sommersi e salvati* si arriva al nucleo della meditazione leviana sul campo, Viene posto direttamente la questione morale, non in quanto responsabilità degli aguzzini, indiscutibile, sì invece come corresponsabilità dei sopravvissuti, i salvati: l'aspetto più demoniaco del lager sembra, infatti la contaminazione morale tra boia e vittime – in condizioni simili si salva solo chi si fa complice. – Da questa discussione l'autore tiene fuori la propria persona. Insiste, qui e altrove, sulla fortuna come causa determinante per la *sua* salvazione ed elenca tre fattori decisivi: l'arrivo ad Auschwitz in un momento avanzato in cui i tedeschi avevano un bisogno disperato di manodopera, anche quella ebrea dei lager, e quindi avevano ridotto i massacri delle persone in condizioni di lavorare. Inoltre la sua qualità di chimico gli procura un lavoro nella fabbrica di gomma sintetica annessa al campo, risparmiandogli fatica e freddo a partire dall'inizio dell'inverno '44–'45, con ampie possibilità di rifornirsi di oggetti vari scambiabili con cibo. Finalmente lo ha salvato la malattia, una scarlattina, di cui fu colpito pochi giorni prima dello smontaggio del lager e successivo trasferimento verso ovest di tutti i prigionieri meno quelli ricoverati nell'infermeria fra i quali per l'appunto Levi[11]. – In ogni modo, fedele all'impostazione di base del libro, dal capitolo centrale di *S.Q.* la persona dell'autore è esclusa e lo spazio riservato, invece, a quattro ritratti di personaggi capaci di sopravvivere con le loro forze. Tre di essi hanno una specialità che li salva, il quarto, Schepsel, ne è privo, ma possiede in cambio una duttilità, una capacità di adattamento che gli permette di assumere di volta in volta qualsiasi ruolo atto a procurargli un

---

[11] Bisogna ricordare anche Lorenzo – altro incontro di fortuna – il muratore piemontese che per mezz'anno portò tutti i giorni la zuppa a Primo e Alberto, malgrado l'immenso rischio che correva. P.L. ne parla in *S.Q.*, nel capitolo *I fatti dell'estate* (Einaudi, I, pp.121 sgg.), e, soprattutto, in *Lilit*, nel racconto intitolato *Il ritorno di Lorenzo* (Einaudi, III, pp.428 sgg.).

tozzo di pane. Ruba, intrattiene gli operai civili, ex-sellaio fabbrica bretelle con il filo elettrico, fa la spia quando occorre, senza problemi di coscienza. Gli interessa una sola cosa: mangiare, e dal suo universo personale riesce a escludere qualunque altra cosa. – Completamente diversi gli altri: l'ex-dirigente industriale che, coltivando con volontà di ferro la propria immagine perfetta di sempre, riesce a procurarsi quelle mansioni supplementari di privilegio che assicurano la sopravvivenza; il giovane coltissimo, simpatico e bello che si appella al sentimento di pietà e di sentimentalismo che, verso certe persone, giace al fondo dell'anima anche dei torturatori più feroci. Così Henri si procura innumerevoli amici e protettori. L'ultimo dei quattro è il nano semideficiente e pazzo, Elias, dotato di una forza erculea di cui fa spettacolo e che in pratica gli vale l'esenzione dal lavoro – un individuo che non potrebbe trovare posto in un'esistenza normale.

Dopo avere terminato l'ultimo dei quattro ritratti l'autore chiude il capitolo senza ulteriori commenti, astenendosi dal formulare giudizi e, meno che mai, condanne. Il giudizio è, in ogni modo, implicito nell'esposizione dei fatti. All'inizio del capitolo Levi aveva messo in rilievo, una volta ancora, il carattere di indagine del suo testo, usando la parola *analisi* e aggiungendo che il lager è stato, anche, «una gigantesca esperienza biologica e sociale». – È degna di nota la maniera in cui sceglie di organizzare l'esordio del capitolo, le prime righe suonano così: «Questa, di cui abbiamo detto e diremo, è la vita ambigua del Lager». Con tali parole, a quanto segue viene esplicitamente attribuita una funzione speciale, di pausa riflessiva. Ormai l'esposizione del carattere fondamentale del campo, dei suoi tratti costitutivi, è compiuta, e si passa alla meditazione sulle differenze tra sommersi e salvati. Ultimata la descrizione dei quattro «salvati», la narrazione può procedere oltre, assumendo ritmi e caratteristiche completamente diversi nel terzo tempo.

5. Terzo tempo

La terza ed ultima parte del testo ha delle coordinate temporali precise, in ben due casi indicate perfino nei titoli: il terzo (di questa sezione), *I fatti dell'estate*, il quarto, *Ottobre 1944*. L'unico capitolo di cui il mese non viene specificato è il primo, *L'esame di chimica*. Gia nel secondo si rinvia al mese di giugno (il primo è da porre tra maggio e giugno), nel quinto a novembre, nel sesto siamo, all'inizio, tra novembre e dicembre e alla fine le ragazze del laboratorio parlano di Natale, a due settimane di distanza. Nel penultimo capitolo Natale è vicino, l'ultimo descrive l'evacuazione del campo da parte dei nazi, in gennaio, e i dieci giorni in cui Auschwitz è terra di nessuno. C'è quindi una deliberata e drastica contrapposizione tra primo ed ultimo tempo nel grande concerto concentrazionario dell'autore: stasi nel primo, rapido movimento verso la fine nel finale. E vi è di più. Mentre nei primi sette capitoli la persona del narratore rimane costantemente nell'ombra, negli ultimi è invece sempre presente in primo piano, sebbene neanche qui l'andamento del testo diventi quello dell'autobiografia. L'io narrante assume una funzione simbolica, quello del sopravvivente, e viene descritta la serie di circostanze che ne chiariscono il destino, la salvezza, voluta tenacemente ma appena sperata, accolta alla fine senza gioia perchè vista sullo sfondo del naufragio degli altri. In questa successione di sequenze un individuo viene collocata sulla ribalta, ma il legame con gli altri, sempre ben visibili, non viene mai meno. In *Die drei Leute vom Labor*, per esempio (a cavallo tra novembre e dicembre) al centro dell'attenzione resterà costantemente il gruppo dei tre fortunati, senza nessun privilegio per Levi; è lo status all'interno del laboratorio dei prigionieri che interessa, il contrasto assurdo, incomprensibile e quasi surreale tra loro e gli altri, che vi lavorano, soprattutto le ragazze tedesche e polacche. – Il solo capitolo in cui l'accento diventi personale in maniera esclusiva, è nel *Canto di Ulisse* (mese di giugno), in posizione relativamente isolata rispetto al resto. Senza nulla togliere all'eccezionale forza poetica di queste pagine il libro sarebbe stato comunque tutt'altra cosa, se la loro impostazione fosse stata quella dell'intera opera. È un momento a se stante, e buona parte del suo straordinario effetto deriva da questo suo carattere di esperienza unica, di attimo privilegiato. Una volta soltanto nel ricordo di tanti mesi il narratore manifesta se stesso, dà libero corso a una sua necessità interiore, a un messaggio che irrompe irresistibile.

6. Il rifacimento

Visto nella luce delle precedenti considerazioni il rifacimento del '58 non appare un'operazione indiscutibilmente vantaggiosa per il testo. Questo è particolarmente evidente nell'aggiunta del breve capitolo *Iniziazione*. È una sequenza composta di tre elementi in successione, il momento in cui ci si addormenta nella baracca, il risveglio penoso e il bagno. L'ultimo ne forma la parte principale e contiene l'episodio di Steinlauf e la sua filippica sulla necessità del lavaggio come manifestazione di dignità personale, non come atto di pulizia. Ciò che disturba in questa aggiunta è la troppa insistenza sulla situazione personale del narratore, in disaccordo con l'impostazione generale della prima parte. La lezioncina morale rivolta al nuovo arrivato è fuori tono e proposito nella fase iniziale, riservata alle situazioni tipiche dell'esperienza collettiva. – Altrettanto si dica di un'altra novità del '58, le prime due pagine del capitolo iniziale, *Il viaggio*. Nel testo definitivo il periodo che comincia con «V'erano inoltre un centinaio di militari jugoslavi internati»[12], è preceduta da una lunga introduzione di carattere personale in cui il narratore informa sui fatti che portarono al suo arresto e deportazione. Nell'edizione De Silva[13] precedeva semplicemente la frase «Alla metà del febbraio '44, gli ebrei nel campo di Fossoli erano circa 600». Punto e basta[14]. Questa laconicità è tanto più in accordo con il carattere non personale, che l'autore volle dare a questo primo tempo. Alla luce di queste

---

[12] Einaudi, I, p.6.

[13] Ed. De Silva, p.11.

[14] Nell'edizione De Silva la frase citata termina con punto e virgola, seguito da «v'erano inoltre...».

osservazioni un rinnovato esame dell'intero complesso delle aggiunte appare imprescindibile[15].

7. Conclusione

La presente analisi della struttura compositiva di *S.Q.* va integrata con un esame del materiale escluso, raccolto in libri posteriori. Se ne ricava la conferma che Levi, con sicuro intuito artistico, decise di bandire dalla sua opera gli episodi troppo personali o carenti di autentica prospettiva. Quanto si è documentato basta comunque per affermare senza tema di smentita, che dietro a questo testo, che rimarrà per sempre uno dei grandi momenti della letteratura in italiano, una volontà costruttiva attentissima e una raffinata coscienza artistica vigilano dall'inizio alla fine sulla sua elaborazione. La grandezza dell'opera di Levi, indagine dell'uomo posto in limine, non viene menomata da un involucro improvvisato e frammentario, ma confermata da una forma genialmente pensata e svolta in perfetta coerenza con la sostanza narrativa dell'opera.

---

[15] Lo spazio a disposizione non permette un'analisi dettagliata. Comunque, considerazioni simili a quelle qui esposte si possono fare anche a proposito di altri passi aggiuntivi.

Pianto antico leopardiano

Raffaele Morabito

Per il *Pianto antico*, solitamente considerato tra le prove più riuscite della poesia carducciana, una fonte letteraria è stata indicata dallo stesso Carducci, il quale, nell'edizione delle sue poesie del 1873, ha apposto a quei versi quale *exergon* una citazione greca, dal canto funebre per Bione, da lui attribuito a Mosco[1]. Fin troppo ovvio richiamarsi per la forma di queste quartine ai precedenti della melica settecentesca; sarà però opportuno ricordare che, oltre che dal Vittorelli e da una quantità di arcadi[2], un metro quasi identico venne usato una volta anche dal Leopardi in uno dei suoi canti: *Il Risorgimento* (unica differenza è che in lui il primo verso di ogni strofa è un settenario sdrucciolo, mentre in Carducci il settenario è piano). D'altronde il componimento funebre per Bione figura fra le traduzioni leopardiane degli *Idilli* di Mosco.

L'atteggiamento di Carducci nei confronti di Leopardi non fu di adesione simpatetica, ma ciò non intaccava la sua ammirazione per gli esiti formali della poesia leopardiana[3]. Nei saggi sul poeta di Recanati raccolti nel volume XX dell'edizione nazionale delle sue opere, egli si sofferma solo una volta, e fuggevolmente, sul *Risorgimento*, per rimarcare la differenza fra il verso sciolto delle *Ricordanze* e quello «finissimamente lavorato e talora fortemente martellato della poesia del *Risorgimento*»[4]: considerazioni di ordine formale, quindi. Questa osservazione si legge nel saggio *Degli spiriti e delle forme nella poesia di Giacomo Leopardi*, scritto nel 1898, anno delle celebrazioni centenarie della nascita del

---

[1] Sul raffronto col componimento attribuito a Mosco insiste GIAMBATTISTA SALINARI, *Pianto antico di Giosuè Carducci*, in «Rassegna di cultura e vita scolastica», II (1948), 3, pp. 3–4, e in *Giosuè Carducci*, in *Storia della Letteratura Italiana* diretta da EMILIO CECCHI e NATALINO SAPEGNO, VIII, Milano, Garzanti, 1968, pp. 706–07.

[2] Sul raffronto con Vittorelli insiste PIETRO PAOLO TROMPEO, *Pianto antico*, in *L'azzurro di Chartres*, Caltanissetta–Roma, Sciascia, 1958, pp. 253–55 (già in «Corriere d'informazione» 19–20 settembre 1955). Di «antiche corde, mezzo arcadiche e mezzo popolari» parla KARL VOSSLER, *Letteratura italiana contemporanea*, Napoli, Ricciardi, 1922, p. 39: valutazione riproposta da critici come GIOVANNI GETTO, *Carducci e Pascoli*, Bologna, E.S.I., 1957, in un saggio ristampato quale introduzione a GIOSUÈ CARDUCCI, *Poesie*, a cura di GUIDO DAVICO BONINO, Milano, Rizzoli, 1980[2], e come WALTER BINNI, *Linea e momenti della poesia carducciana*, in *Carducci e altri saggi*, Torino, Einaudi, 1977[3]. Si rammenti inoltre che il commento di PIETRO PAOLO TROMPEO e GIAMBATTISTA SALINARI alle *Rime nuove* del Carducci (Bologna, Zanichelli, 1961) segnala fonti tassiane a proposito della «pargoletta mano» del v. 2 (*Aminta*, I,309, e *Gerusalemme Liberata*, XII,xxxi,1–2).

[3] In proposito cfr. EMILIO BIGI, *Giacomo Leopardi*, in *I classici italiani nella storia della critica*, diretto da WALTER BINNI, Firenze, La Nuova Italia, 1973[5], pp. 375–76; e CESARE GOFFIS, *Leopardi*, Palermo, Palumbo, 1970[3], p. 39.

[4] GIOSUÈ CARDUCCI, *Degli spiriti e delle forme nella poesia di Giacomo Leopardi*, in *Edizione Nazionale delle opere di Giosuè Carducci. XX. Leopardi e Manzoni*, Bologna, Zanichelli, 1937, p. 85.

«grande Giacomino»[5]. Ma già al tempo di *Pianto antico* (1871) quel «finissima-
mente lavorato» e quel «fortemente martellato» gli erano presenti alla mente
ed al cuore. Infatti, in quel componimento così teso nell'equilibrio fra prepotente
impulso affettivo ed elaborazione letteraria della forma, una lettura attenta può
far emergere, accanto al Mosco segnalato dallo stesso autore, la presenza di
un'altra fonte letteraria: appunto il Leopardi del *Risorgimento*. Versi come i 9–13:

> Tu fior della mia pianta
> Percossa e inaridita,
> Tu de l'inutil vita
> Estremo unico fior,
> Sei ne la terra fredda[6]

rimandano con immediatezza ai vv. 17–20 di Leopardi:

> Piansi spogliata, esanime
> Fatta per me la vita;
> La terra inaridita,
> Chiusa in eterno gel[7]

Alla quasi identità del ritmo si affianca quella delle rime baciate (*inaridita* e *vita*).
Si aggiungano le coincidenze sul piano dei contenuti concettuali: «L'inutil vita»
ed «esanime Fatta per me la vita»; «la terra fredda» e «La terra inaridita Chiusa
in eterno gel». Mentre più dubitativa resta l'ipotesi di una suggestione fonica
da «*Pian*si spogliata» a «*pian*ta percossa» – che nella fattispecie potrebbe
completarsi con l'altro incrocio fra «pian*ta*» e «spoglia*ta*» – dove ambedue le
parole, *piansi* e *pianta*, sono seguite da un participio passato).

L'accostamento, già di per sé abbastanza evidente, viene rafforzato da
un'ulteriore coincidenza. I vv. 25–26 del *Risorgimento* suonano infatti:

> Pur di quel pianto origine
> Era l'antico affetto:

dove si trovano accostate, sebbene non contigue, le due parole del titolo che
Carducci molti anni dopo, nel 1887, avrebbe apposto ai propri versi: *pianto* e
antico. Verosimilmente qui, più che in un generico riferimento all'antichità di
Mosco (o a quella dell'umanista Pontano), ne va ricercata la radice[8]; ed *antico*
potrebbe essere inteso relativamente alla biografia del poeta (come nei versi di
Leopardi): tale poteva essere definito quel pianto a distanza di tanti anni. Il
segnale appare significativo: in quel titolo il non leopardiano Carducci si riallaccia
alla propria fonte leopardiana, tratta da quei grandi idilli ove, come egli stesso

---

[5] *Ivi*, p. 54.

[6] *Edizione nazionale delle opere di Giosuè Carducci*. III. *'Giambi ed Epodi' e 'Rime Nuove'*, Bologna,
Zanichelli, 1935, p. 214.

[7] GIACOMO LEOPARDI, *Tutte le opere*, a cura di WALTER BINNI, con la collaborazione di ENRICO GHIDETTI,
I, Firenze, Sansoni, 1985[4], p. 214.

[8] Le due ipotesi sono rispettivamente di MANARA VALGIMIGLI, *Carducci allegro*, Bologna, Cappelli,
1968 (I ed. 1955), e di PIETRO COLLARETA, *In margine a Pianto antico*, in «Convivium», XXVII (1959),
pp. 221–26.

avrebbe scritto più tardi, «venne per selezione compiendosi [...] una splendida e magnifica evoluzione dell'arte poetica dal forte Trecento e dal Cinquecento elegante in una pensosa ed alta arte moderna»[9].

---

[9] GIOSUÈ CARDUCCI, *Degli spiriti e delle forme* cit., p. 86.

Il testo mobile
ovvero i *Ricordi* di Guicciardini fra filologia e informatica

Raul Mordenti

1. Se all'ottimismo neo-scientista degli anni '60 corrispose anche in Italia l'intenzione di una scientificità forte nell'approccio al testo letterario (di cui la narratologia di impianto strutturalista seppe rappresentare i migliori risultati critici e conoscitivi), al radicale dubbio che segna il "grande freddo" degli anni '80 sembra piuttosto corrispondere, anche in Italia, un'integrale problematizzazione ermemeutica del testo.

Ciò che viene messo in questione non è solo la nostra possibilità di conoscere veramente un determinato testo ma, perfino (come si conviene a qualsiasi serio dubbio ermeneutico) l'esistenza di un tale oggetto di conoscenza; si dubita cioè del fatto che il testo, costituito a proprio oggetto dai nostri studi, esista effettivamente ed oggettivamente al di fuori della nostra indagine, o meglio che esista con quei caratteri di univocità, unicità, fissità che l'analisi letteraria tende a dare per presupposti (alludo al denso ed indimostrato assioma secondo il quale ogni analisi intorno ad un testo potrebbe prendere in esame *il* testo, proprio quel testo, uno ed uno solo).

Si potrebbe dire, per formulare paradossalmente questo dubbio, che non solo è forse impossibile conoscere il testo, ma, se anche fosse possibile conoscerlo, esso comunque probabilmente non esisterebbe.

La filologia *stricto sensu* (cioè l'ecdotica e la critica del testo) è assai meno innocente rispetto a questi radicali problemi di teoria di quanto non potrebbe sembrare; anzi significherà pure qualcosa il fatto che, nella tradizione italiana dei nostri studi, le innovazioni teoriche più consistenti (non esclusa la stessa semiologia), ed anche gli spunti di ricerca più fecondi, siano venuti proprio dai filologi, cioè da coloro che hanno a che fare più direttamente con i testi e con i problemi della loro restituzione e costituzione: penso solo all'appello di Avalle verso la "critica dei testi" (al plurale)[1] o al concetto di "testo come diasistema" proposto da Segre[2].

Ma in principio, naturalmente, c'è Gianfranco Contini.

---

[1] Si veda ora la splendida realizzazione ecdotica di questa linea di ricerca: Avalle, D'Arco Silvio (a cura di), 1992. *Concordanze della Lingua Poetica Italiana delle Origini*, Milano–Napoli, Ricciardi.

[2] Cfr.: Segre, Cesare,(1976). *Critica testuale, teoria degli insiemi e diasistema*, ora in Id., 1979. *Semiotica filologica*, Torino, Einaudi, pp.53–64.

2. Nel 1928 (l'anno – ricorda Roberto Antonelli – dei primi lavori di variantistica proustiana nonché del secondo cruciale intervento del Bédier sul *Lai de l'ombre*[3]), Santorre Debenedetti aveva pubblicato la sua edizione dell'*Orlando Furioso* di Ariosto presso la collana "Scrittori d'Italia" diretta da Benedetto Croce per l'editore Laterza[4]; quell'edizione, secondo un veto editoriale di cui sarebbero ben presto apparse chiare le ragioni ideologiche, fu tuttavia privata del progettato apparato diacronico, che doveva contenere oltre al testo del 1532 anche, a pie' di pagina, le varianti delle edizioni del 1516 e del 1521[5]. Quasi dieci anni dovevano passare perché Debenedetti pubblicasse il suo lavoro sui frammenti autografi del *Furioso*[6], occasionando nello stesso 1937 una recensione di Gianfranco Contini[7] (allora ventiseienne!) che a sua volta provocò la scomunica crociana contro "la critica degli scartafacci"[8].

Non è questa le sede per ripercorrere quella polemica; basti solo richiamarne l'esito, l'esito fattuale intendo dire, quello che conta davvero perché è pronunciato dai posteri, dai risultati degli studi compiuti, dalla stessa storia della disciplina: non c'è dubbio che la variantistica italiana, nonostante le scomuniche, si sia rivelata come una direzione fecondissima della nostra ricerca filologica e critica (si pensi solo, complice il binomio appena evocato, ai lavori del Caretti e della sua scuola), per un verso aprendosi in direzione della stilistica, di una considerazione più perspicua del sistema linguistico degli Autori e della sua evoluzione, per altro verso prestandosi al tentativo di gettare lo sguardo nelle "officine" poetiche, nello sforzo di cogliere il farsi intimo del pensiero poetico, per altro verso ancora rivelandosi del tutto indispensabile per il trattamento critico (ed ecdotico) di testi con tradizione a stampa, e dunque segnati dal gioco complesso delle diverse edizioni, correzioni, stesure, redazioni (e non per caso, viene da dire, era stato un testo come il *Furioso*, appunto caratterizzato dal succedersi di edizioni a stampa e dal ritorno su queste delle diverse scelte dell'Autore, che si era potuto manifestare, in tutte le sue potenzialità, l'approccio variantistico).

3. Insomma le varianti si rivelarono ben presto, e sempre più si rivelano, non solo genetiche ed elaborative, non solo e non sempre d'autore e, soprattutto, non sempre unidirezionali (si vuol dire: non sempre disponibili ad essere rappresentate da un diagramma lineare in una sola direzione evolutiva, cioè da un "valore" artistico più scadente verso un "valore" più compiuto e perfetto).

---

[3] Antonelli, Roberto, 1985. "Interpretazione e critica del testo", pp.141–243 *in* Asor Rosa, Alberto (a cura di), 1985. *Letteratura italiana*, vol.IV, *L'interpretazione*, Torino, Einaudi.

[4] Ariosto, Ludovico, 1928. *Orlando Furioso*, a cura di S. Debenedetti, Bari, Laterza.

[5] Ricorda Cesare Segre: "L'editore dispose l'eliminazione dell'apparato" (cit. in Antonelli 1985, p.222, nota 52).

[6] Debenedetti, Santorre, 1937. *I frammenti autografi dell'Orlando Furioso*, Torino, Chiantore.

[7] Contini, Gianfranco, (1937). "Come lavorava l'Ariosto", pp.232–241 *in* Id., 1974. *Esercizi di lettura sopra autori contemporanei con un'appendice su testi non contemporanei*, Torino, Einaudi.

[8] Croce, Benedetto, 1949, "Illusioni sulla genesi delle opere d'arte documentabile dagli scartafacci degli scrittori", pp.190–191 *in* Id., *Nuove pagine sparse*, Napoli.

Dobbiamo allora domandarci: si tratta davvero sempre solo "di varianti"? Il termine "variante" è sufficiente ed adeguato a definire il fenomeno (o meglio: il complesso di fenomeni)? Oppure in concetto stesso di "variante" non presuppone (anzi: non contiene in sè) l'idea di un testo *ne varietur*, cioè un punto terminale del processo, una sua meta perfetta ed immobile?

In realtà, come spesso accade, si designava con un nome relativamente debole (o addirittura improprio) ma reso disponibile dalla tradizione disciplinare, un fenomeno ben più dirompente e denso: si sono insomma chiamate "varianti" tutte le risultanze di un approccio *dinamico*, non statico, al testo, cioè la lettura del suo movimento *in quanto movimento* (con un'analoga sottovalutazione della novità, il cinema è stato a lungo, riduttivamente, considerato come "una fotografia che si muoveva").

4. Il problema che si pone è allora il seguente: la variantistica non allude forse ad una radicale, irrimediabile *tensione* fra il movimento del pensiero e la fissità del testo scritto? In altre parole: lo sforzo di ricostruire l'effettivo movimento testuale (e di darne conto dal punto di vista ecdotico), non comporta una contraddizione con la stessa rigidità immobile che caratterizza la scrittura, ed ancora di più la stampa?

In realtà, a ben vedere, gli apparati cosiddetti diacronici cercano di affrontare proprio una tale contraddizione, sforzandosi di offrire, simultaneamente, alla lettura *più testi* e non uno solo; e tuttavia un tale sforzo è contraddetto e condannato al fallimento dalle caratteristiche insite nella tecnologia della stampa, così terribilmente conclusa in sè, immodificabile, gerarchica. Ci rendiamo conto che il nostro problema è reso possibile (cioè: pensabile) solo a partire dalla nuova tecnologia informatica e dalle nuove possibilità che essa offre per introdurre (o per restituire?) il movimento *nel cuore stesso del testo*, cioè nell'atto della lettura/scrittura. Si tratta di una possibilità probabilmente non ancora del tutto esperita nelle sue potenzialità, ma chiunque abbia praticato la scrittura di/con un computer, anche superficialmente, ha certo sperimentato che essa si distingue proprio per la sua caratteristica *fluidità* e, per così dire, *morbidezza*. Intendo dire che il confine fra ciò che deve essere scritto, ciò che si sta scrivendo e ciò che è già stato scritto è, nel caso del computer, assai mobile e, appunto, fluido: si può correggere senza distruggere nessuna porzione di ciò che si è già scritto, e di converso distruggere tutto o parte senza lasciare alcuna traccia della revisione, così come si può spostare, togliere ed aggiungere senza che mai il proprio gesto di scrittura risulti definitivo ed irreparabile. Io stesso sto scrivendo queste parole sullo schermo del mio computer, ma so che le correggerò ancora più volte prima di stamparle e spedirle, anzi nel momento in cui sto scrivendo queste parole (a proposito: a quale momento mi riferisco fra i tanti in cui scrivo e ri-scrivo? al primo? all'ultimo? forse al penultimo?) le ho già corrette e modificate più volte, ho "riportato" nel mio testo, adattandoli alle nuove esigenze, "blocchi" testuali scritti altrove, ed analogamente ho fatto con i titoli che ho citato nelle note, che già avevo scritto da qualche parte e di cui ho solo modificato (giusta la lettera di istruzioni dei professori Degn, Høyrup e Scheel) l'impaginazione e il "formato" bibliografico.

Per quanto possa sembrare strano, è un fatto che questa modalità mobile e "morbida" di scrittura consentita dal computer assomigli assai più alla scrittura chirografica del manoscritto che non alla scrittura meccanica di una macchina da scrivere o (peggio ancora) di una linotype per la stampa.

La scrittura della macchina da scrivere, ad esempio, è (era) terribilmente "rigida": si svolge solo (per i gentili) da sinistra verso destra per una riga intera, lettera dopo lettera, fino a che il carrello non sia bloccato da un apposito congegno; poi, dopo il trauma dell'a capo, si riprende per una nuova riga e così via. Ma essa non conosce ritorni, inserzioni, correzioni, e meno che mai spostamenti, rovesciamenti, utilizzazioni parziali della scrittura precedente. Così che la frase così frequentemente pronunciata da noi ignoranti di informatica, "Io uso il computer come una macchina da scrivere", deve essere considerata come una involontaria ma colossale bugia: nessuna macchina da scrivere potrà mai fare ciò che, per suo sfregio, ho fatto proprio ora, cioè scrivere una riga, spostarla un po' più su, poi un po' più giù, poi modificarla, poi farla tornare come era prima, infine cancellarla senza che a te, hypocrite lecteur, mon sembable, mon frère, possa restare altra traccia che non sia questo mio stesso (peraltro mendace) racconto.

5. Noi non possiamo usare sperimentalmente il computer per indagare il versante della scrittura dei nostri classici (anche se sono avviate promettenti ricerche[9] sulla modifica di stile che comporta, per scrittori italiani contemporanei, il passaggio dalla macchina da scrivere al computer); possiamo tuttavia provare ad utilizzarlo *come strumento ecdotico*, cioè come sussidio per pubblicare un testo cercando di rendere e restituire il suo movimento.

Il testo dei *Ricordi* di Francesco Guicciardini si presta particolarmente come laboratorio per questo tipo di esperimento. Si tratta infatti, come è noto, di un testo caratterizzato da un insesausto movimento testuale interno, che si stratifica in almeno quattro successive redazioni, definite ormai, secondo la *vulgata* della critica filologica Q, A, B, C[10].

6. Per richiamare assai sommariamente la questione, ricorderemo che la scrittura dei *Ricordi* accompagna praticamente tutta la vita attiva del Guicciardini. Egli cominciò a vergare i suoi "ricordi" nel 1512 (come ci testimonia la data manoscritta sul più antico quadernetto autografo che ce li conserva). Si trovava allora ambasciatore in Spagna; inviato dal fiorentino consiglio degli Ottanta presso il re cattolico, era partito il 29 gennaio 1512 e tornerà alla fine del 1513.

---

[9] Cfr. la tesi di laurea in Filologia italiana di Domenico Fiormonti presso il Dipartimento di Italianistica dell'Università di Roma "La Sapienza" (dattiloscritta).

[10] Cfr. l'edizione critica (tuttora insuperata non solo per gli aspetti propriamente testuali ma anche per impianto metodologico e teorico) curata da Raffaele Spongano: Guicciardini, Francesco, 1951. *Ricordi*, edizione critica a cura di R. Spongano, Firenze, Sansoni. Si veda anche il lavoro preparatorio: Spongano, Raffaele, 1948. *Per l'edizione critica dei "Ricordi" del Guicciardini*, Firenze, Sansoni.

Più avanti, ancora in Spagna, ma dopo la prima sua opera impegnativa di teoria politica (il cosiddetto *Discorso di Logrogno* del 1512), Guicciardini ricopia di sua mano i tredici "ricordi" dal primo quadernetto (Q1) su un altro quaderno (Q2), e ne aggiunge di nuovi altri sedici, per un totale di ventinove, a conferma fin dall'inizio del carattere accumulativo e *in progress* di questa scrittura.

7. Non sappiamo con certezza (per mancanza degli autografi) quali forme abbia assunto la rielaborazione dei "ricordi" dopo il 1513–14. Sappiamo però che esiste una nuova redazione autografa dei *Ricordi* (designata con la sigla B) del 1528.

In essa Guicciardini scrive di suo pugno:

"Scritti innanzi al 1525, ma in altri quaderni che in questo: ma ridotti qui nel principio dell'anno 1528, nel grandissimo ozio che avevo, insieme con la più parte di quelli che sono indietro in questo quaderno" (cioè quelli Q, del 1512).

Proprio quest'appunto autografo rappresentò la base per l'ipotesi, avanzata da Michele Barbi[11], secondo cui sarebbe esistita anche una redazione intermedia A, precedente a quella B del 1528, e di cui non ci è pervenuto alcun autografo. La redazione A sarebbe tuttavia testimoniata indirettamente (benché genuinamente) soprattutto dalla tradizione manoscritta e a stampa della seconda metà del Cinquecento. Si tratta di una tradizione assai ricca, come risulta evidente guardando alle prime edizioni: la *princeps* fu curata ed annotata da Jacopo Corbinelli nel 1576 per l'editore Morello di Parigi (sono 158 "ricordi" intitolati: *Più Consigli e Avvertimenti di messer Francesco Guicciardini, in materia di re publica e di privata, nuovamente mandati in luce e dedicati a la regina madre del re...*) ; a questa fecero seguito due edizioni veneziane firmate rispettivamente da fra Remigio Fiorentino (Venezia, Zenaro, 1582: 145 "ricordi") e dal Sansovino (Venezia, Salicato, 1583: ancora 145 "ricordi"); poi un'edizione presso il grande Plantin (Anversa, Plantino, 1583: 100 "ricordi") curata dal nipote e discendente diretto, Ludovico Guicciardini, dunque presumibilmente attinta nello stesso nucleo familiare (circostanza quest'ultima non priva di particolare interesse[12]).

A tali stampe già Barbi poteva aggiungere almeno 19 manoscritti, fra XVI e XVIII secolo. Vincent Luciani (nel 1936) ne segnalava altri 11.

8. Prima ancora di aver potuto ristabilire criticamente il testo (perduto) dell'ipotizzata redazione A, Mario Fubini[13] applicò alle redazioni dei *Ricordi* la sua finissima sensibilità, soprattutto stilistica, cogliendo fra le due redazioni movimenti testuali di correzione e revisione costanti ed univoci, sempre da A verso B e non viceversa, dunque concludendone che fosse necessario ipotizzare una

---

[11] Barbi, Michele, (1932). "Per una compiuta edizione dei 'Ricordi politici e civili' del Guicciardini", pp.125–160 in Id., 1938. *La nuova filologia e l'edizione dei nostri scrittori da Dante a Manzoni*, Firenze, Sansoni.

[12] Cicchetti, Angelo – Mordenti, Raul, 1984. *I libri di famiglia in Italia*, I, *Filologia e storiografia letteraria*, Roma, Edizioni di Storia e Letteratura (in particolare sul Guicciardini le pp.33–85).

[13] Fubini, Mario, 1941. "Le quattro redazioni dei 'Ricordi' del Guicciardini (Contributo allo studio della formazione del linguaggio e dello stile guicciardiniano)", *Civiltà moderna* XIII, pp.105–124, e pp.247–271.

redazione A prima di B, e perfino che fosse esistita una redazione A1, intermedia fra le due.

Altri critici con il Palmarocchi (il discutibile editore delle opere guicciardiniane negli "Scrittori d'Italia" di Laterza) vollero invece sostenere, contro l'ipotesi barbiana, che una redazione intermedia fra Q e B non fosse mai esistita e che tutta la tradizione, manoscritta e a stampa, risalisse alla stessa redazione cosiddetta B del 1528.

Finalmente, a corredo ed introduzione della sua esemplare edizione critica del 1951, Raffaele Spongano percorreva fino in fondo la strada che Barbi aveva indicato: ricostruire A per via filologica, sulla base della tradizione manoscritta e a stampa, in modo da poter affrontare, su questa solida base testuale, il problema dei rapporti fra le diverse redazioni.

Definiti al numero di 41 i testimoni emersi alla sua nuova *recensio*, lo Spongano costruiva un vero e proprio *stemma* (suddiviso in due famiglie *alfa* e *beta*, più due codici, il Vat. Lat.6159 e il Borg. Lat.305, decisivi ai fini del ristabilimento del testo); egli poteva così affermare:

> ...1) che l'apografo (di A, N.d.R.) fu unico; 2) che esso fu preciso; 3) che gli errori si vennero formando a grado a grado nella tradizione manoscritta.

Altre informazioni preziose derivavano dallo *Spoglio linguistico* dello Spongano, che giungeva non solo a ricostruire la redazione A, ma anche a tracciare una linea evolutiva dei *Ricordi* iniziata con le redazioni Q, ripresa con la redazione A, perfezionata con quella B, e finalmente compiuta nella redazione C.

Era quest'ultima che Spongano proponeva a testo nella sua edizione, accompagnando però ciascun "ricordo" di C, a pie' di pagina, con le diverse redazioni che lo avevano preceduto, mentre venivano raccolti in *Appendice* anche tutti i "ricordi" non giunti alla redazione C.

Vale la pena di sottolineare che, dal punto di vista del discorso che qui ci interessa (cioè della resa editoriale del "movimento" testuale), quella scelta editoriale dell'edizione Spongano appariva fortemente innovativa, ed anzi audace: venivano infatti proposte a testo, sia pure in una fascia inferiore rispetto alla redazione definitiva, tutte le redazioni dei *Ricordi*, anche quelle che avevano conosciuto da parte dell'Autore una decisa revisione, certamente databile come successiva.

9. Fra le diverse redazioni dei *Ricordi* le modifiche di impostazione, di contenuto e di stile sono tali e tante da far dubitare che si possa parlare di varianti redazionali di uno stesso testo (e da spingerci a considerare piuttosto diversi libri di *Ricordi*, tutti guicciardiniani e legati fra loro, ma anche reciprocamente autosufficienti).

E' difficile quantificare i rapporti di conservazione, modifica ed abbandono che si verificano fra le diverse redazioni, sia perché non è sempre possibile cogliere in modo univoco se un "ricordo" è rielaborato o abbandonato e rifatto *ex novo*, sia perché la quantificazione numerica è ostacolata dalla fusione di diversi "ricordi" in uno solo e, di converso, dalla scissione di un solo "ricordo" in due o più. E tuttavia, premesse queste difficoltà e questi limiti della quantificazione (che impediscono ai conti di tornare precisi all'unità) non sarà privo di interesse addurre anche qualche cifra: tutti e 13 i "ricordi" di Q1 passano (come già detto) in Q2, ove se aggiungono altri 16 per un totale di 29; ben 21 di questi vengono scartati nel passaggio da Q ad A, che ne aggiunge *ex novo* 153 per un totale di 161; assai diverso e più stretto è invece il rapporto che lega A a B: solo 11 "ricordi" vengono scartati e ai 150 che passano da A a B se ne aggiungono 32 nuovi per un totale di 181; infine nel passaggio da B alla redazione finale C sono scartati ben 48 "ricordi" ed aggiunti invece altri 96. Questo, naturalmente, assumendo (per mera comodità espositiva) che i *Ricordi* segnino un percorso lineare, progressivo ed unidirezionale da una stesura ad un'altra, cioè senza considerare i possibili salti o passaggi diretti, ad esempio, da Q a C. In totale Guicciardini ha scritto ben 606 formulazioni per 276 "ricordi".

In realtà queste stesse cifre, pure così sommarie, sembrano mettere in dubbio l'idea di una linearità nel processo elaborativo dell'opera: non c'è (con l'eccezione parziale del rapporto fra A e B) semplice limatura, revisione, perfezionamento, non c'è insomma un movimento regolare dall'incompiuto verso il compiuto, dall'imperfetto verso il perfetto; c'è piuttosto un ribollire continuo, un rifondersi di una materia viva ed incandescente che cambia di posizione e di orientamento, che rinasce da se stessa e si ricompone in forma nuove e diverse.

10. La redazione finale, designata dallo Spongano con la sigla C, quella più frequentemente offerta alla lettura, risale al 1530. Tale redazione si apre in modo sorprendente, con un "ricordo" che ha per oggetto l'"ostinazione", la capacità della fede, quando diviene convinzione popolare, di diventare essa stessa forza effettuale, fattore politico-militare imprevisto quanto decisivo, fino al punto, addirittura, di "comandare a' monti".

E' veramente grande l'importanza di questo "ricordo", e non solo per la posizione eminente che Guicciardini ha voluto attribuirgli: nel momento stesso in cui inizia in forma più sistematica e compiuta la sua riflessione, Guicciardini decide di inscriverla sotto il segno della contraddizione, esplicita cioè fin dall'inizio *il limite*, che appare davvero invalicabile, della razionalità politica, evoca persino (lui così disincantato e, come si vuole dire, "laico") la forza inesausta, oltre vent'anni dopo il rogo, della parola del frate di Ferrara. D'altra parte, non era forse stato un fedele savonaroliano suo padre Piero? E lo stesso Francesco non continuava forse a riflettere, nei cosiddetti *Estratti savonaroliani*, sulla fondatezza delle profezie del frate? Si noti: C 1 è certamente scritto mentre ancora dura l'assedio di Firenze e la disperata resistenza della repubblica contro le forze alleate, e soverchianti, di Papa e Imperatore (dunque fra l'ottobre del 1529 e l'agosto del 1530); ma la redazione di C continua ben oltre la caduta della repubblica, senza che questo muova Guicciardini a rivedere, o sopprimere, il "ricordo" C 1.

Il fatto è che, davvero, la critica continua e lucidissima alle pretese della teoria di rinchiudere in sè la realtà del mondo rappresenta il più profondo senso *teorico* dell'opera, un senso che si evidenzia compiutamente proprio nella redazione C.

11. I *Ricordi* sono un testo di altissima teoria politica, ma tutto percorso dalle cose e, diremmo, sostanziato di fatti; mai la riflessione teorica si stacca dal mondo effettuale: dall'esperienza il pensiero parte per comprenderla, rielaborarla, e poi orientarla; all'esperienza il pensiero torna per dirigere il comportamento pratico, condensando l'esperienza stessa, e insieme ad essa una concreta teoria, nella forma del consiglio comportamentale. Il frequente ricorso ai proverbi, alle massime, o ai motti che esprimono il senso comune, non deve trarre in inganno: esso non significa affatto che Guicciardini vada alla loro ricerca o raccolta, e, meno ancora, che il "ricordo" consista in una rielaborazione del proverbio, tracciando cioè una parabola da una teoria ad una teoria; al contrario il proverbio tiene, nel ragionamento guicciardiniano, il luogo della base fattuale, occupa cioè la prima parte, la premessa del ragionamento, quella dedicata all'esperienza (che, in questi casi, si presenta dunque fin dall'inizio in forma condensata e problematica).

L'impossibilità di ragionare "per regola", cioè in modo astratto, rigido, senza tenere conto delle eccezioni, delle particolarità, delle diverse circostanze, rappresenta veramente un elemento costitutivo del pensiero guicciardiniano, e forse la sua curvatura più originale ed inquietante. Tale impostazione anti-sistematica, integralmente perseguita, costituisce talvolta perfino un ostacolo per la nostra piena comprensione dei *Ricordi*, dato che essi si caratterizzano per una sorta di *movimento interno* (che a volte sfiora una certa contraddittorietà). Ad esempio il "ricordo" C 6 può essere letto come una limite posto da Guicciardini (si noti: di nuovo quasi ad esordio dell'opera!) alla fondatezza e alla credibilità del suo stesso libro:

> E' grande errore parlare delle cose del mondo indistintamente e assolutamente e, per dire così, per regola: perché quasi tutte hanno distinzione e eccezione per la varietà delle circustanze, le quali non si possono fermare in una medesima misura: e queste distinzione e eccezione non si truovano scritte in su' libri, ma bisogna le insegni la discrezione.[14]

E' noto che questa caratteristica nervatura antisistematica del pensiero di Guicciardini entra in diretta (ed anche esplicita: cfr. "ricordo" C 110) polemica con la robusta esigenza di teoria politica che caratterizza la posizione machiavelliana, ed in particolare con l'idea (che fu del Machiavelli) della storia come possibile fonte di insegnamenti e, dunque, di regole al comportamento politico.

12. Tutto ciò si riflette direttamente sulla scrittura dei *Ricordi*, la fonda, la segna, la caratterizza; voglio dire che, se vista alla luce di questa dolorosa coscienza in ordine alla indeterminatezza del mondo, la stessa *mobilità* dell'opera, la

---

[14] Ad esso fa da *pendant*, quasi alla fine dell'opera, il "ricordo" C 210, che sembra una dichiarazione di scacco della sua stessa scrittura nel momento in cui essa si avvia a concludersi:

> Poco e buono, dice el proverbio. E' impossibile che chi dice o scrive molte cose non vi metta di molta borra; ma le poche possono essere tutte bene digeste e stringate. Però sarebbe forse stato meglio scerre di questi ricordi uno fiore che accumulare tanta materia.

pluralità delle sue redazioni, il tempo lungo della sua scrittura e riscrittura (cioè il più vistoso dato compositivo e, al contempo, il problema ecdotico dei *Ricordi*), non appare più come un mero problema filologico di varianti, ma come qualcosa di assai più costitutivo e determinante; sembra che solo ad una scrittura irresolubilmente *mobile* Guicciardini potesse affidare l'estremo sforzo di dare conto della realtà del mondo, di quel "gran mare concitato dai venti" che è la storia (per dirla con la fondamentale metafora guicciardiniana che segna l'esordio della *Storia d'Italia*).

Ciò significa che i *Ricordi* non sono insomma un'opera terminata, né che si possa mai dire conclusa in se stessa: l'opera non si viene mobilmente facendo *fino a* raggiungere un termine dato, l'immobilità della forma compiuta, ma, al contrario, sembra quasi che la mobilità sia intrinseca all'opera, così che il farsi ed il rifarsi della scrittura dei *Ricordi* rappresenti una tensione irresolubile fra il pensiero vivo, *in fieri* e la scrittura stessa, dove il primo (il pensiero) sembra rimproverare alla seconda (alla scrittura) proprio la fissità definitiva che pertiene alla sua natura di segno immobile e duraturo. Sembra quasi, insomma, che Guicciardini sia alla ricerca di una (per lui tecnologicamente impossibile) *scrittura mobile*.

13. E' proprio questa natura profonda dei *Ricordi*, quella che ci appare la loro intrinseca e costituiva *mobilità*, che abbiamo cercato di rispettare e valorizzare grazie alle possibilità offerte da un'edizione elettronica (o informatica) dei *Ricordi* da me curata.

Si tratta di un'iniziativa della RAI Radiotelevisione italiana, e più precisamente della struttura Telesoftware (diretta da Pasquale Santoli) della divisione Televideo; gli utenti collegati, possono ora ricevere tramite il loro stesso televisore (cioè per via etere) anche una serie di edizioni di classici della letteratura italiana appositamente predisposti. Una normale scheda, disponibile sul mercato, consente di trasferire i segnali così trasmessi al proprio *personal computer*, assieme ad un semplice programma di gestione del testo (ed è superfluo ricordare quali e quanti trattamenti del testo siano già ora possibili con l'ausilio di un qualsiasi piccolo *personal*: dalla lettura automatica, con un semplice sintetizzatore di voce, per i non vedenti, fino all'analisi lessicale automatica, alla produzione automatica di Concordanze, Frequenze, etc.). Si tratta inoltre di un primo passo verso la produzione di veri e propri ipertesti dedicati ai nostri classici letterari.

Sono già disponibili, in questa veste elettronica, diverse edizioni, fra cui ricordiamo: un *Galateo* curato da Nicola Longo, un'edizione dei *Promessi sposi* curata da Massimiliano Mancini, una di *Senilità* a cura di Silvana Cirillo ed un *Fu Mattia Pascal* (con le varianti delle diverse edizioni) a cura di Giuseppe Gigliozzi.

In particolare nell'edizione dei *Ricordi* curata dal sottoscritto viene offerta alla lettura la redazione C (stabilita criticamente dallo Spongano) ma resta possibile per il lettore trascorrere da qualsiasi punto dell'opera ad un altro punto, sia percorrendo nella forma di lettura più tradizionale e normale (per così dire: in orizzontale) da un "ricordo" a quello successivo e precedente, ma anche attraversando l'opera (per così dire: in verticale) richiamando cioè, a partire da ciascun "ricordo" le precedenti redazioni di quello stesso "ricordo". E' inoltre possibile (sempre a partire dall'edizione critica dei "ricordi" C) accedere anche ad un'edizione più leggibile, cioè sostenuta da note esplicative ed informative, un'edizione che abbiamo definito "contemporanea", appunto per sottolinearne la maggiore leggibilità da parte di un lettore contemporaneo medio-colto.

E' forse ingenuo, ma incoraggiante, pensare che una simile edizione mobile della sua mobile scrittura sarebbe piaciuta a Francesco Guicciardini.

"Jehan de Paris"
ou La Naissance de la Renaissance

Per Nykrog

"Et qui estes vous?" dit le cappitaine.

"Je suis le roy de ce pays, et veez cy mon beau filz le roy d'Angleterre; si voulons semondre Jehan de Paris a venir aux nopces."

"Sire," dit le cappitaine, "ne vous desplaise, car je ne vous congnoissoye point, mais je congnois bien le roy d'Angleterre. A vous, sire, n'est riens fermé: si me mectray devant pour vous conduyre." Lors se mect devant, et le roy d'Espaigne qui tenoit l'aultre par la main, se mect après, avecq grant nombre de gens. Quant ilz furent en la salle du commun, ilz se esmerveillerent fort de la richesse de la tapisserie qui illecq estoit.

Tantost le cappitaine alla hurter a la chambre du conseil, et dit a ung des huissiers que le roy d'Espaigne et d'Angleterre estoient a la porte, qui vouloient parler a leur seigneur. Tantost sortit le chancelier de la chambre, accompaigné bien de cinquante barons en ung moult bel et riche estat, entre lesquieulx estoient les ducz d'Orleans et de Borbon, et plusieurs aultres ducz et contes anciens, car tous les jeunes princes, Jehan de ‖ Paris les tenoit avecques luy, du nombre des cent que avez ouy cy devant. Le chancelier receut moult honnorablement les roys et leur compaignie. Si dit le chancelier au roy: "Sire, que venez vous icy faire, qui avez tant de passe temps en vostre palaix? Vous soyez le tresbien venu en vostre mesme terre."

"Certes," dit le roy, "je ne me pourroye tenir de venir veoir Jehan de Paris, et le semondre que son plaisir soit venir jusques a mon palais et le sien, veoir les dames, que moult fort le desirent; si vous prie que a luy me fassez parler s'il est possible."

"Par Dieu, sire, il est bien aisé a faire, car il y a exprès commandement que a vous riens ne soit cellé ne fermé, si povez entrer par jour et nuyt, et commander comme en vostre maison."

"Grantz mercis", dit le roy.

Ce qu'on vient de lire est une page de *Jehan de Paris*, prise dans le secteur où ce petit roman – ou cette longue nouvelle – se précipite vers son dénouement et sa conclusion[1]. La situation est évidemment absurde – ceci est "une histoire joyeuse" [3] – mais pas tout à fait aussi absurde qu'elle n'en a l'air à l'état isolée: Jehan de Paris n'est autre que le jeune et fringant roi de France, qui est venu à Burgos incognito pour y assister aux épousailles royales sous un vague nom de circonstance, prétendant être le fils d'un riche bourgeois parisien. Il vient de faire une entrée fracassante dans la cité, déployant une armée à forcer le respect, une richesse fantasmagorique et un luxe éblouissant. A la cour on ne parle que

---

[1] *Le Roman de Jean de Paris*, édité par E. Wickersheimer (SATF, Paris 1923). Les chiffres entre crochets renvoient aux pages de cette édition. Voir aussi de la même: *Le Roman de Jehan de Paris – Sources historiques et littéraires, Etude de la langue*, Thèse Paris 1925.

de lui. Le roi d'Espagne avait envoyé un émissaire distingué pour l'inviter, mais son message n'avait pas été reçu: il faut que le roi se présente en personne. Ici, les deux rois passent le second des cordons de gardes armés qui protègent le mystérieux étranger selon toutes les règles de l'art militaire.

Le récit savoure avec un plaisir évident l'ambiguïté de la situation ainsi établie: "Vous soyez le tres-bien venu en vostre mesme terre", comme salutation à un roi est d'une incongruïté parfaite. Nous les lecteurs savons que ce sont les ducs de Bourbon, d'Orléans, etc. qui parlent au nom du roi de France (mais si nous avons tant soit peu de connaissance de l'histoire de la France au XVe siècle, nous aussi sommes considérablement déconcertés de rencontrer des seigneurs aussi illustres dans une fonction aussi modeste). Ceux de l'autre côté, par contre, sont totalement mystifiés: les deux rois régnant sur de grands et prestigieux pays entrent ici, la main dans la main, comme deux petits garçons, yeux écarquillés et bouche bée, dans ce qu'ils doivent prendre pour le logement improvisé d'un simple bourgeois en voyage.

Derrière eux il y a le roi du Portugal, le roi de Navarre et le roi d'Aragon, dans le groupe des attendants anonymes – attentifs, soupçonnant quelque supercherie qu'ils n'arrivent pas à pénétrer. Derrière eux encore, à la cour royale, il y a les dames, reines et princesses de tous les royaumes hispaniques, qui se meurent de curiosité en attendant l'issue de cette rencontre. En premier lieu, évidemment, la mariée elle-même, l'Infante de Castille. Quand elle voyait "Jehan" faisant son entrée dans la ville, jeune et radieux sur son cheval magnifique, "elle devint si roge qu'il sembloit que le feu luy sortist du visaige" [66]. Le roi de Navarre, qui a de l'esprit et qui se trouvait à côté d'elle, l'avait remarqué et avait pressé sa main discrètement.

Dans les deux camps, le récit est une orgie de titres seigneuriaux et princiers des plus prestigieux – cela dépasse de loin le niveau du conte populaire ou du conte de fées. Mais grâce à l'incognito ce n'est pas la dignité du roi de France qui tient les Espagnols tant en respect, c'est l'étalage arrogant de richesse et de puissance qui entoure un inconnu qui ne semble avoir aucun droit à un statut particulier de par son rang personnel et social. Le camp mystifié se trouve prêt à avaler plus d'une insolence à peine voilée sous l'impression du pouvoir fabuleux que ce beau jeune homme au nom insignifiant a à sa disposition. Le roi de Navarre l'avait dit: ce serait mal avisé de contrarier un seigneur pareil. "Je croy que au demeurant du monde n'a point tant de richesse que aujourd'uy nous en avons veue" [67]. Qui sait? Cet étranger pourrait être un nouveau Jacques Cœur, un Fugger, un Médicis. Des financiers bourgeois avait été des alliés précieux même pour des grands rois dans ces derniers temps.

Donc ils se sont décidés à faire bonne mine à tout, et à prendre les choses comme elles viennent. Le roi doit apparaître en personne. Le capitaine dit: Oh, pardon, je ne savais pas qui vous êtes. Le chancellier dit: N'avez-vous pas autre chose à faire? Son jeune maître ne vient pas à l'encontre du roi d'Espagne même quand il a appris qui il est. Les deux rois sont accueillis avec une politesse qui est en fait une insolence ironique, mais ils se bornent à proférer leur invitation, et quand on leur permet d'entrer, ils remercient timidement comme des petits écoliers bien élevés.

Voici un sommaire de cette histoire bizarre: Le roi d'Espagne, incapable de maîtriser des vassaux rebelles, s'était enfui à Paris pour implorer l'aide de son ami le roi de France. En bon voisin, celui-ci avait accompagné son confrère dans son retour, avec une forte armée qui avait aussitôt remis les insurgés à leur place. Pour sceller leur amitié les deux rois avaient décidé de marier, quand le temps serait mûr, Jehan, le Dauphin de France qui avait cinq ans, et Anne, l'Infante de Castille qui était encore dans les langes.

Quinze ans plus tard le Dauphin, maintenant roi de France quoiqu'encore sous la tutelle de sa mère, apprend que le roi d'Angleterre (ces rois n'ont pas de noms propres) est en route vers Paris pour s'y approvisionner en bijoux et autres objets de luxe appropriés pour son mariage imminent avec la princesse espagnole. Après consultation avec sa mère, il donne ses ordres: lui-même restera à Vincennes pour ne pas rencontrer l'Anglais; on videra pour son compte le marché parisien de toute la fleur du luxe; une armée et un énorme train charriant les objets achetés et tout ce qu'il faut pour rendre une cour royale splendide s'achemineront vers Burgos par des chemins secondaires; une troupe de cent jeunes nobles et de cent pages est équipée uniformement avec le goût le plus exquis. Puis il se met un route vers l'Espagne, par la route d'Orléans, sans se hâter, entouré de cette belle compagnie.

Les Anglais prennent l'hameçon. Quand ils ont acheté ce qui restait à trouver à Paris et se sont remis en route vers Burgos, quelque peu refroidis, ils prennent contact avec ces voyageurs si élégants et lient amitié avec leur patron. Le jeune roi se présente comme Jehan de Paris, fils d'un riche bourgeois, et fait une vive impression sur ses nouveaux compagnons de route, en partie par la magnificence de son style de vie (il est précédé par une armée de fourriers qui préparent ses logements et sa table, alors que les Anglais couchent dans des auberges), en partie par certaines choses qu'il dit et qui font penser aux Anglais qu'il doit avoir la tête dérangée. Ainsi, quand ils lui demandent quel est le but de son voyage, il explique qu'il y a quinze ans son père avait posé un lacs pour y prendre une cane et que maintemant il veut voir si elle y a été en effet prise [42]. Les deux groupes se séparent devant Burgos, et le roi d'Angleterre s'en va rejoindre son futur beau-père.

Entretemps, l'armée et le train de chariots ont atteint le point de rencontre. "Jehan de Paris", maintenant en possession de tout son pouvoir et de toute sa splendeur, fait annoncer son arrivée imminente dans la ville. Les Anglais racontent des histoires sur lui, sur ses prodigalités et sur sa folie. Entrée épique de "Jehan" dans Burgos, précédé d'hommes-d'armes par milliers, de cavalerie, etc., d'hommes de cour et de quatre fois vingt-cinq chariots remplies de fournitures de table, de tapisseries, de vêtements, de bijoux, etc. Avec un effet familier aux contes populaires, la cour d'Espagne toute entière – et en particulier la jolie princesse – supposent une fois après l'autre que ce doit être là ce fabuleux Jehan, seulement pour apprendre que non, c'est un tel, ou encore un tel, de sa suite. Quand enfin il apparaît, à la fin du cortège, avec seulement une arrière-garde (cinq cent hommes-d'armes) derrière lui, il est, bien entendu, époustouflant. Les nouveaux arrivants remplissent un quart de la cité et y établissent leurs quartiers avec des précautions militaires, comme s'ils étaient une armée d'occupation. C'est à ce point que le roi tâche d'inviter "Jehan" à sa cour, dans une séquence qui mène à l'épisode reproduit ici.

"Jehan" reçoit ses visiteurs comme on peut l'imaginer. Puis il prend les devants: tenant les deux rois par la main, il entre dans le palais royal, va droit aux reines, les embrasse et s'installe entre elles, courtisant assidûment la princesse avec des allusions très franches à ce qui va lui arriver pendant sa nuit de noces, à peine voilées par des métaphores transparentes. Quand la conversation devient plus générale, on lui demande ce qu'il voulait dire par ses propos obscurs et "fous" pendant le voyage. Il les explique d'une manière qui fait voir qu'il est intelligent et subtil, et les Anglais primitifs et obtus.

Quand on en vient au mystère du piège et de la cane, "Jehan" révèle sa vraie identité et rappelle au vieux roi l'ancienne promesse de fiançailles qu'il avait oubliée. Il produit les vieux ducs comme témoins, et épouse la princesse au milieu d'une jubilation générale. L'Anglais s'en retourne dans son pays "moult marry et courrossé" [86]. La princesse, radieuse de bonheur, sort de la première nuit déjà enceinte "d'un beau filz, que despuis fut roy de France" [89]. Son époux lui fait comprendre que désormais elle doit s'habiller à la française, et elle ne demande rien de mieux. Puis il l'emporte avec lui à Paris, et ils y vivaient heureux jusqu'à la fin de leurs jours.

Cette petite histoire capricieuse et légère est restée populaire à travers les siècles, comme le prouvent les nombreuses éditions imprimées[2]. Son nœud thématique central est basé sur des éléments connus depuis longtemps: le stratagème du jeune amoureux qui rejoint son rival en route pour épouser sa bien-aimée et qui mystifie l'autre par des propos apparemment dénués de sens avait été utilisé au milieu du XIIIe siècle par Philippe de Beaumanoir dans son *Jehan et Blonde*[3]. La filiation est indubitable: les deux "Jehan" utilisent les mêmes mots à double entente. Mais comme c'est souvent le cas, la comparaison entre les deux textes est plus instructive par les différences que par les similarités.

---

[2] On en compte deux manuscrits, du XVIe siècle, et six éditions d'avant 1600 (1533, 1534, 1554, ca. 1580). Réimprimé au moins cinq fois dans le cours des XVIIe et du XVIIIe il était constamment dans la Bibliothèque Bleue (version considérablement édulcorée). Le XIXe siècle en vit des récréations sous forme de mélodrame (Marsollier, 1807) et d'opéra comique (musique de Boieldieu, 1812), plusieurs rééditions populaires et les premières éditions "sérieuses" (Leroux de Lincy, dans la Nouvelle Bibliothèque Bleue, 1842; Mabille, dans la Bibliothèque Elzevirienne, 1855, Montaiglon 1867).

[3] Philippe de Rémi, Sire de Beaumanoir: *Œuvres poétiques*, éditées par H. Suchier (SATF, Paris 1884-85), t. II: *Jehan de Dammartin et Blonde d'Oxford*, vv. 2495-2846. Là, c'est le futur beau-père qui "décodera" les propos apparemment insensés et qui va en tirer une excellente opinion du jeune prétendant inconnu. Car à ce moment de l'histoire les deux amoureux se sont enfuis ensemble.

Jehan de Dammartin était un noble français très mineur; son beau-père (qui ne savait rien du pacte de fiançailles que les deux jeunes avaient contracté) est le comte d'Oxford; son rival est le comte de Gloucester. Il n'y avait donc, dans l'ancienne histoire, aucune question du héros impressionnant qui que ce soit par une exhibition de richesses. Il n'y avait pas non plus d'intention dynastique derrière les fiançailles: Jehan et Blonde étaient unis par un amour intime, personnel et secret contre le monde des parents, et leur courage et leur fermeté les mène, à travers mainte situation menaçante, vers un bonheur final béni par l'Eglise sous l'œil affectueux et bénévole du comte d'Oxford aussi bien que du roi de France lui-même.

Dans *Jehan et Blonde*, l'épisode sur la route est un incident parmi d'autres dans un roman qui est thématiquement assez riche. Dans *Jehan de Paris*, ce même thème est pratiquement le seul qui donne de la substance narrative à un récit dont le but principal est d'exalter le roi de France: sa beauté, sa richesse, son savoir-faire élégant, son pouvoir et sa gloire – et sa puissance sexuelle. Ce qui nous ramène à l'abondance de titres nobiliaires et princiers qui remplissent l'espace narratif de cette histoire comme un splendide feu d'artifice.

Il n'y aucune indication de l'identité de l'auteur, mais les historiens sont d'accord pour penser que le livre doit avoir été écrit peu après 1495, sous l'impression du mariage du roi Charles VIII de France avec Anne de Bretagne (novembre 1495)[4]. On a fait observer qu'"Espagne" rime avec "Bretagne", et "cane" avec "Anne"[5]. Aussi, l'entrée fracassante de "Jehan" dans Burgos paraît savourer le souvenir glorieux de l'entrée colossale de Charles dans Florence le 17 novembre 1494[6]. Une lecture qui replace le texte dans ce contexte mettra en évidence une rangée de connotations significatives qui ne sont nullement évidentes pour le lecteur qui lit cette petite amusette à l'état isolé.

La campagne italienne de Charles VIII tourna mal vers la fin, mais dans ses débuts elle promettait d'être un succès magnifique, ouvrant des perspectives grandioses comme un rêve enchanteur. Quand Charles entra en Italie, tout semblait se plier à ses volontés. Tous les princes, le Pape non exclu, paraissaient être à ses ordres. A Florence il reçut tout Italie à une cour qui était éblouissante même pour les Italiens blasés: il prit les allures d'un seigneur des seigneurs. A la fin de février il entra dans Naples, portant cape impériale et quadruple

---

[4] Cette identification a été faite d'abord par Montaiglon. Elle a été reprise dans la thèse de Wickersheimer et approfondie par Omer Jodogne, dans *Le Roman de Jehan de Paris et Charles VIII*, Académie Royale de Belgique, Bulletin de la Classe des Lettres et des Sciences morales et politiques, 5e Série, t. LXV, 1979, 105-120. On y trouve aussi une revue des jugements de la critique littéraire des cent dernières années; ils sont en général très favorables. La discussion la plus importante est celle de Roger Dubuis: *L'Indifférence du genre narratif aux problèmes politiques du XVe siècle*, dans *Culture et politique en France à l'époque de l'humanisme et de la Renaissance – Etudes réunies et présentées par Franco Simone*, Turin 1974.

[5] Le texte donne le nom de la princesse une seule fois, comme par mégarde, dans une tête de chapitre [18]; celui de Jehan (le Dauphin) y est mieux établi [4, 89].

[6] Voir la thèse de Wickersheimer 48-54 et Omer Jodogne, op. cit. 117, qui renvoie à H.-Fr Delaborde· *L'Expédition de Charles VIII en Italie – Histoire diplomatique et littéraire*, Paris 1888, 458-60.

couronne: de France, de Naples et Sicile, de Constantinope, et de Jérusalem[7].
Par la suite il dut se replier avec une certaine hâte, mais une tradition solide
et bien établie en historiographie – non rompue dans les temps modernes – place
cette campagne assez mal réussie comme le commencement de la Renaissance
en France. Des Français avaient guerroyé en Italie avant, mais il semble que c'était
pendant et après cette expédition que les Français découvrirent la Renaissance
italienne pour de bon et subirent l'influence de sa civilisation. C'est un fait
indisputable qu'en architecture, un nouveau style fit son apparition pendant le
règne de Charles VIII. Sa contribution personnelle fut le château d'Amboise, le
premier des "châteaux de la Loire", et l'inspiration italienne y est évidente.

D'un autre côté, l'attitude de Charles en Italie, et l'histoire sur "Jehan de
Paris", montrent clairement que les Français de l'époque ne se voyaient pas
comme les disciples de qui que ce soit dans le monde, ni comme inférieurs à
aucune autre nation ou civilisation. Mais cela ne prouve pas, évidemment, que
la périodisation historique établie soit erronée. On n'a qu'à penser à du Bellay.

Une perspective historique un peu plus longue rendra significative une autre
facette de cet orgueil exubérant qui marque la représentation de la royauté
française dans le petit roman, nuance qui n'a pas été développée dans les études
citées ci-dessus. Depuis les années 1340 jusqu'aux années 1440, l'Angleterre et
ses rois victorieux avaient continuellement humilié la dynastie française, la
réduisant par moments à l'état d'une seigneurie locale mineure ("le roi de
Bourges"). Dans ces temps, au début du siècle, le duc de Bourgogne et ses
"Bourguignons", alliés aux Anglais, faisaient la guerre contre les "Armagnacs",
représentant le duc d'Orléans prisonnier en Angleterre, autour du corps presque
inerte du roi de France, et les ducs d'Anjou, de Berry, etc. étaient bien plus riches
et puissants que le roi. Ces terribles jours avaient fini au milieu du siècle, et de
son côté l'Angleterre avait pratiquement cessé d'exister dans le jeu des puissances
européennes: la Guerre des Roses absorbait toutes ses forces, politiquement aussi
bien que militairement. En même temps, le règne impitoyablement décidé de
Louis XI (1461-83) avait mis les seigneurs français au pas avec une main de fer,
rétablissant ainsi un pouvoir royal fort et centralisé en France.

Charles VIII avait hérité les fruits des vastes efforts de son père, et les avait
dans une certaine mesure menés à leur conclusion finale: en 1491 le duc d'Orléans
(futur Louis XII) avait été discipliné, et la même année Charles VIII avait résolu
le vieux problème de la Bretagne en épousant brusquement Anne de Bretagne
(douze ans), à la surprise de tous et sous le nez de Maximilien, roi de Rome et
fils de l'Empereur, à qui elle était solennellement fiancée depuis un an. Avant
ces fiançailles, Ferdinand le Catholique lui-même avait considéré cette partie
intéressante pour son fils Juan. Des événements politiques précis se profilent
donc derrière le petit conte, et en plus de cela il paraît plus que probable que
le conteur et son auditoire immédiat ont pu trouver un plaisir plus qu'ordinaire

---

[7] La grande stratégie de son expédition était de gagner Naples et de là attaquer les Turcs pour se
rendre maître de la Terre Sainte.

à une histoire dans laquelle le roi de France peut fouler le roi d'Angleterre aux pieds et le traiter comme un provincial assez marginal, peut faire aller et venir des ducs de Bourbon, d'Orléans, etc. comme autant de serviteurs obéissants, et peut laisser le roi d'Espagne devant sa porte à attendre, le chapeau dans sa main. L'expérience d'être une puissance continentale majeure était assez neuve pour les rois de France. Charles VIII pouvait se baigner dans une gloire inconnue à ses prédécesseurs immédiats, qui avaient le plus souvent eu à se battre pour leur vie. Louis XI avait fini par être très fort, mais il avait eu trop à faire pour pouvoir y prendre plaisir.

Ces connotations, purement historiques, peuvent être restituées à notre petit conte anodin avec un degré de probabilité qui tient de la certitude: le conteur et son auditoire immédiat ont pu penser selon ces ordres d'idées, consciemment ou inconsciemment, clairement ou obscurément[8]. Aussi sont-elles bien établies depuis longtemps. Une autre considération qui me paraît plus intéressante – tant, en effet, qu'elle est ma seule raison pour discuter ce texte ici – a un statut bien différent. Elle ne serait certainement pas venue à l'esprit d'un observateur de l'an 1500; elle ne peut exister que dans la perception d'un lecteur qui d'un grand éloignement dans le temps enveloppe rétrospectivement des siècles de littérature médiévale. Pour la développer, il faudra donc s'arrêter un moment pour évoquer brièvement quelques récits plus anciens.

Une narration médiévale typique, soit chanson de geste, soit roman, a un foyer d'intérêt principal: le héros que nous suivons et avec qui nous nous identifions plus ou moins. Il peut bien entendu y en avoir plusieurs, à tour de rôle. Roland, Guillaume d'Orange, Perceval, Lancelot, etc. sont les sujets des histoires de leur vie – ils sont les centres actifs dans l'univers raconté dans chaque texte. Mais à côté de ce centre actif et agissant, il y en a un autre, supérieur à celui qui est personnifié dans le héros. Il est normalement passif; c'est le roi, un duc ou quelque autre seigneur, placé plus haut dans la hiérarchie sociale, plus puissant, plus prestigieux, qui domine de loin la sphère dans laquelle le héros évolue. C'est, avec une netteté toute particulière, le roi Arthur chez Chrétien de Troyes, dont la fonction étrangement passive est celle d'être là et de recevoir le témoignage que les chevaliers actifs et agissants de la Table Ronde viennent lui faire sur leurs exploits dans le monde ambiant. La Table Ronde est en quelque sorte emblématique de ce type d'univers, où l'individu, le héros human, est pour ainsi dire en orbite autour d'un centre supérieur, plus absolu mais aussi plus passif et immobile. Le cercle du héros dont on nous raconte la vie peut être vu comme une sorte d'épicycle en dépendance de ce centre d'un autre ordre, qui n'est pas seulement supérieur hiérarchiquement mais qui tend à être hiératique, sacré.

Le cas de Charlemagne est plus complexe, car il y a plusieurs Charlemagne: il y en de bons et il y en a de mauvais. Là où il est bon, comme dans la *Chanson*

---

[8] On a relevé tant de détails dans le récit qui correspondent à des faits historiques précis qu'il paraît probable que l'auteur était pour le moins très proche de la cour du roi.

de Roland, il se conforme au schéma que je viens d'esquisser. Son importance est évidente, ce qui ne fait qu'accuser son impuissance étrange, presque désespérée, aux moments des grandes décisions: le choix de Ganelon comme ambassadeur, le choix de Roland pour commander l'arrière-garde. Il peut se battre personnellement, comme contre Baligant – le roi Arthur aussi, dans *La Mort Artu* – mais seulement lorsqu'il est menacé directement de mort ou d'agonie imminente. Autrement il reste statique. Le mauvais Charlemagne, dans les épopées sur les "barons révoltés", persécute impitoyablement des vassaux bons et nobles, mais même dans le plus profond de leur détresse, ces héros – Ogier le Danois, Renaut de Montauban, Huon de Bordeaux – respectent le Roi en lui, sinon l'homme. Le cas de Guillaume d'Orange est semblable: il méprise le roi Louis et pourtant il est prêt à tout faire pour lui en tant que vassal (*Couronnement Louis, Charroi de Nîmes*).

Le héros individuel est représenté comme faisant face à sa destinée personnelle, mais la présence d'un centre supérieur – qui peut dépendre de lui pour sa survie, ou avec qui il peut être en conflit mortel – place cet individu dans un ordre cosmique plus large: l'individu est pour ainsi dire "planétaire", positionné dans le Monde sur une orbite qui le fait graviter autour d'un centre hors de son monde personnel. Ce centre supérieur incarne l'ordre social, féodal, mais il est surtout un élément clef dans l'ordre métaphysique du Monde. Le roi placé au centre du monde social est un œil qui regarde le héros individuel, local, et le héros individuel est rattaché à l'Ordre du Monde par ce regard.

Dans *Ille et Galeron* par Gautier d'Arras, un contemporain de Chrétien de Troyes, il y a un duc de Normandie et un roi de Rome (un roi de France aussi, aux marges du récit); ils disparaissent successivement, ce qui laisse l'univers raconté en désarroi jusqu'à ce que le héros assume la place des deux et restaure ainsi l'Ordre du Monde. Plus près de *Jehan de Paris*, le *Jehan de Saintré* de La Salle (env. 1455) se déroule, comme histoire, entièrement dans le champ gravitationnel du roi de France et de sa reine. Même observation pour *Jehan et Blonde*, dessus mentionné: le comte d'Oxford, père de Blonde, est montré typiquement dans cet état d'attente passive, et au-dessus de lui plane la figure bénévole du roi de France. Même dans le *Guillaume de Dole*, par Jean Renart (env. 1225), où l'empereur Conrad est l'amoureux romanesque et le maître fort entreprenant d'une cour adonnée aux plaisirs, les personnages agissants dans le corps du roman sont le sénéchal méchant et la jolie jeune femme qui défend son honneur; l'empereur ne peut évidemment pas agir lui-même, c'est à peine s'il peut se déplacer tout seul. En quoi il ressemble à l'Arthur de Chrétien de Troyes: s'il a à se déplacer, c'est laborieux et lent, exigeant des préparatifs complexes (*Yvain*). Les règles du jeu d'échecs reflètent avec netteté cette conception du roi et de ses hommes. Tout ce qu'un tel supérieur hiératique peut faire, normalement, est être là, observer et recevoir – soit, éventuellement, intervenir vers la fin de l'histoire pour consacrer ou punir, venger ou récompenser.

Comme structure, cette configuration quasiment omniprésente dans les fictions médiévales (l'histoire ou la pseudo-histoire peut être différente) correspond au modèle du Monde mis en scène dans le *Jeu d'Adam* (fin XIIe siècle). Le foyer de notre intérêt devient vite Adam et Eve, puis Abel et Caïn, mais ces personnages humains sont explicitement "en orbite" autour d'un centre absolu, Dieu ("Figura"), qui met l'action en marche, puis reste passif et absent, même caché, pendant que les humains agissent pour eux-mêmes. Puis Il réapparaît, vers la fin de chaque épisode, pour passer jugement et pour punir. Dans le mythe cosmologique fondamental comme dans les univers racontés, le centre agissant dans ce qu'on appelle l'Histoire est le héros individuel, l'Homme, mais il n'existe que parce qu'un Ordre du Monde est maintenu par un centre hiérarchique, hiératique, sacré et saint qui est en place hors du monde personnel du héros: dans le roi (ou dans quelque autre seigneur) et dans Dieu. Quelques-uns des textes les plus douloureux de la seconde moitié du XIIIe siècle sont tragiques précisément parce que le centre immédiatement supérieur au héros trahit son devoir sacré: dans *La Chastelaine de Vergy* le duc et la duchesse manquent tous les deux à leur obligation morale, et dans *Le Vair Palefroi* l'oncle qui devait être le protecteur du héros le trahit pour son propre profit. Le pauvre Rutebeuf souffrait des tortures morales terribles (*La Mort Rutebeuf*) parce qu'il voyait les deux centres hiératiques de son univers, le roi et le pape, tombés dans la dépendance de suppôts du Diable (les Franciscains, qu'il avait adorés lui-même autrefois), et que pourtant il ne pouvait pas croire qu'il en soit ainsi mais devait craindre d'être devenu lui-même la proie du Diable.

Dans *Jehan de Paris* le jeu apparemment innocent que joue le héros embrouille ce modèle fondamental et bien établi d'une manière tout-à-fait déroutante. Les Anglais et les Espagnols, les rois surtout, sont complètement confondus et troublés, car ils croient opérer à l'intérieur de l'ordre normal, dans lequel ils seraient eux-mêmes les centres hiérarchiques et supérieurs. Mais ils n'arrivent pas à y faire une place pour le "Jehan" qui a fait son entrée à Burgos: sa désinvolture parfaite avec les rois les surprend, mais ils tombent tous sous le charme [77]⁹. Les Français, par contre, (et les lecteurs) peuvent rire, car ils savent que l'Ordre est en effet intact, quoique manifesté d'une manière nouvelle, inouïe dans les récits fictifs antérieurs. L'ambiguïté ainsi perçue des deux côtés, de deux manières différentes, permet d'attribuer à cette histoire une signification symptomatique qui ouvre des perspectives considérables.

La mystification présente "Jehan" comme un personnage périphérique, "planétaire", dont l'importance hiérarchique est mince et le statut hiératique nul. Selon la fiction mystificatrice, le roi d'Espagne devait être le "Roi Soleil" de ce système ou de cette constellation. Le caractère non central de la place que "Jehan" a choisi pour lui-même est souligné par sa prétention d'être un bourgeois: il aurait pu se donner le rang d'un simple chevalier ou d'un petit noble, mais il tient évidemment à pousser son personnage dans les sphères hiérarchiques basses, aussi loin que possible de la royauté. D'un autre côté, quand enfin le roi de France révèle sa vraie identité, il est plus "roi" que le roi raconté

---

⁹ La princesse, elle, pense vaguement au roi de France quand elle voit toutes les richesses [58].

traditionnel. Même Charlemagne n'avait pas été empereur de Constantinople, et Arthur n'avait pas été empereur de Rome; Charles VIII avait prétendu à toutes les deux de ces dignités, ajoutant Jérusalem pour bonne mesure. Dans la même veine, le jeune roi dans Jehan de Paris a tout, et tout le monde fléchit devant lui: il n'y a pas, selon cette histoire, de puissance au monde qu'il soit tenu à respecter, et il n'y a pas, dans le monde entier, de richesse et de pouvoir tels que ceux qu'il peut déployer.

A l'intérieur de son camp il n'a pas de rivaux, pas de vassaux indépendants ou agissant librement. Sa troupe de jeunes nobles est anonyme, tous habillés par lui, uniformément. Le roi donne ses ordres, et ducs et princes obéissent comme autant de valets ou de serviteurs. Quand le roi apprend que son confrère d'Angleterre approche et quelles sont ses intentions, il improvise sur-le-champ un scénario fabuleux, et tout le monde doivent jouer les rôles qu'il leur y assigne: les marchands de Paris doivent vendre tout le meilleur de leur stock en un clin d'œil, une vaste armée est mise en branle, tous gardent le secret et font ce qu'on leur dit de faire, avec la docilité d'un chien savant, même ceux qui s'appellent Normandie, Orléans, ou Bourbon.

Mais si, ainsi, il est la tête, le centre absolu et le pouvoir absolu, à l'extérieur comme à l'intérieur, quand son identité est révélée, cela ne veut pas dire qu'il soit un centre hiératique, l'incarnation d'une fonction, comme ces rois médiévaux dont la passivité était due à leur statut sacré, au fait qu'ils personnifient l'Ordre de Monde. Il est jeune, il est charmant, il est actif, il est espiègle, il est arrogant, et avant tout il est le héros agissant dans une aventure personnelle qu'il se construit autour de lui-même. C'est un personnage humain qui engage son corps très directement. Peut-on imaginer une histoire où le roi Arthur, ou Charlemagne, ou saint Louis, va s'asseoir entre les reines, les embrasse sans permission et se met à taquiner une mariée rougissante sur les "combats" qu'elle va bientôt avoir à livrer dans le lit conjugal [79]? Ce ne sont pas des manières royales, ça, c'est peuple, décidément. Il faut dire que la princesse sait lui donner une riposte digne mais coulée dans le même style [ibid.]

L'originalité structurelle de ce conte – et elle est grande – consiste dans la superposition des deux centres traditionnels, le centre de gravité absolu et le centre de l'épicycle, d'une manière telle qu'ils coïncident, pour ainsi dire, sans perdre les traits positifs qui les caractérisaient respectivement. En tant que roi de France, "Jehan" est roi puissant autant et plus qu'Arthur et Charlemagne combinés. Mais il n'est plus le prisonnier de la passivité hiératique, ni courbé par l'âge vénérable qui limitaient les possibilités du roi sacré traditionnel. D'un autre côté, en tant que "Jehan de Paris" il n'a même pas besoin d'exhiber un titre impressionnant: tout ce qu'il a à faire est de jouer les deux atouts qui sont sa richesse apparemment illimitée (y compris une armée à faire trembler), et son corps, son Moi jeune et radieux (qui fait monter le sang dans les joues de la princesse) et son esprit décontracté et amusant. Par ces traits – qui sont ceux qui subjuguent les rois d'Espagne et d'Angleterre à un tel point qu'ils viennent humblement frapper à sa porte – il est de la lignée, non pas de Charlemagne et d'Arthur, mais des héros-aventuriers individuels dans les fictions traditionnel-les: Gauvain, Erec, Guillaume d'Orange, Huon de Bordeaux.

Il s'est libéré des contraintes qui pesaient sur les rois médiévaux et qui limitaient leur action, mais il a retenu leur statut et leur puissance. Il a retenu la liberté d'action et l'individualité des anciens héros agissants, mais il s'est libéré de leur dépendance d'un centre supérieur. Corporellement intense et politique-ment agisssant il a pris la forme du Prince de la Renaissance, dans le plein sens de Machiavel: Il Principe.

Rien d'étonnant donc à ce que les deux premiers éditeurs sérieux en temps modernes, Leroux de Lincy (1842) et Ernest Mabille (1855), aient vu en Jehan de Paris une exaltation fictive de François Ier.

Aux débuts de la littérature française médiévale, dans le *Jeu d'Adam*, le Diable avait tenté Adam en lui promettant que "Quanque vuldras porras faire" (v. 163), et Caïn avait montré son orgueil criminel en déclarant à son frère: "Del toen aver poez faire ta bonté / E je del mien frai ma volonté" (v. 616s). Aux débuts de l'ère moderne, dans *Gargantua*, Rabelais ne donne qu'une seule règle à ses Thélémites – sans y voir ni tentation diabolique ni orgueil criminel: "Fay ce que vouldras". "Jehan de Paris" tient un langage étonnamment semblable quand l'Anglais souhaite que son voyage le mène en Espagne:

> Certes, dit lors Jehan de Paris, a l'aventure si fera il, car si le vouloir m'en prent, je l'acompliray, s'il plaist a Dieu; a autre chose ne suis je subject après Dieu, sinon a mon vouloir, car pour homme qui vive ne feroys que a ma volonté [38].

De même plus loin, quand l'Anglais, devant Burgos, lui demande s'il pense s'y rendre:

> Par mon serment, respondit Jehan de Paris, a l'aventure que je iray, a l'aventure que non, selon que je trouveray en moi. [43]

Propos ambigus: ce n'est pas un grand coupable qui parle et qui agit selon le Diable, mais ce n'est pas un innocent et pur Thélémite non plus[10].

Jehan est un roi, et cela est rassurant, car cela veut dire qu'il soutient toujours l'Ordre du Monde et qu'il a un certain droit à parler ainsi. Pourtant ce n'est pas en tant que roi qu'il tient ces propos: pour l'Anglais comme plus tard pour le roi d'Espagne, il aurait pu être un fils de banquier, ou de condottière, ou de quelque autre personnage de cet ordre. Ce qui est important est qu'il a du pouvoir et de la puissance (dans tous les sens de ce mot), et qu'il s'en sert. A ses propres yeux, il est un être humain complètement libre, il peut faire tout ce qu'il veut. Il est responsable devant rien et devant personne. Il peut être roi et bourgeois, institution et corps, centre absolu et héros local, Jehan de Saintré et Damp Abbé, en une seule et même personne.

---

[10] Les Thélémites sont évidemment en dépendance de Gargantua, mais Gargantua à son tour est à la fois grand roi et petit châtelain local comme il est à la fois géant et homme ordinaire. Il vit et voyage en France, mais c'est dans une France où il n'y a ni roi ni ducs: Gargantua n'a pas de suzerain, il n'est pas un vassal, il est un homme libre.

Il représente un nouveau modèle de l'Homme, charnel et libre, qui n'a d'autre règle de conduite que sa propre volonté et fantaisie. Ce modèle, le modèle de la Renaissance, est traditionnellement considéré comme admirable parce qu'en concentrant son attention sur lui on oublie facilement qu'il ne peut exister qu'en un seul exemplaire à la fois – un tel homme n'aurait pas pu prendre place à la Table Ronde où tous sont égaux, sans préséance. Dans l'absence d'un centre supérieur, hiératique, la caractéristique prédominante de ce nouveau modèle individualiste à outrance est sa volonté absolue de manifester son Moi, au dépens de tous les autres, un besoin inhérent de s'assujetir tous les autres et les tenir en obédience, "car chaque moi est l'ennemi et voudrait être le tyran de tous les autres"[11]. Descartes, dans ses rêveries enthousiastes de 1620, s'était laissé engouer par la perspective d'une domination absolue sur le monde – le *Discours de la Méthode* s'en ressent encore même si après le procès de Galilée il avait dû déchanter et se contenter de sa "morale par provision". Une bonne partie de la littérature postérieure, de Pascal et de La Rochefoucauld à Samuel Beckett (*Fin de partie*) en passant par les héros romantiques, s'occupe des conflits de plus en plus poignants qui surgissent naturellement d'une telle attitude.

Ici, c'est encore un jeu, une simple mascarade. Le temps n'est pas encore mûr. Le jeune roi Jehan se sert de sa liberté absolue pour faire une espièglerie colossale, politiquement importante peut-être mais si aimablement enjouée que le lecteur oublie facilement qu'il est en fait un égoïste pur, un égocentrique absolu, un despote totalement irresponsable. Il annonce une ère brillante sans doute, dans laquelle beaucoup d'hommes nouveaux tâcheront de vivre plus ou moins magnifiquement selon ses principes, mais pour cette même raison cette ère sera terrible aussi, tragiquement déchirée par des luttes sanglantes et implacables.

---

[11] Pascal, *Pensées*, Laf. 597, Br. 455: "Le Moi est haïssable ..."

La source d'Yvain
Remarques sur quelques traits archaïques dans Le Chevalier au lion

Morten Nøjgaard

Les générations littéraires qui succèdent à celles des chansons de geste ont laissé à la postérité trois cycles épiques sans cesse renouvelés et recréés jusqu'à notre époque:

1. Tristan et Iseult.
2. La quête du Graal.
3. Les romans d'Arthur.

Il est étonnant que ces trois cycles, qui organisent sans conteste la matière narrative la plus riche inventée par le moyen âge français, aient tous été créés au cours de la deuxième moitié du XIIᵉ siècle en une sorte de "big bang" romanesque.

Les traits communs de cette immense littérature sont de mettre en scène des personnages inconnus de la tradition culturelle gallo-romaine, de retracer des aventures et des milieux d'une tonalité indiscutablement payenne et archaïque et, enfin, de situer cet ensemble narratif dans des localités jusque-là ignorées des littératures européennes: la Bretagne et, surtout, le pays de Galles et la Cornouaille. Tous ces traits indiquent clairement que ce qui a déclenché la créativité fabuleuse des conteurs du XIIᵉ siècle est la rencontre avec une tradition narrative neuve (par rapport aux cultures germaniques et gréco-latines), savoir les contes légendaires des bardes celtes dont les poètes français prennent connaissance à l'occasion de la conquête normande de l'Angleterre.

Il semble bien que la matière épique des trois grands cycles diffère en âge si l'on s'en tient à leur utilisation de cette tradition "neuve". Ainsi le cycle de Tristan renferme sans doute les éléments les plus anciens, puisque sa substance narrative paraît entièrement empruntée au légendes celtes, peut-être d'origine irlandaise. Trait inédit dans la tradition continentale, il s'agit d'une histoire maritime atlantique et la nature des relations érotiques qui forment le fond de son intrigue reste foncièrement non chrétienne. Le cycle d'Arthur est d'origine plus récente, alliant toutes sortes d'éléments chrétiens et féodaux à des légendes galloises de provenance fort diverse, reflétant notamment les luttes des autochtones contre l'envahisseur saxon. Enfin, l'histoire du Graal semble une invention tardive, d'inspiration essentiellement chrétienne et dont les sources secondaires éventuellement celtes sont fort difficiles à identifier.

Le thème de ce petit essai est de retracer quelques éléments archaïques dans le cycle arthurien de Chrétien de Troyes. Nous nous occuperons uniquement du roman Le chevalier au lion (appelé communément *Yvain*), rédigé probablement à Troies, entre 1177 et 1179, à la cour de Marie de Champagne, parce que cette œuvre a récemment fait l'objet d'une étude exhaustive des sources arthuriennes: Trond Kruke Salberg, *La Mabinogionfrage "Yvain" – "Owein" et l'origine de la matière de Bretagne*, Trondheim 1989. A côté des sources latines, le document de loin le plus important pour évaluer les éventuels emprunts faits par Chrétien aux légendes celtes est une assez courte nouvelle qui figure dans une collection manuscrite rédigée en langue galloise et éditée sous le titre de *The mabinogion* (traduction anglaise par Gwyn Jones et Thomas Jones, Londres 1948, rééd. 1984). Certains des textes plutôt hétéroclites de ce manuscrit doivent être fort anciens, mais la rédaction qui nous est parvenue est de toute façon postérieure à Chrétien. La nouvelle en question, intitulée "The Lady of the Fountain", est si proche d'*Yvain* par l'intrigue, les personnages et les lieux de l'action qu'il existe sans doute possible un rapport quelconque de filiation entre les deux textes. Seulement nous ignorons tout de la date de la rédaction originale du conte gallois, ce qui fait que les hypothèses qu'on peut établir concernant l'âge reculé de certains traits narratifs de Chrétien restent entachées d'incertitude.

Un premier trait frappant est que tous les romans de Chrétien mettent en scène des drames amoureux postérieurs au mariage des protagonistes, alors qu'à partir du *Roman de la rose* le thème exclusif de la littérature amoureuse européenne va être la naissance de l'amour avant le mariage; on concevra désormais une histoire d'amour comme la réalisation d'un rite d'initiation: une fois le seuil du mariage passé, le destin du personnage est accompli et il n'y a plus d'histoire à raconter.

Ce trait tient en partie à la doctrine de la "fine amor", qui n'a rien à voir avec la "matière de Bretagne", mais il semble aussi conserver des réminiscences d'une société où l'état virginal de la femme, caractère fondamental de l'histoire amoureuse proprement européenne, n'a aucune place dans la conformation de l'idéal amoreux. Il est remarquable que, dans *Yvain*, l'héroïne, Laudine, ne soit pas vierge; elle épouse Yvain très peu de temps après le décès de son mari (trait réservé par ailleurs à la littérature satirique), blessé à mort par Yvain lui-même. Or, cette absence de virginité ne joue aucun rôle ni n'est seulement mentionnée dans Chrétien. Il est même possible que cette union reflète les habitudes claniques de rapt de femme figurant p.ex. dans certains récits des *Mabinogion*, puisque c'est la mise à mort du chevalier noir mari de Laudine qui permet à Yvain de prendre possession de son royaume.

De même que Chrétien a refoulé la violence sexuelle sans pour autant pouvoir entièrement la supprimer, ainsi il a édulcoré le caractère lubrique d'Arthur, tout en en conservant une trace. Au début du *Chevalier au lion*, nous voyons Arthur céder à un besoin érotique au beau milieu du festin de la Pentecôte: il se retire dans sa chambre accompagné de la reine, au grand scandale des chevaliers réunis. Curieusement, ce trait ne figure pas dans *Mabinogion* (qui l'implique pourtant: Arthur se retire et Guenhwyfer, la reine, ne fait son apparition qu'après le récit de Cynon), mais il est conforme à la tradition *insulaire* d'un Arthur infidèle et volage; ainsi, dans *Vita sancti Cadoci* (avant 1100) nous le voyons enflammé de désir pour la jeune fille Gladusa. Dans l'œuvre de Chrétien, Arthur respecte bien sûr inébranlablement la fidélité conjugale, mais il est remarquable que Chrétien ait conservé le type "archaïque" du guerrier volage et, chose étonnante, c'est au chevalier parfait, Gauvain, qu'il attribue ce caractère! Celui-ci représente dans *Perceval* le type même du galant volage et dans *Yvain* nous apprenons qu'antérieurement aux événements du récit, Gauvain a séduit Lunete, la servante de Laudine, à la cour d'Arthur.

Dans la trame du récit de Chrétien, c'est par ailleurs Kei qui est devenu le bouffon de la fable. Or, dans la tradition galloise, c'est Kei qui a la place comme le premier des compagnons d'Arthur et le miroir du chevalier accompli. Gauvain n'est que le messager attitré du roi, office qui cadre bien avec son caractère de volage et semble donc refléter la répartition primitive des rôles à la cour d'Arthur. Aussi bien, Chrétien en conserve-t-il un souvenir, puisque c'est à Kei, et non à Gauvain, qu'Arthur concède la faveur de combattre le chevalier de la fontaine (v. 2218 sqq.).

En général, Chrétien a parfaitement réussi à substituer aux rudes mœurs claniques les manières policées de la société féodale de son temps. Mais il reste des scories. En bons seigneurs féodaux du XIIe siècle, les héros arthuriens de Chrétien sont animés de la passion du tournoi, au point qu'à l'instigation de Gauvain, Yvain abandonne sa femme pour aller tournoyer de par le monde: l'amour cède le pas au jeu guerrier! Tout s'explique dans la version galloise qui ignore bien sûr la coutume tardive des tournois: c'est le roi Arthur lui-même qui demande à Owein de l'accompagner à la cour "pour être présenté aux nobles de l'île de Bretagne", trait clairement clanique. De même *Mabinogion* mentionne à la fin la "hird" d'Owein, fils du roi Urien, garde ayant naturellement une existence parfaitement indépendante de la cour d'Arthur. Chrétien ignore ce détail, parce qu'il transforme Yvain de chef clanique, chef qui, à la fin de la nouvelle, part de la cour arthurienne pour relever son héritage, tout à fait comme dans *Erec et Enide*, en héros de la vertu conjugale, restant auprès de la dame de la fontaine, après avoir surmonté le vieil Adam, c.-à-d. la passion du tournoi. Puisqu'au départ, Chrétien concordait avec *Mabinogion* pour présenter Yvain comme l'héritier de son père, le roi Urien, cette fin trahit un rafistolage peu convaincant.

Quoi qu'il en soit, la fin de Chrétien constitue en elle-même un mystère. Dans un roman arthurien de l'Ile de France (prototype: *Erec et Enide*), la fin se compose du retour triomphal à la cour d'Arthur, le héros ayant visité l'"autre monde" où il a victorieusement affronté toutes sortes de dangers. Voilà effectivement la fin du conte gallois (qui ajoute seulement le trait réaliste du départ vers le royaume paternel). Or, Chrétien conserve peut-être ici une version beaucoup plus "primitive" que la version légèrement "arthurisée" des *Mabinogion*. Si l'on accepte comme original le titre proposé à la fin du manuscrit gallois "La Dame de la fontaine", il s'agit à l'origine d'un conte de fée aquatique. Dans un tel conte, le héros qui a su "apprivoiser" la fée, acquiert le royaume (et le lit) de la belle dangereuse, où il restera bien entendu jusqu'à la fin de ses jours. Ne voilà-t-il pas la fin du *Chevalier au lion*? Logiquement, l'intrigue finit avec la délivrance de Lunete et la réconciliation entre les deux époux qui en résulte directement.

Cette hypothèse, qui reste totalement spéculative, ne résoud pas le problème de la place de l'épisode de "Pesme Aventure", dont la trame est commune aux deux versions. *Mabinogion* le situe à la fin, lorsque Laudine et Yvain sont en chemin vers la cour d'Arthur; Chrétien la place plus avant, parce qu'il veut terminer son récit par le duel judiciaire entre Gauvain et Yvain, épisode beaucoup plus propre à marquer le point culminant de l'évolution morale du héros. Ainsi ni Chrétien ni l'auteur de la *Dame de la Fontaine* ne respectent la structure originelle du conte de la fée déesse de la source.

Souvent les élément archaïques se présentent ainsi "en creux": absents, ils perturbent l'harmonie de l'adaptation féodale. Un bon exemple est la place du duel fratricide entre Gauvain et Yvain, point sur lequel les deux versions diffèrent radicalement. Chrétien le situe à la fin de son récit (juste avant la réconciliation définitive avec Laudine), comme le point culminant du rachat moral de son héros, alors que *Mabinogion* le place au milieu, lorsqu'Arthur, parti à la recherche d'Owein, trouble la fontaine enchantée. A ce moment de l'intrigue, Chrétien ne fait combattre que le seul Kei. Or, selon le texte français lui-même (vv. 686–88), les deux chevaliers, Kei et Gauvain, combattront peut-être à la fontaine, comme cela arrive effectivement dans *Mabinogion.* Tout parle donc ici pour la primauté de la séquence galloise, d'autant plus que c'est la seule qui rende compte naturellement du fait que nos deux preux ne finissent pas par s'entretuer: dans *Mabinogion* Owein cesse le combat et révèle son nom au moment où il a fait tomber le heaume de son adversaire en qui il a reconnu son cousin et plus proche ami Gauvain. Chez Chrétien, c'est sans aucune raison, par simple caprice, que les deux combattants consentent à révéler leur identité l'un à l'autre, justification entièrement gratuite de la cessation nécessaire de la joute. Cette ficelle est d'autant plus grosse que lors du duel à la fontaine entre Yvain et Kei, c'est le roi Arthur qui demande à Yvain de révéler son nom, après que celui-ci a définitivement vaincu Kei (à qui il laisse généreusement la vie), transposition évidente de la situation des *Mabinogion.*

M. Salberg 98 sqq. pense que le duel judiciaire, inconnu du conteur gallois, représente un des traits primitifs de Chrétien; à mon avis, il s'agit indubitablement d'un thème "moderne" et féodal, probablement introduit par Chrétien pour corser son récit et en assurer la progression dramatique (cf. supra). Toutefois je concède que l'explication n'est pas simple, car cet épisode traduit lui aussi un certain rafistolage permettant de penser à des emprunts à des textes plus anciens. En effet, la sœur aînée qui refuse de céder une part de son héritage à sa cadette, en sorte que celle-ci, par dépit, en réfère à la justice d'Arthur et finalement à celle de Dieu, reste légalement dans son droit selon le droit franc coutumier de la France du Nord (le droit d'aînesse). Aussi bien est-elle défendue par le preu numéro un (chez Chrétien), Gauvain. Comment, dans ces conditions, Yvain, redevenu l'égal de Gauvain, peut-il accepter de défendre la cadette?

Mystère. Le duel judiciaire est complètement inutile pour l'intrigue d'*Yvain* (mais essentiel pour le message moral de Chrétien...) et il est significatif que le lion n'y joue aucun rôle.

L'état actuel de nos connaissances ne permet pas de conclusion en ce qui concerne le rapport de filiation entre nos deux contes d'Yvain, mais je pense que les observations que nous venons de faire prouvent en tout cas que l'un ne peut pas dériver de l'autre et que Chrétien a dû utiliser des sources narratives reflétant une société archaïque de type clanique, ce qui me semble appuyer fortement l'hypothèse de l'existence de contes gallois parvenus par des chemins qui nous demeurent inconnus à la connaissance du grand poète champenois. La version des *Mabinogion* ne reproduit certainement pas la source de Chrétien, mais celui-ci ne constitue sans doute pas non plus la seule source du barde gallois responsable du texte que nous connaissons. Celui-ci a-t-il connu le conte de Chrétien? Cela n'est pas sûr...

Bel-Ami – un primate dans la jungle parisienne

Vagn Outzen

Les lectures de *Bel-Ami* sont déjà nombreuses, en attendant que le Klapp allonge la liste avec les articles parus à l'occasion du centenaire de la mort de Maupassant. Si j'ose en ajouter encore une, en regardant le texte comme les enfants s'amusent à regarder les singes au Zoo, c'est pour souligner un aspect naturaliste et élémentaire, dans le sens étymologique des deux mots, qui peut-être a été un peu négligé jusqu'ici. Il y sera question encore une fois de l'eau chez Maupassant, tout le monde en parle plus ou moins, mais ce sera sans omettre le feu nécessaire.

*

L'intérêt porté à Maupassant a été constant – et l'engouement de l'étranger pour son oeuvre n'a pas été des moindres; il semble pourtant possible de parler d'une redécouverte de notre auteur qui se situe autour de 1970.

Préparé par les nouvelles éditions critiques de ses oeuvres, Albert-Marie Schmidt 1956–59, Gilbert Sigaux 1961–62, Pascal Pia 1969–71, avant l'entrée dans la Pléiade 1974, où le texte a été établi par le grand spécialiste actuel Louis Forestier, à quoi il faut ajouter les trois volumes de chroniques en 10/18 par Hubert Juin en 1980,– le foisonnement de thèses et de monographies importantes parues depuis les années 70 atteste ce renouveau. Promotion encore par le film de Pierre Cardinal tiré de *Bel-Ami* et par celui de Michel Drach 1982 sur Maupassant, sans oublier le passage, qui faisait événement, du président Valéry Giscard d'Estaing chez Pivot dans "Apostrophes" 1979, où l'entretien sur les lectures présidentielles révélait un amateur fervent de notre auteur.

L'image traditionnelle d'un Maupassant "peintre pointilliste qui fixe de pittoresques scènes de moeurs" a fait place à celle d'un créateur d'univers, où chaque élément s'inscrit dans une totalité dont la cohérence vaut celle d'un Flaubert ou d'un Zola.

*

Avant de diverger selon les optiques particulières, le point de départ des lectures est généralement une réflexion sur 'le grand thème du naturalisme' – la représentation de l'homme moderne dans la réalité moderne. Dans le cas de Maupassant: comment pense-t-il le social? Car la tâche qui incombait alors aux romanciers était d'initier leurs lecteurs à la vie française moderne dominée par une idéologie libérale, qui laissait aux lois du marché, au libre jeu des forces économiques de régler une société devenue complexe et compliquée, avec le progrès de l'industrialisme, du capitalisme et de l'urbanisme.

Analyser et démonter les mécanismes de cette société constitue l'engagement dans l'actualité du roman naturaliste, en tant qu'étude sociale ou document sociologique. En révéler les secrets et les rouages pour les contrôler; que ce soit pour s'adapter et mieux en profiter – nous sommes encore à l'époque du mot d'ordre lancé par Guizot " Enrichisses-vous!"; pour en faire la critique – nous sommes aussi à l'époque où se forgent les grands récits d'émancipation; ou pour dresser avec ironie et pessimisme le constat de la bêtise humaine dans ce "royaume d'aveugles où les borgnes sont rois" – comme le fait Maupassant, disciple de Flaubert.

La scène qu'il choisit pour sa version de la comédie humaine dans *Bel-Ami* – le cirque si l'on préfère, où Georges Duroy a failli rester écuyer – c'est Paris.

Après les Julien Sorel et les Rastignac montés à l'assaut de la capitale, Maupassant y fait pénétrer un jeune mâle aux appétits impérieux, dont l'altérité 'rouge' qui capte l'intérêt de l'uniformisme 'noir' repose sur la puissance de son attrait sexuel. Il est de la même race que la courtisane qui étale "le luxe crâne gagné sur ses draps"(363/174).[1]

L'ascension sociale réussie de Georges Duroy au fur et à mesure qu'il apprend à y investir partiellement sa sexualité est connue et bien décrite à l'aide du modèle sur le désir triangulaire conçu par René Girard.

La théorie des appétits (jouissance, domination, connaissance) de Taine peut être appliquée à la lettre à *Bel-Ami*. Le premier objet nommé du livre est "la monnaie", le dernier "le lit".

Et la fin relie encore le social et le sexuel. Bel-Ami aura conquis l' 'avoir' des médiateurs, notamment leurs femmes et leurs filles, et peut rivaliser avec eux sur le plan des valeurs bourgeoises en faisant montre d'une fortune qui se chiffre en millions et d'un titre usurpé. Quant à 'l'être' il reste le même, l'instinct demeure immuable et nous le quittons rêvant toujours à la vraie femme.

Sous les vêtements on retrouve la 'bête'; à l'inverse c'est la surprise de Georges Duroy se découvrant 'habillé' au passage devant les glaces en montant chez les Forestier. Or, la 'bête humaine' nous replace dans le naturalisme darwiniste, dans la sélection naturelle, où le plus fort dans un milieu donné est celui qui en sait les règles du jeu.

L'homme est expliqué scientifiquement par les lois biologiques et sociales qui le déterminent, comme il ressort de la discussion lors du dîner chez les Forestier sur le procès Gauthier (263/53). Ceci laisse peu de place à l'évolution du caractère, et Georges Duroy reste bien la même crapule du début jusqu'à la fin (Mme de Marelle dixit (555/404), ce qui lui vaut une terrible raclée); là où il y a progrès, c'est dans sa maîtrise croissante à manoeuvrer les manettes qui contrôlent le fonctionnement du mécanisme social.

*

A côté des études sur "sa vision sociale" qui a donné la belle synthèse de Castella, ouvrage qui abonde en observations perspicaces, il faut mentionner

---

[1] Les citations tirées de *Bel-Ami* sont suivies d'une double référence: Le premier chiffre renvoie à Maupassant, *Romans*, éd. par A.-M. Schmidt, Albin Michel, 1970, le deuxième à l'édition en Folio 1973.

les études portant sur son côté "nature", représentées par Kurt Willi et Micheline Besnard-Coursodon.

Reste une troisième orientation qui se nourrit des réflexions et des commentaires de Maupassant lui-même sur la littérature et l'esthétique pour dégager une théorie implicite précise de ses principes littéraires, dont la dite 'Préface à Pierre et Jean' constitue la synthèse.

Comme les *Lettres Persanes* invitent lecteurs et érudits à découvrir "une chaîne secrète et en quelque façon inconnue" qui lie le tout, l'étude de Maupassant sur *Le Roman*, qui conclut "que les Réalistes de talent devraient s'appeler plutôt des Illusionnistes", présente un nouveau type de romancier qui réclame également la participation active du lecteur:

> Son but n'est point de nous raconter une histoire, de nous amuser ou de nous attendrir, mais de nous forcer à penser, à comprendre le sens profond et caché des événements ... L'habileté de son plan ... consistera ... dans le groupement adroit de petits faits constants d'où se dégagera le sens définitif de l'oeuvre. ...
> On comprend qu'une semblable manière de composer, si différente de l'ancien procédé visible à tous les yeux, déroute souvent les critiques, et qu'ils ne découvrent pas tous les fils si minces, si secrets, presque invisibles, employés par certains artistes modernes à la place de la ficelle unique qui avait nom: l'Intrigue.
>
> (*Romans* pp. 833–34)

L'art d'analyste de Maupassant repose principalement sur une description phénoménologique qui tisse des réseaux métaphoriques à déchiffrer.

Parmi les études orientées dans ce sens, retenons celle d'Anne Marmot Raim *La communication non-verbale chez Maupassant* (1986). Empruntant à Barthes son analyse d'éléments textuels, qu'il qualifie d'indices, Mme Raim arrive à établir une taxonomie de la description chez Maupassant qui va loin.

Afin de pousser plus loin et passer des images à l'imaginaire, A.Lanoux avait proposé, dans son *Maupassant le Bel-Ami* (1986), une étude inspirée par la pensée de Bachelard (Introduction à 'L'eau et les rêves') sur l'importance de l'imagination matérielle dans l'agencement et la structuration de l'oeuvre esthétique.

Si l'on compare son analyse avec l'utilisation statique de 'la mise en abyme' de Gide, avant que L.Dällenbach ne la rende dynamique dans *Le récit spéculaire*, on voit les limites de la méthode de Lanoux lorsqu'il continue:

> ... il est le plus aquatique des prosateurs du siècle, mais à son insu. Il n'y a en lui ni prise de conscience de ce phénomène artistique, ni moins encore d'organisation systématique. ... C'est toujours déconcertant, un pionnier d'un mouvement qu'il ne conçoit pas.
>
> (pp. 108–9)

Déterminer l'élément dominant, et un seul, dans l'inconscient d'un auteur, c'est oublier que ce même auteur peut consciemment travailler sur les quatre éléments selon la théorie descriptive qui remonte à la philosophie grecque d'Empédocle. C'est le cas de Maupassant il me semble; et Tournier en fournit un exemple contemporain. Bachelard parle d'ailleurs aussi d'une imagination formelle (dont il fait moins de cas).

La description chez les romanciers naturalistes, leur référence métaphorique à la nature a pour fonction de dresser un miroir qui reflète la condition humaine.

Le fil de l'intrigue, dont le déroulement se présente comme une série de causalités, satisfait à l'intellect et à la logique. Un naturaliste tel que Maupassant s'intéresse infiniment plus à la conditionnalité, au déterminisme qui régit notre être profond et se traduit par une compréhension du monde métaphoriquement structurée. La sémantique cognitive a bien mis en lumière cette manière de l'homme d'appréhender le monde par images, de l'exprimer et de le penser à l'aide d'une traduction interne qui se fait par métaphores; personnifier la nature, animaliser l'homme en sont deux procédés.

Montrer est le mot-clef de l'esthétique littéraire de Maupassant, mais montrer dans les détails comment son imagination formelle peut s'inscrire dans un système cohérent, où rien n'est laissé au hasard, est impossible ici[2]. Je me bornerai à quelques indications concernant la taxonomie des personnages avant d'aborder l'examen de *Bel-Ami*.

*

La promenade en bateau pour visiter les portes d'Etretat dans *Une Vie* peut illustrer la fonction spéculaire attribuée à la nature, qui prélude à l'union des jeunes:

> Une accalmie illimitée semblait engourdir l'espace, faire le silence autour de cette rencontre d'éléments; tandis que, cambrant sous le ciel son ventre luisant et liquide, la mer, fiancée monstrueuse, attendait l'amant de feu qui descendait vers elle. Il précipitait sa chute, empourpré comme par le désir de leur embrassement. Il la joignit; et, peu à peu, elle le dévora.
>
> (*Romans* 41)

Cette rencontre des éléments cosmiques contient le principe qui structure l'imaginaire de Maupassant.

Il se sert principalement des éléments pour décrire le fonctionnement physiologie et psychologique de ses personnages et les rapports entre les deux sexes. Les dynamismes en jeu sont: d'abord sur le plan vertical un envol vers un monde idéal où l'homme poussé par son intelligence se réalisera en pleine liberté – ensuite, sur le plan horizontal, l'attraction exercée par les deux principes contraires et complémentaires qui caractérisent les deux sexes – enfin il faut y ajouter l'influence résultant de l'évolution historique, ses romans embrassent la période allant de la fin du XVIIIe siècle aux environs de 1890.

La répartition des éléments sur les sexes ressort de l'exemple cosmique: d'un côté l'élément mâle, le soleil, le feu – de l'autre l'eau, la femme. Précisons que les deux se trouvent dans chaque sexe, où la proportion entre eux permet de

---

[2] Les collègues scandinaves reconnaîtront ici une partie d'une communication "Quelques constantes dans l'imaginaire de Maupassant", présentée au VIe congrès de l'Association des Romanistes Scandinaves à Uppsala en 1975. La version écrite n'a pas paru dans les Actes du congrès pour faire place à la publication dans une série danoise d'un mémoire de maîtrise sorti de mon séminaire sur Maupassant. Pour des raisons personnelles l'auteur avait retiré ensuite son manuscrit, ce qui explique pourquoi ces deux travaux sont restés inédits.

mesurer le degré de masculinité ou de féminité du personnage. A titre d'exemple on peut citer le choix significatif des noms propres indiquant l'invasion de l'élément déterminant le sexe opposé: Julien de La*mare* (en face d'un mâle pur tel que M.de *Four*ville) dans *Une Vie*, ou le renversement dans *Notre Coeur*, M.de *Mar*iolles face à Michèle de *Burne*.

Tant que l'homme reste soumis à la nature, nous le voyons esclave de ses instincts et poussé par son désir vers l'autre sexe. Il en résulte une rencontre analogue à celle du soleil et de la mer, et c'est l'amour sous la forme du simple accouplement, le piège, dont parle Micheline Besnard-Coursodon, que tend la nature aux hommes afin d'assurer la perpétuation de l'espèce.

Mais l'homme peut se révolter avec l'aide de son intelligence en créant un monde civilisé à lui, une nature humaine. Toutefois il reconnaîtra qu'un problème essentiel de ncessera de le hanter, à savoir celui de la mort. Avec son intelligence il n'y peut rien, mais il peut essayer de l'oublier ou de se faire illusion, d'où le besoin du rêve afin d'adoucir l'existence.

Selon Maupassant l'intelligence distingue les deux sexes. Sur le plan spirituel doit avoir lieu une rencontre analogue à celle motivée par les instincts, où le rôle dévolu à la femme est d'apporter et de faire naître les rêves, sans lesquels la raison, essentiellement masculine, risquera de devenir stérile et destructrice en s'enfermant dans ses propres contradictions.

Le meilleur moyen pour tirer l'homme de son face-à-face solitaire avec la mort reste l'illusion obtenue par l'extase de l'amour – "Oui, c'est la seule bonne chose de la vie, et nous la gâtons souvent par des exigences impossibles" dit Mme de Marelle avec un soupir (312/112). Presque toujours chez Maupassant le bien-être s'accompagne des mouvements et des balancements interminables de l'eau.

Maupassant regimbe devant la nature et postule une révolte par les qualités masculines inhérentes au feu, en reconnaissant toutefois une valeur salvatrice à l'eau des rêves, l'élément féminin idéal de ses catégories imaginatives. Il est temps maintenant d'analyser de plus près leur nature.

Comme l'on peut distinguer pour ainsi dire deux variantes symboliques dans le régime de l'eau: celle des instincts, celle des rêves, on doit s'attendre également à voir apparaître le feu sous deux formes différentes. L'examen de la gamme des couleurs attachées à chaque pôle permettra de cerner de plus près la pensée de Maupassant à ce sujet.

L'eau est bien la condition nécessaire à toute vie, mais il y a interdépendance entre les deux éléments, car sans le feu tout reste stérile et blanc; il est le principe générateur de l'échelle des couleurs.

La couleur de la mer dépend du soleil et du ciel plus ou moins serein: les nuances pouvant aller du bleu en passant par le gris pour aboutir au blanc de la neige. La gamme du feu est plus vaste: c'est le rouge de la flamme (connotant avec le sang) et le noir de la flamme qui fume au contact de l'eau (connotant aussi avec la mort en passant au gris et au blanc des cendres).

Dans la nature nous trouvons encore deux: le vert, évoquant la fertilité des paysages imbibés d'eau et de sève – et le jaune, couleur du sable du désert sans eau.

Fait curieux, à l'intérieur de la gamme des couleurs appartenant au monde du feu, où le rouge symbolise bien entendu l'apothéose de l'amour, Maupassant s'intéresse particulièrement au jaune et au noir qu'il distribue d'une façon significative: le noir pour traduire l'amour des instincts, le jaune pour exprimer l'amour cérébral.

Cela donne la fameuse taxonomie physionomique qui a retenu tant de chercheurs, car sur ces données essentielles Maupassant a greffé sa typologie des personnages qui comporte deux types de base dans chaque sexe, reconnaissables à leurs 'accessoires': yeux, cheveux, barbe, moustache etc. – les bruns et les brunes appartenant au régime du feu – les blonds et les blondes à celui de l'eau:
– l'homme brun aux yeux noirs est le plus intelligent, mais la prédominance du feu de ses instincts incontrôlables lui donne un caractère changeant, où s'affrontent continuellement raison et désir.
– l'homme blond aux yeux bleus est intelligent aussi, mais son appartenance à l'eau lui donne un caractère calme, où la raison contrôle les instincts. Les deux types sont expérimentés par Maupassant dans les frères de *Pierre et Jean*.
– la brune aux yeux noirs est vive comme son homologue masculin; elle est la plus intelligente chez les femmes et la plus sensuelle.
– la blonde aux yeux bleus est celle qui a retenu Maupassant – 14 blondes et 7 brunes dans ses six romans. Dans son travail systématique d'élaboration de personnages et de constellations les relations authentiques sont toujours celles qui accouplent deux contraires: brun-blonde etc.; or, la blonde est le pivot de sa critique contre la civilisation moderne. Comme son homologue blond, la blonde risque de voir dégénérer ses instincts, déjà dominés par la raison, sous l'effet d'une déviation de l'amour dans la version mondaine, simulacre d'une rencontre, qui se réduit aux seules formes verbales d'un comportement codifié.

En empruntant un titre à A. Lanoux, on peut dire que la décadence de la femme moderne, celle qui procure à l'homme la dimension vitale du rêve, survient, selon Maupassant, 'quand la mer se retire'. C'est un processus qu'il a suivi depuis Jeanne d'*Une Vie*, femme aquatique encore 'naturelle', jusqu'au produit artificiel: Michèle de Burne dans *Notre Coeur*. Son nom indique déjà son passage au régime du feu de l'intelligence: on la voit soigner sa beauté dans une salle de bain sans goutte d'eau, ses pieds très petits ont perdu tout contact avec la terre, ses mains très petites aussi, souvent d'ailleurs gantées, ne sont plus faites pour étreindre. Et Mariolles, le protagoniste masculin du roman, dont le nom signifie 'malin', de se consoler avec un amour ancillaire, lorsqu'il aura surpris sa servante, la brune Elizabeth, dont le nom signifie 'celle qui vénère Dieu', barbotant dans sa baignoire.

*

Bel Ami occupe une place à part parmi les romans de Maupassant, car contrairement aux histoires des autres protagonistes, hommes ou femmes, il s'agit ici d'un parvenu qui réussit au-delà de toute espérance. En examinant les données physionomiques de Georges Duroy, on voit comment Maupassant a consciemment construit son personnage, puisqu'il l'a doté des traits nécessaires pour réussir, par la voie de l'intelligence comme par celle des instincts:

> Grand, bien fait, blond, d'un blond châtain vaguement roussi, avec une moustache retroussée, qui semblait mousser sur sa lèvre, des yeux bleus, clairs, troués d'une pupille toute petite, des cheveux frisés naturellement, séparés par une raie au milieu du crâne, il ressemblait bien au mauvais sujet des romans populaires.
>
> (244/30)

Mélange d'eau et de feu – blond, bleu + châtain, noir et roussi – il a suffisamment de feu pour allumer et embraser, mais il est du type aquatique qui peut contrôler ses instincts et s'en servir pour parvenir.

Il entre sur la scène parisienne en militaire, en ancien chasseur d'Afrique, et il y a du prédateur en lui, comme le dit la première métaphore sur son regard "d'épervier".

Son état civil est des plus modestes: il a un emploi de petit fonctionnaire aux bureaux du chemin de fer du Nord, ce qui annonce une existence déjà mise 'sur rails'; la contemplation nocturne de la petite locomotive entrant et sortant du tunnel devant trois signaux (pour le moment encore au rouge) préfigure la sortie. L'alternative, un emploi d'écuyer dans un cirque, ou condamnation à tourner en rond, est vivement déconseillée par Forestier.

Mais regardons le marcher dans les rues de Paris, rêvant de bocks et de femmes:

> Il marchait ainsi qu'au temps où il portait l'uniforme des hussards, la poitrine bombée, les jambes un peu entr'ouvertes, comme s'il venait de descendre de cheval; et il avançait brutalement dans la rue pleine de monde, heurtant les épaules, poussant les gens pour ne point se déranger de sa route.
>
> (244/30)

Ne dira-t-on pas un gorille ? un primate lâché dans une jungle, où les lois du plus fort ne sont plus les mêmes ? Et Georges Duroy de regretter ses années d'Afrique où il rançonnait les Arabes:

> A Paris, c'était autre chose. On ne pouvait pas marauder gentiment, sabre au côté et revolver au poing, loin de la justice civile, en liberté.
>
> (246/32)

Paris est une jungle "civilisée", compartimentée en lieux sociaux; ce qui reste de la nature s'appelle: le Bois de Boulogne, déjà une nature apprivoisée – le Parc Monceau, un autre pas vers l'artificiel – avant d'arriver à la "serre", en miniature chez les Forestier, symbole du luxe chez les Walter. Ces serres que mentionnait Taine dans son *Vie et Opinions de M.Frédéric Thomas Graindorge* (1867), "Paris est une serre surchauffée, aromatique et empestée, un terreau âcre et concentré, qui brûle et durcit l'homme"; dont le mode se poursuit jusqu'à la décadence qui donne les *Serres chaudes* de Maeterlinck (1890).

Avant de pouvoir assouvir à Paris ses instincts, aussi impunément qu'en Afrique, il faut payer un impôt aux convenances, apprendre à y mettre des façons tolérées. L'apprentissage ou la médiation est confiée à des personnages qui portent comme nom ceux de leur rang: un Forestier – un Walter (all.Wald). Dans leur chasse-gardée, celle du journalisme, Georges Duroy doit débuter à l'échelon le plus bas des échos, où il remplacera au moment venu un Boisrenard – pas assez roué selon le directeur qui lui préférera son jeune loup.

Le retour vers les origines et la vraie forêt normande est un échec total; la nature fait peur aux produits urbains, dont les plus grands succès s'obtiennent dans les serres chaudes.

Dans la compétition mâle Georges Duroy frayera son chemin en singeant les modèles et il l'emportera largement selon la loi du plus fort. On peut même dire qu'il arrive à rançonner ses médiateurs comme il rançonnait les Arabes: Forestier d'abord, dont il s'appropriera successivement après sa mort les objets convoités (le bilboquet p.ex), ainsi que fonctions, femme, appartement et jusqu'à l'identification totale; Walter ensuite, dont la rançon à payer est Suzanne – "la princesse avec la moitié du royaume", mariée à la fin au rédacteur en chef, le baron Du Roy de Cantel.

Si les hommes sont forcés de le laisser parvenir au sommet de 'La Vie Française' – journal qui "naviguait sur les fonds de l'Etat et sur les bas-fonds de la politique" selon l'expression de Norbert de Varennes – son succès s'explique avant tout par son empire sur les femmes, obtenu grâce à l'attrait exercé conformément à sa physionomie.

Du surmâle primitif il a l'appétit, la force et le geste, mais lui manque le "comment faire" civilisé lié aux mots, aux paroles. Le faire sortir de son mutisme initial, en face de Rachel, au dîner chez les Forestier, lui apprendre à parler, à écrire, l'habiller verbalement si l'on veut, pour le transformer en être social capable de se comporter selon les codes qu'exige le monde inauthentique et factice que critique Maupassant, voilà l'éducation qui revient aux femmes.

Encore faut-il distinguer entre les fonctions attribuées aux femmes dans *Bel-Ami*.

Chez les brunes il abreuvera sa soif de la 'femme' et elles sont là, placées en contrepoint, pour faire ressortir la rencontre 'naturelle' des partenaires et pour montrer un comportement primitif qui, dans la société moderne, auprès des blondes, a été remplacé par une stylisation qui implique, aux yeux de Maupassant, une dégradation.

Les blondes vont abreuver sa soif d'ascension vers le pouvoir. Si, comme on l'a dit, les brunes le réifient, Madeleine Forestier l'anoblit et Madame Walter le déifie. Le parallélisme est complet avec le succès à 'La Vie Française', et la navigation est réussie lorsque Georges Duroy devient "le Christ marchant sur l'eau".

*

Son comportement avec les brunes fournit une clef pour comprendre les transformations dans le milieu mondain des blondes.

La première rencontre, avec la fille publique, Rachel, aux Folies-Bergère, contient déjà les composantes de base, mais leur accord instinctif nécessite peu de formalités. On notera la quasi-absence de paroles, car tout est exprimé par le regard et les gestes. On remarquera aussi la prédilection de Georges Duroy pour "la chair grasse et la forte poitrine" de Rachel (255/43), charmes qui seront également détaillés chez les autres femmes: Madeleine Forestier (260/50), Mme de Marelle (263/53), Mme Walter (345/152 et 449/278) et Suzanne (445/273).

Après le rôtissoire des Folies-Bergère, la première 'serre chaude' du salon des Forestier, où toutes les futures partenaires de Georges Duroy (sauf Suzanne) sont réunies lors du dîner. En débutant il est placé au bas bout de la table à côté d'un enfant qui sera sa première conquête. C'est elle qui invente le surnom de 'Bel-Ami' qui fera tache d'huile et montrera les étapes de son admission dans le milieu mondain au fur et à mesure qu'il est employé par les autres. Il y a de 'l'eau' dans son prénom, Laurine, et sa séduction montre le processus à suivre par Georges Duroy. Encore peu de paroles entre eux, mais son 'apprivoisement' est accompagné d'un jeu; avant et après. En fin de soirée "il balançait la petite fille sur sa jambe"(270/62) et plus tard ils joueront au "chat perché"(307/106).

Après la fille publique et la petite fille, la vraie femme – avec son appartenance aux instincts (la rose rouge piquée dans les cheveux (261/51) et son triple appartenance à l'eau: dans son prénom, Clotilde, dans son nom, de Marelle, et dans son unique bijou, un pendentif d'oreille sous forme de goutte d'eau.

Avec elle la séduction nécessite des préparatifs plus longs et un échange de parole avant d'arriver au geste décisif. Dans la mise en scène de l'acte Maupassant adresse un clin d'oeil à son maître Flaubert (Mme Bovary dans le fiacre à Rouen): Mme de Marelle est prise dans un fiacre, Mme Forestier dans un train, et Mme Walter sérieusement mise à l'épreuve dans l'église de la Trinité, ".. mais ne pouvant joindre le geste aux paroles, son action se trouvait paralysée" (467/299). Dans le fiacre avec la brune Mme de Marelle c'est l'inverse "Il sentait bien qu'il ne fallait point parler, qu'un mot, un seul mot, rompant le silence, emporterait ses chances; mais l'audace lui manquait, l'audace de l'action brusque et brutale"(315/116), et il faut le petit appel du pied avant qu'il ne se jette sur elle.

Lu à travers le 'comment faire' érotique de nos jours, la brutalité dans 'la rencontre' peut surprendre; après le viol de Jeanne lors de la nuit nuptiale dans *Une Vie*, *Bel-Ami* nous offre une série de montes et de saillies qui revèle que sous le vernis se trouve toujours la bête (sur les goûts et les performances de Maupassant lui-même on consultera *La vie érotique de Maupassant* de J.-L. Douchin 1986).

La séduction de Mme de Marelle exige aussi des jeux; avant c'est l'encanaillement lors du dîner au "Riche" en aparté, où participe également Mme Forestier; après c'est l'émoustillement du désir en fréquentant les cabarets du peuple avec leur ambiance bestiale.

Madeleine Forestier nous fait passer à la femme blonde. Son adresse est rue Fontaine, mais elle habite au 3e et les cigarettes qu'elle fume montrent la part du feu et de l'intelligence dans son caractère. Si Mme de Marelle est de "la même race" que Bel-Ami, tout comme la courtisane admirée au Bois de Boulogne, Madeleine Forestier et lui sont "deux natures semblables ... d'une complicité mutuelle"(400/219) dans leur ambition sociale.

Le temps d'attente avec elle est beaucoup plus long et le passage à l'acte se fait à deux reprises, où Bel-Ami n'arrive au geste décisif qu'après un jeu de paroles, où il prend "une voix de collégien qui bredouille sa leçon"(418/241). Le jeu 'après' – dans un fiacre au Bois de Boulogne, où ils s'amusent à contempler l'amour bestial autour d'eux – se termine mal, par "une glace chez Torto-ni"(443/271).

En arrivant à Mme Walter, une poupée comme sa fille, Virginie de prénom et totalement inexperte en amour, il reste peu de désir chez Bel-Ami; il ne lui ôte même pas les bottines. Après, ses enfantillages l'agacent vite. Un élément du jeu 'avant' était l'envoi d'une corbeille de poires, or, le sens argotique de cette fruit préfigure bien son rôle de dupe et de victime.

Chez Suzanne l'eau est reléguée dans le contexte, mais loin d'être épiée au bain, c'est dans la serre symbolique de son père, près du bassin où nagent les énormes poissons rouges, que Bel-Ami entreprend la séduction pour "épouser cette marionnette de chair". Tout se réduit au jeu et les gestes et paroles sont nés d'une littérature romanesque avec enlèvement nocturne, divertissements champêtres de berger et de bergère – mais le père, et Mme de Marelle, y ont bien vu le loup.

Le cercle est bouclé depuis les Folies-Bergère avec Rachel, dont le nom signifie la femelle du mouton, et c'est le mariage célébré dans la Madeleine, où un évêque donne Bel-Ami en "bel exemple" dans un dernier agencement en clair-obscur:"On referma les grands battants de l'entrée, et, tout à coup, il fit sombre comme si l'on venait de mettre à la porte le soleil". Ivre d'orgueil, ses appétits comblés (sauf l'appétit sexuel) Georges Du Roy ne pense qu'à son triomphe, jusqu'au moment de sentir la douce pression de la main de Mme de Marelle; et lorsque, après la cérémonie, au bras de sa femme, il arrive à "la grande baie ensoleillée de la porte", son être profond immuable l'emporte: "... devant ses yeux éblouis par l'éclatant soleil flottait l'image de Mme de Marelle rajustant en face de la glace les petits cheveux frisés de ses tempes, toujours défaits au sortir du lit".

*

Au terme de cette brève étude qui s'est proposée comme but d'essayer de saisir, sur le plan physique, quelques-uns des fils "si minces, si secrets" de la pensée de Maupassant, plus cohérente que l'on n'a l'habitude de le dire, il faut rappeler qu'il y a aussi un autre Maupassant, celui des contes groupés autour de *Le Horla*. Non que la dimension métaphysique soit absente dans *Bel-Ami*. Nous la trouvons, moins dans la peur de la mort de Georges Duroy avant son duel, que dans l'angoisse existentielle exprimée, lors de la promenade nocturne, par Norbert de Varenne:

> Pourquoi souffrons-nous ainsi ? C'est que nous étions nés sans doute pour vivre davantage selon la matière et moins selon l'esprit; mais, à force de penser, une

disproportion s'est faite entre l'état de notre intelligence agrandie et les conditions immuables de notre vie.

(360/171)

Bibliographie

Besnard-Coursodon, Micheline 1973. *Etude thématique et structurale de l'oeuvre de Maupassant: Le piège.* Paris. Nizet.

Bonnefis, Philippe 1981. *Comme Maupassant.* Presses Universitaires de Lille.

Castella, Charles 1972. *Structures romanesques et vision sociale chez Guy de Maupassant.* Paris. Editions de l'Age de l'Homme.

Dugan, John R. 1973. *Illusion and Reality : A Study of Descriptive Techniques in the Works of Guy de Maupassant.* The Hague. Mouton.

Funder, Kirsten 1975. *Nogle konstanter i Maupassants forestillingsverden belyst gennem hans romaner.* Mémoire de maîtrise. Århus. Romansk Institut.

Lanoux, Armand 1979. *Maupassant le Bel-Ami.* Paris. Le Livre de Poche.

Marmot Raim, Anne 1986. *La communication non-verbale chez Maupassant.* Paris. Nizet.

Vial, André 1971. *Guy de Maupassant et l'art du roman.* Paris. Nizet.

Willi, Kurt 1972. *Déterminisme et liberté chez Guy de Maupassant.* Zürich. Juris Druck Verlag.

Vor romanske kulturimport

John Pedersen

Hvad forstår man ved »kulturel påvirkning«? Hvordan efterspores den? Inden for hvilke felter? Skal man gå frem efter enkelte på forhånd oplagte punkter eller forsøge at jagte bestemte temaer eller problemer over et langt forløb?

Det må erkendes, at vore fag ikke i synderlig grad har arbejdet i disse baner hidtil. Man kan sige, at formidlingspligterne i nogen grad har stået i vejen for en refleksion over, hvad der i skiftende tider er kommet ud af denne formidling, og hvilke former den har haft. Som et forsøg på indkredsning af et sådant relativt nyt felt: »Vor romanske kulturimport« skal de følgende sider ses. Og begrebet *kulturimport* vil blive benyttet, som et helt foreløbigt redskab, der i nogen grad er dannet som modvægt mod den hyppige, undertiden lidt kunstige interesse for vor kultur*eksport*. Min påstand er, at det i den givne sammenhæng for én gangs skyld er *importen* man bliver rig af!

Det drejer sig om et startskud, ikke om resultatmæssige slutsignaler. Retteligt kan det følgende læses som en lidt udbygget disposition til noget, der ville nødvendiggøre en større samlet indsats af adskillige personer.

Det er klart, at ikke enhver kontakt, ethvert møde mellem to kulturer giver anledning til at tale om *kulturimport*. I det følgende vil jeg med dette begreb betegne de situationer, hvor et indslag fra de *romanske kulturområder* forekommer at få en sådan placering i hjemlige sammenhænge, at det måske oprindeligt tilfældige får varighedens karakter, eller således, at det tilsyneladende isolerede antager form af noget repræsentativt.

Det er ikke muligt med synderlig nøjagtighed at kortlægge sådanne sammenhænge. Det er da heller ikke sigtet her. Kulturelt samkvem, kulturelle strømninger og påvirkninger har ikke den art, at de registreres som sådan i det aktuelle øjeblik; og senere tages de måske som selvfølgeligheder, der ikke længere opfattes som 'importvarer'.

Målet for de følgende sider kunne karakteriseres således: Inden for begrænsede felter, valgt som mulige eksempler, at efterspore, hvad der er udgået fra et så betydeligt kulturområde som det romanske, og hvilken reception der har fundet sted i vor hjemlige kulturverden.

Hvilke felter kan man begrænse en sådan overvejelse til, hvis den skal have nogen rimelighed? Det er i min sammenhæng nærliggende at indskrænke bestræbelserne til sproglige og sprogbårne sider af kulturdynamikken. Men det er indlysende, at en mere dybtgående analyse, der havde inddraget vor hjemlige reception af den samlede romanske kulturarv, måtte have medtaget f.eks. politisk-juridiske eller filosofisk-moralske strømninger, ligesom naturligvis musik og billedkunst ville have fået en central placering, for blot at nævne nogle helt oplagte eksempler.

Men selv med de nævnte, selvvalgte begrænsninger er området umådeligt og må kraftigt indsnævres. Måske kan følgende kategorisering fungere som en foreløbig afklaring af, hvad begrebet *kulturimport* kunne omfatte:

Sproglige lån (Ordforråd, syntaks, teksttyper, genrer..)[1]

Egentlige sprogstudier på akademisk niveau (Hvornår begynder systematiske studier af romanske sprog i Danmark? Ordbøger og grammatikker?)[2]

Oversættelser (I hvilke perioder? Af hvilke forfattere og genrer? Med hvilken mulig effekt i form af modtagelse, efterligninger osv.?)[3]

Formidling herudover (Gennem universitetsstudier, hjemlige skribenters introducerende virksomhed, litteraturhistorier o.l.)[4]

Påvirkninger af især forfattere, der i deres produktion genoptager genrer, temaer, motiver stiltræk eller andet. (Dominerende perioder og strømninger)

Mødet i bredere, men også mere direkte forstand med de fremmede kulturer (Rejseskildringer, reaktionen på fremmede miljøer, eller på fremmede gæster i det hjemlige).

Her kan der jo være tale både om den begejstret-romantiserende dyrkelse af det fremmedartede, og om den skeptiske eller rent ud fjendtlige advarsel mod det udenvælts. Fra vore reformatorers tordnen mod Roma-vældet op til EF-modstanderes bekymring over Romtraktaten går der givetvis nogle linier.

Som nævnt er dette en forholdsvis snæver bestemmelse af det vidtløftige begreb kulturimport; men det bør kunne tjene som et redskab til at indplacere de ganske få type-eksempler, jeg i denne sammenhæng vil kunne nå at berøre.

Den sproglige formidling via oversættelser

Et centralt felt må under alle omstændigheder være de skiftende tiders oversættelser til dansk fra romanske sprog. Her ligger væsentlige elementer gemt til en dansk receptionshistorie af romansk kultur.

Man kan begynde med den danske humanismes stamfader, Christiern Pedersen (1478–1554), hvis situation er karakteristisk for hans periode: Stillet

---

[1] Den indlysende kilde vil her være Peter Skautrup: *Det danske sprogs historie.*

[2] Se f.eks. *Københavns Universitet 1479–1979* bind IX »Romansk sprog og litteratur« af Poul Høybye og Ebbe Spang-Hanssen s. 231 ff. og Jens Rasmussen: »La lexicographie bilingue avec le danois« in *Wörterbücher Dictionairies Dictionnaires* (Berlin 1991) s. 3051–61.

[3] For en enkelt periodes vedkommende kan henvises til Erland Munch-Petersen: *Bibliografi over oversættelser til dansk 1800–1900 af prosafiktion fra de germanske og romanske sprog* (1976).

[4] Et markant, undertiden lidt overset eksempel kunne være Valdemar Vedel. I en *Edda*-artikel fra 1987, hefte 3: »En fødselsdagstale«, indsætter Lars Peter Rømhild Vedel i en dansk kritikhistorisk sammenhæng.

over for et fransk eksemplar af Holger Danskes Krønike er han tvunget til at lade den franske tekst overætte til latin, før han selv er i stand til at fordanske den. Et talende udtryk for den tidlige humanismes binding til latinen snarere end til nationalsprogene.

Generelt har der ofte været tale om mellemstationer, når det i tidligere tider gjaldt vor import af romansksprogede digterværker. Det gælder således både for den franske heltedigtning (*chansons de geste*) og den høviske franske digtning, hvor danske versioner fra det sene 1400tal og det følgende århundrede ofte er kommet til os via andre nordiske mål.

Men fra og med 1500tallet har vi i hvert fald markante eksempler på oversættelser fra folkesprogene; det drejer sig om de tidligste eksempler på underholdningslitteratur, der jo til alle tider har haft elskov og spænding som sine faste ingredienser. Således forholdt det sig også med de såkaldte *folkebøger*, der viderebringer stof og temaer fra den middelalderlige romanske digtning.

Men også samtidig digtning fra de romanske lande fandt vej til dansklæsende modtagere. Eksempelvis Honoré d'Urfés store hyrderoman *L'Astrée* (1607–1628), der havde både italienske og spanske forbilleder. Via det tyske kom en beskeden del af dette vældige værk på dansk allerede i slutningen af 1640'erne, befordret af Søren Terkelsen. Som Billeskov Jansen skriver, vandt denne »subtile Hyrderoman (..) ikke det jævne Publikum hos os og det kyndige læste nok Bogen på Tysk eller Fransk«.[5]

På det tidspunkt havde Anders Arreboe afsluttet fordanskningen af du Bartas' store læredigt om Skabelsen *La Semaine* (1578). Arreboes version, med titlen *Hexaëmeron*, udkom dog først i 1661, små tredive år efter hans død. Med et nyt Billeskov–citat: »Arreboes Hexaëmeron er uden Sammenligning vort 17. Aarhundredes største poetiske Anstrengelse« (op.cit. p.111). En karakteristik, der understreger det kraftfulde i dette ambitiøse danske forsøg inden for barokken, som den udfoldede sig i det romanske.

Da Den danske Skueplads åbner i det tidlige 1700tal, er det klart, at Molières komedier må få en central plads. Efter det foreliggende er 12 af hans værker blevet opført, og syv af dem kom i trykken fra 1723–25 (bl.a. Gnieren (*L'Avare*) og Fruentimmerskolen (*L'Ecole des Femmes*)). De giver en solid klangbund for professor Holbergs samtidige poetiske raptus. Om oversætterne ved vi, at det bl.a. var to justitssekretærer, Diderich Seckmann og Jacob Bircherod. De skulle få mange efterfølgere op til vore dages Johannes Møllehave. Stærkest står nok Peter Hansen, hvis oversættelser fra 1880'erne af f.eks. *Fruentimmerskolen* og *Misantropen* mageligt tør måle sig med senere forsøg.

Til gengæld gør den franske tragedie en mere mager figur, både på repertoireplanerne og blandt oversættelserne. Da Corneilles *Le Cid* omsider fandt vej til et dansk scenegulv blev det i Frank Jægers 'rytmiske prosa' fra de tidlige 1950'ere; og Racine har nok haft en ivrig fordansker i bibliotekar Max Lobedanz midt i dette århundrede; men ud over en enkelt indsats i TV-teatret med

---

[5] F. J. Billeskov Jansen: *Danmarks Digtekunst* I (1944) s. 148.

Britannicus er det intet blevet til. Er det med andre ord mere end en fordom, når det hævdes, at de danskes hu ikke står til tragedien?

I midten af forrige århundrede, da den oehlenschlägerske tragediebølge forlængst havde taget land, udskrev Københavns Universitet en prisopgave med den talende ordlyd: *Den franske Tragedies national-poetiske Characteer og Grunden til ringeagtende Bedømmelse, som den til en Tid har været underkastet.* I en kompetent, men stort set afvisende besvarelse, der modtog *accessit*, og som blev trykt i 1853, fastslår forfatteren bl.a., at »den er en Afspeiling af forskjellige Perioders Meninger og Stemninger, derfor mangler den Sandhed, Natur og Dybde«. Påstanden kunne nok nuanceres, f.eks. med hensyn til både Corneille og Racine, men dommen er tidstypisk og bygger på solidt kendskab til teksterne. Hvem var forfatteren? En skolebestyrerinde, der ellers skrev lidt lærebøger og gav sig af med oversættelser fra engelsk. Værre endnu: En ikke-akademiker! Der har været lettelse på Frue Plads, over at man var blevet stående ved *accessit* til frk. Louise Westergaard. Men holdningen bag opgavens spørgsmål – og altså dens besvarelse – var ikke egnet til yderligere formidling af de store tragikere, før Valdemar Vedel tog over i slutningen af 1920'erne.

Et ejendommeligt eksempel på en oversætter-karrière i 1700tallet fortjener opmærksomhed. Det drejer sig om *Charlotta Dorothea Biehl* (1731–1788), Skriver-jomfruen, som Mette Winge kalder hende i titlen til sin roman.

Marianne Alenius har opholdt sig ved hendes tekst i brevform, *Mit ubetydelige Levnets Løb (1787)*.[6] Det er klart, at jomfru Biehls værk og skæbne må påkalde sig stor interesse i en kvindevidenskabelig sammenhæng. Det, der særligt har interesse her, er imidlertid hendes møde med de romanske sprog, og senere for-valtning af denne viden til en omfattende og på visse punkter banebrydende formidlingsindsats.

Fransk lærte hun sig selv som nittenårig, da en fransk teatertrup spillede på Charlottenborg. Hun anskaffede sig skuespilteksterne, fulgte med i teatret og supplerede dernæst med læsning af en roman og med flittige opslag i »en Grammaire og en Dictionnaire«. Hendes sprognemme gør, at selv hendes uvillige far må indrømme, at hun faktisk forstår mere end han troede. Opmuntret af dette første skridt kaster hun sig dernæst over italiensk efter stort set den samme metode. Spansk derimod lærer hun sig først, da hun er midt i fyrrerne, på opfordring af en spansk diplomat, der vil have hende til at oversætte Cervantes. Det bemærkelsesværdige er, at hun ikke alene lærer sig dette tredje romanske sprog, men navnlig, at hun lægger grunden til den danske Quijote-reception, idet hendes oversættelse, i beabejdet form, stadig aftvinger respekt. Den udkom første gang i fire bind i 1776–77 under titlen *Den sindrige Herremands Don Quixote af Mancha Levnet og Bedrifter*. En præstation gennemført på under to år, som hun ikke engang lader sig mærke med i det selvbiografiske brev. Havde den spanske diplomat mon en finger med i spillet?

---

[6] M. Alenius: *Brev til eftertiden.* (Museum Tusculanum 1987).

Det spanske fik i hvert fald ikke så stor indflydelse på hendes øvrige virke som italiensk og navnlig fransk fik det. Udover nogle få oversættelser fra det italienske, har hun ladet sig inspirere af bl.a. en Goldoni-komedie til sin egen dramatiske produktion. Med hensyn til det franske er sagen mere omfattende. Hun oversatte fra fransk en lang række samtidige komedieforfattere, der satte deres præg på datidens teaterliv. Oplagt nok har det også sat spor i hendes selvstændige litterære produktion; men her er Jomfru Biehl alene fremdraget som en i perioden vigtig formidler af romansk litteratur. Og, som nævnt, som basis i den hjemlige Cervantes-læsning.

Jomfru Biehl er pigen, der trodser faders vilje og bliver sin tids mest markante formidler af de romanske litteraturer.

Af andre uomgængelige klassikere, der nødvendigvis har fundet vej til dansk i flere omgange, skal nævnes Dante og hans *Guddommelige Komedie*. I 1861 udkommer Chr.F.Molbechs *gendigtning* af værket, der i en romantisk sprogdragt og i forlæggets rimede mønster skaber en tidstypisk, velklingende og i mange henseender imponerende dansk *Komedie*, der dog ikke undgår versifikationens og rimtvangens indbyggede tendens til »fyld« for at imødekomme de formelle krav. Hundrede år senere udsendes Knud Hee Andersens *oversættelse*, der er urimet, mere tekstnær og af indlysende grunde nærmere vor egen tids sprog-dragt. Også i kraft af et omfattende notesystem har Hee Andersen gjort Dante tilgængelig for større kredse end det i dag ville være Molbechs tekst forundt. Om forholdet mellem de to danske Dante-udgivelser kan man se interessante oplysninger i Roberto Brunicardi: *Dante på dansk* (1987). Samtidig kan man glæde sig til i løbet af halvfemserne at modtage en tredje danske version af Den Guddommelige Komedie, der søger at bevare både Molbechs æstetiske kvaliteter (bl.a. med rim) og Hee Andersens mere tekstnære respekt for forlægget. Man kunne spørge: Er der behov for en ny Dante-oversættelse, når vi allerede har to? (Ebbe Reich Kløvedals genfortælling fra 1991 lades her ude af betragtning). Svaret må være den ofte fremførte tanke, at hvor det klassiske originalværk netop er 'evigt ungt', sander oversætterne til. Dante er hverken fra 1861 eller fra 1962. Han må, i udlandet, generobres af hver ny periode – en stimulerende tanke for enhver, der beskæftiger sig med formidling af ældre tiders digtning.

1800tallet er som bekendt i vid udstrækning samlet om det nationalroman-tiske. Men det forhindrer ikke, som det senere skal ses, at der udgår endog meget stærke romanske (i særdeleshed italienske) påvirkninger i denne periode til berigelse af modtagelige danske kunstnersjæle. Oversættelserne spiller dog nok en mindre rolle; eksempelvis Oehlenschläger, der har gendigtet Petrarcas berømte canzone 126 *Chiare, fresche, e dolci acque*, har utvivlsomt gjort det ud fra et tysk forlæg. Men slutningen af århundredet går igen direkte til kilderne, først og fremmest inspireret af Brandes; men også symbolisterne søger inspiration hos deres franske forbilleder. Det er en interessant oversættelsespraktisk øvelse f.eks.

at sammenligne Sophus Claussens og Johs. Jørgensens oversættelser af Baudelaire og Verlaine med de originale digte.[7]

Litterære strømninger og påvirkninger

Samspillet mellem vor hjemlige litteratur og de romanske antager selvsagt mange, ofte vidt forskellige former. Påvirkningen kan være indlysende og åbent vedgået; men der kan også være tale om en hypotese, der er skrøbeligt ophængt på vedkommende læsers egen særlige synsvinkel. Begge tilfælde kunne synes at sætte spørgsmålstegn ved betimeligheden af alt for indgående studeringer i sådanne problemer.

Ikke desto mindre er netop tanken om *samspil* mellem forskellige sprogs kulturfelter, og ikke mindst deres litteraturer, fundamental i et bredere kulturhistorisk perspektiv, og når talen er om det enkelte forfatterskab, kan det næppe benægtes, at den, der eksempelvis er bekendt med Pirandello og Giraudoux, vil læse Kjeld Abell med større resonansrum end den læser, der er uden disse 'forudsætninger'. Af begge disse grunde skitseres i det følgende et par punkter, der måtte indgå med vægt i en større undersøgelse af de romanske strømninger i vor hjemlige litteratur.

Miljøet bliver et væsentligt punkt i romantikkens hjemlige udnyttelse af den romanske verden. Oehlenschläger skriver en tragedie om den italienske renæssancekunstner *Corregio*. Den blev til i Rom i sommeren 1809, først skrevet på tysk, derpå oversat til dansk og trykt 1811. Og sandelig om ikke den året efter udgives i Pisa i italiensk oversættelse. Det kan dog ikke skjules, at det var i Tyskland skuespillet fik sin egentlige succes. Og der er givetvis også mere tysk end italiensk inspiration i dette kunstnerdrama af skjaldenes Adam.

Anderledes forholder det sig senere i perioden, hvor lyriske tekster af f.eks. Ludvig Bødtcher, Aarestrup og Chr. Winther viser danske digteres betagelse af det italienske landskab og de skikkelser, der befolker det. Mønstereksemplet er dog H.C.Andersens *Improvisatoren* (1835). Her finder man den berømte skildring af Vesuv:

> En stor Flade med mægtige Lavastykker, kastede mellem hverandre, udbredte sig her for Øiet; midt paa stod endnu en Askehøi; det var Keglen med det dybe Krater; som en Ildfrugt hang Maanen lige over, saa høit var den steget, først nu kunde vi for Bjerget see den, men kun i et Nu; i det næste hvirvlede, med Tankens Hurtighed, en kulsort Røg ud af Krateret, det blev mørk Nat rundt om, den dybe Torden rullede inde i Bjerget, det bævede under vore Fødder, vi maatte holde fast ved hinanden, for ei at falde, og nu lød et Skrald, som hundrede Kanoner kun svagt kunne efterligne, Røgen skiltes ad, og en Ildsøjle stod, sikkert en Miglie, op i den blaae Luft; gloende Stene fløi som Blodrubiner i den hvide Ild...

Som Jørgen Elbek har udtrykt det: »Ulykkelig kærlighed kunne ikke gøre Andersen til digter. Det kunne derimod Italiens vulkaner«.

---

[7] Forsøget kan indledningsvis anstilles ud fra Conrad og Rømhild: *Poesi og prosa*, bind 3 (1965).

Men også Spanien omfattes af den romantiske betagelse af det eksotiske Syden og dets særprægede digtning. Først og fremmest hos J.L.Heiberg, af Kamma Rahbek kaldet »Den Spanske«. Hvis man ser lidt nærmere på hans ansøgning om et rejsestipendium, forstår man nok hvorfor.[8]

Det fremgår heraf, »..at Spanien er den romantiske Poesies Fødeland og Vugge, og at følgelig et nøiere Bekjendtskab med dette Lands Historie og Poesie maa være af stor Indflydelse paa hele den nyere Litteratur, der ei alene ifølge sit Udspring virkelig *er* romantisk, men og, ved det Ideal, hvorefter den, sig selv tildeels ubevidst, stræber, stedse meer og mere bliver det«. Men det gav ingen rejsepenge! Romantikken var som bekendt af tysk/nordisk oprindelse...

Men formuleringen viser dog en ny og anderledes flammende begejstring for det romanske end man hidtil havde set. Og Heibergs disputats fra 1817 var nok på latin; men den danske titel forkynder stolt: »Om den spanske dramatiske digtning og særlig om Pedro Calderon de la Barca, den ypperste dramatiker«.

Heibergs interesse begrænser sig dog ikke til dramaet. I 1830 anmelder han Schaldemoses Don Quijote-oversættelse (i *Maanedsskrift for Litteratur*) og giver dertil analyser af romanen.

Vi står således her med et tilfælde, hvor en forfatter klart har engageret sig i en af de romanske litteraturer. Men herfra og til at genfinde træk i hans eget forfatterskab, der direkte eller indirekte er afhængige heraf er et spring, som ikke bør tages for sorgløst. Lad os hellere lytte til bibliotekar Gigas:

Spørge vi til Slutning, hvad Udbytte, summarisk taget, vor Litteratur har haft af J.L.Heibergs Beskæftigelse med den spanske, saa kunne vi, hvad ham selv angaar, rekapitulere vor Undersøgelse omtrent saaledes. En livlig Digteraand med udpræget Formsans, romantisk Begejstring, Lune og æsthetisk Modtagelighed gribes i Ungdommen af en sydlandsk Nations rige og værdifulde Fantasifrembringelser, der tiltrække ham som noget Beslægtet. De afsætte talrige Spor i hans egen Produktion, tildrage sig hans bestandige Opmærksomhed som æsthetisk Kritiker og fremkalde – thi det er overvejende den heibergske Indflydelse, disse skyldes – et Antal frie Theateroversættelser og Efterdigtninger, som navnlig synes at have foranlediget flere udmærkede Rollefremstillinger af Digterens geniale Hustru. At Publikum kunde have vist sig endel mere receptivt ligeoverfor disse omplantede Værker, hvis Fremmed- artethed kan lade sig overvinde med lidt god Villie og som, trods Alt, have saameget rent Guld i sig, antyder Heiberg med Grund: han savnede her den fornødne Sangbund. (...) Som middelbar Følge af Heibergs saa ivrige og i mange Henseender fint forstaaende Syslen med Spaniernes Drama kan man utvivlsomt ogsaa betragte A.Richters fortjenstfulde Samling Oversættelser, især af Calderon; de vilde vistnok have glædet »Psyche«s Forfatter overordentlig, ifald han havde kunnet opleve deres Fremkomst, og i mere end eet dannet Hjem ere ved dem forhaabentlig Dørene blevne lukkede lidt op for det 17de Aarh.'s store Dramatikere...

Hvad tør man vel føje til bibliotekarens forsigtige ord?

---

[8] Det følgende bygger på en artikel af Emil Gigas: »J.L.Heiberg og den spanske Litteratur« i hans *Litteratur og Historie I* (1898) s. 194–285.

Mødet med den fremmede kultur

Kulturmødet skal ikke nødvendigvis opsøges i dets litterære sammenhænge. Det vil ofte lønne sig at efterspore det i bredere, men også mere direkte forstand. Man kan tænke på *Rejseskildringer*, der til alle tider har været en privilegeret kilde til registrering af de ting i det fremmede, der særligt virkede slående.

Fascination og forskrækkelse, eller måske ligefrem forargelse. Man kan f.eks. sammenligne Henrik Stangerups roman *Broder Jakob* med Reich Kløvedals *Festen for Cæcilie*, hvis man ønsker dokumentation for påstanden. Det er helt tydeligt, at den sidste ser Rom og *Katolicismen* som havende en betydelig del af skylden for den hjemlige dårligdom (ja vel nærmest som ansvarlig for mordet i Finderup Lade). Det samme protestantisk-grundtvigiansk-anti EF-prægede syn kommer til udtryk i Reich Kløvedals kommentarer til sin egen genfortælling af Dantes Guddommelige Komedie, der bestemt ikke er uden tendentiøst sigte.

Omvendt har Stangerup i *Broder Jakob* stor vrede mobiliseret mod vore hjemlige billedstormere, der smurte »kalk på« i kirkerne ved Reformationens indførelse. Det positive ligger *uden for* det hjemlige, i denne som i andre af Stangerups romaner.

De tæt tilknappede nordboer var stedse optagede f.eks. af Boccaccios storslåede fortællekunst; somme tider i bekneb for opstemthed, andre gange ud fra en trang til hurtig forargelse. Der er ikke altid så langt fra den udadvendte begejstring til den sammenknebne afvisning af udenvælts tant og gøgl.

Den åbne holdning til det, der kommer udefra, vil vel de fleste, direkte adspurgt, betragte som et gode. Alligevel har vi blandt vort eget litterære arvesølv to skikkelser, som gang på gang trækkes frem, når man synes begejstringen for det fremmede udarter til blind forgabelse. Og det synes man tit og ofte.

Der er først tale om det berømmelige barn i *Kejserens nye Klæder*, der med sin konstatering af majestætens bare rumpe hyppigt bruges til at udtrykke noget angiveligt 'sundt' i vor nationale karakter: evnen til at gennemskue det tomt oppustede, ofte fremmedartede eller af udenlandsk inspiration.

Den anden figur der gerne trækkes af stalden er Holbergs *Jean de France*. Med sin begejstring for alt nymodens fransk er han det latterlige modstykke til Andersens uskyldige barn. Men de to figurer føres side om side frem til forsvar for det hjemligt bekendte, hvilket har sine paradoksale sider, når man betænker de to forfatteres rejseglæde og deres åbenhed over for udenlandsk inspiration.

Om ikke andet synes det sidste eksempel at vise, at kulturimporten fra det romanske er fuldt så virksom, når den udspiller sig i det ubemærkede, som når den synes at nyde godt af modens markante bølgetoppe. Det kunne være oversætterens og filologens stilfærdige trøst. Om ellers disse kulturimportens usynlige håndværkere skulle have trøst behov. Enhver ved jo, at *deres* arbejde bærer lønnen i sig selv, hvorfor al tale om yderligere honorering må forekomme malplaceret.

Five Explanations for the Jump Cuts in Godard's *A Bout de Souffle*

Richard Raskin

> *Jump cut.* A cut between two shots that seems abrupt and calls attention to itself because of some obvious jump in time or space.
> Ira Konigsberg, *The Complete Film Dictionary* (New York: Meridian, 1987).

Since its eruption onto the film scene in 1959, Godard's *A Bout de Souffle* has given rise to a number of very different hypotheses as to what motivated the director's radical departure from the practices of continuity editing when making this film. In the present article, I will present the spectrum of explanations that have already been offered, without putting any one of them to the test. To my knowledge, no overview of this type has as yet been proposed in the literature on *A Bout de Souffle*, each commentator having offered a single explanation of his or her own, without evoking alternate approaches to the issue.

Although the present article contains no previously unpublished explanation, it nevertheless represents a departure from earlier treatments of Godard's now famous jump cuts, in the sense that it illustrates the susceptibility of a given innovation to radically different explanatory options. Since this film remains a landmark in the history of world cinema, and is routinely studied as one of the major representatives of *la nouvelle vague*, the present article may be of some use to students of film history, as well as to those interested in the styles of explanation applied to problems of film esthetics.

1

Among the least flattering explanations offered, is the one proposed by director Claude Autant-Lara, who was one of the principal targets in Truffaut's provocative essay, "Une certaine tendance du cinéma français" published in the January 1954 issue of *Cahiers du cinéma*. Autant-Lara, who considered his own career to have been blighted by the young newcomers of *la nouvelle vague*,[1] had this to say about Godard's elliptical editing:

> Surtout que je la connais l'histoire d'*A Bout de Souffle* et je vous assure qu'elle est plutôt énorme! C'est un petit producteur qui avait engagé un petit metteur en scène pour tourner un petit policier avec 5 000 m maximum. Mais le metteur en scène

---

[1] When asked in 1983 about the "new wave" directors, Autant-Lara said: "J'ai donc jeté les bases professionnelles de ce métier dans lequel ces jeunes messieurs sont venus se couler confortablement en nous mettant à la porte." For the entire interview conducted by René Prédal, see Claude Autant-Lara, "La nouvelle vague: un préjudice énorme," in *La nouvelle vague 25 ans après*, edited by Jean-Luc Douin (Paris: Les Éditions du Cerf, 1983), pp. 203–207.

enregistra 8 000 m; le producteur lui dit de couper, mais le réalisateur refusa. Puis il y fut obligé. Alors, par bravade, il coupa lui-même absolument n'importe comment, à tort et à travers *pour rendre le film inexploitable...* Mais, curieusement, une fois tous les bouts recollés, le producteur trouva ça génial, monté en coup de poing, étonnant... Il avait voulu faire la preuve par l'absurde de l'impossibilité de couper et, au contraire, cela a marché. Alors Godard a compris... et, dans les films suivants, il a fait du Godard! Les ellipses aberrantes, les coupes en plein travellings ont fait l'effet d'une esthétique nouvelle. C'est devenu la mode. Or, la France est le pays du snobisme cinématographique: elle s'emballe pour tout et surtout pour n'importe quoi![2]

2

Somewhat related to Autant-Lara's explanation, and no more flattering, are the comments made by Robert Benayoun. While Autant-Lara claimed that Godard's intention was to *ruin* the film in order to get even with the producer, Benayoun suggested that Godard's jump cuts were made as a devious attempt to *save* a film that would otherwise have been a critical disaster:

...Godard, pour sauver un film inmontrable (*A Bout de Souffle*), le charcuta au petit bonheur, comptant sur les facultés d'ébahissement d'une critique qui ne le déçut point pour lancer une mode, celle du film mal fait. Gâcheur impénitent de pellicule, auteur de propos imbéciles et abjects sur la torture et la délation, publiciste de lui-même, Godard représente la plus pénible régression du cinéma français vers l'analphabétisme intellectuel et le bluff plastique.[3]

3

According to an account given by Godard himself, the elliptical editing of *A Bout de Souffle* resulted from a need to reduce the length of the film, but not under circumstances like those described by Autant-Lara. While Godard refers to a contractual necessity for eliminating up to an hour of the film's running time, he makes no mention in this account of undue pressure on the part of the producer, nor of any wish on his own part to preserve the film in its original length of 135–150 minutes. If anything, he appears to consider the original version of the film to have been too long as a result of his own inexperience, and the requirement to shorten the film as fully justified:

...les premiers films sont toujours très longs. Car les gens effectivement, au bout de trente ans essaient de tout mettre dans leur premier film. Alors ils sont toujours très longs. Et moi je n'avais pas échappé à la règle, j'avais fait un film qui faisait deux heures et quart, deux heures et demie; et c'était impossible, il fallait qu'il n'y ait pas plus d'une heure et demie, par contrat. Alors je m'en souviens très très bien... comment a été inventé ce fameux montage où... qu'on utilise aujourd'hui dans les films publicitaires: on a pris tous les plans et systématiquement on coupait ce qui pouvait être coupé tout en essayant de garder du rythme. Par exemple, il y avait une séquence entre Belmondo et Seberg dans la voiture à un moment donné; et c'était fait un plan sur l'un, un plan sur l'autre, ils se répondaient. Et puis lorsqu'on est

[2] Ibid., p. 207, emphasis added. The producer in question was Georges de Beauregard.

[3] Robert Benayoun, review of *A Bout de Souffle* in *Positif* 46 (June 1962), p. 27.

arrivé à cette séquence qu'il fallait raccourcir comme les autres, plutôt que de raccourcir un peu des deux, avec la monteuse on a tiré pile ou face; on a dit: 'Plutôt que de raccourcir un petit peu de l'un et un petit peu de l'autre et faire des petits plans courts sur les deux, eh bien, on va arriver à raccourcir d'une longueur de quatre minutes en supprimant tout l'un ou tout l'autre, et puis simplement on montera l'un sur l'autre, comme ça, comme si c'était un seul plan'. Et puis on a tiré au sort entre Belmondo et Seberg et c'est Seberg qui est restée...[4]

The scene described here may be the one in which Belmondo's off-screen lines are:

Hélas! Hélas! Hélas! J'aime une fille qui a une très jolie nuque, de très jolis seins, une très jolie voix, de très jolis poignets, un très joli front, de très jolis genoux... mais qui est lâche.

As these lines are heard, we see a series of shots of Seberg in the passenger seat of the stolen convertible Belmondo is driving through the street of Paris. Discontinuities from one shot to the next with respect to (a) the position of the actress's head, (b) the degree of direct sunlight or shade, and (c) the streets and parked or moving cars seen in the background, make this one of the best examples in the film of Godard's jump cuts, seven of which turn up here in rapid succession.

4

Other commentators have seen in the jump cuts a cinematic expression of qualities embodied by the character played by Jean-Paul Belmondo: Michel Poiccard, alias Laszlo Kovacs, who has no pangs of conscience whatsoever when he kills a motorcycle policeman in cold blood or knocks a man unconscious in a public lavatory in order to supply himself with some needed cash.

Viewed in this perspective, the ellipses are meaningful in the sense that they are expressive of the behaviors enacted in the film. Hence the way in which the film is edited, and the conduct depicted in the film, are seen as structurally homologous.

For example, Luc Mollet wrote: "Parce que la conduite des personnages reflète une série de faux raccords moraux, le film sera une suite de faux raccords."[5]

And according to Bosley Crowther, the "disconnected cutting" of the film – a "pictorial cacophony" – is appropriate for a film in which "there is subtly conveyed a vastly complex comprehension of an element of youth that is vagrant, *disjointed*, animalistic and doesn't give a damn for anybody or anything, not even itself."[6]

---

[4] Jean-Luc Godard, *Introduction à une véritable histoire du cinéma* (Paris: Albatros, 1980), p. 34.

[5] Luc Moullet, "Jean-Luc Godard," *Cahiers du cinéma* (April 1960), p. 35.

[6] Bosley Crowther, review of "Breathless" in *The New York Times* (February 8, 1961), section 1, p. 26, emphasis added. On a more amusing note, Crowther described Belmondo in this review as "an actor who is the most effective cigarette-mouther and thumb-to-lip rubber since time began."

A more elaborate attempt to decode the significance of the jump cuts, can be found in Annie Goldmann's discussion of the film. According to Goldmann, Godard does *not* use elliptical editing in scenes depicting relations between persons. In these scenes, involving Belmondo and Jean Seberg in their roles as Michel and Patricia, she suggests that the relations are fully (i.e. not elliptically) described because of their primordial importance. It is in scenes depicting the social world – such as the killing of the gendarme – that the filmic representation becomes elliptical, "en montage téléscopé, avec des 'trous' entre les plans," because in Michel's eyes, incidents involving the representatives of social authority are unimportant:

> L'action est abrégée, non pas pour donner une impression de rapidité, mais parce que l'événement proprement dit n'a pas d'intérêt pour le héros... Pour lui – et pour le spectateur qui voit le monde à travers la conscience de Michel... – tout ce qui concerne ces événements n'a aucun intérêt dans la mesure ou tout ce qui touche à la société ne le concerne pas. C'est pourquoi le réalisateur en donne une représentation presque négligente et – à la limite – difficilement compréhensible.[7]

Unfortunately, Goldmann does not attempt to demonstrate the validity of her claim by showing systematically that elliptical and non-elliptical editing are used in scenes depicting what she views as social and personal relations, respectively. The convertible scene cited above – to name only one example of a scene combining personal relations with jump cuts – would be difficult to account for in the context of Goldmann's model.

5

Godard's jump cuts have also been seen as part of a new esthetic, a radical departure from worn-out modes of cinematic discourse, and an attempt to carry out within the film medium revolutionary developments found in other arts.

For an anonymous reviewer in *Time*, Godard brought cubism into the language of film:

> More daringly cubistic is the manner in which Godard has assembled his footage. Every minute or so, sometimes every few seconds, he has chopped a few feet out of the film, patched it together again without transition. The story can still be followed, but at each cut the film jerks ahead with a syncopated impatience that aptly suggests and stresses the compulsive pace of the hero's downward drive. More subtly, the trick also distorts, rearranges, relativizes time – much as Picasso manipulated space in *Les Demoiselles d'Avignon*. All meaningful continuity is bewildered...[8]

For Arlene Croce, Godard's editing is analogous to jazz, and is part of an esthetic which shifts the focus of interest from meaning to the cinematic medium itself:

> *Breathless* is a mannerist fantasy, cinematic jazz. Watching it, one can hardly avoid the feeling that Godard's intention, above all, was to produce slices of cinema – shots,

---

[7] Annie Goldmann, *Cinéma et société moderne* (Paris: Denoël/Gonthier, 1971/1974), pp. 85–86.

[8] "Cubistic Crime," *Time* (February 17, 1961), p. 56.

figments, iconography – what the *Cahiers* critics talk about. His reality is always cinematized; the camera is always "there," as it were, with its short jabs or long looping rambles of celluloid. There are few dissolves and almost no smooth cuts; and the cuts are often so fast that for moments at a time the spectator is thoroughly dislocated. For example, the arrival of Belmondo in Paris is shown thus: a long shot of the city/a car pulling up/Belmondo entering a phone booth, making a call, getting no answer, leaving/Belmondo somewhere buying a paper/Belmondo on the doorstep of a pension, with some dialogue/Belmondo inside at the concierge's desk and stealing a key/Belmondo emerging, toweling, from the bathroom of the apartment. The whole truncated sequence lasts considerably less than a minute; there are no transitions, no "continuity." Often there are cuts made within the same shot. No attempt is made, either through cutting or through the long drunken pans, at academic-style montage, composition, or meaning of any sort. It is merely movie business...[9]

Penelope Houston also characterizes Godard's esthetic as one shifting the focus from story or narrative to a more instantaneous experience, grounded in the very language of the cinematic medium:

...the film is edited so that the traditional time sequence is broken, with jump cuts (by which we may see the beginning and the end of an action, but not the bit in the middle), with repeated shifts of place and viewpoint...[such gambits] are not merely stylistic fancy-work. They underline an attitude to film-making. If the director's basic concern is to tell a story to a large audience, he will help the spectator to follow it easily: if a character tells us that he is going to do something, and there is then a cut, we are conditioned to expect that in the next scene he will be doing the thing he talked about. But if the film-maker is concerned not so much with a story as with the immediate instant, with the involvement of the audience less in a narrative than a sensation or an experience, with the kind of chances and hazards that intervene in life, then these wires of convention can be cut and left dangling. The film finds and imposes its own logic.

What we see is what the director chooses to show us: if he finds something boring and decides to skip over it, with an implied 'etc., etc.', then he assumes that we know enough about cinema conventions to keep up with him. In *A Bout de Souffle*, certainly, the characters themselves have no existence outside the context in which Godard evokes them... The film itself is the thing; and the audience finds at least part of its pleasure in a sharing of the director's own excitement, the sense of glee he transparently feels at the improvised moment that sets the screen alight, the experiments with timing, the investigation of a language.

Godard's violation of the most basic rules of continuity editing would be seen in this context as a breakthrough to a new conception of cinematic art. This would be a constructive characterization of what might otherwise be seen in more destructive terms.

The view Godard himself expressed, at least on one occasion, was far less positive. When asked by Gordon Gow exactly what he had in mind when making *A Bout de Souffle*, Godard replied

---

[9] Arlene Croce, "Breathless," *Film Quarterly* (Spring 1961), pp. 54–55.

that he doesn't hold with rules and he was out to destroy accepted conventions of film-making. *Hiroshima, mon amour*, he said, was the start of something new, and *A Bout de Souffle* was the end of something old. He made it on real locations and in real rooms, having no truck with studios (although more recently he has worked in a studio and found it advantageous). He employed a hand-camera, because he is impatient and when he is ready to shoot he doesn't like waiting about for complicated camera set-ups. And having finished the shooting, he chopped it about as a manifestation of filmic anarchy, technical iconoclasm.[10]

Summary and Conclusions

The elliptical editing of *A Bout de Souffle* has been explained, in the literature on the film, as being motivated by: 1) a deliberate attempt on Godard's part to *ruin* the film in order to get even with a producer who had insisted that the film be shortened despite Godard's protests (Autant-Lara); 2) a devious attempt on Godard's part to *save* a third-rate film by mutilating it in a way French film critics would perceive as astounding (Benayoun); 3) a need to shorten a film that was too long, and a wish to do so in a new way (Godard); 4) a desire to express cinematically the moral and emotional disjointedness of the behaviors portrayed (Moullet, Crowther), or to depict the social world as meaningless in the eyes of Michel Poiccard (Goldmann); 5) the director's quest for a new esthetic – a cinematic equivalent of cubism or jazz – shifting the focus of interest from story or meaning to the film medium itself (Time, Croce, Houston), or by the director's all-out attack on an outmoded cinematic discourse (Godard).

The "inside dopester" explanations (1 and 2 above) are the most amusing and have the same appeal as a juicy bit of gossip which casts a celebrity in an unflattering light. They are also as reliable as gossip, and probably tell more about the personal tastes and aversions of the critic than about the defamed subject.

Godard's own account of the jump cuts in relation to the postproduction process (3) clearly deserves a higher status, particularly since it is neither self-promoting nor designed to discredit anyone else. That does not mean, however, that it should be taken entirely at face value as the last word on the jump cuts, even if it is a full and accurate account as to how they came about, since it tells us nothing about the way in which the jump cuts *work* within the film.

The approaches which focus on that are the only ones which enrich our understanding of *A Bout de Souffle*. In this context, the transmission of anecdotal material becomes secondary, and the primary concern is on discovering the expressive properties of the jump cut, either in relation to the particular story told by the film (4) or as the cornerstone of a new esthetic (5). Here, the *meaning*

---

[10] Gordon Gow, "Breathless," *Films and Filming* (August 1961), p. 25. Incidentally, in the same interview, Godard stated that he didn't see the editing style of this film as especially "representative of Michel's muddled mentality, although he admitted that he wouldn't have used the same technique if he had been dealing with a level-headed character."

and *function* of the jump cuts are given full attention, rather than factors which have no relation to the viewer's experience of the film.

This does not mean that certain explanations should be discarded in favor of others. Even explanations which are vicious or misleading are worth knowing and discussing – both because they help to heighten our appreciation of more illuminating approaches, and because it is a value in itself to contemplate as broad a spectrum of explanatory options as possible when dealing with any innovation.

Un procès au bilinguisme
Le nom de l'arbre de Hubert Nyssen

Ole Wehner Rasmussen

Les critiques qui s'intéressent à la littérature belge voient parfois dans le maniement de la langue des auteurs francophones une spécificité qu'on regarde comme un enrichissement par rapport aux normes académiques de l'Hexagone ou qu'on qualifie, selon son tempérament, de "brumes belges"[1]. Il semble que ce soit la cohabitation de deux langues, sinon de deux cultures, qui fonde, pour une grande partie, l'originalité de cette littérature. Or, la cohabitation linguistique, qui résulte souvent en un bilinguisme latent ou manifeste, est assez rarement thématisée et plus rarement encore problématisée.

Le nom de l'arbre[2] de Hubert Nyssen est intéressant, entre autres, parce qu'il puise explicitement son matériau dans la réalité historique, sociale et linguistique de la Belgique contemporaine, et qu'il refuse cette dénégation des origines qui caractérise, à travers les âges, un nombre non négligeable d'auteurs belges[3].

Enonciation et projet narratif. Le narrateur apostrophe tout au long du roman un personnage répondant au nom de Louis Quien, et très vite, le lecteur comprend qu'il s'agit du narrateur lui-même. En effet, le mode de narration est un monologue intérieur analeptique qui procède par associations selon un ordre apparemment chaotique, mais dont le puzzle se reconstitue au fur et à mesure.

Le projet narratif prend la forme d'une double quête. Le premier volet de la quête s'avère impossible. Elle consiste à retrouver une jeune femme charismatique (Juliette ou Hélène) que Louis, âgé alors de 17 ans, avait fréquentée et aimée pendant quatre mois en 1942, et qu'il avait dû laisser entre les mains de la Gestapo alors que le couple était actif dans la résistance. Juliette aura probablement connu une mort atroce, écartelée dans un camp de concentration.

Le second volet est une quête de soi et une révolte contre la prédestination du milieu. Il s'agit pour le narrateur de se libérer de tout ce qui le lie à son enfance qui "n'avait jamais été qu'un malentendu d'adultes" (p. 61). Il est né d'un mariage que son père avait contracté avec une Flamande de basse extraction

---

[1] Quaghebeur, Marc, 1993, p. 19.

[2] Editions Grasset et Fasquelle, 1973. Exemplaire de travail Nyssen, Hubert, 1987.

[3] Jacques Sojcher écrit dans la préface de *la Belgique malgré tout* (1980), qui est une sorte d'état des lieux de la littérature belge: "beaucoup d'écrivains invités à participer à *la Belgique malgré tout* n'avaient jamais écrit dans un seul de leurs livres le mot *Belgique*" (p. V).

pour défier le grand-père dominateur, qui était directeur d'école et maire du village flamand de Westduine.

Leitmotifs et grands thèmes. Quatre images parcourent le récit. C'est la musique, représentée surtout par le premier prélude du *Wohltemperierte Klavier* et c'est la mer qui domine le village natal du narrateur. C'est une femme référence: *Paulina* de P.J. Jouve. C'est enfin la 'poupée cigogne', avec plus de vingt récurrences, que le narrateur interprète lui-même de façon allégorique. "Nous sommes une de ces *matriochkas*, une de ces créatures cigognes et nous ne pouvons nous débarrasser d'aucune des figures qui ont été successivement enfouies l'une dans l'autre. Jusqu'à notre mort je serai obsédé par l'idée que le premier de nous ne périra qu'avec le dernier" (44). La même idée est reprise dans une image qui fait écho avec le titre du roman: "Regarde, Louis Quien, toi mon doux arbuste enfoui dans le cœur de l'arbre, dans les anneaux concentriques de l'écorce" (63).

Dans l'exemple suivant, c'est l'objectif même de la quête qui est thématisé, mais aussi la difficulté, voire l'impossibilité de réaliser ce projet par le biais de la mémoire qui n'est jamais fidèle, de la langue qui est défectueuse et de la narration qui n'est pas une reconstitution qui permette de prendre d'autres chemins que ceux déjà pris. Ce personnage, "cet enfant que j'ai inutilement conçu pour te chasser de moi, de ma mémoire, de la *matriochka*, cet enfant entend tout autre chose que ce que tu entendais à Westduine" (67).

Souvenirs et langage. C'est par exemple en brossant le portrait du vieux Quien que le narrateur se rend compte que sa mémoire lui joue des tours: "Imposture! Jamais grand-père n'aurait parlé ce langage d'après-guerre" (136). Il se demande: "Mais où ai-je commencé de greffer le rêve sur la réalité?" (82). Et il réalise que la création littéraire n'est pas innocente: "Tu compensais l'affaiblissement de la vision par des mots, des phrases. Et peu à peu mots et phrases transformaient la vision primitive. Si tu t'obstinais, bientôt le souvenir ne serait plus composé que de mots [...] Les mots... *Ersatz!*" (183).

Les observations se cristallisent dans une prise de conscience fondamentale. "Comme tu le vois, Louis Quien, le passé à l'état pur n'existe pas et l'idée d'une reconstitution ne tient pas debout" (164). "Tout est vrai, tout est faux. Le passé est argile et il ne l'est pas. Tu es là et tu n'es pas là. Juliette est morte et Hélène vit" (187).

Continuer le projet, mais avec résignation, semble néanmoins la seule possibilité: "Et maintenant, engagé [...] dans la révolte contre le langage, ne sachant plus où me fixer dans ce triangle déterminé par le souvenir de ce que j'ai dit, la nostalgie de ce que j'aurais pu dire et l'opression de ce que j'aurais dû dire, je me rends, Louis Quien, je me rends. Que sombre le navire de l'enfance dans la mer inventée" (87-88).

Réalité et langage. Se servir du langage comme moyen de reconstitution de la réalité est problématisé dans les trois épigraphes du roman. La plus explicite a même servi à modeler le titre de l'ouvrage: "Quand je parle, je remplace l'arbre que je regarde par son nom, et par ce que je me mets à en dire. C'est tellement une étrangeté, que je ne suis même pas sûr de lui donner son vrai nom. (Brice Parain)"[4].

Dès le premier paragraphe du livre, c'est le rapport entre langage et réalité qui est thématisé: "D'abord elle s'était appelée Juliette. Puis je l'avais appelée Hélène. La difficulté de la nommer ou plus exactement de choisir un nom (un cri) qui la refléterait tout entière traduisait une autre difficulté, celle de rassembler mon [propre] personnage dispersé dans les jours successifs de notre rencontre. Je ne pouvais accéder à la réalité de Juliette, à la mienne, qu'à la condition d'admettre qu'elle était alternativement Juliette et Hélène, et moi, en dépit d'un seul et même patronyme, un cortège, un désordre" (11).

Toute la difficulté existentielle de Louis Quien se rapporte de l'une ou l'autre façon à la langue, aux langues, au langage, ou comme dit le narrateur la plupart du temps, aux *mots*. Il a peur des mots, non seulement en tant que narrateur de son histoire, mais aussi comme personnage de l'histoire. "Louis Quien était effrayé par les robes des filles et les cortèges de mots à organiser" (38). "L'audace qui te manquait, c'était l'audace, la simple audace de dénouer un nœud de paroles" (35).

Pourtant, Louis n'est pas un taciturne: c'est plutôt la logorrhée qui le caractérise. "La disproportion a toujours été considérable entre la tragédie de tes discours intérieurs et la disette de mots quand le moment était venu de t'expliquer clairement, anémie verbale que tu a dissimulée, les années passant, sous une forme de surenchère" (247).

Ecarts. Le petit Louis se sent souvent dépourvu d'un langage adéquat. "Faute de mots à la mesure de l'événement, tu entrais dans le jeu [de mère] et ne racontais rien, ni à père ni à grand-père" (54). "Etrange, aucun mot ne convient" (219).

L'expérience le culpabilise jusqu'à ce qu'il se rende compte que la langue n'est pas cet outil immuable qu'on lui avait enseigné à l'école. "J'étais sur le point d'écrire : la guerre, la stupeur, la mort, mais tu m'as regardé du fond de la *matriochka*. Ces mots-là aussi ont changé de sens" (217). Jusqu'à ce qu'il comprenne que le langage officiel de l'institution sociale ne couvre pas la réalité de l'individu. "Quant à [son père] il était impossible, à cause de ces mots, de l'imaginer *tombé au champ d'honneur*" (220).

La langue ne sert pas à donner des références et s'avère impuissante quand il s'agit de s'orienter par rapport à l'histoire, fût-ce l'histoire individuelle. "Et si une couleur hante le souvenir, comme la rousseur de Juliette, il ne s'agit que

---

[4] Que cette thématique soit identique à celle du fameux article *Les mots et les images* que René Magritte publia dans *La Révolution surréaliste*, no 12, 1929, n'est pas pour nous étonner. L'article en question est souvent reproduit dans des ouvrages qui traitent de la littérature belge. Cf. p ex. *Un pays d'irré-guliers*, 1990, p. 77.

d'un mot, d'une métaphore, c'est-à-dire par sa nature même, d'un aveu de l'impuissance à recréer cette couleur" (292)[5].

Puissance destructive. "Mon langage te paraît étrange? Dis-toi que les mots en remontant le temps ont dévoré les choses" (64). Nous avons vu que la parole empêche la reconstitution du passé, mais dans le présent aussi, "les mots dévorent la vie" (49) à sa source en tuant les forces vitales et toute spontanéité. "Tu vois, tu as été incapable de faire sauter les verrous, les chaînes dont tu as été chargé par le langage au fur et à mesure que celui-ci remplaçait en toi les étincelles, les émois, les sensations" (275).

La parole pervertit les relations humaines. "Nous sommes victimes des mots" (81). "Considérons [...] que Bachelard avait raison, que les malentendus les plus graves nous menacent pour une simple question de mots" (140). La parole déchire ce qui était uni. "[Virginie, sa maîtresse] ne savait pas qu'avec ce dernier mot elle tranchait les liens qu'elle venait de nouer entre Louis Quien et elle" (172).

Pour Louis, la répartie suivante d'un de ses amis est une véritable condamnation: "Dire... dire... Tu as toujours voulu aller au bout des choses avec les mots. C'est inconcevable, Louis, inconcevable [...] C'est avec les mots que tu as tué Juliette" (270).

Le grand-père est conscient d'une autre sorte de perversion langagière. "Le vieux franc-maçon scellait la mésalliance, consacrait [...] l'indissolubilité d'une union à laquelle il condamnait son fils, sachant, le vieux sournois, que les mots manqueraient bientôt aux deux époux et qu'ils vivraient alors dans le silence et le vide. Tu es né de ce malentendu" (71).

Ce sont les nazis qui ont inventé la perversion langagière suprême, effectuée lors de l'écartèlement de Juliette. "Avec les techniques mises au point, ils avaient exaspéré un langage informe. Ils l'avaient conduit à ses limites et même l'avaient projeté au-delà. Ce qui s'était passé ne se racontait pas et toute tentative constituait déjà une réduction formidable de la réalité globale, indivisible, une atrophie" (100).

Les deux langues. Le village du petit Louis est bilingue de par les lois scolaires. Mais pour le plus grand malheur du garçon, le grand-père ne cache jamais son mépris ni de la langue flamande ni de sa belle-fille. Une sorte d'amalgame néfaste va s'installer dans son esprit et déterminer son individuation.

Malgré le programme officiel, ce n'est pas l'école qui comble l'écart entre les deux langues chez Louis. "Tu énumérais les gestes du ferblantier (*de blikslager*), les coutelas du boucher (*de slager*), tu récitais les assemblages du charpentier (*de timmerman*), chantais les saisons du fermier (*de pachter*) et docilement tu apprenais

---

[5] Hubert Nyssen ne figure pas dans le volume *Terre d'écarts : Ecrivains français de Belgique* (1980). Citons pourtant Françoise de Moffarts, qui écrit dans la préface: "Qu'est-ce que l'écart [pour les auteurs belges de langue française], sinon l'apparition de la différence, l'irruption des possibles, l'espace qui se dérobe au-delà des certitudes premières de l'appartenance, du sens et des apparences. Question posée, blessure non refermée... Détour de l'imaginaire et de l'écriture. Distance entre les mots et les choses. Eclatement des lieux, de la mémoire, du langage".

à te servir du fusil à deux coups, un pour le français, l'autre pour le flamand (la mer, *de zee*..., la dictée, *het dictaat*... l'élève, *de leerling*), mots gutturaux ou cliquetants qui paraissaient toujours en divorce les uns avec les autres. On te faisait un devoir de connaître et d'aimer tes deux langues nationales comme tu devais aimer tes père et mère. Et il est vrai que souvent [...] père et mère c'était comme français et flamand" (85-86).

C'est un travail d'inculcation sournoise que pratique le grand-père. "Le vieux caressait ce cahier dont la tranche rouge eût été si belle si les pages n'avaient été écornées par la bru négligente (*mijn slordige schoondochter*) disait-il en accentuant les vélaires et en feignant de descendre avec le flamand au niveau d'Adrienne [...] – Légume ne prend qu'une M, fille, disait-il reprenant aussitôt en flamand comme si Adrienne n'entendait rien au français : *Alleen een M, dochter*" (149).

Les rapports de Louis à sa mère s'en ressentent inévitablement. "*Stouterik!* / Ce mot flamand qui voulait dire impudent, effronté, elle le criait en se frottant l'œil [...] / Outragé par la forme flamande plus que par l'insulte, tu jetais: – Je m'appelle *Ki-in* et je ne comprends pas ce langage de paysan" (133). Après quoi "tu décidais [...] de rayer du langage usuel le mot *mère* et son équivalent flamand et toute la déclinaison passablement infantile, de maman à *moedeerke*" (134).

Le procès au bilinguisme. Le procès au langage n'est pas un thème littéraire nouveau. Ce qui constitue, par contre, l'originalité du *Nom de l'arbre* est le fait que la déficience du langage soit expliquée par l'environnement sociolinguistique du francophone domicilié en terre flamande.

"A la communale on avait appris à se servir du fusil à deux coups. L'enfant... *het kind*. La guerre... *de oorlog*. Comme on parlait le français, point le flamand, chaque mot du langage usuel se trouvait alourdi d'un mot flamand dont on ne savait que faire [...] En même temps, force était de constater que dans le château familial, avenue du Port, le français servait à s'exprimer, le flamand à s'invectiver. Une famille libérale faisait ainsi du flamand – langue du peuple – une langue doublement vulgaire. Le problème linguistique monta des tréfonds, il émergea doucement dans l'enfance, s'étala dans l'adolescence [...] le flamand était [la] langue maternelle de mère... / Mais en même temps le frottement des deux langues l'une contre l'autre fit naître un sentiment bizarre. Le français dont Quien pour s'exprimer avait appris à se servir aussi naturellement qu'on apprend à se servir de ses pieds pour marcher [...] perdit peu à peu ce qu'il avait de naturel et de spontané (le côté *né avec soi, faisant partie du soi*) pour apparaître comme quelque chose qu'on avait préféré, choisi *contre* autre chose. Le français devint une langue revendiquée, adoptée, donc extérieure à soi, un outil, presque une prothèse. A la fin on ne parlait plus dans la foulée de l'esprit mais avec du recul car on était sur le qui-vive, ne se servant pas sans méfiance des mots venus aux lèvres, mots qui pouvaient être avariés, contaminés par leurs équivalents flamands. Crainte de n'être pas compris, on surchargeait" (251).

Le monde autre. Depuis toujours, Louis se doute qu'il y ait un monde derrière celui dans lequel il est condamné à vivre. Enfant, il avait "la certitude d'être né avec le monde, de lui donner réalité par les mots avec lesquels [il] les délivrai[t] du néant" (57).

Maintenant il sait qu'on n'atteindra pas "ce monde dégoulinant de choses sans dénominations" (66) qu'à travers un autre langage, qui pourrait être celui de la musique. "La musique (et le prélude [de Bach] en particulier) n'aura servi qu'une tentative de retrouver l'unité sans passer par les phrases insuffisantes, mensongères" (84).

Et le texte continue: "La musique, comme la mer et l'amour, déchevèle les discours" (84). Voilà concentrée en une formule clef la fonction contrapuntique des leitmotifs dégagés en début d'analyse.

Nous comprenons alors pourquoi la fascination qu'exerce Juliette sur Louis se rapporte au langage. "La force d'Hélène venait en partie de cette science : elle savait que les mots, tels des fauves, subodorent la peur qu'ils inspirent. Elle les domptait, les mots, les apprivoisait" (174). Elle n'a pas besoin de renier l'idiome de son pays natal. "Elle avait dit *avoir difficile*, elle avait fait ce belgicisme, le plus fréquent de tous, et elle n'avait pas les cheveux moins flamboyants" (292). "Louis Quien se dit: Hélène pouvait annuler la pesanteur, la prédestination" (202).

Métamorphose. La fin de la guerre ne fut pas une libération des normes et valeurs de la Belgique de papa. Déçu par ses camarades communistes et par l'intelligentsia en général, Louis abandonne ses études à l'université et fait carrière dans la publicité. Il s'avère qu'il maîtrise les mots de façon incomparable, mais c'est avec ironie qu'il cite son patron qui affirme "que les publicitaires sont [sic] écrivains de ce siècle et non des moindres car ils dictent un nouveau langage aux hommes de notre temps" (198).

Il finit par épouser sa maîtresse et s'embourgeoise de plus en plus. Mais en vérité, il est constamment torturé par le souvenir de Juliette et un sourd travail d'éclosion s'opère en lui. "Souvenez-vous que le bois de la *matriochka* est un bois poreux et que Juliette avait tout imprégné, du centre à la périphèrie" (283). Lors d'une soirée mondaine, "les coquilles de la *matriochka* se brisaient et des Quien épouvantés s'égaillaient" (254).

Sur un coup de tête, il quitte femme, maison, travail et fait du vagabondage en compagnie d'un nouvel ami, ancien caporal de la guerre d'Espagne. "Enfin et pour la première fois de ta vie, tu participais consciemment à une phase de ta métamorphose. Sans doute ne savais-tu pas encore si ton personnage, résolument fidèle à la *matriochka*, s'augmenterait d'un anneau, d'une écorce nouvelle, ou si, brisant les écorces antérieures, tu libererais une douzaine de Quien qui s'égailleraient dans la nuit, mais de toute manière tu étais bien décidé à partir innocemment, comme un chemineau sans mémoire qui s'invente un peu chaque jour" (280).

Un jour où le caporal Cortal conduit Quien dans un bordel arabe, la fugue commence à prendre un sens insoupçonné: "Quand, à la fin, une rousse, mais oui une rousse [...] émouvante dans sa recherche de mots qui augmenteraient l'excitation et le plaisir, lui offrit un sexe épilé d'une stupéfiante douceur, Quien eut la curieuse sensation, au plus profond du corps, que mille entraves étaient sectionnées et qu'il commençait à vivre enfin cette chose étrange qu'il n'avait jamais fréquentée que par les mots" (313).

Ce sera avec une sorte de sérénité qu'il pourra commencer ce travail d'écrivain dont il rêve depuis toujours. Le texte suivant opère une sorte de solution de synthèse de tous les problèmes esquissés jusqu'à présent. "Notre situation est la même dans la mémoire et dans le langage. Chacun de nous, en son temps, a éprouvé tant d'inquiétude qu'il est prêt à toutes les surenchères pour accréditer le souvenir qui se dérobe. Quant à moi, la décision de raconter pour la première fois la véritable (ou véridique? ou vraisemblable?) histoire de Juliette procède du pressentiment que, dans ce château de mots, il est question d'elle pour la dernière fois" (284).

Enonciation bis. Comme nous l'avons déjà indiqué, la narration prend la forme d'un long monologue dialogué et analeptique qui procède par bonds associatifs de sorte que la chronologie de l'histoire ne se laisse restituer qu'avec difficulté. Motifs et thèmes s'enchevêtrent de façon chaotique, mais c'est la lutte contre les souvenirs, les mots et le crayon qui opère la libération du protagoniste et qui contredit de fait les thèmes linguistiques pessimistes du récit.

Mais où situer l'acte d'énonciation dans le temps et dans l'espace si tout se joue *pendant* la narration et que le récit prétende en même temps être écrit *après* la métamorphose?

Le livre fermé, nous ne savons pas vraiment ce qu'est devenu Louis Quien. Le narrateur garde son retrait, prend ses distances non pas vis-à-vis de l'histoire qu'il raconte, mais par rapport à ses lecteurs. Il se pourrait que son combat avec les mots ne soit pas terminé.

Bilinguisme bis. Le nom de l'arbre est un roman touffu et poignant dans lequel nous n'avons relevé que quelques thèmes ayant trait à la question linguistique. Le mal de vivre du narrateur est surtout dû à cet écart entre les mots et les choses que le texte explique par la présence simultanée des deux langues nationales de la Belgique. On pourrait, en effet, lire le roman comme une dénonciation virulente qui frappe non seulement certains milieux sociaux et toute une histoire politique, mais aussi cette partie de la littérature que d'aucuns considèrent comme la seule littérature spécifiquement belge.

Mais il y a paradoxe : peu de livres peignent la société belge des années 1930-1960 de façon aussi pénétrante. Peu de romans font si bien comprendre avec quel poids la guerre a pesé sur toute une génération de jeunes. Et il le fait à partir de cette réalité linguistique et avec ce langage qu'il dénonce et qu'il prétend incapable de couvrir la réalité, fût-elle historique, sociale ou psychologique.

Roger Foulon dit à propos de la poésie de Hubert Nyssen qu'elle mêle "toutes les variantes d'un seul thème, comme si la vérité n'était que l'accumulation des choses qu'elle nierait, pour mieux les affirmer"[6]. La même caractéristique vaut pour le roman dont nous nous occupons.

L'auteur. Hubert Nyssen est né en 1925. Des éléments biographiques qu'il a lui-même tracés pour la collection *Passé Présent*[7], il ressort que la vie et les aventures de Louis Quien ressemblent, sur bien des points, à celles de l'auteur. *Le nom de l'arbre* sent le vécu, comme beaucoup de premiers romans.

Les données de la biographie ne sont pourtant pas assez nombreuses pour voir jusqu'où vont les similitudes linguistiques des milieux respectifs de Hubert Nyssen et de Louis Quien. Elles ne permettent pas d'affirmer que les problèmes existentiels eventuels de l'auteur seraient causés par la présence du flamand dans l'entourage immédiat de son enfance.

Mais il est intéressant de noter que le livre est dédié à Pierre Mertens et qu'il a paru en 1973, trois ans avant que Mertens dirige *l'Autre Belgique* qui inaugure l'ère de la belgitude. Y prennet la parole des auteurs qui récusent "l'idéologie de la désappartenance et entendent non seulement être reconnus comme Belges mais affirment avoir le droit de puiser dans les coordonnées natales [...] La matière romanesque comme la texture langagière seraient ainsi débarassées de l'anhistorisme et de l'irréalisation qui les a longtemps caractérisées"[8]. Si la chronologie avait été inversée, on aurait pu parler d'un contrat rempli.

Pourtant, en 1973 Hubert Nyssen avait émigré depuis longtemps en Provence où il avait fondé Actes Sud, "maison d'édition résolument mondialiste" dit Bertrand Py[9], qui ajoute: "Ce ne fut pas sans emporter quelque rancœur contre... disons l'*épaisseur belgicaine*, que son œuvre moque à plaisir, ni une secrète certitude que vers les ciels, la mer et les terres du Nord, les personnages de ses livres le reconduiraient".

Bibliographie

Nyssen, Hubert, 1987. *Le nom de l'arbre* / Préface de Jean Claude Pirotte. (Passé Présent). Bruxelles, Les Eperonniers.

Nyssen, Hubert, 1989. *Eléonore à Dresde* / Préface de Georges Borgeau, lecture de Bertrand Py. (Babel). Arles, Actes Sud.

Alphabet des lettres belges de langue française / préf. de Liliane Wouters, 1982. Bruxelles, La promotion des Lettres belges de langue française.

Andrianne, René, 1984. "Conscience linguistique et conscience politique". Pp. 11-24 *in Ecriture française et identifications culturelles en Belgique* / Colloque de Louvain-la-Neuve, 20 avril 1982. Louvain-la-Neuve, CIACO.

Andrianne, René, 1985. "Origines sociales, conscience politique et conscience linguistique des écrivains belges". Pp. 81-91 *in Trajectoires : Littérature et institutions au Québec et en Belgique francophone* / publ. par Lise Gauvin et Jean-Marie Klinkenberg. Bruxelles, Labor.

---

[6] *In Lettres vivantes*, 1975, p. 269.

[7] Nyssen, Hubert, 1987, pp. 323-328.

[8] Quaghebeur, Marc, 1982, p. 199.

[9] *In* Nyssen, Hubert, 1989, p. 114.

"Autre Belgique (L')" / dir. Pierre Mertens. *Les Nouvelles Littéraires*, 4-11 nov. (1976). Pp.13-24.

Belgique malgré tout (La) / réd. Jacques Sojcher, 1980. Bruxelles, Editions de l'Université.

Belmans, Jacques, 1973. "La mémoire sous les mots". *Marginales,* nos 153-54 (1973).

Lettres vivantes : deux générations d'écrivains français en Belgique 1945-1975 / dir. Adrien Jans, 1975. Bruxelles, La Renaissance du Livre.

Oster, Daniel. "Le nom de l'arbre de Hubert Nyssen". *Les Nouvelles Littéraires*, no 2402 (1973).

Otten, Michel, 1984. "Identité nationale, identités régionales dans la littérature française de Belgique". Pp. 49-83 *in Ecriture française et identifications culturelles en Belgique* / Colloque de Louvain-la-Neuve, 20 avril 1982. Louvain-la-Neuve, CIACO.

Otten, Michel, 1985. "Le thème de l'identité et ses fluctuations historiques". Pp. 63-79 *in Trajectoires : Littérature et institutions au Québec et en Belgique francophone* / publ. par Lise Gauvin et Jean-Marie Klinkenberg. Bruxelles, Labor.

Pays d'irréguliers (Un) / Textes et images choisis par Marc Quaghebeur, Jean-Pierre Verheggen et Véronique Jago-Antoine, 1980. Bruxelles, Labor.

Quaghebeur, Marc, 1982. "Balises pour l'histoire de nos lettres". Pp. 9-202 *in Alphabet des lettres belges de langue française* / préf. de Liliane Wouters. Bruxelles, La Promotion des Lettres belges de langue française.

Quaghebeur, Marc, 1993. *Belgique : La première des littératures francophones non françaises* (ms). Traduction danoise *National eller regional identitet : Om Belgiens fransksprogede litteratur* / overs. og bearbejdet af Ole Wehner Rasmussen. København, Akademisk Forlag, 1993.

Terre d'écarts : Ecrivains français de Belgique / présentation André Miguel et Liliane Wouters, 1980. Bruxelles, Editions Universitaires.

Kulturformidling i folkeskolens sprogundervisning

Karen Risager

Om projektet: Sproglærernes identitet i den europæiske integrations-proces

I denne lille artikel skal jeg gøre rede for hovedlinjerne i et projekt, der i skrivende stund er ca. halvvejs i sin dataindsamling. Projektet omhandler bl.a. fransklærerne i den danske folkeskole og på de tilsvarende klassetrin i England, og sætter særlig fokus på deres opfattelse af deres egen rolle som kulturformidlere set i lyset af de kulturelle forandringsprocesser i Europa. Samtidig giver projektet mulighed for at sammenligne fransklærernes opfattelser og situation med med andre sprogfags, hvilket skulle give os et klarere og mere differentieret billede af lærernes oplevede virkelighed i de forskellige sprogfag.

Projektet er internationalt organiseret og delvist komparativt i sit sigte, og omfatter både i Danmark og i England en kvantitativ del (en spørgeskema-undersøgelse, der i Danmark er landsdækkende), og en kvalitativ del (en interviewundersøgelse).

Det skal måske tilføjes, at nogle af passagerne i det følgende er taget fra de officielle projektbeskrivelser og derfor kan virke lidt højtidelige i denne sammenhæng!

Lidt om baggrunden for projektet

At sproglærerne, også på folkeskoleniveau, er en vigtig nøglefaktor i den europæiske og globale kulturelle udvikling, behøver næppe megen argumentation i denne publikation. Derfor blot et par ord om hvor projektet i særlig grad tager sit udgangspunkt.

Det er i første række sproglærerne (deriblandt de fleste af os), som har og vil have ansvaret for, i den personlige kontakt med eleverne (de studerende, kursisterne), at tage den udfordring op der ligger i at forberede eleverne til kulturmødet, både det direkte personlige møde, og det møde der er tekstligt formidlet. Andre fag bidrager også til denne forberedelse, men sproglærerne har, i kraft af deres fremmedsproglige kvalifikationer, en særlig baggrund for at udvikle elevernes evne til at se samspillet mellem sprog og kultur, og til at forholde sig konstruktivt til den interkulturelle kommunikation. Man kan sige at sproglærernes særlige opgave i denne forbindelse er – i samarbejde med de andre fag – at udvikle elevernes blik for kulturel forskellighed, deres evne til at forstå forskellige kulturelt bestemte perspektiver, deres opfattelse af eget ståsted og identitet.

Vores billeder af de forskellige lande og folk præges i høj grad af stereotyper. En tidssvarende sprogundervisning, der sigter mod en mere virkelighedsnær og uddybet interkulturel forståelse, kan ikke komme uden om at forholde sig til stereotypernes indhold og funktion. Dette gælder ikke mindst de intereuropæiske stereotyper, der som regel ikke diskuteres, men reproduceres på det ubevidste plan.

Et vigtigt perspektiv i den danske sammenhæng er spørgsmålet om hvad der sker med de "små" sprog i Europa. Fremmedsprogsundervisningen som den er i dag, fokuserer på de "store" sprog og deres nationalkulturelle kontekst, og efterlader derfor huller i Europabilledet (Holland, Grækenland m.v.). Kan sprogfagene siges at have et ansvar over for de andre sprogområder i Europa – og i resten af verden? Kan engelsk i sin egenskab af internationalt sprog siges at have et sådant ansvar? Hvad med fransk?

Deltagerne i projektet

Projektet omfatter som sagt sproglærere i Danmark og England. Det vil sige at der er to nationale delprojekter. Det engelske delprojekt ledes af Michael Byram fra University of Durham, School of Education. Det danske ledes af undertegnede, og har fem deltagere, der er udvalgt, så de repræsenterer forskellige faglige indfaldsvinkler:

Karen Risager, Roskilde Universitetscenter, Institut for Sprog og Kultur, lingvistik og fransk, arbejder bl.a. med kulturformidling i sprogfagene.

Leon Aktor, lærer, Bybækskolen (Farum), fransk, arbejder bl.a. med kulturformidling i fransk.

Pia List, adjunkt, Odense Universitet, Institut for Sprog og Kommunikation, tysk og spansk, arbejder bl.a. med kulturformidling og nationale stereotyper.

John Gulløv Christensen, kandidatstipendiat, Danmarks Lærerhøjskole, Institut for Dansk, Fremmedsprog og Religion, antropologi og litteraturvidenskab, arbejder bl.a. med kulturelle modeller for fremmedsprog og kulturundervisning.

Gerd Gabrielsen, lektor, Danmarks Lærerhøjskole, Institut for Dansk, Fremmedsprog og Religion, engelsk, arbejder bl.a. med elevautonomi og efteruddannelse af lærere fra udlandet.

Projektets formål

Projektets generelle formål er at bidrage til udviklingen af den internationale dannelsesdimension i de almene uddannelser i Europa, med fokus på sprogundervisningen. Der tænkes her især på udvikling og fornyelse af sprogundervisningens indhold, metoder og organisation, både med hensyn til selve sprogundervisningen i klassen, med hensyn til sprogundervisningens kontaktflader med andre fag, og med hensyn til kontaktfladerne med samfundslivet uden for skolen. Der sigtes mod en erfaringsudveksling mellem de forskellige europæiske lande, med henblik på at få en dybere teoretisk og empirisk indsigt i betingelserne for og perspektiverne i den internationale dannelse med udgangspunkt i landenes forskellige kulturelle og politisk-historiske placering i Europa, samt forskellighederne i de nationale uddannelsessystemers opbygning.

Projektets specifikke formål er at analysere en af de afgørende faktorer i denne kvalitetsudvikling, nemlig sproglærernes kulturelle identitet, og deres opfattelse af deres egen rolle i udviklingen af elevernes internationale dannelse, herunder elevernes tværkulturelle forståelse.

Lidt om den empiriske og teoretiske afgrænsning

Som empirisk område er som sagt valgt de danske og de engelske sproglærere. Institutionelt afgrænser projektet sig til sproglærere i den danske folkeskole/private grundskoler, og i den engelske secondary school. De relevante fremmedsprog er i Danmark engelsk, tysk og fransk; i England 9 europæiske sprog, der tilbydes i secondary school, nemlig: dansk, fransk, græsk, hollandsk, italiensk, portugisisk, russisk, spansk og tysk, samt 10 andre sprog af handelsmæssig og kulturel betydning, heriblandt nogle store indvandrersprog. Alle disse sprog tilbydes bestemt ikke overalt; fransk er langt det almindeligste første fremmedsprog.

Som alment teoretisk udgangspunkt er valgt sådanne teorier, som fokuserer på sprogundervisningens og sprogindlæringens kulturelle dimension, dens rolle i udviklingen af elevernes almene socialisation i en internationaliseret verden, dens betydning for udviklingen af elevernes kulturelle og samfundsmæssige viden og forståelse, og for udviklingen af deres evne til interkulturel kommunikation. Cf. bl.a. Buttjes and Byram (red.): Mediating Languages and Cultures. Towards an Intercultural Theory of Foreign Language Education, 1991 (indeholdende bl.a. to artikler af Karen Risager). Derudover arbejdes med teorier, der forholder sig til forskellige sider af den kulturelle og sproglige dimension af internationaliseringsprocessen, og med teorier der forholder sig til lærerrollen og til uddannelsessystemernes funktion og opbygning.

Problemformulering

Set i lyset af de kulturelle og sproglige processer der kendetegner Europa i disse år, befinder sprogfagene sig i en brudsituation, idet der er ved at opstå en situation der indebærer nogle omprioriteringer og en potentielt indbyrdes konflikt mellem forskellige krav til undervisningen vedr. den kulturelle dimension, og dermed også den sproglige dimension:

Sproglærerne opfatter sig i almindelighed, i fortsættelse af en lang tradition, kun som ansvarlige for undervisning vedr. netop de lande, hvori vedkommende målsprog tales som modersmål (i projektet kaldt "primære mållande") – med vægt på de største europæiske lande – Tyskland, Frankrig m.v., dvs. de arbejder under et i det væsentlige *nationalkulturelt perspektiv*, der bygger på forestillinger om en tæt forbundethed mellem nationalkultur og nationalsprog. I forhold hertil rummer ideerne om *et europæisk perspektiv* i undervisningen forventninger om at sprogfagene *udvider kredsen af mållande, ideelt til alle europæiske lande,* dvs. at sproglærerne, i det omfang de er kvalificeret dertil, i højere grad end hidtil inddrager andre mindre lande, hvori et af målsprogene på vedkommende skole tales som modersmål, f.eks. Belgien eller Schweiz, samt andre lande, hvor ingen af målsprogene på vedkommende skole tales som modersmål, f.eks. Grækenland, Holland eller Tjekkiet (i projektet kaldet "sekundære mållande"). De mange udvekslingsrejser og andre skolerejser på kryds og tværs af Europa er en drivende kraft i denne udvikling. Et europæiske perspektiv indebærer også at sprogfagene til tider inddrager *tværkulturelle eller overnationale problemstillinger af relevans for Europa* eller for Europa som del af den globale sammenhæng (f.eks. den internationaliserede massekommunikation eller spørgsmål vedr. europæisk identitet).

Denne nye situation, der tegner sig for sprogfagene, og som skal ses på baggrund af erkendelsen af Europas flerkulturelle identitet, indebærer nogle nydefineringer af både kultursyn og sprogsyn i forhold til dem der i dag kendetegner sprogfagene. Kultursynet kan tænkes at komme til i højere grad at inkorporere tværkulturelle processer og påvirkninger, såvel som ligheder og forskelle ikke blot mellem det fremmede land og elevernes eget, men også mellem forskellige fremmede lande indbyrdes. Kulturundervisningen kan tænkes at komme til i højere grad at at dreje sig om at udvikle et alment beredskab til at sætte sig ind i nye og fremmede kulturforhold, uanset hvilke det måtte være. Sprogsynet kan tænkes at komme til i højere grad at inkorporere arbejde med sprog brugt som lingua franca, dvs. i sammenhænge hvor ingen af deltagerne taler vedkommende sprog som modersmål, og med de komplicerede kulturelle forhold der her er på spil.

På denne nationalkulturelle-flerkulturelle akse har Danmark og England diametralt modsatte placeringer: I Danmark er der stort set sammenfald mellem dansk sprog og dansk nationalkultur, begrundet i den danske nationalstats udvikling og relative etniske homogenitet; man kunne sige at det danske *udgangspunkt* er overvejende nationalkulturelt. I England er der ikke et sådant sammenfald; dels bruges engelsk jo af mange andre nationer end den engelske, dels er visse dele af England relativt multietnisk på grund af bl.a. den store immigration fra Commonwealth-landene. Man kunne sige at det engelske udgangspunkt er om ikke klart flerkulturelt, så i hvert fald langt mindre entydigt nationalkulturelt end det danske (selv om den engelske nationale *identitet* ikke er svagere end den danske). På denne baggrund er det interessant at studere, hvordan de danske, hhv. de engelske lærere, med disse forskellige udgangs-punkter, opfatter deres rolle i forbindelse med udviklingen af deres respektive elevers internationale dannelse.

Projektets *overordnede problemformulering* er derfor:
1. Hvordan opfatter sproglærerne deres rolle i spændingsfeltet mellem det nationalkulturelle og det europæiske, flerkulturelle perspektiv, og hvordan begrunder de den selv? Og sekundært to mere deskriptive spørgsmål:

2. Hvilke forskelle og ligheder er der mellem de danske og de engelske sproglæreres opfattelser?

3. Hvilke forskelle og ligheder er der mellem de enkelte sprogfag i de respektive lande?

Opbygningen af projektets empiriske del

Sproglærernes opfattelse analyseres i en række forskellige analysefelter:
Vedr. den aktuelle situation, dvs. nu eller inden for de sidste 5 år:

1. Beskrivelse og vurdering af egne lærerforudsætninger og beskrivelse af fagdidaktiske opfattelser i forbindelse med egen sprogundervisning, med en vis overvægt på belysningen af den kulturelle dimension. Vurdering af muligheder og begrænsninger i egen praksis indgår her.

2. Beskrivelse og vurdering af sprogfagenes aktuelle status og rolle i forhold til de andre fag, inkl. dansk (i Danmark) og engelsk (i England), herunder vurdering af om eventuelle stereotype billeder af sproglærere påvirker sproglærernes egen praksis. Spørgsmål vedr. sprogfagene som kvindefag indgår også her

3. Holdninger til en række udsagn vedr. den kulturelle dimensions indhold og betydning i sprogfagene i dag.

Vedr. den fremtidige situation, dvs. inden for de kommende ca. 15 år:

4. Forventninger til den europæiske udvikling, med særligt henblik på spørgsmålet om nationalkulturernes fremtid i den europæiske proces: Forventninger med hensyn til om nationalkulturerne svækkes eller styrkes og i givet fald hvilke, om der opstår et fællesskab mellem de mindre nationer, og om der opstår nye regionale kulturer. Der tænkes her på lærernes realistiske forventninger, dvs. vi får prognoser, ikke ønsker.

5. Forventninger til hvordan den europæiske udvikling vil præge de samfundsmæssige krav til elevernes kvalifikationer med hensyn til den internationale dannelse både i bredden og i dybden: sproglig kompetence, kendskab til kulturelle forhold i primære og sekundære mållande i Europa, og interkulturel forståelse i almindelighed; og dermed deres forventninger til sproglærernes fremtidige faglige og pædagogiske kvalifikationer i forbindelse hermed. Herunder hører spørgsmål vedr. en eventuelt ændret lærerrolle, og mere specifikt i forhold til problemformuleringen: spørgmål vedr. et nationalkulturelt vs. et flerkulturelt perspektiv i undervisningen

6. Forventninger om betydningen af disse kvalifikationer for eleverne som aktive deltagere i den kulturelle proces i Europa: Forventninger til hvad eleverne skal bruge kvalifikationerne til, og hvilke konsekvenser det ville få, hvis eleverne ikke opnåede dem.

7. Sproglærernes opfattelse af hvilke uddannelsespolitiske perspektiver der tegner sig for de kommende år, hvis man vil imødekomme de forventede krav til elevernes og sproglærernes kvalifikationer.

Undersøgelsesområdet i den kvantitative del

Den kvantitative del udgøres af en spørgeskemaundersøgelse. Spørgeskemaet er et som helhed struktureret og standardiseret skema. Den danske version indeholder i alt 84 spørgsmål med lukkede svaralternativer, og er uddelt til 891 sproglærere over hele landet (formidlet gennem 297 skoler). Antal besvarede skemaer i Danmark: 654 (svarprocent: 73). Skemaet indeholder to åbne spørgsmål, se nedenfor. Datamaterialet er (p.t.) under bearbejdning i samarbejde med Danmarks Pædagogiske Institut.

Spørgsmålene i spørgeskemaet dækker kun en lille del af projektets problemstillinger, kun dem som med færrest forbehold kan kvantificeres.

Den kulturelle dimension af sprogundervisningen er et forholdsvist diffust område, der er åbent for mange fortolkninger. Lærerne er i almindelighed ikke uddannet til at forholde sig bevidst til den kulturelle dimension, endsige til at benytte sig af et mere præcist alment didaktisk, fagdidaktisk og fagligt begrebsapparat. Derfor er spørgeskemaet holdt i en dagligsproget udtryksform, og anvender næsten udelukkende udtryk der er almindeligt forekommende i lærernes egen diskurs. I udformningen er brugt erfaringer fra pilotfasen, hvor de involverede lærere bl.a. fik en hel del åbne spørgsmål, hvor de kunne formulere sig med egne ord.

Spørgeskemaet er opdelt i 4 afsnit. Afsnit 1 og 4 er forskellige i Danmark og England, idet de skal skaffe baggrundsdata om sproglærerne, data der i nogen grad er struktureret forskelligt i de to lande, bl.a. omkring læreruddannelser og skoleforhold.

Afsnit 2 indeholder 35 spørgsmål, der næsten alle går på analysefelt 1: egne lærerforudsætninger, fagdidaktiske opfattelser, muligheder og begrænsninger. Det indeholder to åbne spørgsmål: "Hvad forstår du ved ordet kultur?" og "Mener du at sproglærerens rolle er ved at ændre sig, set i lyset af den europæiske integrationsproces? Hvis ja, hvordan?"

Afsnit 3 indeholder 23 holdningsspørgsmål af ens struktur. Lærerne har udtrykt deres holdning til en række udsagn, og holdningerne er placeret på en 5-punkt skala fra helt enig til helt uenig. De fleste af udsagnene går på analysefelt 3: holdninger til den kulturelle dimensions placering og indhold i dag.

Svarene på det åbne spørgsmål om kulturbegrebet har givet os et interessant materiale om sproglærernes kulturopfattelse. Svarene er blevet kategoriseret, og indgår i talbehandlingen. Men de vil også blive brugt i forbindelse med interviewene, og i den efterfølgende kvalitative analyse. Også svarene i forhold til spørgsmålet om sproglærernes rolle har givet et omfattende materiale, der afventer den kvalitative analyse.

På basis af analysen af svarene på spørgeskemaet, inkl. svarene i de to åbne spørgsmål, skal der fremanalyseres nogle foreløbige typer af sproglærere, som kan danne udgangspunkt for udvælgelsen af interviewpersoner i den kvalitative del.

Undersøgelsesområdet i den kvalitative del

Den kvalitative del udgøres af en interviewundersøgelse. Der er tale om semistrukturerede interviews som skal tage ca. 1 1/2 time, og foretages i interviewpersonernes hjem, om nødvendigt dog på skolen, af projektdeltagerne. I Danmark skal der interviewes 45 personer, udvalgt af den gruppe af spørgeskemarespondenter, der har tilbudt at lade sig interviewe (27% af respondenterne). Interviewpersonerne skal repræsentere både ekstreme og gennemsnitlige typer af sproglærere, fremanalyseret ud fra svarene i spørgeskemaet, og i øvrigt være spredt i forhold til sprog, køn, alder og lokalitet. Interviewene skal så vidt muligt omhandle det samme i Danmark og England, men nogle forskelle bliver der.

Interviewet skal tage udgangspunkt i interviewpersonernes svar i spørgeskemaet, og i øvrigt tage alle de relevante spørgsmål op, som det ikke var muligt at inkorporere i spørgeskemaet. Det skal specielt belyse lærernes egne begrundelser for deres vurderinger og forventninger.

Projektets analytiske del

Det er endnu for tidligt at beskrive mere i detaljer, hvad den analytiske del kommer til at indeholde. Her skal blot siges, at det er intentionen at analysere sproglærernes opfattelse på to planer:

Analyse af den indre sammenhæng i sproglærernes selvforståelse. Hvis man opfatter sproglærerne som nøglepersoner i forhold til elevernes dannelse i en internationaliseret verden, må sproglærernes selvforståelse opfattes som havende en særlig samfundsmæssig betydning. Der skal som sagt arbejdes videre med at udlede nogle typer af sproglærere, som adskiller sig på karakteriske måder med hensyn til deres selvforståelse, særligt i forhold til problemformuleringens hovedspørgsmål: det nationalkulturelle vs. det flerkulturelle perspektiv. Derudover skal projektet dokumentere den store variation der også er inden for lærernes kulturelle identitet og opfattelse af deres rolle.

Fortolkning og delvis forklaring af sproglærernes opfattelser, set på baggrund af deres samfundsmæssige placering, det eller de sprog, de underviser i, og den nationale kontekst: Danmarks og Englands forskellige nationale udgangspunkter i forhold til den europæiske integrationsproces, som allerede beskrevet, og deres forskellige uddannelsessystemer – hvor det nok så meget vil være forskellen mellem de danske enhedslærere og de engelske faglærere, som vil have forklaringskraft.

Status

For øjeblikket (september 1993) er vi midt i analyserne af det statistiske materiale, og skal til at gennemføre interviewfasen ud fra en interviewguide, som er afstemt med det engelske delprojekt...

Betingelseskonstruktioner i talt fransk

Jørgen U. Sand

Introduktion

De fleste grammatikker, der behandler moderne fransk, har grundige beskrivelser af betingelseskonstruktionerne.[1]

Fælles for dem er, at de beskriver nogle meget faste modeller, som angives at være normen for det skrevne standardsprog. Disse modeller er

si + præsens. : futur (præs) udtrykker en hypotese om fremtiden, hvis realisering er mulig.

si + imparfait. : cond. udtrykker en hypotese om nutiden, hvis realisering er mulig, men ikke sandsynlig

si + plusque pf. : cond. passé. udtrykker en hypotese om fortiden, hvis realisering følgelig er umulig.[2]

Hvis grammatikken er grundig, angives afvigelser fra dette mønster, såvel hvad angår (høj)litterært sprog som folkeligt fransk.

I det omfang talt sprog overhovedet nævnes, angives det, at det følger mønsteret.

Jeg vil i denne artikel undersøge i hvor høj grad talt fransk følger det hellige mønster. Undersøgelsen bygger på Caen-korpus, som omfatter omkring 20 timers samtale. Korpus' informanter falder i tre grupper: skoleelever på 10–12 år (O–bånd), lærlinge på 17–18 år (CFA) og gymnasieelever på 17–18 år (F).

En almindelig og brugbar definition af en betingelseskonstruktion på fransk er, at den er indledt med konjunktionen "si" og følger ovennævnte tidsskema.

si tu l'as ton CAP ben tu as tu gagneras plus (CFA33–32)

Hypotesen udtrykkes ved hjælp af "si" og tempusforskydningen. Derudover er der andre karakteristiske træk ved konstruktionen. Hypotesens andet led kan indledes med et adverbium. I skrevet fransk er dette ofte "alors", der som konnektor har den funktion at indlede konsekvensen i hypotetiske konstruktioner. I talt fransk finder vi "alors", men i dette korpus hyppigere "ben", "bon", "bon ben" og "eh ben"; især "ben" og "bon ben" er hyppige. Det er karakteristisk for brugen af denne konnektor, at den i betingelseskonstruktioner især forekommer, hvor der ikke er tempusforskydning mellem hypotesens to led. Ovenstående eksempel er i så henseende interessant. Taleren starter med "si"

---

[1] Se J. Pedersen et al. 1980, H. Gettrup et al. 1974, G. Boysen 1993 og H.-D. Bechade 1989.

[2] Iflg. Marianne Hobæk Haff 1990 skulle denne kombination også kunne udtrykke "l'irréel du présent" og "l'irréel de l'avénir". Jeg har ikke i mit korpus fundet sikre spor af denne anvendelse.

+ præsens, men retter så sig selv og fortsætter i futur, men uden at gentage "ben". Dette kunne tyde på, at hvis der er temporel differentiering mellem de to dele af betingelseskonstruktionen, er konnektoren ikke længere nødvendig, om end ikke umulig. Omtrent på samme måde som "alors" i mange skriftlige ytringer må betragtes som redundant.

"Si" er altså en konjunktion, hvis funktion er at indlede hypotetiske konstruktioner[3], men en sætning indledt med "si" er ikke altid entydigt hypotetisk. I følgende sætning

  tu étais à moitié drogué là si tu continues (CFA5B–3)

er lærlingen, der tidligere har været storryger, efter stærke abstinenser begyndt at ryge igen: si-sætningen er ikke hypotetisk, men causal.[4] Det der formelt (si tu continues) fremstilles som en hypotese, er en kendsgerning. Lærlingen ryger faktisk nu igen.

  På den anden side kan en hypotese godt udtrykkes ved brug af andre konjunktioner. I følgende sætning drejer det sig også om at holde op med at ryge:

  quand on a pas alors là ça tourne (CFA5B–3)

Ytringens mening er, at hvis/når man ikke har tobak, så kører det rundt for en. Formelt er det en tidsbisætning, markeret ved "quand", men rent pragmatisk er det mindre klart, idet når og hvis her nærmest flyder sammen. Det er værd at lægge mærke til, at hovedsætningen indledes med "alors", der ellers har sin hyppigste forekomst i rene hypoteser. Det understreger det hypotetiske ved udtrykket. Korpus indeholder flere tilsvarende eksempler:

  quand on a un père ou une mère qui travaille là-bas c'est valable (CFA2A–39)[5]

At forskellen mellem hypotetisk og temporel konstruktion under visse betingelser er hårfin understreges af følgende eksempel

  Si le chef est bien si le chef est sympa et tout c'est valable (CFA39–12)

Her er ytringen indledt med "si", men dens udsagn er af generel ikke-hypotetisk karakter. Konsekvensen er ikke indledt med en konkluderende konnektor (ben, alors), og der er samme (umarkerede) tempus i de to sætninger.

  Eksemplet belyser samtidig hypotesers temporalitet. I en såkaldt ægte hypotetisk konstruktion svarer de formelle tider som hovedregel ikke til de tider de refererer til:

  si tu venais je serais content

udtrykker således en hypotese om nutiden, hvorimod verbalformerne i de

---

[3] Jeg ser her bort fra "si" som indleder af indirekte spørgesætninger.

[4] En grundig behandling af af denne faktuelle anvendelse af "si" findes i Stage 1991.

[5] Rækkefølgen af sætningerne kan understrege det hypotetiske, idet rækkefølgen hvis p så q iflg. Greenberg 1963 skulle være universelt gældende i naturlige sprog. Problemet er imidlertid meget komplekst, idet konteksten kan fremtvinge rækkefølgen q hvis p, cf. Haiman 1983.

"uægte" betingelseskonstruktioner refererer til de tider de angiver:

si on leur propose des places on leur fait pas de cadeau (CFA6A–27)

Sætningen er ikke hypotetisk, men udtrykker en indrømmelse. Denne ikke-hypotetiske eller faktuelle brug af si-sætninger er velkendt og findes naturligvis også i det talte sprog. Det drejer sig om sætninger af typen

si tu as soif il y a de la bière au frigidaire

Hovedsætningen er ikke en konsekvens af si-sætningen. Udsagnet kan ikke kontraponeres efter modellen: hvis p så q = hvis ikke-q så ikke-p.

*s'il n'y a pas de bière au frigidaire tu n'as pas soif

Denne sætning vil normalt ikke give mening, medmindre der er tale om en helt speciel kontekst. Selv om naturligt sprog ikke altid følger logikkens regler, kan prøven dog være nyttig ved skelnen mellem faktuelle og hypotetisk anvendelse af "si". Således ville en kontraponering af den tidligere analyserede sætning (CFA39–12) ikke give mening: *si c'est pas valable le chef n'est pas bien.

Jeg vil herefter gennemgå korpus eksempler på ægte hypoteser.[6]

Si + præsens

Denne gruppe er langt den største. Det drejer sig enten om almene konstateringer

si tu veux travailler tu travailles
si tu veux pas travailler tu te mets dans le fond (CFA5B31)

eller om hypoteser om fremtiden

si les flics me retombent dessus moi je fais voir les factures (CFA2A–22)

Det er bemærkelsesværdigt, at der i ca. 25 % af tilfældene af eksemplerne med si + præsens findes en konnektor af ben-gruppen[7] før hovedsætningen.

Hvis si genoptages med "que", står den følgende sætning i indikativ:

Si tu arrives euh tu as envie de voir un film et que tu vas au cinéma tu as du porno (F68–3)

Det er tilsyneladende ikke nødvendigt at gentage konjunktionen

si jamais il a faim et tu as de la viande pour lui il te fait pas mal (016–18) (il = en løve)

Hovedsætningen kan også være i såvel futur som futur proche:

s'ils partent après bon ben la merde c'est nous qui la ferons (CFA2A–70)
s'ils disent quelque chose ben le patron va les virer alors (CFA38–45)

Der findes et enkelt eksempel med hovedsætningen i conditionnel:

---

[6] Jeg ser her bort fra udtryk af typen "si tu veux". Det er et fast udtryk.

[7] Ben, bon, bon ben og eh ben.

> s'il y a un des drogués en France en ça serait plutôt au centre des grandes villes
> (CFA6B–34)

På grund af det begrænsede antal eksempler, er det vanskeligt at drage konklusioner, men brugen af conditionnel kan skyldes et ønske om at forstærke det hypotetiske ved udtrykket, hvorved udsagnets realisation bliver mindre sandsynlig.

Hovedsætningen kan også stå i imparfait:

> s'ils trouvent quelque chose ils avaient une prime (069–18)

Konsekvensen kan naturligvis også udtrykkes ved et sætningsemne:

> puis s'il y en a qui qui est qui était d'accord alors là attention (CFA5B–41)

Endelig er der grund til at nævne en særlig konstruktion, hvor tilsyneladende flere konstruktioner flyder sammen:

> Si là on parle librement c'est parce qu'on est comme entre nous alors euh (F68–24)

Si + imparfait

Den almindelige kombination er si + imparfait med conditionnel i hovedsætningen, der udtrykker en hypotese om nutiden:

> si on faisait de la sécurité on pourrait l'éviter (CFA6B–5)

men der forekommer mange kombinationer, som normalt ikke tillades i skriftsproget.

I det følgende handler det om definitionen af en arbejdsulykke: en ulykke, der finder sted senere end et kvarter efter arbejdstids ophør, accepteres ikke som en arbejdsulykke:

> faut tu aies un quart d'heure eh ben un quart d'heure après ben: si ça y arrivait
> mettons trois comme tu dis deux heures après — eh ben: – c'est pas un accident de
> travail (CFA33–32)

Si + imparfait udtrykker normalt en hypotese om nutiden, hvis realisering er usandsynlig, men ikke umulig. Her er der tale om en blanding af fiktion og virkelighed. Givet er definitionen. Derefter udtrykkes formelt en hypotese (udtrykt ved "si" og "eh ben"), men i virkeligheden ved vi, hvornår ulykken skete (mettons deux heures après). Det vil også sige, at vi ved at betingelsen ikke er opfyldt. Derfor er det ikke noget hypotetisk, om det er en ulykke, vi ved det. Derfor præsens.

si + passé composé

Denne konstruktion, som de gængse grammatikker ikke vier nogen større opmærksomhed, findes i følgende varianter:

> si le gars il a euh il a réussi bon ben euh il essaye de se demerder (CFA6B–38)

Begge sætninger står her i præsens med "bon ben" som indledning i konsekvensen.

Med hovedsætningen i futur proche:

> si quelqu'un a fait une connerie comme ça on va pas l'aider quoi (CFA6A–3)

Med hovedsætning i contitionnel:

> s'ils sont arrêtés au milieu des vagues ça serait pas trop marrant (O20–16)

Si + plus-que-parfait

Eksempelmaterialet i denne gruppe er ikke særlig stort, men følgende kombinationer findes:

> moi si j'avais su j'aurais travaillé jusqu'à dix-huit (CFA38–54)

I det næste eksempel er der brugt plus-que-parfait i hovedsætningen, men der er ikke noget iterativt i konteksten.

> s'il m'était pas arrivé ça – jamais j'avais été écorché rien du tout (CFA2B–40)

Si + conditionnel

Denne kombination, som ifølge nogle grammatikker skulle være hyppig i folkeligt sprog, forekommer også i dette korpus, men der er kun få eksempler.

> si le patron voudrait pas nous payer ben on lui amène le livre puis on lui fait voir (CFA32–5)
>
> s'ils s'entenderaient ben euh ça serait même CGT dans ce cas-là (CFA2B–34)

Si + conditionnel passé

Denne kombination optræder tilsyneladende som en variant af den "klassiske" model si + plus-que-parfait → conditionnel passé

> si j'avais resté là-bas j'aurais eu aucun métier rien (CFA38–5),

men som det fremgår af følgende eksempler er kombinationsmulighederne friere i talt sprog. Der er tilsyneladende ingen betydningsforskel mellem de to konstruktionsmuligheder:

> si j'avais su — comment que je serais maintenant j'aurais changé de métier moi (CFA38–52)
>
> si on aurait su comment qu'on est maintenant — sur les trente il y en a bien: vingt-cinq — qui auraient changé dans la classe (CFA38–53)

Si + futuriske tider

Der er fundet enkelte eksempler på disse kombinationer, som altså fore-kommer, men det er ikke muligt på grundlag af korpus' eksempler at sige noget generelt om dem. De fleste af eksemplerne stammer fra O-båndene.

> ça dépend de où tu te mets si tu vas être para t'as une chance de: (CFA2A–42)
>
> mais s'ils auront continué – eh ben ils sont peut-être arrivés à la – à une abri (O20–16)

Konklusion

Som det forhåbentlig vil være fremgået af de analyserede eksempler, er udtryksmulighederne i talt sprog betydeligt flere end de klassiske mønstre i skrevet standardsprog normalt tillader. Denne frihed fremkommer bl. a. i kraft af talesprogets store redundans, der kommer til udtryk i brug af konnektorer og intonation.[8]

Eksempelmaterialet er for lille til at tillade at drage vidtgående konklusioner, især hvad angår de spinkelt repræsenterede kombinationer.

Bibliografi

Ole Aune: Observations sur la principale hypothétique au conditionnel dans le français familier. Studia Neophilologica 62. 1990.
Claire Blanche-Benveniste: Le français parlé. Etudes grammaticales. Paris 1990.
Hervé-D. Bechade: Syntaxe du français moderne et contemporain. Paris 1989.
Gerhard Boysen: Fransk Grammatik. København 1993.
Barbara Dancygier: Interpreting conditionals: Time, knowledge and causation. Journal of Pragmatics 19, 1993.
Oswald Ducrot: Dire et ne pas dire. Principes de sémantique linguistique. Paris 1972.
Harald Gettrup et al.: Gruppegrammatik 2. København 1974.
Joseph Greenberg: Universals of language. Cambridge 1963.
Marianne Hobæk Haff: Quelque Hypothèses sur les constructions hypothétiques. Revue Romane 25,1,1990.
John Haiman: Paratactic if-clauses. Journal of Pragmatics 7, 1983.
Raymond Lamerand: Syntaxe transformationelle des propositions hypothétiques du français parlé. Bruxelles 1970.
John Pedersen et al.: Fransk Grammatik. København 1980.
Kr. Sandfeld: Les propositions subordonnées. København 1965.
Lillian Stage: Analyse syntactique et sémantique de la conjonction si dans les propositions factuelles. Revue Romane 26, 2, 1991.

---

[8] Intonationens rolle i talt sprog kan naturligvis være altafgørende. Desværre har jeg ikke udstyr til en systematisk undersøgelse af intonation.

MICHELEANA
hommage provisoire à Michel

Jan Flemming Scheel

prøve forbinde erfare eufori kombinere
ikke glemme huske ikke gemme notere
tempo probato
omverden forhold videnselementer
kundskabssokkel altid i fart karussel
den hvide tornado
til næste bevis møde bog papir middag
menneskeartens storhed noteret i bindstærke artikler
goddag goddag
quod nihil scitur
kurrer den kritiske skeptiker med nidkærhed
hobes der tænkes der proppes der skrives der
drikkes cigarer der ryges i det kæmpestore
flygelbesmykkede bogrum
det flyder det ryger i kedlen
som en faust med en pagt i de hellige haller
og mephisto danser med
den hvide tornado
af dem med feber er kun få udruget
propper ånd i den hvide skorsten
løven spiser græs og andre rovdyr
tænder op for en gåtur
quell'uomo per me è un problema
hurtigt videre
ingen tid har jeg nu
løve i et bur
ikke fred ikke ro
går rundt stikker af hurtigt videre
vidensfarten tager til
en båndlagt lagring i kapsler filer møder
her har vi calorius
fat den inden den stejler
den skinbarlige ustyrlige hingst
menneskeåndens inderste videnssokkel
geologisk fortilfælde
les mots mallarmé proust le théâtre bourgeois

den lille og den store jagt
på sporet af den forkomne tid
og fortællingens grammatik slår knuder på tungen
bider tænderne af analysen af lacans skraldespand
med indhold af præservativer cigarstumper
l'âne à liste
café au lait fra cafetièren
ubønhørlig sanseløs søgen efter liv
aldrig forgæves
dansende
fløj den erotiske trekant
macabro dottore in lettere tesi
essayer essayant essayé j'essaie j'essayai
come vero in base a prove ed argomenti attendibili
af dem med feber er kun få udruget
salvatore polyglot greimas balibar
hans datter hans sidste kjolebesvangrede tøs
Poitiers lektor æg i en runddans
medalje for litt efter femogfyrre videre
quell'uomo per me è un problema
hurtigt videre ingen tid har jeg nu
hans tour de force er den iver
hvormed han varmblodigt omfatter
digte mennesker sagforhold møder bedømmelser berømmelser
den hvide tornado
af dem med feber er kun få udruget

Diderot, à suivre ...

Anne Elisabeth Sejten

Diderot er en diskussionens mand. Måske alene af den grund har han vakt interesse hos bemærkelsesværdigt mange danske forskere[1], heriblandt Michel Olsen, der er forfatter til adskillige artikler om Diderots teateropfattelse. I en af disse[2] bevæger vi os dog over på kunstkritikkens område, idet Michel Olsen – helt i tråd med Diderots diskussionslyst – tager Salonernes æstetiske budskab op til debat. Mens det er Else Marie Bukdahls store fortjeneste at have blotlagt en frugtbar forbindelse mellem den *praktiske* kunstkritik og dannelsen af æstetiske *teorier* i Diderots Saloner[3], spørger Michel Olsen, hvilken konklusion der i grunden kan drages heraf. Med eksempler fra Else-Marie Bukdahls afhandling og delvis mod nogle af hendes konklusioner advarer han imod en for modernistisk fortolkning af kunstkritikken. Han mener i stedet at kunne genfinde Diderots tanker om det følsomme borgerlige drama også i kunstkritikken. Ligesom Diderots dramatiske krav til realisme, indføling og umiddelbarhed i første række er moralsk begrundede, bygger også kunstopfattelsen på moralske kriterier. Og hvad værre er, med sine forventninger om enhed, sandhed, ophøjet stil og morale i værkerne bliver kunstkritikken stående på indholdssiden – kun modsagt af enkelte 'praktiske' passager (f.eks. kommentarerne af Chardins *natures mortes),* hvor Diderot beskæftiger sig med det maleriske formsprog.

I Michel Olsens øjne forbliver *formen* således selv i kunstkritikken underlagt, defineret og dikteret af *indholdet.* Dermed gives der ikke plads for den solidariske relation mellem form og indhold, der kendetegner modernismen. Sandt er det jo, at formen for modernisten er, om ikke før tanken, så – som Valéry siger – "féconde en *idées"*[4]. Hvis man overhovedet kan tale om modernisme hos Diderot, måtte man ifølge Michel Olsen se nærmere på hans litterære, 'halvprivate' hovedværker: *Le Neveu de Rameau* og *Jacques le Fataliste.* Mens kunstkritikken altså sakker agterud, fordi den dybest set adlyder teaterteorien, er indholdet af

---

[1] Allerede sidst i forrige århundredet skrev Knud Ibsen en afhandling om udviklingen i Diderots værk. Siden fulgte Paul V. Rubows artikel om Diderot som en dialogens mand (1928), Leif Nedergaards biografi (1953) og Hans Mølbjergs afhandling om æstetikken (1962). Også John Pedersen har skrevet om Diderot, især om sprogvidenskabelige aspekter af hans tænkning. Inden for de seneste år er det dog især Else Marie Bukdahl, der med sin forskning i kunstkritikken og sin deltagelse i den igangværende værkudgivelse af Diderots samlede værker for alvor markerer sig i den internationale Diderot-forskning.

[2] Michel Olsen, "Diderots kunstkritik", in: *Ord og Bilde,* J.M. Stenersens Forlag, Oslo 1981.

[3] Else Marie Bukdahl, *Diderot, critique d'art I & II,* Rosenkilde og Bagger, København 1980 og 1983.

[4] Paul Valéry, "Degas, Danse, Dessin" (1936), Œuvres, Bibliothèque de la Pléiade, p. 1207.

'den modernistiske arv' fra Diderot til os gemt i hans to store, posthumt fundne og udgivne romaner.

Det er denne modernismedebat, som nærværende artikel ønsker at tage op på ny. Endnu engang tilbyder Diderots mangefavnende og flertydige værk sig som kilde til diskussion, idet der i det følgende skal slås til lyd for en 'vis' – men hele spørgsmålet er naturligvis: hvilken – modernisme i hans kunstkritik. Det er rigtigt, at Diderot kan være forfærdelig moralsk, hvilket hans begejstring for Greuzes familiescener kun er det mest iøjnefaldende eksempel på – denne i sandhed rene projektion af egne teatervisioner på et tvivlsomt billedkunstnerisk materiale. Ubestrideligt er det også, at Diderot med sit utilfredsstillede ønske om en tilbagevenden til 'le grand style' og de stadigt voldsommere angreb på Bouchers frivole hyrdescener går ind for klart klassicistiske ideer. Ligeledes må den praktiske kunstkritik siges at bevæge sig på et overvejende indholdsmæssigt niveau, hvorved Diderot uvilkårligt kommer til at betragte teknikken som et middel snarere end som den genuint indholdsbærende form.

På trods af disse iøjnefaldende moralske og klassicistiske træk er det dog også muligt, ja, påkrævet at påpege anderledes fornyende ansatser til en moderne æstetik – og det ikke bare på marginale steder i Salonerne eller ved at vride teksten til det yderste, men i hjertet af kunstkritikken. Lad os dog først understrege selve karakteren af Diderots Saloner for derefter at kommentere opkomsten af to centrale og sammenhængende æstetiske teoridannelser på højdepunktet af Salon-projektet.

Genskrivningens læreproces

Da Grimm i 1759 beder Diderot om at anmelde Kunstakademiets udstilling på Louvre til sit højeksklusive tidsskrift, *Correspondance littéraire*, havde Diderot næppe forestillet sig, hvad dette bestillingsarbejde skulle føre med sig. 1759-Salonen, som meget sigende først har modtaget sit navn retrospektivt, er da også mest af alt et brev med en række løst funderede smagsdomme. Men allerede i den næste Salon i 1761 har Diderot grebet chancen. Han opdager sig selv som kunstkritiker og kunstkritikken som genre. Salonerne svulmer op for at blive til et af Diderots mest voluminøse værker: 1761-Salonen er allerede en lille bog, 1763-Salonen små 80 sider lang, 1765-Salonen 3 gange så lang som 1763-Salonen og 1767-Salonen, den mest omfattende af dem alle, fylder et helt nummer af *Correspondance littéraire*.

De i alt 9 Saloner, der samler 20 års kunstkritik af Kunstakademiets 'biennaler', er således én lang læreproces. Diderot udforsker et nyt område, og det netop ikke som specialist, men som *amateur des beaux-arts*. Han står ansigt til ansigt med de kunstværker, han er sat til at bedømme, og i forsøget på at udføre denne opgave sætter han ind på mindst tre fronter: dels ved at oversætte de følelser, kunstværket umiddelbart vækker i ham selv, dels ved at dygtiggøre sig i malerkunstens mange teknikker, dels ved at opsnappe æstetiske ideer fra samtidens æstetiske teoretikere. Salonerne vidner om en eminent evne til at forene kunstoplevelsen med udviklingen af æstetiske ideer, hvoraf mange altså importeres fra nær og fjern (Hogarth, Winckelmann, Hagedorn og mange andre) for dog straks at tilføres en anden dybde som følge af Diderots netop *konkrete* møde med kunsten. Diderot *erfarer* kunstværkets *anderledeshed*, idet han forsøger at *fortælle maleriet*.

Erfaringsdimensionen i Salonere er altså af en ganske særlig kaliber, og det er bl.a. den, der gør, at Diderots Saloner adskiller sig radikalt fra Kants æstetik, der ren og transcendental formuleres i et blændende fravær af kunstværker (skønt de to filosoffer på mange punkter faktisk kommer frem til beslægtede erkendelser). Hvert andet år sætter Diderot sig til skrivebordet for at rapportere om nye værker, fælde nye domme, begrunde nye kriterier, dvs. i grunden kredse omkring *det samme*. Salonerne er som et alenlangt drøvtyggeri af kunstneriske oplevelser og beskrivelser, der langsomt vokser sig svanger af egne erfaringer for at nedkomme med æstetiske erkendelser. Ikke mindst denne *genskrivende* gestus gør Salonerne til et moderne foretagende: der skrives ikke æstetisk-doktrinært med traditionen, men i et forsøg på at udvikle bevidsthed om de kriterier og tekniske virkemidler, der sætter sig igennem i den umiddelbare kunstoplevelse.

Denne eksperimenterende fremgangsmåde kan ikke undgå at skabe forventning om de æstetiske teoridannelsers innovative beskaffenhed. Når kunstinteressen er båret af en så vedvarende og stadig aktivitet, må den også komme i berøring med kunstens inderste væsen. Faktisk har Diderot flere gange følt sig tilskyndet til at give en kondenseret redegørelse for resultaterne af sit virke som kunstkritiker, således med *Essais sur la peinture* og aforismerne *Pensées détachées sur la peinture* – begge egentlige æstetiske afhandlinger, der er tilføjet Salonerne i hhv. 1765 og 1781. Det er lige præcist sådanne privilegerede steder for den æstetiske refleksion, der forekommer at udkaste modernistiske perspektiver. Ganske vist fremhæves Chardin-passagerne ofte som stedet, hvor Diderot bevidstgøres om kunstens særegne stoflighed, men de udgør som nævnt enkeltstående, i det samlede Salon-projekt marginale betragtninger, der forbliver teoretisk uformidlede. Som Diderot selv udtrykker det : "On n'entend rien à cette magie"[5]. Derimod tager han i *Essais sur la peinture* samt i den store prolog til *Salon de 1767* fat om formuleringen af nogle af de æstetiske principper, der gemte sig i jubeludbrudene over Chardins evne til at genskabe naturen[6]. Det er altså i mindre grad på det praktiske plan (i spredte og tilfældige bemærkninger) end på det teoretisk sammenskrivende og forpligtende plan, at kunstkritikken kan siges at levere materiale til en modernistisk æstetik. Nok kan prologen fra 1767 med sin lovsang for den neo-klassicistisk klingende ideale linje forekomme at stå modernismens brudstykker og krakelerede verdensbillede fjernt, men ved

---

[5] *Salon de 1763*, in: *Essais sur la peinture, Salons de 1759, 1761, 1763*, Hermann, Paris 1984, p. 220.

[6] F.eks. udbryder Diderot i *Salon de 1763* om Chardins *natures mortes*: "C'est la nature même. Les objets sont hors de la toile et d'une vérité à tromper les yeux." (*op.cit.*, p. 219). Akkurat samme oplevelse bliver to år efter i *Essais sur le peinture* ophævet til æstetisk mål : "L'art et l'artiste sont oubliés. Ce n'est plus une toile, c'est la nature, c'est une portion de l'univers qu'on a devant soi" (*Essais sur la peinture, op.cit.*, p. 30). Hvis Chardin var en sidebemærkning i 1763, udgør han den usynlige midte af refleksionen i 1765.

nærmere eftersyn og fremfor alt gennem en krydslæsning med det æstetiske
manifest fra 1765-Salonen springer et grundlæggende modernistisk budskab frem
i Diderots kunstkritik.

De mange linjers æstetik

Diderot åbner sine *Essais sur la peinture* med et detaljeret portræt af en
gammel blind kvinde for dog straks – som han har for vane – at udfordre sin
læser: "Mais croyez-vous que la difformité se soit renfermée dans l'ovale ? [...]
Mais appelez la nature, présentez-lui ce col, ces épaules, cette gorge ; et la nature
vous dira, Cela c'est le col, ce sont les épaules, c'est la gorge d'une femme qui
a perdu les yeux dans sa jeunesse."[7] Næste portræt af en pukkelrygget mand
går efter samme opskrift: "Couvrez cette figure, n'en montrez que les pieds à
la nature ; et la nature dira sans hésiter, ces pieds sont ceux d'un bossu." (11)
Denne naturens ufejlbarhed i difformiteter er selvfølgelig blot en optakt til i en
fart at komme over på kunstens område. Tredje eksempel er således hentet fra
kunstens verden, omend Diderot med *Antinoüs* går den anden vej rundt:
placerede man en skæv næse på denne underskønne skulptur, ville det være
i 'unaturlig' modstrid med den skønhed, hvormed alle de andre dele af kroppen
forbereder og nødvendiggør den smukkeste af alle næser.

Disse beskrivelser med blik for den mindste detaljes betydning for helheden
er emblematiske for tankegangen i *Essais sur la peinture*, hvor de da også følges
op af et hav af lignende perforerende analyser, der alle rejser Naturen som
Kunstens store læremester. Reglerne – "nos pauvres règles" – må give op over
for og frivilligt underlægge sig "le despotisme de la nature" (13). Thi hvad enten
Diderot kauserer som her over linjen (*Mes pensées bizarres sur le dessin*) eller senere
over farven (*Mes petites idées sur la couleur*) og *le clair-obscur* (*Tout ce que j'ai compris
de ma vie du clair-obscur*), gælder det uafladeligt om at foretage et dyk ned i en
yderst mættet stoflighed, hvor alt hænger organisk sammen. Når han f.eks.
foreskriver "l'observation continue des phénomènes", er det netop for heri at
finde en "liaison secrète" eller, som det også hedder, en "enchaînement
nécessaire" (12). Den blinde kvinde og den pukkelryggede var kun de første
eksempler på det "système de difformités bien liées et bien nécessaires" (75),
hvormed Diderot håndhæver linjernes indbyrdes solidaritet. Enhver linje
understøtter de andre og indtræder i en "correspondance convenable avec celle
[la partie] qu'on ne voit pas" (17). Diderot henviser også til en vis "géométrie
des indivisibles" (30), ligesom de forunderligt glidende overgange mellem lys
og mørke i *le clair-obscur* er det, der får Diderot til at kræve en ubrydelig enhed
i kunsten: "Faites que je ne puisse ni arrêter mes yeux, ni les arracher de dessus
votre toile" (43).

Sammenbindingens metafor – "Tout est lié, tout tient" (30) – er med andre
ord et gennemgående træk i de 'små ideer' og 'bizarre tanker', Diderot gør sig.
Men ved således at boltre sig i en slags kunstnerisk immanens taber det æstetiske

---

[7] *Op.cit.*, p. 11. Herefter er sidehenvisninger til *Essais* anført direkte i teksten.

kriterium fodfæste. Hvor er linjen egentlig henne? Den synes at drukne i et spændingsfelt bestående af alle de andre linjer, der holder den oppe. Altså overalt og ingensteder. Ligesom det skønne menneske ifølge Diderot er udspændt mellem to karikaturer – nemlig "l'enfance" og "la vieillesse" –, blafrer linjen i et usikkert rum: "le *poco più* ou *poco meno*, le trait en dedans ou en dehors fait défaut ou beauté." (13)

På denne baggrund forstår man til fulde Diderots mange formanende råd til de vordende kunstnere. Når han f.eks. siger "soyez observateurs", er det ikke for at pådutte dem en realisme, men for at de ved at betragte naturen kan lære at se, at den i grunden *aldrig er sig selv*, men hele tiden er i bevægelse og forandring. Af Akademiets kunstlede opstillinger erfarer de unge kunstnere ikke linjernes "konspiration" – denne "conspiration qui se sent, qui se voit, qui s'étend et serpente de la tête aux pieds" (15). Af samme grund foretrækker Diderot tegneøvelser af levende kød – med en klar hang til kinder, der blusser af rødme – frem for de dengang obligatoriske studier af golde anatomiske tværsnit af den menneskelige krop. Thi på en næsten immateriel vis understøtter nervebaner, pulserende blodårer og hvad der ellers findes under huden dennes overflade, oplyser den indefra.

Hvad enten det drejer sig om den mest delikate teint eller andre imitations-objekter, er det centrale i Diderots tankegang imidlertid, at det, der 'afbildes', ingen absolut selvstændig realitet har, men 'tager linjer' – ligesom det tager farve – af alt det, der omgiver det i dybden som i bredden. Ja, sågar ud over lærredets kanter for at medreflektere "le jeu extérieur de la machine" (17). Denne evne til ustandseligt at *bryde linjen* vidner om en udpræget formbevidsthed hos Diderot. Realisme går det i hvert fald ikke an at kalde den. Diderot søger lutter variationer af 'mennesket', lutter linjer, der *ikke er*, og er dermed allerede ude i det ærinde, som forordet til 1767-Salonen skal uddybe og fuldende.

Den ideale linje

To år senere synes Diderot dog at have glemt alt om de mange linjer. En eneste interesserer ham: den ideale linje, *modèle idéal de la beauté, ligne vraie*. Det slående i forordet til 1767-Salonen er således en massiv neo-platonisk lovsang for idealmodellen. Diderot bruger Platon til at gøre op med selveste imitations-kriteriet, der var det toneangivende æstetiske kriterium hos såvel tidens kunstnere som teoretikere med Diderots gamle fjende Batteux i spidsen – alle disse autoritetstro folk, som Diderot karikerer på følgende vis: "ces gens qui parlent sans cesse de l'imitation de la belle nature, croient de bonne foi qu'il y a une belle nature subsistante, qu'elle est, qu'on la voit, quand on veut, et qu'il n'y a qu'à la copier. Si vous leur disiez que c'est un être tout idéal, ils ouvriraient de grands yeux, ou ils vous riraient au nez."[8] Diderot går dog ikke så vidt som Platon, der ville udstøde kunstneren af sin cité, fordi deres billeder var en afglans

---

[8] Diderot, *Salon de 1767*, in: *Œuvres complètes*, tome XVI, Hermann 1990, p. 63. Herefter er henvisninger til dette værk anført direkte i teksten.

af ideernes ikke sanselige verden. For Diderot gælder det derimod om at
bevidstgøre kunstnerne om den særegne virkelighed – alt andet end statiske
natur –, de bør bestræbe sig på at gengive.

Thi hvad er det i grunden for en model, du maler efter, bliver Diderot ved
med at spørge kunstneren i en lang fiktiv dialog. Trængt op i en krog lige fra
starten må denne da også indrømme, at selv den skønneste kvinde ikke er
skønheden selv. Ligesom naturen for Platon er på adskillige graders afstand af
sandheden, er den nøjagtige gengivelse af naturen den sikre vej til at forråde
kunstens mål om at skabe skønhed. En ordinær kopi af kopien, et tredjerangs
billede eller ganske enkelt et portræt, det er, hvad den 'naturtro' gengivelse kan
drive det til, og ikke en kopi af sandheden. Den eksakte gengivelse af naturen –
hvilken i øvrigt også i sig selv udstilles som en absurd tanke – tager altså til takke
med en tredjerangs, ligegyldig linje : "Votre ligne n'eût pas été la véritable ligne,
la ligne de beauté, la ligne idéale, mais une ligne quelconque altérée, déformée,
portraitique, individuelle." (64–65) Kunstneren, som trods alt ikke anser sig selv
for en simpel portrættør, forsvarer sig med, at han jo nok tager den skønneste
arm fra én kvinde, den skønneste balle fra en anden for således at nå frem til
skønheden. Prompte kontraspørgsmål fra Diderot: men hvilken model står bag
denne udvælgelse? Og netop i svaret herpå, hvor kunstneren tror at triumfere
ved at rejse antikkens kunstværker som sin model, viser hans endelige nederlag
sig (og dermed manglende indsigt i sin kunst). Thi på spørgsmålet om, hvordan
han ville bære sig ad, hvis antikken ikke eksisterede, forstummer han, og Diderot
må selv kaste sig ud i en forklaring af, hvorledes grækerne, der ikke selv havde
nogen antik, bar sig ad.

Hermed er det lykkedes Diderot at foretage en ganske subtil drejning af ideen
om det antikke forbillede. I stedet for Akademidogmet om bevidstløst at afbilde
de store græske mestre forsøger han at formulere den æstetik, der udfolder sig
i deres værker – en æstetik, der langt snarere sender kunstnerne ud i naturens
skiftende univers, end den holder dem indendøre. Og dermed er Diderot med
ét tilbage ved de mange linjer fra *Essais sur la peinture*. Længere væk var de altså
ikke. For Diderot var grækerne nemlig de første, som gennem intens observation
af naturen var i stand til at se det, som den intetsteds viser. Det første skridt
("le premier pas") bestod i nøje studier af naturens stadige forfald: "ils ont
commencé par sentir les grandes altérations, les difformités les plus grossières,
les grandes souffrances" (69), dvs. en beskæftigelse, der er parallel til Diderots
interesse for difformiteterne i hans *Essais*. Først derefter ("avec le temps") var
det muligt at ryste den ideale linje ud af de falske, empiriske linjer: "...s'éloignant
sans cesse du portrait, de la ligne fausse, pour s'élever au vrai modèle de la
beauté, à la ligne vraie" (70). Og denne udvikling er som sagt ikke sket fra den
ene dag til den anden, men "par une marche lente et pusillanime, par un long
et pénible tâtonnement" (69). Men grundlæggende er det naturerfaringen, denne
"infinité d'observations successives", der har gjort det muligt for grækerne at
fjerne sig fra naturen på dens eget foranderlige grundlag.

De difforme portrætter er altså vejen til den skønneste model, som modtager følgende paradoksale definition: "un homme ou une femme qui serait supérieurement propre à toutes fonctions de la vie, et qui serait parvenue à l'âge du plus entier développement, sans en avoir exercé aucune." (68) Denne korrigerede menneskeskikkelse nærmest springer ud fra serien af variationer over menneskeskikkelser fra spædbarnet til oldingen, som Diderot var inde på i sine *Essais* (her havde han da også allerede strejfet en besynderlig mand, nemlig "un homme de vingt-cinq ans, qui serait formé subitement du limon de la terre et qui n'aurait encore rien fait"). Den ideale linje rejser sig på det uendeligt forgrenede netværk af livets brudte linjer, i hvis omskiftelighed den geniale kunstner konstruerer en original form: denne "ligne vraie, modèle de la beauté qui n'exista nulle part que dans la tête des Agasias, des Raphaels, des Poussins..." (70).

Af samme grund kan Diderot også kun bekræfte sit pædagogiske program fra 1765. I modsætning til hans tyske inspirationskilde, Winckelmann, der mente, at den bedste måde, hvorpå man kunne nærme sig antikkens sublime højder, var ved at kopiere de græske mesterværker, ja, så sender Diderot kunstnerne ud i naturen – ikke for at indløse en eller anden fiks realisme, men for at foretage den møjsommelige vandring, der kan føre dem til opdagelsen af den ideale linje, dvs. for i difformiteterne at finde frem til den ideale linje. Det gælder om at betragte naturen nøje for at lære at se de smukke linjer, som den intetsteds viser, men som den bevæger sig omkring og derfor alligevel viser i en slags overjordiske glimt. Efterlign det ikke-efterlignelige! Dét er i virkeligheden Diderots råd til de kommende malere.

Virtualiteternes æstetik

Diderot havde ubestrideligt evnen til at lade sig røre af de kunstværker, han skrev om, og arbejde med de følelser, de vakte i ham. Mange af disse følelser faldt det ham naturligt at 'oversætte' i klassicismens store vendinger. Men han havde også evnen til at beskæftige sig med værkerne på deres præmisser. Derfor kommer hans kunstkritik til at svinge mellem den maleriske stoflighed og formbevidsthed på den ene side og så ideale størrelser som sandhed, idé og ophøjet tanke på den anden side. Ikke altid lige harmonisk, idet indholdet faktisk ofte underlægger sig formen. Men fordi *begge* sider er til stede hos ham, brydes kunstelskerens umiddelbarhed (som netop ikke er bare umiddelbar, men spækket med ureflekterede historiske stilfigurer) og kunstkenderens analytiske blik ustandseligt mod hinanden. Kunstkritikkens to store teoretiske højborge, som der her har været refereret til, er et af de mest vellykkede resultater af denne brydning. Det historisk betingede subjekt og kunstens objektive fordringer kommer til at korrigere hinanden og forhindrer dermed den æstetiske refleksion i at udarte til sværmeri eller stivne i formalisme. Alene af den grund viser den sin modernistiske duelighed.

Men også når det kommer til det dybere indhold af de fremdragne æstetiske teoridannelser, har kunstkritikken relevans for en modernistisk tænkning. Det interessante hos Diderot er akkurat, at den ideale linje træder frem på baggrund af de mange linjers æstetik. Den fostres ikke af rent spekulative abstraktioner, men presser sig på *nedefra*, fra stoflighedens tykninger, op mod den åndelige konstruktion. Denne vandring fra de mange linjer til den ene kan ses som et første forsøg på at tænke form og indhold som en symbiotisk relation i kunstværket. Under alle omstændigheder udtræder det metafysiske aspekt – den ideale linje – af *selve* stofligheden.

Det er således i kraft af – og ikke på trods af – sine på samme tid konkrete og metafysiske, empiriske og ideale fornemmelser, at Diderot erfarer kunstens gådefulde væsen. Han er blandt de første til at forstå, at kunstværket har med naturens *ikke-efterlignelige* beskaffenhed at gøre. Fordi naturens linjer altid er i bevægelse, under forandring, ja, under forfald, lader de sig ikke bare sådan uden videre kopiere. Derimod vibrerer de omkring den ideale linje. Ved at forbinde de mange linjer med den ideale linje indleder Diderot altså også processen mod det naturskønne. Naturen som æstetisk forbillede henviser ikke længere til en statisk forståelse af forholdet mellem natur og kunst. Ved at drukne sin pensel i naturens linjer trækker kunstneren på et hav af virtualiteter. Nye åndelige konfigurationer vil altid være undervejs, men de vil også altid stå i gæld til de mange linjer, hvorfra de henter næring. Denne æstetiske, men i grunden også *etiske* spænding turde ikke være modernismen fremmed.

Oversættelsesproblemer
– hvordan oversætter man uoversættelige referencer?

Brynja Svane

En af de vanskeligheder, der rejser sig i forbindelse med såvel oversættelse som tolkning, er spørgsmålet om, hvordan man strategisk forholder sig til præcise referencer i kildesprogsteksten. Problemet er, at sådanne referencer ofte risikerer at blive forkert forstået af modtageren, hvis de gengives nøjagtigt. Enhver oversætter eller tolk må derfor nøje overveje, hvordan referencen skal præsenteres på målsproget. Man kan i autentiske oversættelser og tolkede taler iagttage meget forskellige strategier, der placerer sig et eller andet sted på en skala mellem to yderpunkter. I den ene ende finder man en direkte og nøjagtig gengivelse, der desværre ofte er uforståelig for modtageren. Den direkte gengivelse kan dog eventuelt være ledsaget af nogle forklarende kommentarer, som letter formidlingen af referencens indhold. I den anden ende af skalaen finder man en fortolkende og fri gengivelse af kildetekstens reference, hvor tekstens dybere "mening" er bevaret, men hvor det specifikke referenceniveau er ændret. Den frie gengivelse kan f.eks. bestå i en omskrivning til noget umiddelbart genkendeligt, der giver gode associationer på målsproget. Eller oversætteren (tolken) kan have valgt at erstatte den præcise og specifikke reference med en generaliserende term, der formodes at blive forstået ud fra modtagerens kontekstopfattelse.

Betegnelsen *specifikke referencer* skal her forstås som en kategori, der ikke blot omfatter proprier eller tilsvarende angivelser af unika, men også eksakte angivelser af f.eks. noget teknisk.[1] Et eksempel på en specifik reference af den type kunne f.eks. være en feldspatart kaldet *pitunze* eller et *pyrometer*.[2] En *generalisering* er i den valgte terminologi en omskrivning af en specifik reference til noget mere universelt, der vil kunne bruges som betegnelse for en velkendt kategori eller en lang række enkeltinstanser af en bestemt genkendelig type. I

---

[1] Searle der i sin bog *Speech Acts* (1969) omtaler referenceproblemet udførligt, fokuserer især på proprier og unika, uden dog at udelukke mere komplicerede typer af referencer. En udførlig behandling af referenceforhold og andre lignende problemer i forbindelse med proprier finder man f.eks. i Georges Kleiber: *Problèmes de référence: descriptions définies et noms propres*, Paris 1981, samt i en række artikler af Kerstin Jonasson, f.eks. "Les Noms propres métaphoriques: construction et interprétation," in: *Langue française*, dec. 1991, og "Sur le double statut mondain et métalinguistique du nom propre," in: *Studier i modern språkvetenskap*, Stockholm, 1990.

[2] Begge disse eksempler stammer fra en øvelsesrække, hvor forsøgspersoners evne til at forstå og gengive specifikke referencer blev testet. Resultaterne af forsøgene, som jeg gennemførte i foråret 1993, omtales i Svane: "Reference Identification in human communication" (udkommer i *Proceedings from the XIVth Scandinavian Conference of Linguistics, Workshop in Cognitive Semantics*, Göteborg, aug. 1993) samt Svane: *Reference Identification Corpus 1–3* (udkommer i 1994).

forbindelse med de nævnte eksempler kunne det f.eks. være *lerart* eller *måleinstrument*.

I oversatte undertekster til film finder man et varieret materiale, der illustrerer, hvordan strategier omkring gengivelse af referencer fungerer i praksis. I en gennemsnitsfilm vil man således typisk finde 3–4 eksempler på specifikke referencer, der i de oversatte undertekster enten er omskrevet til ukendelighed eller erstattet af generaliserende termer med henblik på at lette publikums umiddelbare forståelse af filmen. I film, der i særlig grad er rige på specifikke referencer, finder man langt flere eksempler. Men det er vel at mærke ikke sådan, at samtlige referencer behandles på denne måde. Det hyppigste er en nøjagtig, direkte gengivelse, der må formodes at blive mere eller mindre korrekt opfattet af det modtagende publikum.

Woody Allens film *Manhattan*[3] er velegnet til at illustrere bredden i de strategier, som en oversætter kan vælge i forhold til gengivelsen af specifikke referencer, fordi netop denne film indeholder et mylder af referencer til helt præcise ting, ofte i form af proprier, der virker som "name-dropping" eller på andre måder har et pragmatisk formål, der rækker ud over blot det at nævne dem. F.eks. kan formålet være at imponerere eller at skabe en helt præcis lokal New-Yorker-stemning. Den danske oversætter af filmen har tilsyneladende en fin forståelse for dette og gengiver langt de fleste referencer helt præcist. Så meget desto mere påfaldende er det i de tilfælde, hvor et unikt navn bevidst laves om til en generaliserende betegnelse, der kunne dække en lang række af institutioner eller steder, der har fælles træk med det, instruktøren Woody Allen specifikt refererer til.

Et eksempel på direkte gengivelse finder man i en scene, der udspiller sig lige efter, at den kvindelige hovedperson har mødt Woody Allen, der selv spiller den mandlige hovedperson i filmen. Hun vil gerne imponere ham og remser en lang række navne på forfattere, komponister, filosoffer, malere og skuespillere op. Denne opremsning gengives direkte og uden kommentarer i de danske undertekster. Herved overføres den tilsigtede effekt i kildeteksten til målsproget og understøtter skuespilleren Woody Allens mumlende sidebemærkninger om, at denne kvinde nok forsøger at gøre indtryk. En række almnent kendte amerikanske institutioner, som personerne i andre samtaler hentyder til, og som må formodes også at være kendte i danske intellektuelle cirkler (dvs. hos det formodede danske publikum til Woody Allens film) gengives ligeledes direkte, dog sommetider med en lille forklarende dansk tilføjelse, der definerer institutionen. Det gælder eksempler som *Radcliffe gymnasium*, *varehuset Bloomingdale's*, og *Chryslerbygningen*. Dette er i overensstemmelse med, hvad man anbefaler oversættere at gøre, og det kan betragtes som en forbedring af målteksten i forhold til, hvad den ville have været med en ubearbejdet gengivelse af den

---

[3] Vist første gang 1979, oversat til dansk af Ib Lindberg. Vist i dansk TV 2. januar 1993.

specifikke reference, som uden forklaring må formodes at være vanskeligt forståelig for målsprogets publikum.[4]

I forbindelse med andre proprier i filmen *Manhattan* har oversætteren dog i stedet for at tilføje en forklarende term valgt en *generaliseringsteknik*, der omskriver den specifikke reference i kildesprogsteksten til en generel term i målsprogsteksten. Følgende to eksempler på en sådan generalisering er valgt ud af i alt ca. ti generaliserende omskrivninger:

I have friends at **Random House**.	Jeg har venner på *forlaget*.
I won't be able to take the **Southhampton house**.	Jeg kan ikke leje *sommerhus i ferien*.

Jeg har ikke haft lejlighed til at spørge oversætteren om, hvorfor netop denne strategi er valgt, men jeg tillader mig at gætte på, at det er ud fra en erkendelse af, at en dansk modtager normalt ikke ville forbinde noget med en specifik reference som *Random House*, hvorimod angivelsen *forlag* kan associere til andre kendte forlag, såvel amerikanske som danske.[5] Omskrivningen til en generel term tillader således modtageren at skabe egne personlige associationer til kendte institutioner af den pågældende type, hvorimod en direkte gengivelse af referencen ville risikere at udelukke eller i væsentlig grad blokere for en egentlig forståelse. Tilsvarende med *Southhampton house*, der ikke ville sige nogen dansk modtager noget, hvorimod det ikke at kunne *leje sommerhus* associerer korrekt til et tab af luksus og bevægelsesmuligheder som følge af lønnedgang. Der er således ikke på nogen måde tale om en "forkert" oversættelse, men tværtimod om en vellykket fri oversættelse, der gengiver tekstens virkelige mening langt bedre i forhold til den danske modtager end en direkte gengivelse ville gøre.

At undertekster til en Woody Allen film hører til i den "lette ende" af de tekster, der indgår i den samlede mængde af potentielle oversættelsestekster, skal ikke tages som et udtryk for, at selve spørgsmålet om referencer hører til i den lettilgængelige del af sprog- og tekstvidenskaben. Tværtimod er reference-problematikken uhyre indviklet, og en lang filosofisk tradition begyndende med Aristoteles har beskæftiget sig med dette emne, der udgør en central del af det mere omfattende spørgsmål om menneskets opfattelse af virkeligheden og mulighederne for at gengive virkeligheden med ord. Jeg vil ikke her gå nærmere ind i den filosofiske og sprogvidenskabelige tradition inden for emnet, som jeg har skrevet om i andre sammenhænge.[6]

---

[4] Rune Ingo giver i sin bog *Från källspråk til målspråk* (1991), bl.a. følgende eksempler på denne type oversættelse fra fransk til svensk: *Honfleur > staden Honfleur, og Orly > Orly-flygfältet* (p. 202).

[5] Man kan i den forbindelse notere sig, at en omtale af Random House i den svenske avis *Dagens Nyheter* d. 8. okt. 1993 i forbindelse med uddelingen af nobelprisen i litteratur omtales som *förlaget Random House*, altså med en forklarende betegnelse. Tilsvarende eksempler kan uden tvivl findes i danske aviser.

[6] Svane: "Sandhed – virkelighed – realisme," in: Jansen (red.): *Tekst og virkelighed.*, København, 1982; Svane og Bernsen: "Communication Failure and Mental Models," in: *Proceedings from the XIIIth Scandinavian Conference of Linguistics*, 1993, samt Svane: *Identifikation af referencer i kommunikation mellem mennesker* (udkommer som Working Paper ved Center for Kognitionsforskning sidst i 1993).

Spørgsmålet om referencer og generaliseringer hører imidlertid ikke blot til i en teoretisk filosofisk debat. Det har betydning i dagligdagen i forbindelse med enhver form for kommunikation, hvor der henvises til noget uden for sproget. Og det gælder jo så at sige alle former for kommunikation. Det er således helt afgørende for såvel afsenders som modtagers opfattelse af sprog og tekster, hvordan beskrivelserne af og henvisningerne til den konkrete virkelighed håndteres. Og dette gælder, uanset om teksterne er lette eller svære, fiktive eller faglige, lange eller korte.

Oversættelse og tolkning er nogle af de mest gennemgribende bearbejdninger af sprog og tekst, der overhovedet findes, og de indgår i en særlig form for kompliceret kommunikation, hvor ordenes værdi i et sprog skal omsættes til noget tilsvarende i et andet sprog. Spørgsmålet om specifikke referencer og generaliseringer er derfor i særlig grad relevant i forbindelse med disse aktiviteter. Men da oversættelse og tolkning aldrig svæver frit i luften, men altid indgår i en konkret kommunikationssammenhæng, hvor konkrete forskelle i sproglige koder og kulturel baggrund spiller ind, vil det være hensigtsmæssigt i første omgang at indkredse emnet ud fra et bredt kommunikationsperspektiv med hovedvægten lagt på de kognitive aspekter, der knytter sig til forståelsen af henholdsvis specifikke referencer og generaliserende termer.

Man kan illustrere kommunikationsforholdene omkring oversættelse og tolkning med følgende skematiske figurer, der viser, hvordan oversættelse eller tolkning føjer sig ind som et led mellem den oprindelige afsender af et budskab og modtageren, hvorved der med en terminologi hentet fra Sylfest Lomheim skabes en "trilog" i stedet for en almindelig "dialog".[7] I de anvendte figurer anvendes af praktiske grunde kun betegnelsen "oversætter", men det dækker også tolkens aktiviteter, medmindre der udtrykkeligt gøres opmærksom på noget andet.

Figur 1 viser en helt almindelig kommunikationssituation, der ofte gengives med følgende stærkt forenklede men almindeligt anerkendte og praktiske model:

AFSENDER 1 $\longrightarrow$ BUDSKAB 1 $\longrightarrow$ MODTAGER 1

Figur 1. Almindelig kommunikationssituation med kun ét sprog.

Mange tekster, der senere oversættes, indskriver sig fra begyndelsen i en sådan enkel og ensproget kommunikationssammenhæng. Figur 2 viser modsætningsvis en kommunikationssituation, hvori indgår oversættelse eller tolkning. Her indgår oversætteren/tolken som et mere eller mindre synligt led i kommunikationen, således at budskabet ikke længere går direkte fra afsender til modtager:

---

[7] Sylfest Lomheim: *Omsetjingsteori*, Trøgstad, 1989.

AFSENDER 1 ——→ (budskab 1) ——→ (oversætter) ——→ BUDSKAB 2 ——→ MODTAGER 2
SL   SL   TL   TL

Figur 2. Tosproget kommunikation med indskudt oversætter/tolk. Betegnelsen SL angiver de dele af kommunikationen, som foregår på kildesproget (eng. *source language*). Budskab 2 er formuleret på målsproget TL (eng. *target language*), som er modtager 2's sprog.

I figuren er budskab 1 og oversætteren indsat som parenteser. Det er gjort for at tydeliggøre, at oversætteren som indskudt mellemled mellem den oprindelige afsender og den sekundære fremmedsprogede modtager er en delvis usynlig faktor. Men det indskudte mellemled er samtidig særdeles vigtigt, fordi oversætteren uundgåeligt kommer til at påvirke og ændre budskabet på en eller anden måde. Det hænger sammen med, at *oversætteren/tolken* udfylder flere funktioner. Han/hun er først *modtager* af det oprindelige budskab og dernæst *ny afsender* af det bearbejdede budskab 2. Til hver af disse funktioner knytter der sig en række kognitive processer, og de vil hver især få betydning, ikke blot for det bearbejdede budskabs form, men også for dets indhold. I realiteten består en kommunikationssituation, hvori der indgår oversættelse eller tolkning, altså i flere adskilte kommunikationsprocesser, der foregår mere eller mindre fjernt fra hinanden i tid og rum. Ved oversættelse af ældre tekster er adskillelsen størst, ved simultantolkning er den mindst.

I det første tilfælde, hvor der går lang tid fra tekstens oprindelige tilblivelse til den bliver oversat, er oversætteren ikke tilnærmelsesvis integreret i gruppen af *primære modtagere,*[8] men tilhører derimod en *sekundær* eller endnu fjernere publikumsgruppe, som forfatteren ikke direkte kan have haft i tankerne, da teksten blev skabt. I ekstreme tilfælde vil oversætteren ikke en gang tilhøre nogen autentisk sekundær publikumsgruppe men kommer kun i kontakt med teksten, fordi nogen beder om at få den oversat. Men uanset om dette er tilfældet eller ej, vil den tidsmæssige og kulturelle afstand mellem den oprindelige afsender og oversætteren som modtager være stor, når det drejer sig om oversættelse af ældre tekster. Tilsvarende vil der være meget stor afstand mellem den moderne læser (modtager 2) af en oversat ældre tekst og den oprindelige forfatter (afsender 1), og afstanden forøges formelt set yderligere af, at der er indskudt en oversætter som mellemled. Hverken oversætteren eller den nye fremmedsproglige modtager har været potentielle *adressater* for det oprindelige budskab, forstået på den måde, at forfatteren ikke har haft til hensigt at henvende sig direkte til dem med sin tekst. Men paradoksalt nok vil læseren oftest bevare illusionen af at være i direkte kontakt med forfatteren, og kun i sjældne tilfælde vil der blive fokuseret på oversætterens rolle som mellemled. Køber man f.eks. en dansk udgave af en roman af Goethe, tænker man normalt ikke på, at det slet ikke er Goethe, man kommer til at læse men en mere eller mindre tilfældig oversætters *fortolkning* af Goethe. Hvis oversættelsen er god, er der normalt heller ingen grund til at

---

[8] Termerne *primært* og *sekundært publikum* er lånt fra den danske litteraturforsker og kritiker Sven Møller Kristensen, der bl.a. har skrevet om litteratursociologi.

tænke på dette. Men faktisk er oversættelser meget ofte særdeles vidtgående fortolkninger, hvor der er foretaget både forkortelser og gennemgribende omskrivninger af den originale tekst, og det kan bevirke, at læsere af originalteksten og læsere af en oversat version får meget forskellige opfattelser af teksten. Dette har været undersøgt systematisk i forbindelse med f.eks. oversættelser til engelsk af H.C. Andersen[9] og oversættelser til tysk og dansk af den franske forfatter Eugène Sue.[10]

Når det drejer det sig om oversættelse af en moderne tekst kan oversætteren eventuelt direkte tilhøre – eller i det mindste være tæt på – det primære publikum, som forfatteren umiddelbart henvender sig til og bliver læst af. Afstanden mellem den oprindelige afsender og oversætteren som modtager vil i de tilfælde være mindre end den er, når en ældre tekst nyoversættes. Den moderne fremmedsproglige læser (modtager 2), der alene på grund af sproget er udelukket fra at tilhøre det primære publikum til en oversat moderne roman, vil dermed også i realiteten være tættere på forfatteren (afsender 1). Men det spiller ikke nødvendigvis nogen rolle i praksis, da læseren som nævnt i mange tilfælde vil føle sig tæt på den oprindelige forfatter, hvis teksten forekommer vedkommende. Oversætteren er med andre ord – til trods for sin centrale rolle som formidlende mellemled – i de fleste tilfælde "usynlig" for læseren, medmindre der opstår fejl af den ene eller anden art.

På dette punkt adskiller oversættelse sig radikalt fra tolkning, hvor afstanden mellem parterne tidsligt og rumligt er minimal. Taleren, tolken og tilhøreren opholder sig normalt i samme lokale, og – hvad der er vigtigt i denne sammenhæng – taleren vil være fuldt bevidst om, at der er tilhørere, der modtager talen i en oversat og dermed bearbejdet udgave, ligesom tilhøreren vil være fuldstændig klar over, at det er tolken, der formidler budskabet, og at der således ingen direkte adgang er til det. I modsætning til, hvad der er tilfældet i forbindelse med skriftlig oversættelse, vil såvel tolk som fremmedsproglig tilhører altså være meget tæt på det primære publikum, og de vil i mange tilfælde faktisk udgøre en central del af dette publikum til trods for den sproglige barriere, der skal overvindes gennem tolken.

Disse uddybende kommentarer til forskellene mellem oversættelse og tolkning som kommunikation har til formål at gøre opmærksom på, at spørgsmålet om identifikation af specifikke referencer naturligvis kan komme til at stille sig forskelligt i de forskellige typer kommunikation, alt efter hvor stor afstanden er mellem parterne, og hvor gode mulighederne er for at skabe illusioner om nærhed. Men forskellene er ikke så store, at de ændrer ved de grundlæggende

---

[9] Viggo Hjørnager har sammenlignet en lang række oversættelser til engelsk af H.C. Andersen og har påvist, hvor dybtgående ændringer, der faktisk er tale om (præsenteret bl.a. ved ADLA's Årsmøde 1993, Handelshøjskolen i Århus d. 28–20. jan. 1993).

[10] Helga Grubitzsch har i sin grundige analyse *Materialen zur Kritik des Feuilleton-Romans. Die geheimnisse von paris von Eugène Sue*, Wiesbaden 1977, gennemgået tyske oversættelser og fundet, at næsten hele den sociale og økonomiske dimension af *Paris' Mysterier* blev forkortet væk i forbindelse med oversættelsen. Jeg har kunnet påvise det samme for en række danske oversættelsers vedkommende, se bl.a. Svane: *Si les riches savaient!*, København 1988.

forhold, som er illustreret i den anvendte kommunikationsmodel. Mekanismerne i Figur 2 gælder i princippet for alle typer af kommunikation, hvori indgår oversættelse eller tolkning, og de kognitive processer, der knytter sig til henholdsvis indkodning og afkodning af budskaber vil i hovedtrækkene være de samme, hvadenten det drejer sig om oversættelse eller om tolkning. Disse kognitive processer er indtegnet skematisk i figur 3:

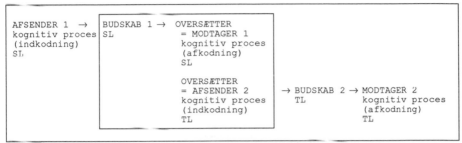

```
AFSENDER 1   →    BUDSKAB 1 →   OVERSÆTTER
kognitiv proces   SL            = MODTAGER 1
(indkodning)                    kognitiv proces
SL                              (afkodning)
                                SL

                  OVERSÆTTER
                  = AFSENDER 2     → BUDSKAB 2 → MODTAGER 2
                  kognitiv proces    TL          kognitiv proces
                  (indkodning)                   (afkodning)
                  TL                             TL
```

Figur 3. Oversætteren som modtager og afsender. Den "usynlige" del af kommunikationen, der vedrører oversætterens rolle som formidlende mellemled mellem afsender 1 og modtager 2 er indrammet.

Den synsvinkel, der er anlagt ovenfor, stemmer overens med det ideal for oversættelse, som i dag er det mest udbredte. Det går i forenklet form ud på, at den oversatte tekst frem for alt skal kunne fungere som *god kommunikation*, dvs. at en fremmedsproget modtager (modtager 2) ubesværet skal kunne tilegne sig målsprogets budskab (budskab 2). Samtidig skal det oversatte budskab i så høj grad som muligt stemme overens med den oprindelige afsenders budskab i kildeteksten (budskab 1) med hensyn til de meninger, der udtrykkes. Derimod har man slækket på kravene til formmæssig overensstemmelse mellem original og oversættelse i erkendelse af, at fuldstændig identitet aldrig vil kunne forekomme, og man har fokuseret på oversættelse og tolkning som formidling snarere end som reproduktion.[11]

Det er indlysende, at spørgsmålet om gengivelse af specifikke referencer accentueres af en sådan overordnet opfattelse af, at det ikke er de specifikke detaljer i kildeteksten, som er de centrale i overføringen til målsproget, men derimod det mere overordnede helhedsindtryk. Det betyder i sin yderste konsekvens, at man ikke nødvendigvis behøver at gengive kildetekstens referencer i den form de har men kan omskrive dem til noget mere relevant for målsprogssituationen. Dette gælder dog kun i fuld udstrækning på det helt overordnede niveau, hvor der ikke skelnes mellem forskellige typer af tekster og forskellige behov hos modtagerne. I det øjeblik man begynder at analysere de enkelte tekster i forhold til nøglebegreber som *informationsrigdom, associationsstyrke, pragmatisk formål, underholdningsværdi* og tilsvarende aspekter, der er bestemmende for tekstens funktion i en større sammenhæng, bliver det

---

[11] Eugene A. Nida var en af ophavsmændene til denne vægtning af indhold og form, som senere er blevet videreført inden for den tekstlingvistisk og tekstanalytisk orienterede oversættelsesvidenskab

nødvendigt at skelne mellem forskellige frihedsgrader i forhold til gengivelsen af specifikke referencer. Det vil f.eks. typisk være sådan, at der i forbindelse med sagprosatekster er et mere udpræget krav om præcision i gengivelsen, end der normalt er, når det drejer sig om at oversætte litterære tekster. Man kan illustrere det skematisk gennem følgende figur, der viser stadier i det kontinuum, der går fra den fuldstændige frihed til den fuldstændige bundethed :

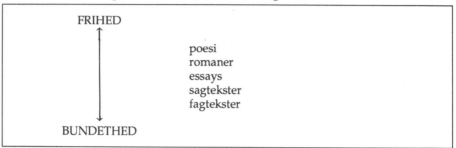

Figur 4. Frihedsgrader i forhold til specifikke referencer

At der er en udstrakt frihed i forhold til referencerne i litterære tekster betyder selvfølgelig ikke, at man kan oversætte fuldstændig frit uden hensyntagen til kildeteksten. Men da en fuldstændig præcis identifikation af de specifikke referencer i en litterær tekst kun sjældent er afgørende for forståelsen af tekstens mening og budskab, vil der som regel ikke ske noget særligt ved, at der vælges en mere fri gengivelse i oversættelsen. Fænomenet er som bekendt ikke nyt. De bedste oversættere af litterære tekster har ofte selv været digtere, og de har tilladt sig store frihedsgrader i forhold til kildeteksten. Et spændende eksempel herpå finder man i Oehlenschlägers oversættelse af Goethes digt *Der König in Thule*. Man finder her en konsekvent ændring af den geografiske lokalitet fra *Thule* til *Lejre*, hvad der sikkert har haft til hensigt at at gøre digtet mere nærværende for en dansk modtager. Følgende fire vers[12] er plukket ud af digtet for at vise, hvordan Oehlenschläger konsekvent har arbejdet med omskrivningen:

GOETHES ORIGINAL	OEHLENSCHLÄGERS OVERSÆTTELSE
Der König in *Thule* (overskrift)	Kongen i *Lejre*
Es war ein König in *Thule* (1.1.)	Der var en Konning i *Lejre*
Dort auf dem *Schloss am Meer* (4.4.)	paa *Lejre* ved *Issefjord*
Hinunter in *die Flut* (5.4.)	i *Issefjordens Skød*

Denne type *lokalisering* (dvs. omskrivning af de specifikke referencer til noget kendt lokalt) anvendes også i vid udstrækning af moderne oversættere, men den har sine grænser, der ikke må overskrides, hvis man vil bevare tonen i teksten. I et foredrag holdt for oversættelsesforskere i begyndelsen af 1993 gav forfatteren og oversætteren Niels Brunse en række eksempler på frie oversættelser, som han selv har foretaget med det formål at bevare de associationer, som en given specifik reference vækker i kildeteksten, fremfor at vælge en

---

[12] Citeret efter Hans Jørgen Schiødt: *Kommunikation og litteratur*, Gyldendal 1967, pp. 90–91.

nøjagtig gengivelse, der ikke ville kunne vække tilsvarende associationer på målsproget.[13] De fleste af disse oversættelser forekom umiddelbart indlysende og meget elegante, som f.eks. følgende, hvor en tysk modstilling af to specifikke botaniske arter er oversat helt frit for den enes vedkommende for at fremhæve associationerne, der vedrører kontrasten mellem noget giftigt og hårdt på den ene side og noget blødt og tillokkende på den anden side:

TYSK ORIGINALTEKST	DANSK OVERSÆTTELSE
Schierling	skarntyde (=leksikalsk korrekt, ass. giftigt og hårdt)
vs	vs
Schleiergrass	fløjlsgræs (=fri oversættelse, ass. blødt og tillokkende)

Et andet eksempel, som Niels Brunse anvendte i det samme foredrag, er mere fortænkt og viser grænserne for, hvilke friheder en oversætter kan tage sig i forhold til de specifikke referencer i kildeteksten. Der er tale om en ret vidtgående lokalisering, idet en navngiven dansk lufthavn (Beltringe) omskrives til en navngiven engelsk lufthavn (Heathrow).[14]

DANSK ORIGINAL	SEMANTISK FÆLLESSKAB	ENGELSK OVERSÆTTELSE
Regnede det i *Beltringe?*	[kendt lokal lufthavn]	*Did it rain at Heathrow?*

Når dette eksempel efter min mening ikke er lige så heldigt som de foregående, hænger det sammen med to forhold. For det første mener jeg det er at gå for vidt i denne sammenhæng at ændre stednavne fra en lokal kontekst til en anden, da dette rokker helt fundamentalt ved forlægget og fuldstændig fjerner det kulturlag, der ellers er med til at skabe en særlig stemning i oversatte litterære tekster.[15] For det andet er der ingen balance mellem de to valgte lufthavne, hvis man endelig skal gå ind på tanken. *Beltringe* er en lille provinslufthavn, mens *Heathrow* er en stor international lufthavn. *Kastrup* på dansk ville med andre ord bedre kunne bære netop denne lokaliserende omskrivning til *Heathrow*.

Men som princip kan lokalisering af referencer i litterære tekster være en god strategi som alternativ til generaliseringer af den type, som vi mødte i det indledende eksempel i denne artikel, hvor *Random House* netop ikke var erstattet med *Gyldendal* (hvad der ville have været en udpræget lokalisering), men af det generaliserende *forlag*.

I forbindelse med andre typer af tekster er en lokaliseringsstrategi imidlertid helt utænkelig. I sagtekster og endnu mere udpræget i egentlige fagtekster er frihedsgraderne i forhold til de specifikke referencer langt mindre end de er i skønlitterære tekster, og i disse teksttyper vil det som regel være af afgørende betydning, at de specifikke referencer identificeres helt præcist af modtageren.

---

[13] Foredrag holdt ved ADLA's Årsmøde, Handelshøjskolen i Århus, d. 28–30 januar 1993.

[14] Eksemplet var ikke hentet ud af en eksisterende oversættelse men var konstrueret til lejligheden.

[15] Man kan diskutere, om dette også gælder Oehlenschlägers oversættelse af Goethes *Thule*. En direkte gengivelse ville måske have haft en lang række utilsigtede og uhensigtsmæssige betydninger for et dansk publikum i begyndelsen af det 19. århundrede.

I en tekst om politiske forhold i Frankrig vil det f.eks. ikke være tilfredsstillende at erstatte en konkret omtale af hvert enkelt af de politiske partier med en samlet generaliserende omtale af det politiske liv, da de konkrete informationer herved ville gå tabt. Tilsvarende ville en tænkt lokalisering af f.eks. præsident Mitterrands *Parti Socialiste* til danske forhold under en betegnelse som *Socialdemokratiet* være misvisende i al almindelighed, fordi partiprogrammerne ikke er ens, men hvad værre er: den ville reducere tekstens oplysningsværdi væsentligt, og det ville stå hen i det uvisse, hvilket land originalteksten forsøger at oplyse om. I en fagtekst om anatomiske forhold vil det bestemt heller ikke være tilfredsstillende, at specifikke referencer til *blindtarmsbetændelse* og *mavesår* erstattes med generaliserende termer som *mavesygdom*. Dette blot være sagt for at understrege betydningen af, at specifikke referencer i visse sammenhænge gengives aldeles præcist.

I forbindelse med tolkning vil der normalt altid være et sådant krav om præcision, da konteksten enten vil være af faglig art eller vil bestå i forhandlinger med f.eks. forretningsfolk, jurister eller sociale myndigheder og tilsvarende sammenhænge, hvor præcision er af afgørende betydning for resultatet. Samtidig ved alle, der har erfaring med tolkning, hvor vanskeligt det er at leve op til kravet om præcision i gengivelsen, da en klar forudsætning herfor er et omfattende og meget detaljeret domænekendskab. Uden dette vil tolken være ude af stand til at identificere specifikke referencer præcist og gengive dem i en korrekt form. Og resultatet vil være en mere eller mindre ubrugelig tolketekst, der ikke vil give tilhøreren de informationer, som han/hun har brug for.

Man kan på baggrund af ovenstående sammenfatte essensen af de to parametre, som indtil nu har været omtalt som bestemmende for, hvorledes referencer gengives i en oversat tekst. Det første parameter er *mulighedsspektret*, dvs. spørgsmålet om, hvordan man med rimelighed, og uden at der bliver tale om "fejl", kan overføre referencer fra en kildetekst til en målsprogstekst. I forbindelse med de nævnte eksempler blev der opstillet en række sådanne muligheder, der kan betragtes som en gradueret skala gående fra det meget tekstnære og præcise (direkte gengivelse, evt. med en forklaring) til et punkt, der ligger ganske langt fra originalen (generalisering, lokalisering eller andre former for fri gengivelse). Andre muligheder, som ikke har været omtalt, men som burde medtages i en komplet liste, kunne være *udeladelser* og *tilføjelser* af forskellig art. Afhængigt af, om sådanne udeladelser eller tilføjelser væsentligt ændrer tekstens konkrete betydning eller dybere mening vil de kunne fungere i forbindelse med forskellige typer af frie eller tekstnære oversættelser.

Om man vælger den ene eller den anden af de nævnte muligheder for gengivelse af referencer beror i væsentlig grad på oversætterens vurdering af det andet parameter, som blev introduceret, nemlig *teksttypen*. I litterære tekster vil der være rige muligheder for at benytte sig af fri ovesættelse, herunder lokaliserende ændringer i tid- og stedsangivelser, mens der i fagtekster typisk vil være behov for en direkte gengivelse. Her er præcision nødvendig for tekstens funktion i forhold til modtageren, der i forbindelse med en fagtekst ofte er en målrettet "bruger".

Det er imidlertid ikke kun teksttypen og kravene til præcision, der er bestemmende for, hvorledes referencer rent faktisk gengives i henholdsvis oversættelses- og tolkesituationen. En lang række personlige egenskaber spiller naturligvis ind, eftersom enhver omarbejdning af en tekst fra et sprog til et andet involverer en række komplicerede kognitive processer, således som det er illustreret i figur 3. Men også forskellene i de to typer af processer, der indgår i henholdsvis oversættelse og tolkning, er afgørende. Oversættelse er en relativt langsom proces, der giver mulighed for at korrigere og vende tilbage til problemer, der i første omgang ikke kan løses tilfredsstillende. Der er med andre ord tid til at søge efter den helt rigtige formulering. Oversætteren kan også lade en vanskelig opgave "ligge" i kortere eller længere tid, hvorefter en løsning ofte vil komme af sig selv, måske gennem en eller anden form for kompliceret udnyttelse af underbevidstheden. Tolkning er derimod en hurtig form uden mulighed for at søge længe efter ordene og uden mulighed for i særlig høj grad at kunne vende tilbage og ændre noget, man fortryder. Gennemførte omskrivninger af kildetekstens referencer i form af lokaliseringer, der kræver megen omtanke, vil derfor forekomme sjældnere i tolkninger end i oversættelser, mens til gengæld generaliseringer, udeladelser og tilføjelser vil forekomme hyppigere i tolkning, hvor de ofte kan have den bifunktion, at tolken "vinder tid" og eventuelt bagefter kan vende tilbage med en mere præcis gengivelse.

Der er lavet mange interessante undersøgelser af, hvorledes oversættere og tolke arbejder, og mange igangværende forskningsprojekter fokuserer intensivt på de kognitive aspekter, hvor især forståelsesprocessen forekommer interessant. I forbindelse med oversættelse kan man indhente en del viden om, hvad der foregår "i oversætterens hoved" ved at studere de såkaldte "protokoller", som fremkommer ved at oversætteren bliver bedt om at tale højt med sig selv under processen. Seancen bliver optaget på bånd, og dermed får forskeren mulighed for at følge lidt med i, hvad der ligger bag forskellige valg af ord og vendinger. Det siger sig selv, at man ikke kan gøre noget tilsvarende med tolkens arbejde, da der ikke er nogen tid til "sidebemærkninger" under en tolkeproces. Til gengæld kan man udlæse en hel del om de kognitive processer ved at sammenligne udskrifter af en tolket tale i henholdsvis den oprindelige form og tolkens omarbejdede version.

I forbindelse med en analyse af de kognitive processer, der foregår omkring forståelsen og gengivelsen af specifikke referencer er især tolkeelevers præstationer interessante. På grund af den manglende træning har tolkeelever, der træner til at blive professionelle tolke, store vanskeligheder i forhold til såvel identificeringen som gengivelsen af specifikke referencer, og det er interessant at studere, hvilke strategier tolkeeleverne vælger for at overvinde vanskelighederne, når de er i en situation, hvor de skal gengive en reference, som de kun delvis eller slet ikke har forstået. På grund af uddannelsessituationen og betydningen af gode præstationer for de videre karrieremuligheder må hver enkelt tolkeelev antages at være stærkt motiveret for at lave en god tolkning og dermed opfylde det basale krav, der stilles: at gengive meningen i forlægget så dækkende som muligt og så forståeligt som muligt. Deraf følger, at tolkeelevens målsætning bl.a. må være at gengive de specifikke referencer så nøjagtigt som muligt. En del af meningen risikerer ellers at falde bort, hvad der kan mindske forståeligheden. Men på grund af manglende træning vil det være meget vanskeligt for tolkeeleven at leve op til idealet om nøjagtig gengivelse af de specifikke referencer, og der vil i hver øvelse være flere eksempler på mangelfuld behandling af referencerne end i tilsvarende præstationer hos mere øvede tolke. Det er ikke i sig selv interessant at opregne fejlene i øvelserne. Men det er tankevækkende at sammenligne de strategier, som tolkeeleverne anvender med de strategier, som almindelige mennesker synes at anlægge, når de på tilsvarende vis er tvunget til at gengive referencer, som de kun delvis har opfattet.[16] I begge tilfælde er generaliseringer og udeladelser almindelige, ligesom forskellige andre ændringer af teksten, som klart synes at hænge sammen med en eller anden form for mangelfuld forståelse af det specifikke forhold, som originalteksten refererer til og deraf følgende manglende evne til at gengive den specifikke reference korrekt.

Når alt dette er sagt, er det rimeligt at vende tilbage til udgangspunktet og de strategier, som man er nødt til at anlægge over for referencer, der ikke blot er vanskeligt identificerbare og forståelige, men som i bogstaveligste forstand er uoversættelige, fordi de er snævert knyttet til en bestemt kulturkreds og ikke kan gøres umiddelbart forståelige i en anden sammenhæng. Man kunne nævne utallige eksempler af en type, der ligner det indledende eksempel med *Random House*. Fra en fransk sammenhæng f.eks. *Gallimard*, *FNAC*, *Prix-Unique*, *Guignol* og mange tilsvarende proprier, der ikke blot definerer en bestemt institution men samtidig associerer til et væsentligt og rigt nuanceret udsnit af fransk kulturliv. Til de berømte eksempler på uoversættelige specifikke referencer, der ikke indeholder proprier hører f.eks. det danske *søbekål*, der har givet mange oversættere grå hår i hovedet. I den franske oversættelse af Wessels digt *Gaffelen* omskrives det til det generaliserende udtryk *ces choux-là*, hvad der i sammenhængen forekommer rimeligt.[17] Mange andre madretter er tilsvarende vanskelige at formidle fra et sprog til et andet. Franskmændene og mange andre har svært ved at forholde sig til vores *rødgrød*, ligesom vi har svært ved at forstå deres *tripes* og andre gamle specialiteter, uanset hvordan de oversættes. Det, der glipper, er identificeringen af det fænomen i virkeligheden, som der refereres til.

Men vanskeligheder i forbindelse med identificeringen kan også forekomme uden, at der tilsyneladende knytter sig vigtige kulturelle forskelle til bestemte ord. I forhandlingssituationer kan interessemodsætninger skabe tilsvarende

---

[16] I note 2 er omtalt en forsøgsrække, der blev gennemført i foråret 1993 med det formål at skabe mere viden om sådanne strategier.

[17] Eksemplet er hentet hos Hans Jørgen Schiødt, op. cit. p. 89 (se note 12).

problemer, som det fremgår af nogle markante historiske eksempler, som Maxime Koessler omtaler i sin bog om *falske venner*.[18] Et af eksemplerne vedrører forskellen mellem en bestemt og en ubestemt form af ordet *territories* i en resolution, som blev vedtaget af Sikkerhedsrådet i 1967. I den engelske original var omtalt "withdrawal of Israeli armed forces from territories occupied in the recent conflict", dvs. uden bestemt artikel, hvilket lader spørgsmålet om hvor mange og hvor store områder stå åbent. Men i den franske oversættelse blev en bestemt form valgt, således at der her blev tale om *samtlige* landområder. I den senere fortolkning af resolutionens ordlyd blev der i følge Koessler problemer, fordi israelerne henviste til den engelske tekst, mens araberne forholdt sig til den franske.[19] Eksemplet illustrerer, hvor vigtig korrekt oversættelse af referencer er i politiske, juridiske og lignende fagtekster.

I andre sammenhænge får forkerte referencer ikke så drastiske konsekvenser, men de kan give anledning til barokke misforståelser, som f.eks. i den svenske "undersættelse" af en dansk tekst, hvor *zoologisk have* bliver til *det zoologiska havet*, Her bliver den uheldige helt Ove fundet død efter en duel, hvor han fægter med et våben, som han har købt hos en *isenkræmmer*, der på svensk bliver til en *iskrämare*.[20] I denne uheldige (parodiske) oversættelse fortaber reference-forholdene sig i et ikke-eksisterende virkelighedsrum, der i al sin komiske enkelhed understreger vigtigheden af at finde en adækvat løsning på referen-ceproblemerne i forbindelse med enhver form for oversættelse.

---

[18] Maxime Koessler: *Les Faux Amis*, Vuibert. Paris, 1975, pp. 54–55.

[19] Ibid. p. 54.

[20] Rune Ingo: *Från källspråk til målspråk*, Studentlitteratur, Lund, 1991 (oversat fra finsk), p. 148.

Le libretto de Griselda et sa traduction en suédois

Sigbrit Swahn

En 1810, année qui suit en Suède la perte de Finlande et inaugure par contre une guerre littéraire, la querelle entre l'école des 'Anciens' et les jeunes romantiques 'Modernes', est aussi la date oubliée de la présentation en suédois de *Griselda*, l'opéra de Paër, sur le théâtre royal de Stockholm. Selon Raffaele Morabito, grand spécialiste du problème de la diffusion de ce conte de Boccace, surtout connu dans la version de Petrarque, cet opéra de Paër fut joué en 1803 à Paris dans une traduction en prose. Morabito n'ose pas se prononcer si cette traduction, anonyme paraît-il, coïncide avec une autre traduction du libretto, jouée en Anvers en 1817[1]. Le libretto italien est signé Angelo Anelli. Mis en musique par Piccinni, ce libretto connut cependant sa plus belle réussite avec la nouvelle musique de Ferdinand Paër, précurseur de Weber. Vers 1800 Paër est compté comme le plus moderne des compositeurs d'opéra en Italie.

Le titre de cet opéra est *La Griselda* ou *La vertu à l'épreuve*. La traduction suédoise suit cependant la coutume de ne l'appeler que *Griselda*. Les sous-titres diffèrent quelque peu. Nous avons d'abord le mot italien melodramma qui signifie opéra et qui ne se traduit pas par mélodrame en français. Or, il reste qu'en français, le mélodrame implique non seulement un genre mais aussi une idée de mélange entre récitatifs, chants et ballets. Et la vogue de Pixérécourt et son idée du mélodrame – "spectacle pour ceux qui ne savent pas lire", semble culminer autour de 1800, ce qui a pu contribuer à une certaine confusion entre l'idée du spectacle musical et celle du mélodrame théâtral. D'autres sous-titres de *Griselda* de Paër sont plus neutres, drame en musique, opéra, ou 'dramma semi serio'. Paër s'est en effet consacré à ce mélange musical, mélange typique aussi des formes littéraires dramatiques vers 1800 comme le drame à la fois larmoyant et terrible tout en noir et blanc ou la comédie sentimentale. Le mélodrame n'est donc pas sans ancêtres ni sans successeurs. Rappelons à cet égard l'opéra de Rossini, *La Gazza ladra* et, plus tard, *Le Rigoletto* de Verdi, opéras nourris de cette atmosphère à la fois mélodramatique et burlesque qui devient le signe du théâtre romantique français.

Le première de *Griselda* à Stockholm eut lieu en fin de février 1810 selon le répertoire de Dahlgren[2] qui signale *Griselda* comme un drame lyrique en quatre

---

[1] Cf Morabito, La diffusione della storia di Griselda /---/ p. 255, in Studi sul Boccaccio Volume diciaooottesimo 1989 et ses références p. 237.

[2] Cf F A Dahlgren, Förteckning /---/ Stockholm 1866 p. 231 numéro 1077.

actes, alors que la traduction française est en deux actes. Les danses sont attribuées selon Dahlgren à L. Deland. Nous ne savons pas si cette traduction est faite d'après le libretto italien, qui est noté sans nom par Dahlgren. Ce qui nous paraît plus vraisemblable, c'est qu'elle est faite d'après la traduction française, étant donné les relations bien établies dans ce domaine théâtral depuis le temps de Gustave III. Cetta tradition montre une autre face de l'époque Gustave III que celle des académiciens ou des Anciens. En effet, notre traducteur appartient sans aucun doute à l'école des 'Anciens' en Suède. Carl Gustaf Nordforss, le traducteur qui est aussi auteur à ses heures, correspond avec Leopold, le nom chef de ces Anciens qui dominaient toujours par leur politique les prix littéraires dans l'Académie suédoise.

C G Nordforss, né en 1763, était d'origine modeste. Il avait cependant réussi à se faire établir, probablement par un certain attrait physique. Il plaît à Armfelt, le chéri du roi, quand il arrive à l'armée où il finit sa carrière militaire avec un titre de colonel. Sa facilité d'écrire lui fait tenter l'expérience d'envoyer des poèmes à L'Academie où il sera recompensé pour ses peines. Entre 1790 et 1818 Nordforss est directeur assistant de l'opéra ou le théâtre royal. Il traduisait ou adaptait des pièces pour la scène suédoise et devait lui-même se mettre au travail de secrétaire. Le libretto de *Griselda* est sans aucun doute de sa main. Il n'est pas imprimé mais se trouve dans la bibliothèque du théâtre de Drottningholm sous le signe G 43.

Ce qui frappe à la lecture de cette traduction manuscrite ce sont d'abord les instructions précises pour les scènes, les didascalies. La scène est à Venise. On voit un parc avec, dans le fond, un canal et des gondoles. A droite un château ou plutôt un élégant hôtel aristocratique. Le comte est assis sur son balcon. A côté de lui, une jeune chambrière, Lisetta. Arrivent la soeur du comte, la marquise Attieri, un ami du comte, le chevalier Panago et une jeune fille, Doristella. Ces personnages sont surtout caractérisés par leur langage et leurs préjugés sociaux ou le manque de ces préjugés ainsi que le montre un dialogue entre la marquise et Doristella à propos de Lisetta. Si la marquise apprécie chez les servantes les qualités de soumission et de silence Doristella préfère, quant à elle, surtout cette liberté des manières qui, jointe à une vivacité de tempérament, montre les dons d'esprit de Lisetta. Doristella parle à Lisetta comme à une soeur, sur un pied d'égalité. Le traducteur est à son aise. Il a eu une jeunesse dure, il a connu les aristocrates et il a vu les répercussions en Suède de la Révolution française.

L'intrigue du libretto rappelle certes, dans son aspect général, l'histoire de Griselda mais tout autant ou plus elle fait penser aux effets de mélodrame. On dirait une comédie de Marivaux, mise en noir et blanc. Ainsi, notre pauvre Griselda ne fonctionne plus comme personnage autonome. Elle n'est qu'une sorte de catalyseur qui doit montrer le caractère d'éros compliqué, typique du comte. Sa soeur, la marquise, représente ainsi pour lui un amour toujours refoulé, motif peut-être mis en vogue par René, le personnage wertherien du récit de Chateaubriand. La marquise est aussi, sans le savoir, amoureuse de son frère. Elle n'est cependant pas que jalouse: elle est surtout irritée dans le sentiment de son rang, d'être parente avec une paysanne. Elle insiste donc pour que le mariage de son frère avec Griselda soit annulé. Son but est de lui faire épouser la jeune fille Doristella. Alors elle pourrait venir voir son frère souvent et peut-être même habiter chez lui sans honte.

La reconnaissance ne se fait qu'au dernier moment. C'est que le chevalier Parago a gardé le secret pour offrir à son ami une surprise. Parago, désigné comme tuteur par le comte à la naissance de sa fille pour mettre Griselda à l'épreuve, est revenu avec la fille du comte qui est justement Doristella, ce qui constitue un obstacle aux plans de la marquise.

Or, le comte n'est pas encore assouvi dans son envie de donner des épreuves à son épouse. Il lui prépare encore une autre. C'est ici que se place ce semi-sérieux typique non seulement de la musique mais aussi d'un certain théâtre populaire, à ne rien dire de la tradition des intermèdes burlesques dans les représentations des pièces tragiques, toujours vivante au Grand Siècle. En effet, comme plus tard dans une pièce de Musset, c'est la petite servante, Lisetta, qui devient un personnage principal, à la fois par son naïveté de se croire véritable-ment aimée du comte et par son ridicule tragique. Elle est pénible quand elle exagère les manières dures des aristocrates en traitant à son tour Griselda comme sa servante: "Mettez ma chaise là, non, là, non encore plus près! maladroite que vous êtes!" On dirait un vérisme des faits, entré dans l'opéra bien avant le vérisme, mouvement musical, plus en rapport avec le naturalisme naissant.

Le comte est, semble-t-il, de mauvaise foi. Il insiste sur le fait qu'il veut surtout montrer à tous ses parents qu'ils ont eu tort de ne pas accepter Griselda. Or, son ami, le chevalier Parago, l'honnête homme de la pièce, lui reproche de faire souffrir encore Griselda. Il le presse pour savoir pourquoi. Le comte admet finalement qu'il veut faire admirer au monde entier cette femme, dont le caractère héroïque résiste à toutes les épreuves, même les plus inhumaines. Il s'agit donc de l'orgueil, faiblesse de sa classe, mais en quelque sorte inverti, en rapport avec le caractère compliqué du comte.

Le rôle de Griselda s'exprime surtout en chants alors que son père Gianicolo est un parleur en prose. Il est dur pour les aristocrates et donne des témoignages de leur cruauté et de ce qu'il appelle la comédie du monde. Son désir est de retourner avec sa fille dans sa hutte. Le drame avance par des dialogues sérieux où se mêlent quelques scènes comiques. Le quiproquo de la pièce se joue surtout entre la marquise, qui ne sait pas que Doristella est la fille du comte, et le chevalier qui ne comprend pas le plan de la marquise. De même, Doristella ne veut pas comprendre le sens des paroles de la marquise. Or, étant donné que Lisetta est plutôt ridicule qui naïve, la satire sociale manque de suite. L'intérêt se concentre sur le comte dont le caractère est analysé par la marquise dans un monologue: "Je crains qu'il ne l'aime toujours, quoique ce mélange d'amour et de brutalité est un énigme des plus incompréhensibles".

Nordforss, fidèle au théâtre, au goût vraiment théâtral de Gustave III, a, par ses traductions, maintenu une tradition qui ressuscite sinon un souffle du moins un soupçon des années révolutionnaires. Le théâtre royal de Stockholm, rappelons-le, deviendra le cadre d'une oeuvre capitale de la littérature suédoise, *Drottningens juvelsmycke* dont la traduction en français serait *Le bijou de la reine*. Nous ne savons pas si le titre est inconsciemment inspiré par l'histoire du collier de Marie-Antoinette. Ce qui est sûr c'est que l'oeuvre d'Almquist se place en avant sur la scène littéraire de la Suède. Or, sans l'apport du théâtre mélodramatique et des opéras sémi-sérieux on n'imaginerait point l'oeuvre d'Almquist, notre romantique le plus moderne dont le centenaire de la naissance coïncide avec celui de l'année terrible de la Révolution française.

Cette traduction du libretto de *Griselda* montre donc la possibilité d'insister sur l'impact de l'opéra pour certaine littérature suédoise à venir. Les pièces du jeune Almquist, pleines d'intrigues mélodramatiques, de récitatifs, de danses et de monologues, doivent sans doute beaucoup plus au théâtre et à l'opéra qu'on ne le pense. Il y avait, autour de 1810, en dehors des esprits académiques et des jeunes universitaires, imbus de philosophie et de poésie allemandes, d'autres bastions. Le théâtre royal de Stockholm et son fidèle directeur assistant, C G Nordforss ont contribué à la réception d'un romantisme autre, plus en alliance avec l'opéra italien et le mélodrame français. Le libretto non imprimé montre ce décor vénitien qui depuis Shakespeare et Otway est signe d'un amour troublé, jaloux. Venise donne l'atmosphère théâtrale à cette Griselda dont le rôle toute lyrique reviendra plus tard sous d'autres formes plus tragiques chez les grands compositeurs d'opéra du romantisme.

Alcinas ø og andre steder

Lene Waage Petersen

De følgende refleksioner er inspireret (og provokeret) af en spændende bog af den tyske receptionsæstetiker Klaus Hempfer om 1500-tallets reception af Ludovico Ariostos ridderepos *Orlando Furioso* (1516, 21 og 32). Hempfer nøjes ikke med at give en uhyre interessant gennemgang af de henved 50 omfattende kommentarer til digtet, der udkom i løbet af 1500-tallet. Han fremsætter en fortolkningsteori eller -strategi (Heuristik der Interpretation), der ser den samtidige reception som en priviligeret og nødvendig forudsætning for en videnskabelig fortolkning.

Det grundlæggende synspunkt er at tekstens betydning "er fastlagt i den oprindelige kommunikationssituation og principelt formidlelig." Han taler fx om en "historisch fixierten Textbedeutung" (s.15). *Interpretation* (den videnskabelige fortolkning, i modsætning til *reception*) forstås som "teoretisk rekonstruktion af den i den historiske situation *idealiter* mulige reception" (s.17). Til bestemmelse af "den ideelle reception" må man studere de samtidige konkrete receptioner, og derved søge at fastlægge de systemreferencer og betydningssystemer, værket er indlejret i. Indsigt i den samtidige reception vil kunne: 1. påvise tolkningsmuligheder, som en nutidig læser aldrig ville kunne finde på, og 2. påvise at bestemte tolkningshypoteser ikke er "historisch denkbar" (...) "und damit nicht vertextbar". Det første synes klart, men om disse muligheder altid vil forekomme en nutidig læser relevante er ikke sikkert. Derimod synes punkt 2. med lighedstegn mellem historisk tænkelig og *vertextbar* (hvad betyder det helt præcis: indskrivelig i teksten eller i konteksten?) mere problematisk. Forskning i den samtidige reception fungerer som fortolkningsheuristik ved at indgrænse potentielt relevante betydningsområder og udpege tekstkonstituerende "Merkmale", dvs. tekststeder, der viser sig særlig betydningsladede, også ved evt. at give mulighed for modsatte udlægninger i samtidens reception. Hempfers mål er som nævnt ikke at ophøje enkeltreceptioner som særlig gyldige, men at uddrage systemreferencer af den samlede samtidige reception. Han afviser klart den empiriske del af receptionsæstetikken, og de teoretikere der som fx Iser opererer med et åbent tekstbegreb, hvor en afsluttet betydning først konstituerer sig i læsningen. Ifølge Iser afdækker den moderne tekstanalyse betydningsstrukturer og -strategier, der styrer læserens opfattelsen af teksten, og som er formet af og forankret i tekstens globale historicitet. Den empiriske læser konfigurerer disse strukturer ud fra sine egne betydningssystemer. Ecos tekstbegreb, som det fx er udtrykt i *Lector in fabula* er mere afgrænsende end Isers, mere semiotisk forankret i udsigelsens kontekst, men i praksis opererer de begge med læserens aktualisering af tekstens iboende, potentielle betydningsmuligheder.

Hempfers teori åbner for en række i sig selv meget spændende undersøgelser af stor litteraturhistorisk betydning i jauss'sk forstand, dvs af betydning for forståelsens af en periodes litteratursyn og for en litterær teksts nedslag i samtiden. Men selve tanken om en historisk ideel reception af teksten er problematisk. Det kan paradoksalt nok være svært at skelne Hempfers opfattelse af tekstbetydning som fast og historisk afsluttet fra den filologiske-historiske tekstopfattelse. Hempfer glider mellem at bruge ordet *fortolkning* og ordet *betydning*, og taler fx om "den af teksten historisk fordrede forståelse", som forekommer mig at ligge snublende nær et begreb som "tekstens 'egentlige' (historiske) betydning". I konklusionen (s.32) fremhæves, at interpretation her skal forstås som en tilnærmelse til en stadig bedre, og ikke en stadig anderledes, forståelse.

Lad os se på Hempfers metode i praksis. Jeg har valgt at tage udgangspunkt i det *magiske* i *Orlando Furioso*, der har fået et mindre kapitel hos Hempfer. Som mange ridderepos og -romaner indeholder Ariosto's digt et rigt udvalg af eventyrlige elementer: dyr og genstande som fx Hippogriffen, avlet af en hoppe og en grif; den pragtfulde ganger Rabicano, født af en formæling mellem vinden og blæsten; en vigtig ring, der gør usynlig; et horn, hvis lyd omstyrter alt, og et utal af våben, skjolde mv., der besidder overnaturlige egenskaber. Og så er der de magiske *steder*, fortryllersken Alcinas ø og troldmanden Atlantes borge og slotte.

Det magiske eller eventyrlige, på italiensk *il meraviglioso*, defineres normalt som en kategori inden for det fantastiskes genre. Den grundlæggende formelle egenskab der adskiller den fantastiske genre fra hvad vi opfatter som *realistisk* litteratur, er at den indeholder strukturer der ikke forekommer i vores virkelighed(-smodel), f.eks. netop hippogriffer. For at kunne fortolke eller opleve noget som fantastisk må vi derfor referere til *vor egen* virkelighedsmodel. Man kan således sige, at de magiske elementer på en særlig måde stiller den moderne læser af ældre tekster over for det grundlæggende problem om gyldigheden af moderne fortolkninger.

Som det allerede ses af titlen på Hempfers katitel om det magiske (Kap. 5.1.2 *Die "Wahrheit" der Magie und die Vermittelbarkeit von Wunderbarem und Wahrscheinlichem* (s. 186–198) er der to områder, der etableres i kommentarerne som system omkring det magiskes forståelse: 1. en virkelighedsmodel, der er optaget af afgrænsning af det magiske i forhold til virkeligheden (det sande) og 2. en æstetisk model, der er optaget af hvilken æstetisk status det magiske kan have over for det aristoteliske krav til sandsynlighed. Ved første øjekast forekommer ingen af dem væsentlige for en moderne læsers fortolkning af digtet.

I forbindelse med især punkt to skal det fremhæves, at alle eksempler i Hempfers kapitel er hentet fra kommentarer, der er senere end 1549. Kendskabet til Aristoteles poetik spredes først efter 1550, som Hempfer selv gør opmærksom på. Punkt 2 er således en genreæstetisk diskussion, der optager sindene stærkt i anden halvdel af 1500-tallet, men som ikke er aktuel i første halvdel af århundredet, mens Ariosto skrev sit værk. Det er en svaghed ved den teoretiske del af teorien, ud fra dens egne præmisser, at kommentarerne repræsenterer en virkelighedsmodel, et sæt systemer, der er mindst een, ofte to eller tre generationer senere end digtets tilblivelsestid (1507–32). Netop efter 1550 ændrer meget sig radikalt i Italien (det politiske klima, det åndelige klima (modreformation) og det æstetiske (med genrekodificering og sproglig purisme)). Det hindrer dog ikke, at bogen utvivlsomt bekræfter den litteraturhistoriske værdi af historisk receptionsanalyse, for man får et sjældent frodigt og konkret indblik i hvordan et givet værk slår ind i en litteraturhistorisk sammenhæng og hvilke emner, der var på tapetet i den litterære og æstetiske teoridannelse, kort sagt et uhyre interessant indblik i den datidige litterære institution og i et bestemt fortolkningsfællesskab.

Hele problemstillingen om receptionen af det magiske ses i sammenhæng med det overordnede spørgsmål om hvad der i *Orlando Furioso* af samtiden opfattedes som virkeligt, sandt, historisk, og hvad der opfattedes som opdigtet. Det gælder både selve hovedhandlingen: er Karl den Store mv. "historie" eller "favola"? Det gælder det magiske, fx våbnene. Hempfer har et meget morsomt citat fra en bog om dueller og deres retsvirkning fra 1560, skrevet af en jurist, der råder alle duellanter til at sikre sig at modstanderens våben ikke er fortryllede. Det åbner naturligvis for en spændvidde i oplevelsen af de magiske våben, som en moderne læser har svært ved at forestille sig. Men selv med denne viden er en sådan "naiv" læsning ikke mulig i dag; man kan ikke genskabe en oplevende historisk bevidsthed. Desuden kontrasterer læsningen med tekstens egen ofte ironiske omgang med det magiske, som vil blive behandlet nedenfor. Det er efter min opfattelse tekstens strukturer, der forhindrer den moderne læser i at læse det magiske "naivt", dvs som virkeligt, og ikke vor manglende viden om historiske referencer. Det er ligeledes tekstens ironiske tematisering af sin fiktionalitet, der forhindrer os i at opfatte spørgsmålet om Rolands eller de andre personers historicitet som relevant.

Hippogriffen og den ironiske diskurs

Den vingede ganger optræder allerede i 2. sang, i Pinabellos fortælling om troldmanden Atlante, der bortfører riddere og damer til sin borg (2,37–57). Her etableres et fællesbillede af troldmanden ridende i luften på Hippogriffen som en falk eller en høg, der slår ned på byttet. Først i 4. sang beskrives hippogriffen alene (4,18–19), og senere flyver den bort med Ruggiero som rytter, mens Bradamante står tilbage og ser dem forsvinde mod horisonten i vest. Derfra flyves 3000 mil videre ud over havet inden landingen på Alcinas ø. Befriet herfra (efter en rum tid) fortsætter Ruggiero sit flyveridt over hele Asien, til London, og derefter til Skotland, hvor han kæmpende fra luften befrier Angelica fra havuhyret. Han mister hippogriffen, der overgår til sin tredie herre, Astolfo, der beholder den resten af digtet, til han mod slutningen sætter den fri. Inden da har også han berejst Europa og Nærøsten på den, og nået helt til det jordiske paradis.

Præsentationen af hippogriffen er bygget op som en regelret naturhistorisk beskrivelse med artsafstamning, udseende og forekomst:

Non è finto il destrier, ma naturale,
ch'una giumenta generò d'un grifo:
simile al padre avea la piuma e l'ale,
li piedi anteriori, il capo e il grifo;
in tutte l'altre membra parea quale
era la madre, e chiamasi ippogrifo;
che nei monti Rifei vengon, ma rari,
molto di là dagli agghiacciati mari.

(Ej opdigtet/fortryllet er hesten: helt virkelig,
avlet af en hoppe og en grif;
den ligner far'en på fjer og vinger,
i alt det øvrige mor'en på en prik;
den kaldes hippogrif. Der findes
sjældne eksemplarer i Rifeis bjerge,
højt norden for de frosne have).

og i næste strofe slås det fast:

Non finzion d'incanto, come il resto,
ma vero e natural si veda questo.

(Ej trolddoms blændværk, som det andet,
nej, sand og virkelig var hesten.) (O.F. 4,18–19)

Finto og *finzione* dækker semantisk både "trolddomsblændværk" og "digterisk fiktion". Den ironiske modstilling af regelret naturhistorie og fabeldyr, og gentagelsen af modstillingen *finto/naturale* i denne kontekst, der slår det magiske fast som virkeligt, tematiserer ikke *grænserne* mellem magi og virkelighed, men derimod *relevansen af dette skel* i digtet og dermed i videre forstand selve fiktionalitetsbegrebet.

I den diskurs der præsenterer det magiske indsniger sig ofte en ironisk diskrepans mellem en snusfornuftig redegørelse og det magiske indhold. Jvf. også Astolfos tryllebog, som beskrives som en rationel manual til bekæmpelse af trolddom, med velorganiseret indeks og henvisninger.

De ironiske temaer er karakterisrerede ved ikke at være fikseret til én betydning, men ved at svinge inden for modsætninger i en ophævelse af hvert leds absolutte betydning. Derfor udgør ironien netop strukturer, der skal opleves som diskrepans og fortolkes således, at ingen af modsætningerne forsvinder. Hempfer har selv et klart blik for de ironiske diskrepanser, men det ser ud til, som han skriver, at de sjældent eller aldrig læses "diskrepant" i den samtidige reception.

Synlighed

En væsentlig betydningsstruktur ligger i selve billedet af den flyvende hest, der svinger sig over bjerge, sejler i glideflugt over have, etc. *Orlando Furioso* er et rum-digt; tiden spiller ingen særlig rolle, men rummet og dets variationer fra labyrintisk skov til storslåede vidder er en fundamental betydningsstruktur. Med Hippogriffen indføres et nyt befordringsmiddel ud over hest og skib, og dermed et nyt rum, luftens rum. Et billedtegn som hippogriffen kan ikke aflæses entydigt semantisk, men indgår i en oplevelse af det digteriske univers' genstande og strukturer, som læseren kan beskrive og konfigurere i en sammenhængende betydning. Kun hvis billedet er stærkt allegorisk (og indgår i et vedtaget allegorisk tolkningssystem), omsættes det til éntydig betydning.

Hempfer nævner et udvalg af samtidige, allegoriske læsninger af Hippogriffen, der udlægges som emblem for 1. æren, 2. menneskets drift, 3. menneskets legeme, 4. tanken... og meget mere (s.270). Fortolkningsvanskelighederne bunder i, at hippogriffen hverken er allegorisk tematiseret i teksten eller indgår i et allegorisk system. Der er nemlig ingen klassisk tradition for hippogriffer, Ariosto har tilsyneladende selv opfundet den. Billedet er først og fremmest "synligt"; det bibringer det digteriske univers en særlig rumlig lethed, og kan fortolkes i sammenhæng med personernes storslåede, omstrejfende bevægelser i digtet som en stærk oplevelse af et verdensrum i udvidelse, af en ny verden der er ved at sprænge de gamle grænser.

Der er et enkelt støttepunkt for en allegorisk læsning; nemlig tilstedeværelsen af bidsel på hippogriffen. Uden bidsel flyver den Ruggiero til forførelsens ø; med bidsel tjener den som styrbar ganger for Ruggiero og senere Astolfo (L.Carettis kommentar i min udgave vover en tolkning af hippogriffen som fantasien, der sættes fri eller tøjles). Oplysningen om bidsel har dog snarere duften af komisk rationel snusfornuft, der indføjes i det magiske, ligesom da man hører at det tog troldmanden en måned at tilride Hippogriffen, eller når man mod slutningen af opholdet på Alcinas ø ser de to heste, Hippogriffen og Rabicano, ildens og vindens afkom, stå fredeligt tøjret side om side. Det føjer sig således ind i den gennemgående ironiske diskurs.

I det store afsnit om de mange partielle og fuldstændige allegoriske tolkninger af digtet siger Hempfer, at "de er af underordnet betydning for en rekonstruktion af den af teksten ideelt set krævede reception", og at de snarere spejler samtidens vanskeligheder ved at indpasse digtet i tidens systemreferencer. Her er altså et tydeligt eksempel på, hvordan Hempfer som moderne læser ud fra en tekstorienteret analyse må afvise samtidens læsninger som historiske, og ikke for os relevante.

Hvor ligger Alcinas ø?

Den samtidige reception beskæftiger sig bl.a. med at placere det magiske sted i en virkelig geografi. Vigtige magiske steder er *Atlantes borg* (2. sang), hvor troldmanden holder riddere og damer, som han indfanger flyvende på hippogriffen, indespærrede, *Alcinas fortryllede ø* (6. sang), hvor Ruggiero forføres, og

Atlantes palads (12. sang), hvor troldmanden med et nyt fif indfanger digtets personer. I fiktionen tjener alle tre steder samme formål, nemlig at holde Ruggiero borte fra livet og frelse ham fra hans skæbne, hvilket i sig selv er ironisk i forhold til det magiske: troldmanden, der kender Ruggieros skæbne, søger – meget menneskeligt – at forhindre den!

Lad os se på indføjelsen af det fantastiske rum i digtets egen geografi. De omtalte steder er konstrueret således:

1. ankomsten (eller overgangen fra geografisk til magisk sted) ·
2. beskrivelsen af stedet
3. handlingsfunktioner der udfoldes på stedet, og som tematiserer stedet
4. opløsningen af magien
5. afrejsen ud i digtets geografiske rum

I denne forbindelse er det ankomsten, opløsningen og afrejsen, der er vigtig (det er ikke her muligt at give en egentlig beskrivelse af de magiske steder, der skal kun fremhæves nogle karakteristiske strukturer af betydning for diskussionen):

1. Ankomsten. Bradamante ankommer til Atlantes borg, der ligger "seks dagsrejser syd for Rodonna", en klassisk by, nævnt af Plinius, beliggende syd for Loire. Herfra når hun til Pyrenæerne, og på et vildsomt, unavngivent sted ser hun borgen. – Ruggiero flyver herfra, fra et sted i pyrenæerne, 3000 mil udover havet og lander på Alcinas ø. – Atlantes palads befinder sig et sted mellem Normandiet og Bretagne; vi følger både Ruggieros, Orlandos og tilsidst Astolfos ankomst, dels via Bretagne og dels Normandiet, hvorefter de pludselig befinder sig i en skov, i en lysning og dér ligger paladset. Ved alle tre steder er der en karakteristisk overgang fra geografiske præcise angivelser til et unavngivet sted, hvor det magiske udfolder sig.

4. Opløsningen af det magiske.

Både borgens og slottets trolddom opløses til sidst. Om borgen hedder det, at pludseligt forsvandt den og efterlod stedet øde. – Slottet opløses og blir til "nebbia e fumo". Alcinas ø forsvinder ikke, men det gør derimod hendes magiske fortryllelse og skønhed, der opløses i et toneskift og en ironisk kommentar om, at den i virkeligheden ikke var magisk, hun var blot dygtig til make-up!

5. Afrejsen. Det drejer sig især om afrejsen fra øen, da de andre steder er opløst og har efterladt personerne i en øde del af det geografiske landskab, som de er sat ud i igen. I afrejsen fra øen bruger de to riddere de to magiske heste, Ruggiero sin hippogrif og Astolfo den lette Rabicano.

Astolfos tilbagetur er i nøje overensstemmelse med den rute, Marco Polo fulgte på hjemrejsen fra Kina, sådan som den er beskrevet i hans bog *Il Milione* (1298), der studeredes som et geografisk skrift af samtiden, fx af Columbus. I Fòrnaris kommentar (1549) placeres Alcinas ø i en virkelig geografi, nemlig ud for Kinas kyst, med henvisning til Marco Polos Cipangu (Japan):

> Il poeta non isprime quale quest'isola si sia; ma secondo il mio debole giudicio stimo, che egli intenda l'isola detta Zipangri, la quale giace nel mare indico orientale.. (Fòrnari, s.197–98) (Digteren siger ikke, hvilken ø det er, men efter mit ringe skøn må det være øen Zipangri, der ligger i det østindiske hav.)

Hempfer kommenterer at det, som iøvrigt Fòrnari også gør opmærksom på og søger at bortforklare, ikke passer med andre tekstdata, nemlig at Ruggiero kun var 3000 mil undervejs fra Spanien dertil (s.185) (Fòrnari har ikke mod til at lade Ruggiero flyve ud over Atlanten, men læser – i mod teksten – at han vender om og flyver den gamle vej hen over Middelhavet og Asien...). Med henvisning netop til de 3000 mil mod vest har en moderne kritiker (Zingarelli 1936) ment, at det måtte være en af de "vestindiske" øer i Atlanten, som Columbus havde opdaget så kort forinden.Hempfer understreger at den samtidige reception opererer i et geografisk rum med vage afgrænsninger mellem det magiske og det virkelige, og i en tid hvor dette rum er under forandring. Den samtidige læser har mulighed for at opfatte ting og steder *realiter*, der for en moderne læser entydigt hører hjemme i den digteriske fiktion (186). I en interessant artikel om geografien i *Orlando Furioso* fra 1991 læser man imidlertid: "L'assimilation de l'île magique du poème à l'île fabuleuse de Marco Polo (c'est à dire au Japon) n'est guère contestée par la critique moderne" (Doroszcai s.16).

Denne artikel giver overbevisende belæg for at Ariosto har opbygget det geografiske rum i digtet ved hjælp af studier af samtidens kort i nok så høj grad som på basis af litterære kilder. Et af argumenterne findes netop i Astolfos tilbagerejse fra Alcinas ø langs Marco Polos rute, hvor Ariosto følger samtidens kort, også i en bestemt fejllæsning af Marco Polo. Doroszcai gør også opmærksom på, at det amerikanske kontinent naturligvis endnu mangler på disse kort, der registrer sejlruten syd om Afrika, opdaget 1497 og Columbus' rute mod vest; de øer han opdagede og troede lå ved Indiens kyst, kan således udmærket være "Cipanga" i *Orlando Furiosos* geografi!

Hvis man sammenholder de præcise angivelser i denne rute med vores model over overgang mellem geografisk og magisk rum, forekommer det indlysende at Alcinas ø i digtet ikke kan benævnes med noget geografisk navn; vi kommer stedet nær i den virkelige verden, hvorefter vi træder ind i det magiske rum, der ikke tilhører samme kategori af stedlig placering. Vi er i nærheden af Cipanga, men betræder Alcinas ø.

Hempfers konklusioner vdr. den samtidige reception af det magiske er: 1. det magiske har i den samtidige forståelseshorisont en omstridt virkelighedsstatus (s.190); 2. de divergerende receptioner viser, som i mange andre forbindelser, at der allerede i samtiden gives stærkt divergerende funktionsbestemmelser af forskellige "Textmerkmale", og disse divergerende opfattelser peger på diskrepansstrukturer i digtet (dette er iøvrigt afhandlingens hovedsynspunkt), og 3. at visse kommentatorer (Ruscelli 1556 og Bulgarini 1586) gør opmærksom på inkonsistensen i det magiske. Bulgarini føjer til, at dette er bevidst fra digterens hånd, for at vise at det kun er for børn og barnlige sjæle, og skal fungere som digterisk pryd (Hempfer, s.189). Dette udsagn læser Hempfer som et udsagn om at en ironisk distance til det magiske her angives som adækvat reception.

Problemet bliver, så vidt jeg kan se, at når Hempfer anser denne læsning for adækvat, mens han ikke anser Fòrnaris "naive" læsning af geografien eller de allegoriske læsninger af hippogriffen for adækvate, finder han i sidste ende sine kriterier i sin egen beskrivelse af tekstens strukturer (som jeg iøvrigt kan være meget enig i). Det ser ud til at samtidig reception kan rejse spørgsmål vdr. tekstens betydning, men vanskeligere kan besvare dem.

Det er indlysende at studiet af samtidig reception, som tidligere nævnt, kan give en uhyre vigtig indsigt i samtidens forståelseshorisont, en viden der kan have betydning for en udvidelse af den moderne læsers forståelseshorisont. Ligeledes kan det historisk-filologiske studium af tekstens forudsætninger ("forfatterviden" i bredeste forstand) give den moderne fortolker redskaber til fordybelse i teksten og kontrol af egen læsning (jvf. fx her viden om Ariostos studium af samtidens kort, der for mig har tilføjet en væsentlig reference til oplevelsen af rummet i teksten).

I sin status over teksttolkning *I limiti dell'interpretazione* (Fortolkningens grænser) (1991), foreslår Umberto Eco en skelnen mellem "semantisk fortolkning" og "kritisk eller semiotisk fortolkning", hvor den første er fast entydig tillæggelse af betydning, og den anden består i at forklare, af hvilke strukturelle grunde teksten producerer denne eller andre alternative semantiske fortolkninger (s.29). Vi må skelne, siger Eco, mellem "utopien om én eneste semantisk fortolkning og den kritiske fortolkning (...) som søger at forklare, hvorfor en tekst tillader eller opfordrer til mange semantiske tolkninger" (s.32). Hempfer forfølger så vidt jeg kan se – via den samtidig reception – "utopien om én eneste semantisk fortolkning". Som mit eget synspunkt vil jeg – et sted mellem Ecos mere afgrænsende og Isers mere åbne tekstopfattelse – hævde, at den moderne kritiske fortolkning lever i et spændingsfelt mellem: 1. et forsøg på tilnærmelse til "tekstens egen betydning" (det Eco kalder *intentio operis*), som foregår metodisk både ved så præcis beskrivelse af tekststrukturer som muligt, og ved indhentning af viden om samtidens koder, og 2. fortolkerens nødvendige – i hans egen moderne bevidsthed forankrede – oplevelse, og deraf følgende konfiguration af værkets betydning. AMEN!

Bibliografi

Ludovico Ariosto: *Orlando Furioso* (1532), a cura di L. Caretti. Torino 1966.
Alexandre Doroszcaï, "Les sources cartographiques et le *Roland Furieux*: quelques hypothèses autour de l''espace réel' chez l'Arioste", in *Espaces réels et espaces imaginaires dans le Roland Furieux*, Université de la Sorbonne Nouvelle, 1991.
Umberto Eco: *Lector in fabula*. 1987.
Umberto Eco: *I limiti dell'interpretazione*. 1991.
Klaus W. Hempfer, *Diskrepante Lektüren: Die Orlando-Furioso-Rezeption im Cinquecento*. Stuttgart 1987.
Wolfgang Iser: *Appellstruktur der Texte*. Konstanz 1970.
Wolfgang Iser: *Der Akt des Lesens*. München 1976.

Michel Olsens videnskabelige publikationer

1965: "Den nye roman i Frankrig". *Tværsnit*. red. F. J. Billeskov Jansen. Borgen, København.

1966: (red.) *Ny fransk prosa*. Stig Vendelkærs forlag.

1967a: "*La Reine des poissons*, conte populaire ou création poétique?" Actes du 4ᵉ Congrès des Romanistes scandinaves dédiés à Holger Sten. *Revue Romane*, Nᵒ Spécial 1, pp. 224–231.

1967b: "Marcel Proust". *Fremmede digtere i det 20. århundrede*. Bd. 1. Gad, København, pp. 497–516.

1968a: "Den nye roman". *Fremmede digtere i det 20. århundrede*. Bd. 3. Gad, København, pp. 477–506.

1970a: C.r. de H. P. Lund, *L'Itinéraire de Mallarmé*, Copenhague 1969. *Revue Romane* V,1, pp. 139–141.

1970b: *Moderne fransk litteratur*. Christian Ejlers' forlag, København.

1970c: "Nathalie Sarraute". *Den moderne franske roman i Frankrig*, red. Hans Boll Johansen. Akademisk forlag, København, pp. 91–99.

1970d: "J. M. G. Le Clézio". *Den moderne franske roman i Frankrig*, red. Hans Boll Johansen. Akademisk forlag, København, pp. 187–195.

1971a: *Moderne fransk litteratur*. Gyldendal norsk forlag, Oslo.

1971b: (med H. Quéré, G. Le Gauffey, C. Prudy) *Analyse narrative d'un conte littéraire: Le 'signe' de Maupassant. Documents de travail et pré-publications 9.* Décembre 1971, série D. CISL.

1972a: "Den strukturelle litteraturforskning". *Aspekter af nyere fransk litteraturkritik*, red. Niels Egebak. Munksgaard, pp. 84–112.

1972b: C.r. de K. Togeby, *Kapitler af fransk litteraturhistorie*, Bd. 1–2, Copenhague 1971. *Revue Romane* VII,2, pp. 339–341.

1973a: "Deux moralisateurs conciliants: Jean Condé et Giambattista Giraldi Cinthio". *Revue Romane* VIII,1, pp. 197–204.

1973b: "Structures narratives et vision du monde dans les *Novelas exemplares* de Cervantes". *Pré-publications* 2, juni 1973. Romansk institut. Århus universitet, pp. 3–20.

1973c: "Introduction à une analyse des structures narratives de la nouvelle". *Pré-publications* 3, juli 1973. Romansk institut. Århus universitet, pp. 2–55.

1973d: "Structures de la nouvelle des *fabliaux* à la Renaissance. Essai d'une Typologie." Actes du 5ème Congrès des Romanistes scandinaves, Turku 6.–10.8.1972. *Annales Universitatis Turkuensis*.

1974a: "Semiotics in Scandinavia". *Versus* Nº 8–9, dicembre 1974, pp. 201–205.

1974b: (red.) "Diderot: 'Ceci n'est pas un conte': analyse des transformations narratives et réflexions sur la nature probatoire du récit". *Pré-publications* 11, juli 1974. Romansk institut. Århus universitet, pp. 3–10.

1974c: C.r. de Roger Dubuis, *Les Cents Nouvelles Nouvelles...*, Grenoble 1973. *Revue Romane* IX,2, pp. 294–298.

1974d: "Den spanske og italienske litteratur". *Verdenslitteraturhistorie*. Bd. 11. *Mellemkrigstiden – 1920–1945*, red. F. J. Billeskov Jansen et al. København 1974, pp. 357–388.

1974e: C.r. de Jurij M. Lotman, *Vorlesungen zu einer strukturalen Poetik*, München 1972, et *Die Struktur literarischer Texte*, München 1972. *Orbis Litterarum*.

1974f: "De romanske Litteraturer". *Verdenslitteraturhistorie*. Bd. 12. *Efterkrigstiden – 1945–1970*, red. F. J. Billeskov Jansen et al. København, pp. 25–132.

1975a: C.r. de K.-H. Schroeder et al., *Das Spiel vom heiligen Nikolaus*, W. Fink Verlag 1975. *Fabula* 16,1–2, p. 133.

1975b: "Den lille romanlæser". *Pré-publications* 19, oct. 1975. Romansk institut. Århus universitet, pp. 3–33.

1975c: C.r. de Nykrog, *Les Fabliaux*, Genève 1975. *Revue de philologie belge*, pp. 929–932.

1976a: *Les Transformations du triangle érotique*. Akademisk forlag, Copenhague.

1976b: "*Les Transformations du triangle érotique. Dansk resumé*". *Pré-publications* 27, oct. 1976. Romansk institut. Århus universitet, pp. 25–28.

1977a: "*Guiron le courtois*. Décadence du code chevaleresque". *Revue Romane* XII,1, pp. 67–95.

1977b: C.r. de W. Eitel, *Die romanische Novelle*, Darmstadt 1977. *Fabula* 18,3–4, pp. 285–287.

1977c: C.r. de Morten Nøjgaard, *Litteraturens Univers...*, Odense 1976. *Revue Romane* XII,2, pp. 379–386.

1978a: "Boiardo". *Enzyklopädie des Märchens*. Band 3. Walter de Gruyter, Berlin/New York, pp. 592–598.

1978b: C.r. de Thomas G. Pavel, *La Syntaxe narrative des tragédies de Corneille*, Klincksieck, 1976. *Revue Romane* XIII,1, p. 139–50.

1978c: Morten Nøjgaard & Per Nykrog: "Thèse". *Revue Romane* XIII,2, pp. 313–334.

1978d: "Strutture narrative e conflitti sociali nel *Novellino* di Masuccio". *Masuccio. Novelliere dell'Età aragonese*, vol. I. Galatina, pp. 63–74.

1978e: "Il 'caso' nel *Novellino* di Masuccio". M. Cataudella, F. D'Episcopo, G. Gargiulo, M. Olsen: *Strutture narrative e conflitti sociali nel Novellino di Masuccio Salernitano*. Palladio, Salerno.

1979a: C.r. de Herman H. Wetzel, *Die romanische Novelle bis Cervantes*, Stuttgart 1977. *Revue Romane* XIV,1, pp. 149–150.

1979b: "Receptionsæstetik. Forsøg til en indføring" I. *TRUC* 1, Roskilde universitetscenter, pp. 24–56.

1979c: "Receptionsæstetik. Forsøg til en indføring" II. *TRUC* 3, Roskilde universitetscenter, pp. 31–58.

1979d: "Cervantes". *Enzyklopädie des Märchens.* Band 2. Walter de Gruyter, Berlin/New York, pp. 1196–1208.

1979e: "Some Reflections on the Role of Chance". *Danish Semiotics. Orbis Litterarum*, supplement no. 4, ed. J. D. Johansen & M. Nøjgaard, pp. 65–86.

1979f: C.r. de Marina Marietti et al., *Formes et Significations de la 'beffa'...*, Paris 1975. *Fabula* 20,4, pp. 333–334.

1980a: "Amour, vertu et inconstance: philosophie et structure narrative dans quelques oeuvres de Diderot". *Orbis Litterarum* 35, pp. 132–147.

1980b: "Receptionsæstetik. Forsøg til en indføring" III. *TRUC* 5, Roskilde universitetscenter, pp. 10–66.

1980c: "En note om forholdet mellem dansk fortid og fransk plus-que-parfait/passé antérieur". *TRUC* 5, Roskilde Unicersitetscenter, pp. 41–51.

1980d: "Doni". *Enzyklopädie des Märchens.* Band 3. Walter de Gruyter, Berlin/New York, pp. 759–761.

1980e: C.r. de Mario Santoro, *Fortuna, Ragione e Prudenza...*, Napoli 1978. *Orbis Litterarum*, pp. 88–91.

1980f: C.r. de Sigbrit Swahn, *Proust dans la recherche littéraire...*, Lund 1979. *Studia Neophilologica* 52, pp. 458–465.

1981a: (m. Gunver Kelstrup, eds) *Værk og Læser.* Borgen, København, 212s, indl. v. M. Olsen, pp. 7–56.

1981b: "Opbygningen af Rousseau's *Discours de l'inégalité parmi les hommes*". *TRUC* 7, pp. 41–51.

1981c: "Lettore, strutture e codice". *Quaderni del Circolo Semiotico Siciliano* 15–16, pp. 295–303.

1981d: "I Problemi semiologici del lettore". *Riscontri* Anno 2 – Nº 4 – Ottobre–Dicembre 1981, pp. 11–28.

1981e: "Diderots kunstkritik". *Ord og Bilde. En Essaysamling. Festskrift til Erik Egelands 60-årsdag 21. juli 1981*, red. A. Aarnes og S. Mathisen, pp. 42–53.

1981f: "Croce e lo strutturalismo". *Revisione.* Anno X – N. 43–44–45–46 – Marzo–Dicembre 1981, pp. 97–102.

1982a: C.r. de Betty J. Davis, *The Storytellers in Marguerite de Navarre's Heptaméron*, Lexington, Kentucky 1978. *Revue Belge de Philologie et d'Histoire* LX, pp. 668 669.

1982b: "Giver det mening at tale om realisme?" *Tekst og Virkelighed*, red. Steen Jansen et al. Akademisk forlag, København, pp. 39–46.

1982c: "Receptionsæstetik. Forsøg til en indføring" IV. *TRUC* 8, Roskilde universitetscenter, pp. 88–100.

1982d: "'Lecteur modèle', codes et structures". *Orbis Litterarum* 37, pp. 83–94.

1982e: "Romansk Litteratur". *Verdenslitteraturhistorie*. Bd. 12. *Etterkrigstiden – 1945–1980*, red. E. Beyer et al. Oslo, pp. 27–142.

1982f: (med Gunver Kelstrup) "Receptionsforskning. En introduktion". *Kursiv* 2, pp. 65–75.

1982g: (med Gunver Kelstrup) "Teksten og Læseren". *Sproglæreren* 12, pp. 5–11.

1983a: "La letteratura italiana in Danimarca". *Esperienze letterarie* VIII, N° 4, pp. 99–103.

1983b: "Gibt es eine Mittelalterrezeption in der französischen Romantik?" *The Medieval Legacy. A Symposium*, ed. A. Haarder et al. Odense University Press, pp. 133–147.

1984a: *Amore, Virtú e Potere nella novellistica rinascimentale. Argomentazione narrativa e ricezione letteraria.* Federico & Ardia, Napoli.

1984b: "Decameron-receptionen i den italienske renæssance". *TRUC* 12, pp. 28–51.

1985a: C.r. de Marco Santoro, *La Stampa a Napoli nel Quattrocentro*, Napoli 1984. *Revue Romane* 20,1, pp. 163–164.

1985b: "Receptionen af litterære tekster". *Informazioni* 15, dec. 1985, pp. 20–21.

1985c: "Præsentation af Michel Olsens nye bog: *Amore ...*". *Informazioni* 15, dec. 1985, pp. 19–20.

1985d: *Nye tendenser i Fransk tænkning. Kultur og Samfund* 1/1985. Tekster fra Roskilde universitetscenter.

1985e: "Decameron-receptionen i den italienske renæssance". *Texten och Läsaren i ett historiskt perspektiv*, red. Raoul Granquist. Umeå, pp. 107–120.

1985f: "L'Évaluation littéraire". *Communications relatives aux groupes de travail*, publ. par Pia Mänttäri, Elina Suomela-Härmä, Olli. [9ᵉ Congrès des Romanistes scandinaves]. Publications du Département des langues romanes 5. Université de Helsinki, pp. 117–128.

1985g: C.r. de Thure Stenström, *Existentialism, rottagande och inflytande 1900–1930*, Stockholm 1984. *Orbis litterarum* 40, pp. 282–283.

1986a: C.r. de Bjørn Bredal Hansen, *La Peur, le rire, la sagesse. Essais sur Rabelais et Montaigne*, København 1985. *Revue Romane* 21,2, pp. 155–157.

1986b: C.r. de Hermann H. Wetzel, *Rimbauds Dichtung, ein Versuch, "die rauhe Wirklichkeit zu umarmen"*, Stuttgart 1985. *Revue Romane* 21,2, pp. 305–308.

1986c: "L'Analisi narrativa della novella rinascimentale? Variazioni sul tema della riparazione dello stupro." *Mémoires de la Société Néophilologique de Helsinki.* Tome XLIV. *Actes du 9ᵉ Congrès des Romanistes scandinaves. Helsinki 13–17 août 1984*, pp. 285–93.

1986d: "Middelalderen mellem myte og fornuft". *Slagmark* nr. 7, pp. 59–76.

1986e: "Replik til Niels Egebak". *Bogens Verden* 6/1986, pp. 323–324.

1987a: "Fransk sommerlæsning". *Frankrig Information*, maj-juni 1987, Roskilde Universitetscenter, pp. 1–3.

1987b: "Motifs ou motifèmes?" C.r. de Gérard Genot et Paul Larivaille, *Etude du Novellino 1. Répertoire des Structures narratives*. Documents du C.R.L.L.I. n° 34. Université Paris X–Nanterre, 1985-2. *Revue Romane* 22,2, pp. 284–94.

1987c: "Rosens Navn. Den åbne semiotiks lukkede budskab". *Om Rosens navn*, red. Kirsten Grubb Jensen. C. A. Reitzel, København, pp. 59–72.

1987d: C.r. de Edgar Morin, *La Connaissance de la connaissance*. *Nyt Nordisk Forum* nr. 49, pp. 17–20.

1987e: C.r. de D. G. Bevan, *Tournier*, Amsterdam 1986. *Revue Romane* 22,2, pp. 310–11.

1987e: "Novella e Anticultura. Considerazioni sopra l'analisi della novella". *Rinascimento meridionale e altri studi. Raccolta di studi pubblicata in onore di Mario Santoro*. Società editrice napoletana, pp. 349–59.

1988a: "Miracles de Nostre Dame par personnages". *Popular Drama in the Northern Europe in the Later Middle Ages. A Symposium*, ed. Flemming G. Andersen et al. Odense University Press, pp. 41–63.

1988b: "Dieu ou dépit. La Châtelaine de Vergy de Marguerite de Navarre". *Traditions et tendances nouvelles des études romanes au Danemark. Articles publiés à l'occasion du 60ᵉ anniversaire d'Ebbe Spang-Hanssen*, éd. M. Herslund et al. *Revue Romane*, numéro spécial 31, pp. 237–49.

1988c: "L'autocorrezione nel ciclo di Griselda". *Diffrazioni. Griselda. 1. La Circolazione dei temi e degli intrecci narrativi: il caso di Griselda*, ed. R. Morabito. Japadre editore, L'Aquila, pp. 21–34.

1988d: "Les Silences de Griselda". *Mélanges d'Etudes médiévales offerts à Helge Nordahl à l'occasion de son soixantième anniversaire*. Solum, Oslo, pp. 129–141.

1988e: "Medeltiden mellan myt och förnuft". *Res Publica 11, Tema: Mentalitetshistorie*, pp. 69–89.

1989a: "Copista o creatore? Giovanni Sercambi riscrive l'ultima novella del *Decameron*". *Analecta romana instituti danici* XVII–XVIII, p. 127–132.

1989b: *Den franske Revolution. Diskussionsoplæg og kronologi*. Humanistisk International Basisuddannelse 1989/90. Roskilde universitetscenter.

1989c: "Habermas og Lyotard. Moderne og postmoderne fornuft". *Humanistisk årbog* nr. 3, red. Jens Høyrup et al. Roskilde Universitetscenter, pp. 193–229.

1990a: "La Dialectique de la communication. Herméneutique kierkegaardienne". *Les Cahiers de philosophie* 8/9. *Kierkegaard*. Automne 1989, pp. 141–154.

1990b: "Réception de la nouvelle de 'Griselda' (*Decameron* X,10) – diffusion et transformations idéologiques". *Actes du Xᵉ Congrès des Romanistes scandinaves. Lund, 10–14 août 1987*, éd. Lars Lindvall. *Études romanes de Lund* 45, pp. 328–336.

1990c: "Le drame bourgeois. Quelques réflexions". *Revue Romane* 25,2, pp. 391–403.

1990d: "Encore une fois: le drame bourgeois". *Actes du XIe Congrès des Romanistes scandinaves. Trondheim 13–17 août 1990.* Institut d'Etudes Romanes. Université de Trondheim, pp. 545–554.

1990e: "La Narratologie". Table ronde. Introduction par M. O. *Actes du XIe Congrès des Romanistes scandinaves. Trondheim 13–17 août 1990.* Institut d'Etudes Romanes. Université de Trondheim, pp. 393–404.

1991a: "Griselda, *Fabula* e ricezione". *La Storia di Griselda in Europa*, ed. R. Morabito. Japadre editore, l'Aquila, pp. 253–264.

1991b: "Boccaccio og det nye menneske". *Dansk Udsyn* 1/1991, pp. 26–37.

1991c: "Borgerligt drama i det 14. århundrede". *Dansk Udsyn* 2/1991, pp. 85–96.

1991d: "Riflessioni in margine a *Fortuna, Ragione e Prudenza*". *Esperienze letterarie*, anno XVI – N–2–3.

1991e: "Det borgerlige teater". *Humanistisk årbog* nr. 4, red. Ib Thiersen et al. Roskilde Universitetscenter, pp. 209–242.

1992a: "Les Problèmes du couple. Une réalité voilée". *The Making of the couple. The Social Function of Short-Form Medieval Narrative.* Odense University Press, pp. 13–42.

1992b: "Griselda – omskrivninger og værdiforskydninger". *Griselda-temaet gennem tiden. Mindre Skrifter udgivet af Laboratorium for Folkesproglige Middelalderstudier.* Odense universitet Nr. 9, ed. Leif Søndergaard, pp. 9–31.

1992c: C.r. de Patricia Francis Cholokian, *Rape and Writing in the 'Heptaméron' of Marguerite de Navarre*, Southern Illinois UP, Carbondale and Edwardsville 1991. *Revue Romane* 27,2, pp. 307–310.

1993a: "Goldoni e il dramma borghese". *Analecta romana instituti danici* XXI, pp. 219–230.

sous presse: "Goldoni, dramaturgo borghese?" *Actes du congrès "Goldoni e il Dramma Borghese"*, 1er avril 1993, éd. M. Olsen in *Analecta romana instituti danici* XXII. "L'Erma" di Breitschneider, Rome.

sous presse: "Norme e valori: teatro e *Mémoires*". *Actes du congrès "Memorie di Goldoni e memoria del teatro"*. Rome.

Goldoni e le Thèâtre bourgeois. À paraître dans *Analecta romana instituti danici, Supplementa.* "L'Erma" di Breitschneider, Rome.

Om forfatterne

Asbjørn Aarnes, professor i europeisk litteraturhistorie, Universitetet i Oslo 1964-1990, seniorstipendiat 1990-1993. Av produksjon: *Diktningen hos Gérard de Nerval* (1957), *Boileau og diktekunsten* (1961), *Von Montaigne bis Paul Ricoeur* (1990). Bidrag om Descartes, Rousseau, Maine de Biran, Auguste Comte, Bergson, Marcel, Levinas.

Dan Ackermann, cand. mag., skolelærer, Skt. Josefs skole i Roskilde.

Peter Brask, dr. phil., professor i tekstvidenskab, Roskilde Universitetscenter, komponist. Seneste værker *Naturens orden, symfonisk kantate, Concerto piccolo per archi*. Sidst udsendt cd'en *Chamber Music* (Classico. Olufsen records/DR-P2).

Inge Degn, cand. mag., lektor i fransk, Institut for Sprog og internationale Kulturstudier, Aalborg Universitetscenter. Har blandt andet publiceret *Her og Andetsteds. En introduktion til Henri Michaux's værk* (1983). *Le Roi des Aulnes: Ellekongen. En myteanalyse* (1992). *Mythes et théories de mythes* (1993).

Jan Waldemar Dietrichson, dr. philos., professor i allmenn litteraturvitenskap ved Universitetet i Oslo. Har blandt andet publiceret *The Image of Money in the American Novel of the Gilded Age* (1969). *Menneske, myte, motiv* (s.m. Helge Nordahl, 1980). En lang række oversættelser med kommentarer af værker fra middelalderen samt artikler om litteraturkritik og -teori.

Niels Egebak, docteur en lettres modernes, docent ved Institut for nordisk sprog og litteratur, Århus Universitet. Har blandt andet udgivet *Fra tegnfunktion til tekstfunktion. Introduktion til semiologi* (1972). *L'écriture de Samuel Beckett. Contribution à l'analyse sémiotique de textes littéraires contemporains* (1973). *Galskabens metoder* (1988).

Merete Gerlach-Nielsen, cand.mag., lektor i fransk ved Københavns Universitet (orlov), FN-direktør (UNESCO) i kvindespørgsmål 1988-1990. Freelance-forsker m.v. Forfatter til afhandlinger og artikler med emner inden for litteraturhistorie, begrebshistorie, kvinde- og kønshistorie.

Suzanne Hanon, docteur en linguistique, lektor ved Odense Universitet. Har bl. a. publiceret *Les constructions absolues en français moderne* (1989), *Le vocabulaire de l'Heptaméron de Marguerite de Navarre. Index et concordance* (1990). *Vocabulaire du Budget des Communautés européennes* (Etude terminologique en collab. avec R. Bennett *et al.*, 1992).

Kirsten Hørby Bech, cand.mag., lektor ved Ålborghus Gymnasium, lektor i dansk ved Roms Universitet 1978–1990. Videnskabeligt interessefelt: komedien fra antikken til og med det attende århundrede. Publikationer bl. a. Andersen, *Le fiabe*, vol. I, Introduzione e traduzione di Kirsten Bech (1993).

Jens Høyrup, cand. scient., docent ved Roskilde Universitetscenter. Har især publiceret om den før-moderne matematiks kultur- og begrebshistorie. Under udgivelse er *"In Measure, Number, and Weight"*. *Studies in Mathematics and Culture*.

Jonna Kjær, cand. phil., lektor i fransk ved Romansk Institut, Københavns Universitet. Har publiceret en tekstkritisk udgave og en række artikler om fransk middelalderlitteratur, heraf flere om Tristan og Isolde.

Ludovica Koch (1941–1993), professor i skandinavisk litteratur ved Università di Roma "La Sapienza". Har, ud over litteraturteoretiske arbejder om bl. a. den biografiske genre og pastichen, især arbejdet med den oldgermanske og norrøne periodes litteratur og begrebsverden og dens genspejlinger i middelalderlitteraturen, samt med den romantiske periode og modernismen. Har senest stået for italienske kommenterede udgaver af *Gesta danorum* (1993) og *Stadier på livets vej* (1993).

Mihail Larsen, lic.phil., lektor ved Institut for Datalogi, Kommunikation og Uddannelsesforskning, RUC. Har bl.a. skrevet bøger om pædagogik, filosofi, videnskabsteori, idéhistorie, retshistorie og kunsthistorie.

Maija Lehtonen, fil. dr., professor emeritus i litteraturvetenskap vid Helsingfors universitet. Böcker och artiklar om fransk romantik m.m. (även om barnlitteratur).

Lita Lundquist, professor i erhvervssprog ved Handelshøjskolen i København. Har blandt andet udgivet *La Cohérence textuelle*. *Syntaxe, sémantique pragmatique* (1980). *L'Analyse textuelle: méthode, exercices* (1983), samt en lang række artikler om tekstlingvistik, tekstkohærens og inferenser i tekstfortolkningsprocessen.

Steinar Mathisen, dr. philos., timelærer ved Institutt for Filosofi, Universitetet i Oslo. Har blandt andet skrevet *Dikterverket som filosofisk problem* (1973, upublisert). *Transzendentalphilosophie und System. Zum Problem der Geltungsgliederung* (1983, upublisert). Oversatt, med etterord *Hegels Innledning til Estetikken* (1986).

Jørn Moestrup, dr. phil., professor i romanske sprog og litteraturer, Odense Universitet. Har bl. a. publiceret *La scapigliatura. Un capitolo del Risorgimento* (1966), *The Structural Patterns of Pirandello's Work* (1973), *Italien og Danmark. 100 års inspiration* (red., 1989).

Raffaele Morabito, Laureato in letteratura italiana, ricercatore, Facoltà di Lettere dell'Università dell'Aquila (Italia). S'interessa di letteratura italiana e comparata. Ha diretto una ricerca sulla diffusione europea della storia di Griselda. Fra le sue pubblicazioni: *Antiromanzi dell'Ottocento* (1977); *Parola e scrittura* (1984); *Fatti della vita di Lorenzo Borsini* (1993).

Raul Mordenti, Laureato in Filosofia, professore associato di Storia della critica letteraria presso l'Università di Roma II "Tor Vergata". Si è occupato di didattica della letteratura, della cultura del movimento operaio italiano, delle censure del *Decameron* nell'età della Controriforma, dei "libri di famiglia", dei rapporti fra informatica e filologia. Utilizzando metodologie informatiche ha edito criticamente il *Dialogo della mutatione di Firenze* di Bartolomeo Cerretani (1990).

Per Nykrog, dr. phil., Smith Professor i fransk litteratur, Harvard University. Har bl. a. publiceret *Les Fabliaux* (1957, 1973), *La Pensée de Balzac dans la Comédie Humaine* (1965), samt en lang række afhandlinger og artikler om ældre og nyere fransk litteratur.

Morten Nøjgaard, dr. phil., professor i romanske sprog og litteraturer, Odense Universitet. Har blandt andet publiceret *La Fable antique I-II* (1964-67), *Élévation et expansion. Les deux dimensions de Baudelaire* (1975). *Plaisir et Vérité. Le paradoxe de l'évaluation littéraire* (1993).

Vagn Outzen, cand. mag., lektor ved Romansk Institut, Århus Universitet. Har publiceret *Den romantiske helt* (1973) og artikler om bl. a. Romain Gary, Robert Merle, Michel Rio.

John Pedersen, dr. phil., professor ved Københavns Universitet. Har blandt andet skrevet *Images et figures de la poésie française de l'âge baroque* (1974). *Perec ou les textes croisés* (1985). *Teksters tale* (1992).

Richard Raskin, dr. phil., lektor ved Romansk Institut, Århus Universitet. Har blandt andet udgivet: *The Functional Analysis of Art* (1982). *Alain Resnais' NUIT ET BROUILLARD* (1987). *Life is like a Glass of Tea. Studies of Classic Jewish Jokes* (1992).

Ole Wehner Rasmussen, cand. mag., lektor ved Romansk Institut, Aarhus Universitet. Har blandt andet skrevet guldmedaljeafhandling om den belgiske forfatter Charles De Coster (1968). *Børnebogen i Frankrig* (1982). Desuden en række artikler om først og fremmest belgisk litteratur.

Karen Risager, cand. mag., lektor i lingvistik og fransk, Institut for Sprog og Kultur, Roskilde Universitetscenter. Har skrevet en lang række artikler om kulturformidlingen i fremmedsprogene.

Jørgen Ulrik Sand, cand. phil, lektor i fransk, Institut for Sprog og Kultur, Roskilde Universitetscenter. Har bl. a. publiceret artikler om fransk talesprog og franske samfundsforhold.

Jan Flemming Scheel, cand.mag., adjunkt ved VUC Ringkøbing/Holmsland. Har udgivet digtsamlingen *Forførelsens strategi* (1992) og en række artikler især om fransk litteratur.

Anne Elisabeth Sejten, ph. d., forskningsstipendiat ved Institut f. Litteratur, Kultur og Medier, Odense Universitet.

Brynja Svane, dr. phil., lektor i fransk, Roskilde Universitet. Har bl. a. publiceret *Le Monde d'Eugene Sue* 1-3 (disputats 1988) samt et antal artikler om varierende emner inden for fransk litteratur og kultur. Har de senere år arbejdet med oversættelsesteori, delvis i samarbejde med forskere ved Stockholms universitet.

Sigbrit Swahn, professor i fransk litteratur, Uppsala Universitet. Har blandt andet publiceret *Proust dans la recherche littéraire* (1979). *Balzac et le merveilleux* (1991). Desuden en lang række artikler, først og fremmest om fransk litteratur.

Lene Waage Petersen, mag. art., lektor, ved Romansk Institut, Københavns Universitet. Har udgivet bl. a. *Le strutture dell'ironia ne la Conscienza di Zeno di Italo Svevo* (1979); *Moderne italiensk litteratur* (1982, s. m. Hans Boll-Johansen); en tobindsudgave af Pirandello på dansk (1990, s. m. J. Moestrup og S. Jansen); desuden en lang række artikler om renæssancen, især Ariosto, og om moderne italiensk litteratur, især Calvino.